Herausgeber:

Klaus Dörrbecker/Thomas Rommerskirchen

Blick in die Zukunft:

Kommunikations-Management
Perspektiven und Chancen der Public Relations

Herausgegeben aus Anlaß der dreißigjährigen Trainertätigkeit von Klaus Dörrbecker und des zehnjährigen Bestehens der AFK Akademie Führung und Kommunikation, Deutschlands größtem PR-Aus- und Fortbildungsinstitut.

Blick in die Zukunft

Kommunikations-Management

Perspektiven und Chancen der Public Relations

Herausgeber: Dörrbecker/Rommerskirchen

VERLAG ROMMERSKIRCHEN

CIP-Titelaufnahme der Deutschen Bibliothek

Blick in die Zukunft — Kommunikations-Management:
Perspektiven und Chancen der Public Relations/Hrsg.:
Dörrbecker/Rommerskirchen. — 1. Aufl. — Remagen-
Rolandseck : Rommerskirchen, 1990
ISBN 3-926943-18-1 Pb.
ISBN 3-926943-19-X Gewebe
NE: Dörrbecker, Klaus [Hrsg.]; Kommunikations-Management

Herausgeber:
Klaus Dörrbecker
Thomas Rommerskirchen

Lektorat:
Tibor Sarusy

Layout und Produktion:
Peter Bockermann
Tibor Sarusy

Gesamtherstellung:
Druckhaus Maack GmbH & Co. KG
Postfach 21 40
5880 Lüdenscheid

Gesetzt in der Rotis Semigrotesk

Verkaufspreis:
79,80 DM

1. Auflage Oktober 1990
Verlag Rommerskirchen GmbH & Co. KG
Rolandshof
5480 Remagen-Rolandseck
Tel.: 0 22 28 / 60 01-0

© 1990 by
Verlag Rommerskirchen AG
Gartenstraße 11
Postfach
CH-8039 Zürich
Tel.: 01 / 2 01 78 51

Nachdruck, auch auszugsweise, nur mit ausdrücklicher schriftlicher Genehmigung des Verlages.
Insbesondere die Übernahme auf Datenträger aller Art oder fotomechanische Wiedergabe ist
untersagt.

ISBN 3-926 943-18-1 (Pb)

Inhaltsverzeichnis

	Seite
Impressum	6
Vorwort	10

I. Teil Kommunikation gestern, heute, morgen

Prof. Dr. Albert Oeckl,
Die Zukunft der Public Relations aus der Perspektive des PR-Pioniers ... 13

Prof. Dr. Wolfgang Bergsdorf,
Politische Kommunikation: Definitionen – Probleme – Methoden ... 30

Dr. Manfred Buchwald,
Nachrichtenquelle Public Relations ... 42

Dipl.-Politologe Dieter Gaarz,
Eierlegendewollmilchsau gesucht – Anmerkungen und Fragen zu
Qualifizierung und Professionalisierung von Public Relations ... 50

II. Teil Das Spektrum der Zukunft

Geoffrey Nightingale,
Management-Kommunikation: kein Platz für Herr-Knecht-Verhältnisse ... 65

Dipl.-Volkswirt Horst P. Borghs,
Unternehmerische Anforderungen an die Öffentlichkeitsarbeit von morgen ... 80

Hansjürgen Meisert,
Gedanken zur Kommunikationsstrategie für die nähere Zukunft –
Voraussetzungen, Anpassungsmechanismen und Medien künftiger
Betriebspublizistik ... 90

Hugo Jung,
Öffentlichkeitsarbeit für eine energiereiche Branche –
Erfahrungen und Ausblicke aus der Kommunikationsarbeit im Bereich
der Kernenergie ... 108

Dr. Klaus Mölln,
Kulturkommunikation – Aufgabe der Zukunft ... 124

Bodo Bimboese, M.A.,
Financial und Investor Relations am Beispiel von Going Public ... 138

Erika Backhaus,
Krisenprävention und Krisenmanagement –
eine grundsätzliche Zukunftsaufgabe ... 148

Seite

Peter G. C. Lux,
Corporate Identity und künftige Public Relations — 156

Dipl. VerwW Jörg Blumenthal,
Wie läßt sich eine Stadt kommunikativ führen?
Versuch einer Vision — 170

Dipl.-Volkswirt Karl-Heinz Schulz/Stephan M. Cremer,
Die zukünftige Bedeutung sozialer Kommunikation — 184

III. Teil **Die Berater der Zukunft**

Dipl. phil. Günter F. Thiele,
Die Public Relations-Agentur der neunziger Jahre — 197

Jürgen Togotzes,
Die Zukunft der PR aus der Sicht einer internationalen
Kommunikationsagentur — 204

Dipl.-Kaufmann Jürg W. Leipziger,
Von Product Publicity über Message Placement zur Dialog-PR — 218

IV. Teil **Qualifikation für die Zukunft**

Klaus Januschewski,
Ein neuer Verhandlungsstil – Chance in einer sich wandelnden Kultur — 229

Bernhard Meyer, M.A.,
Formen und Perspektiven der Public Relations-Ausbildung — 236

Dipl.-Pädagogin Maria Helena Ziegler,
Erfolgreich planen – zielbewußt handeln:
moderne Konzeptionstechnik und das Handlungsforschungsmodell — 248

Prof. Dr. Barbara Baerns,
„Feminisierung" der Öffentlichkeitsarbeit –
Perspektiven und Konsequenzen eines Wandels — 268

Prof. Dr. Dr. Benno Signitzer,
Umrisse einer künftigen Public Relations-Wissenschaft und
ihre Funktion im Professionalisierungsprozeß — 282

Autorenbiographien am Schluß des jeweiligen Beitrages

Die Geschichte der Public Relations in der Bundesrepublik Deutschland ist jung. In den letzten Jahren aber ist diese Branche, obwohl sicherlich noch nicht hinreichend institutionalisiert, als Wirtschaftsfaktor und Führungsdisziplin explosionsartig gewachsen.

Berufsbild, Aufgabenbereiche, Selbstverständnis und ethische Ansprüche, Ausbildung – diese wesentlichen Aspekte sind teilweise bis heute noch nicht normiert. Jahrzehntelange Diskussionen stehen nun jedoch kurz vor der Bestandsaufnahme ins Regularium.

Bezeichnend ist aber, daß das vorliegende Buch zu einem Zeitpunkt erscheint, an dem die Vergangenheit noch nicht vollständig verdaut worden ist und die rasante Entwicklung der letzten Jahre kaum Einzug in die Wissenschaft und Praxis hat halten können. Veränderungen unserer Umfelder, unserer Welten, unserer Zielgruppen und Ansprechpartner frühzeitig wahrzunehmen, zu analysieren und zu bewerten, gehört dazu.

In wenigen Jahren wird unser drittes Jahrtausend anbrechen. Wenn sich die PR-Branche weiter so schnell entwickelt, wird spätestens dann nachzuvollziehen sein, inwieweit gesellschaftspolitische, soziologische und technologische Faktoren das Kommunikationsverhalten der Menschen in Firmen, Verbänden und Institutionen, in sozialen und privaten Gruppierungen verändert haben werden. Vielleicht bestätigen sich die Thesen unserer Autoren – das wäre oft wünschenswert und notwendig.

Die Herausgeber

Werden Sie Mitglied im Berufsverband der deutschen PR-Fachleute!

Wir sind für alle qualifizierte PR-Mitarbeiter in Unternehmen, Verbänden, Behörden und Agenturen sowie selbständige PR-Berater die zuständige Organisation mit

☐ *fachlicher Beratung in allen wichtigen berufsständischen Fragen*
☐ *Informationen und Kontakten bei Tagungen, Regionalgruppen-Veranstaltungen und Workshops*
☐ *intensiver Aus- und Fortbildung mit Preisnachlässen bei von uns anerkannten Instituten*
☐ *eigenen Fachpublikationen (z. B. Broschüre der Jahrestagung, Beraterindex, Berufsbild), Honorarumfragen, Musterverträgen, Rundbriefen etc.*
☐ *zahlreichen Vergünstigungen z. B. bei Versicherungen und beim Abo der Fachzeitschrift ›PR-Magazin‹*
☐ *den von uns gestifteten Wettbewerben ›Goldene Brücke‹ für beispielhafte PR-Leistungen und ›Albert Oeckl-Preis der DPRG zur Förderung des PR-Nachwuchses‹.*

1989 haben bereits 228 Kolleginnen und Kollegen die Aufnahme in die Deutsche Public Relations-Gesellschaft e.V. (DPRG) – Berufsverband Öffentlichkeitsarbeit beantragt. Fordern auch Sie die Aufnahme-Unterlagen an.

**DPRG-Geschäftsstelle
Rhenusallee 20
5300 Bonn 3
Telefon 02 28/46 70 81**

Das Zeichen für Qualifikation

I. Teil   **Kommunikation gestern, heute, morgen**

Die Zukunft der Public Relations aus der Sicht des PR-Pioniers

von Prof. Dr. Albert Oeckl

Marksteine und Personen der historischen Entwicklung

Vorläufer

In seinem berühmten Buch „Der Aufstand der Massen" sagt der spanische Kulturphilosoph José Ortega y Gasset: „Die Tatsache, daß die öffentliche Meinung die Grundgewalt ist, durch die in den menschlichen Gesellschaften die Erscheinung des Herrschens entsteht, ist so alt und wird so lange dauern wie der Mensch selbst. Das Gesetz der öffentlichen Meinung ist das allgemeine Gravitationsgesetz der politischen Geschichte. Man kann nicht gegen die öffentliche Meinung herrschen."

Dieses Gesetz der öffentlichen Meinung wurde nach einwandfreien historischen Quellen seit mehr als zweitausend Jahren im europäischen Raum praktiziert von maßgebenden Persönlichkeiten wie dem griechischen Staatsmann Perikles, der im 5. Jahrhundert vor Christus die dominierende Stadt Athen über dreißig Jahre mit Hilfe kluger, demokratischer Meinungssteuerung erfolgreich regierte. Der makedonische Feldherr und König Alexander der Große beherrschte sein östliches Großreich ein Jahrhundert später unter Anwendung zahlreicher Aktionen, die man uneingeschränkt als sehr gezielte Öffentlichkeitsarbeit bezeichnen könnte. Um die Zeitwende lenkte Gaius Julius Caesar das riesige römische Reich mit Hilfe seines erfahrenen – Verzeihung – PR-Beraters Gaius Maecenas über Jahrzehnte durch immer erneute Einwirkung auf öffentliche Meinung. Er war einer der großen Vorläufer der Public Affairs. Noch ein klassisches Beispiel: Niccoló Machiavelli hat eineinhalb Jahrtausend später in seinen „discorsi" die Möglichkeiten der Meinungsbeeinflussung schonungslos dargestellt.

Zahlreiche andere Beispiele wie der Apostel Paulus, der Handelsherr Fugger, Kaiser Napoleon I. oder Präsident Abraham Lincoln könnten in bunter Zeit- oder Berufsfolge als Zeugen für die sehr frühe realistische Einschätzung der Bedeutung der öffentlichen Meinung und der daraus gezogenen Folgerungen aufgeführt werden. Sie alle waren gedankliche und auch praktische Vorläufer dessen, was wir heute Meinungsgewinnung nennen, wenn auch der Begriff oder ein Synonym bis zum 19. Jahrhundert nicht auftauchte.

Die Entstehungsphase

der Public Relations vollzog sich in den Vereinigten Staaten von Amerika und kann kurz wie folgt beschrieben werden:

1882 hat der Rechtsanwalt Dormann Eaton in den USA erstmals den Ausdruck „public relations" gebraucht, als er in der Yale Law School vor einem Graduierten-Seminar den Begriff „public relations" mit „to mean relations for the general good" erklärte.

Im amerikanischen „Yearbook of Railway Literature" wurde 1897 der Begriff „public relations" zum erstenmal in seiner heutigen Bedeutung gebraucht.

1905 engagierte John D. Rockefeller senior den freien Journalisten Ivy Lee, Sohn eines Methodistenpredigers, um gegen die sogenannten „muckrakers" (= Mistharken) zu Felde ziehen, die ihn und andere Kohlen-, Eisenbahn- und Mineralölbarone wegen ihrer nicht immer sehr feinen Praktiken leidenschaftlich angegriffen hatten. Unwillkürlich drängen sich hier international gesehen manche Vergleiche auf. Als Berater und dann Verteidiger entwickelte Lee seine „Declaration of principles", in der er der Öffentlichkeit mitteilte: „Unser Plan ist kurz und offen, die Presse und die Bevölkerung schnell und genau über die Tatsachen zu unterrichten, die für sie von Wert und Interesse sind." Das war die Geburtsstunde der Public Relations, allerdings hießen sie damals noch nicht so.

1913 begann der 1891 in Wien geborene und heute noch in Cambridge/USA lebende PR-Pionier Edward L. Bernays, der 1912 die Cornell University absolviert hatte, seine Laufbahn als Journalist. Er ist ein Neffe von Sigmund Freud. Bald übernahm er Publicity-Aufträge für Künstler wie zum Beispiel für das Diaghileff Russian Ballett und andere.

Ende 1914 setzte Präsident Wilson – lange vor der Kriegserklärung an Deutschland im April 1917 – das „Committee on Public Information" ein mit der Aufgabenstellung, „der Bevölkerung die Ziele der Regierung klarzumachen, Widerstand dagegen von vornherein als unmoralisch bloßzustellen und zu einer breiten Unterstützung aufzurufen". Diese Arbeitsgruppe, in die auch Edward L. Bernays berufen wurde, mobilisierte nicht nur die öffentliche Meinung für die notwendigen Maßnahmen eines künftigen unpopulären Feldzugs im fernen Europa, sondern gestaltete auch die sogenannte „Freiheitsanleihe" zu einem vollen Erfolg.

Nach dem Kriegsende 1918 suchte die schnell gewachsene Zahl der Mitarbeiter des aufgelösten Apparats der „Psychological Warfare" Arbeit im zivilen Leben.

Das Jahr 1923 wurde dann zu einem Meilenstein der Public Relations: Bernays hielt an der New York University die erste PR-Vorlesung „On the principles, practices and ethics of the new profession of public relations". Und noch im gleichen Jahr veröffentlichte ELB – wie er im Fachjargon heißt – das erste Buch „Cristallizing Public Opinion".

Es folgten „Propaganda" 1928, „Speak up for Democracy" 1940, „Public Relations" 1945, „The Engineering of Consent" 1955 und schließlich sein Hauptwerk 1965: „Bibliography of an idea – memoirs of Public Relations Counsel Edward L. Bernays".

Die Evolution der Öffentlichkeitsarbeit in der Bundesrepublik Deutschland

Als Carl Hundhausen 1937 von einem Ausbildungs-Aufenthalt aus den USA zurückkam, in einem Artikel in der Zeitschrift „Deutsche Werbung" den Begriff „Public Relations" erstmals im damaligen Deutschland erwähnte und dann 1938 in der „Zeitschrift für Betriebswirtschaft" einen Beitrag „Public Relations" veröffentlichte, war dieser Begriff völlig unbekannt, weil – wie Prof. Dr. Hundhausen später schrieb – „damals bis zum Ende des Krieges 1945 die Bezeichnung Public Relations bei uns unerwünscht war". So blieb der damaligen Anregung Hundhausens auch jeder Erfolg versagt.

Das „Unbekanntsein" konnte sich nur auf den Terminus beziehen, denn die dem Fachbegriff Public Relations innewohnende Philosophie war seit rund hundert Jahren vielen deutschen Praktikern geläufig.

Als Alfred Krupp 1851 mit seinem Etablissement an der Weltausstellung in London teilnahm, hatte er den größten bisher in einem Stück gegossenen, über 2 Tonnen schweren Stahlblock unter erheblichen Mühen dorthin transportieren lassen. Der Krupp-Stand wurde eine Sensation der Weltausstellung, die Firma Krupp aber weltweit ein Begriff. Er hatte ein Image aufgebaut – wie wir heute sagen würden – und blieb viele Jahre sein eigener PR-Chef.

Noch ein zweites Beispiel: 1894 setzte es der Staatssekretär des Reichsmarineamtes Alfred von Tirpitz durch, daß auf allen größeren Schiffen der Kriegsmarine ein Offizier mit Fragen der Information und des Besucherempfangs betraut wurde. Diese „Presse"-Offiziere gingen mit erstaunlicher Planmäßigkeit vor und hatten erhebliche Erfolge in der öffentlichen Meinungsbeeinflussung.

Weitere praktische Tätigkeiten – die zwanglos unter Öffentlichkeitsarbeit subsumiert werden könnten – waren in der Zeit bis zum ersten Weltkrieg kommunikative Aktivitäten des Waschmittelherstellers Henkel, des Keksfabrikanten Bahlsen, von AEG, Siemens, Bayer oder des Bremer Kaufmanns Roselius.

In der Nachkriegszeit errichtete die 1925 gegründete „Interessengemeinschaft der Farbenindustrie" (IG Farben) eine Pressestelle. Ihr erster Leiter, Dr. Hans Brettner, hat sich bemüht, Verständnis zu schaffen und Vertrauen aufzubauen, ohne das Wort Public Relations zu kennen. Mit ihm waren die Journalisten Hans Dominik, Hans Domizlaff und Yutzi um diese Zeit bemerkenswerte Vorläufer der heutigen PR-Fachleute.

Für die Zeit des „Dritten Reiches" vom 30. Januar 1933 bis Mai 1945 herrschte auf dem Kommunikationsgebiet ein sehr weitreichender Blackout. Die Hauptstichworte waren: Reichsministerium für Volksaufklärung und Propaganda, Zensur, Schriftleitergesetz, Berufsverbot, Sprachregelungen.

Als die IG-Farbenindustrie am 1. März 1938 trotzdem ihre Pressestelle in eine Presseabteilung ausbaute, wurde der 1936 engagierte „Qualifizierte Lehrling" Albert Oeckl in die Inlandsgruppe unter dem obengenannten Dr. Brettner versetzt und lernte Pressemeldungen abzufassen, Artikel für die Werkzeitung zu schreiben, Journalistenanfragen zu beantworten oder Einzelbeiträge für den Geschäftsbericht abzufassen.

Die eigentliche Öffentlichkeitsarbeit begann in der Bundesrepublik Deutschland auf der Grundlage vieler einschlägiger praktischer Beispiele und Anregungen der Besatzungsmächte und insbesondere der Amerikaner nach der Währungsreform 1948 und dem Arbeitsbeginn des ersten Bundestages und der Bundesregierung 1949.

Der am 27. Oktober 1949 wiedergegründete Deutsche Industrie- und Handelstag (erstmals 1861) richtete bereits Anfang 1950 eine Presseabteilung ein, deren Leitung er dem Verfasser dieses Artikels per 1. März 1950 übertrug. Da die damalige Hauptgeschäftsführung „amerikanische Public Relations" ablehnte, ersann Oeckl die Eindeutschung „Öffentlichkeitsarbeit", die im Februar 1951 erstmals im Geschäftsbericht des Deutschen Industrie- und Handelstages (DIHT) für 1950 schriftlich in der Öffentlichkeit angewendet wurde.

Kurz nach dem DIHT gründeten auch der Bundesverband der Deutschen Industrie und die Bundesvereinigung der Deutschen Arbeitgeberverbände Pressestellen „zur Werbung um öffentliches Vertrauen".

Das Jahr 1951 brachte gleichzeitig drei wichtige Veröffentlichungen:
Hans Domizlaff: „Die Gewinnung des öffentlichen Vertrauens"
Herbert Gross: „Moderne Meinungspflege"
Carl Hundhausen: „Werbung um öffentliches Vertrauen und Public Relations".

Die ersten PR-Publikationen und die Errichtung von PR-Abteilungen in der Wirtschaft waren entscheidend für den nun folgenden Durchbruch des Gedankens der Öffentlichkeitsarbeit in Deutschland.

1953–57 folgten weitere einschlägige Bücher von Hans-Edgar Jahn, Friedrich H. Korte, Albert Oeckl, Friedrich Mörtzsch und wieder Carl Hundhausen, die dem in Deutschland neuen Gedanken der Öffentlichkeitsarbeit allmählich eine breitere Wirkung und Anerkennung verschafften.

Das führte dazu, daß sich am 8. Dezember 1958 in Köln 17 PR-Fachleute der ersten Stunde zur Gründung der Deutschen Public Relations-Gesellschaft zusammenfanden. Von diesen leben noch sechs: Harry Damrow*, Friedrich W. Kleinlein*, Albert Oeckl*, Wolfgang Oehme, Heinz Schmidt und Carl A. Frhr. von Thüna* (*heute noch DPRG-Mitglieder). Hauptziele waren Erfahrungsaustausch und Ausbildung von Mitarbeitern.

Im gleichen Jahr fand in Brüssel der 1. Public Relations-Weltkongreß statt, bei dem Oeckl die ersten internationalen Verbindungen auf dem PR-Gebiet aufnehmen konnte.

Der Status quo

Aus den 17 Gründern der DPRG von 1958 sind bis heute 1500 Mitglieder geworden. In der Bundesrepublik sind inzwischen auf dem gesamten Sektor der Öffentlichkeitsarbeit in all ihren Teilgebieten vorsichtig geschätzt oder addiert zwischen mindestens 10.000 bis 15.000 PR-Leute tätig: als angestellte PR-Fachleute in der Bundes-, Länder- und Kommunalverwaltung – allein im Presse- und Informationsamt der Bundesregierung 700 –, bei den vielen Hunderten von Wirtschaftsverbänden und Zigtausenden von Unternehmen aller Art, bei den kirchlichen, kulturellen, sozialen, politischen und gesellschaftlichen Organisationen, bei beträchtlich über 300 PR-Agenturen mit teilweise bis 200 Mitarbeitern und als zahlenmäßig schwer erfaßbare freie PR-Berater – die heute auf etwa 2000 taxiert werden. Eine internationale Vergleichszahl dürfte hier angebracht sein: Der Präsident der Public Relations Society of America (PRSA) erklärte mir bei einem Zusammentreffen im Herbst 1989 auf meine Frage, er schätze die Zahl der PR-Praktiker weltweit in den 70 Ländern, in denen nationale Public Relations-Gesellschaften bestehen, auf rund 300.000. Dazu ein praktisches Beispiel: Zu meinem achtzigsten Geburtstag begann das Telegramm des heutigen PRSA-Präsidenten mit den Worten: „On behalf of the 14.983 members of the American Society ..." Internationalen Fachzeitschriften ist zu entnehmen, daß The (British) Institute of Public Relations und die Canadian Public Relations Society je mehr als 4.000 Mitglieder haben.

Der heutige Status unseres Berufsverbandes Öffentlichkeitsarbeit ist – wie seit Jahren üblich – im DPRG-Mitgliederverzeichnis 1990 in den Abschnitten „Presidents Corner", Vorwort des Geschäftsführers und in zahlreichen Einzelkapiteln und -Angaben sowie im ausführlichen Anhang so instruktiv dargestellt, daß eine wie immer geartete Beschreibung nur Eulen nach Athen tragen würde.

Erwähnung verdient noch, daß auf der DPRG-Jahrestagung in Bremen Ende Mai ein seit Jahren sorgfältig vorbereitetes und durchdiskutiertes Berufsbild bis zu letzten Einzelkorrekturen vorangetrieben werden konnte, ebenso Prüfungsordnungen für PR-Fachkräfte jeweils getrennt für PR-Assistenten und PR-Berater. Zur Abrundung des Bildes haben DPRG und die Gesellschaft PR-Agenturen (GPRA) gemeinsam das Gründungspapier einer Deutschen Akademie für Public Relations (DAPR) verabschiedet, dem wohl bald der Gründungsakt folgen wird. Und schließlich wurde anläßlich des 80. Geburtstages des DPRG-Ehrenpräsidenten die Gründung einer „Albert Oeckl-Stiftung" verkündet, über deren Aufgaben in nächster Zeit Vorstandsbesprechungen vorgesehen sind.

Wenn man zu den bisherigen Aktivitäten die Intensivierung der Juniorenarbeit dazunimmt, die auch das Gespräch zwischen „Senioren" und „Junioren" fördern soll, kommt man zu dem Ergebnis, daß die Öffentlichkeitsarbeit in der DPRG in guten Händen ist und sich weitere Erfolge abzeichnen.

Nach den Kapiteln Vergangenheit und Gegenwart wende ich mich nunmehr dem Hauptteil zu:

Die Zukunft der Public Relations in Deutschland

Diese wird erheblich von der politischen, wirtschaftlichen und gesellschaftlichen Entwicklung Deutschlands bestimmt, das heißt von folgenden entscheidenden Faktoren:

1. der bisherigen gesellschaftlichen und wirtschaftlichen Situation in den beiden Deutschland,

2. der Entwicklung, die sich aus der Vereinigung von Bundesrepublik und DDR ergibt,

3. der verstärkten Einbeziehung Deutschlands in die Europäische Gemeinschaft, wie immer diese aussehen wird,

4. dem heutigen Ost-West-Verhältnis nach dem Zerfallen von Warschauer Pakt und Comecon auf der einen und den Unklarheiten über die künftige Gestaltung und Aufgabenstellung der Nato auf der anderen Seite unter besonderer Berücksichtigung der Evolution in der UdSSR sowie schließlich

5. der Entwicklung des Nord-Süd-Verhältnisses einschließlich der Probleme der dritten und vierten Welt.

Alle diese Punkte werden unter den Gesichtspunkten des Kommunikationspolitikers und aus dem speziellen Betrachtungswinkel des Fachmannes der Öffentlichkeitsarbeit gesehen.

Wenn man eine der vielen heute gebrauchten PR-Definitionen zugrunde legen würde, könnten eventuell unterschiedliche Ergebnisse herauskommen. Ich nehme daher als Ausgangspunkt die am 26. Mai von der Mitgliederversammlung grundsätzlich akzeptierte Begriffsbestimmung: „Öffentlichkeitsarbeit ist das Management von Kommunikationsprozessen für Organisationen und Personen mit deren Bezugsgruppen. Sie versucht im Dialog, Akzeptanz für deren Interessen zu erreichen." Ihre Tätigkeitsfelder liegen in allen Bereichen gesellschaftlicher Organisationsformen auf wirtschaftlichem, politischem, sozialem und kulturellem Sektor.

Von Rückspiegel und Gegenwartsbetrachtung den Blick in die Zukunft richtend, stehen vor meinen Augen drei einschneidende Faktoren unserer gegenwärtigen Umbruchzeit: der Werte- und Bewußtseins-Wandel, der Struktur-Wandel und die politisch-geografisch-strategischen Umwälzungen.

Werte- und Bewußtseins-Wandel

ist in vielen geistigen Denkkategorien eingetreten, dazu einige markante Beispiele:

- auf dem fundamental wichtigen Gebiet der Religion: hier steht der mit 42,9 Prozent der Bevölkerung an der Spitze rangierenden katholischen Kirche und der mit 41,6 Prozent knapp folgenden evangelischen Kirche mit einer zunehmenden Entchristlichung eine Intensivierung der Glaubensaktivitäten bei den im gleichen Raum lebenden 1,9 Millionen Muslimen gegenüber;
- in der ganz in den Vordergrund gerückten Thematik Umwelt in ihren verschiedenen Ausprägungen;
- in der Kulturpolitik Hinwendung zu einer multikulturellen Gesellschaft;
- in einer völlig veränderten Stellung der Frau in Richtung Gleichberechtigung;
- in der fast gleichberechtigten Anerkennung der Singles als einer neuen Form des Alleinseinwollens in der Masse, gegebenenfalls auch verbunden mit Kindererziehung, wenn auch unehelich.
- Besondere Bedeutung kommt dem neuen Denken der Jugend zu, für die nach neuesten Untersuchungen Arbeit und Beruf mehrheitlich einen höheren Stellenwert hat. Verbunden damit ist die Forderung nach interessanten Arbeitsinhalten, weitgehend aber nicht nach kürzeren Arbeitszeiten. Diese „postmaterialistische" Gesellschaft entwickelt ein verändertes familien- und freizeitorientiertes Lebenskonzept.
- Dazu kommt eine stark veränderte Einstellung zum Komplex Wohnen.

- Schließlich eine gewandelte Einstellung zur Homosexualität, welche die gesellschaftliche Diskriminierung von Schwulen beziehungsweise Lesben weitgehend aufgehoben hat.

Den Werte- und Bewußtseins-Wandel ergänzt der

Struktur-Wandel,

der sich um uns herum vollzieht:

– Die produzierende Wirtschaft verliert ihr bisheriges Übergewicht an die Dienstleistungsgesellschaft (der tertiäre Sektor hat jetzt 56,6 Prozent des Bruttosozialprodukts erreicht), der primäre Sektor Land- und Forstwirtschaft büßt immer weiter an Bedeutung ein (er erzielt nur noch 1,6 Prozent);

– der Überschuß der Außenhandelsbilanz steigt seit Jahren, 1989 belief er sich auf 128 Milliarden Mark, womit die Bundesrepublik jetzt Weltspitzenreiter vor Japan ist;

– die Arbeitszeitverkürzung nimmt seit Jahren zu, sie steuert auf vielen Gebieten für die Mitte der neunziger Jahre die 35-Stunden-Woche an, während die Freizeit umgekehrt proportional zunimmt; die Zahl der Erwerbstätigen steigt seit Jahren auf inzwischen rund 28 Millionen;

– bei den Löhnen und Personalkosten liegt die Bundesrepublik an erster Stelle vor Japan und den USA und weit vor Frankreich, Großbritannien und Italien;

– der Individualverkehr auf den Straßen sowie der Luft-, Personen- und Frachtverkehr steigen kontinuierlich, beide nähern sich der absolut verkraftbaren Höchstgrenze;

– die Hochschätzung der Technik nimmt erstmals seit Jahren leicht ab, die Angst vor Technologiefolgen steigt;

– die demographische Problematik wird größer: das starke Anwachsen der Alterspyramide mit ihren steigenden Auswirkungen sozialer, wirtschaftlicher und psychischer Art, auch in Richtung Lebensqualität;

– die schnell steigende Zahl von Asylanten, Aussiedlern und Übersiedlern – sie belief sich allein 1989 auf 1,3 Millionen – und die sich daraus ergebenden Auswirkungen;

– die rasch wachsende Menge von nicht legal in der Bundesrepublik lebenden Afrikanern und Asiaten, die kontinuierlich durch unkontrollierbare Grenzübertritte aus Italien, Spanien, Frankreich und Großbritannien sowie der benachbarten Schweiz ansteigt.

Dazu kommt als dritter weitreichender Faktor eine

politisch-geographisch-strategische Umwälzung:

- der Zusammenbruch der kommunistischen Herrschaft im Osten: in der DDR, in Ungarn, Polen, der Tschechoslowakei, in reduzierter Form auch in Bulgarien, Rumänien und neuerdings auch Albanien und zuletzt auch beginnend in Jugoslawien;
- die Wandlung auf politischem und wirtschaftlichem Gebiet in der UdSSR;
- die Entwicklung insbesondere in Westeuropa in Richtung Europäische Gemeinschaft ab 1. Januar 1993;
- die vorsichtige Anbahnung neuer politischer Konstellationen in Südafrika, Namibia, Jemen, Burma und einigen anderen Staaten südlich des Äquators;
- die Eskalation der Gewalt in Israel-Palästina, Südafrika, Südkorea, Kaschmir, Nepal, Nordwestindien, Pakistan, Ceylon usw.

Am 20. Mai hat der Norddeutsche Rundfunk in der sehr grundsätzlichen Sendereihe „Eine Welt für alle" unter der Leitung des Fernseh-Programmdirektors des NDR Rolf Seelmann-Eggebrecht, der auch der Koordinator für Fernsehspiele der ARD-Programmdirektion ist, in der besten Sendezeit von 20.15 bis 23.00 Uhr ein visionäres Fernsehspiel über eine Masseninvasion hungernder Afrikaner in Europa ausgestrahlt unter dem Titel „Der Marsch", an das sich eine ganz hochkarätig besetzte Diskussion unter Einbeziehung von drei Ministern und Vertretern aller in der Bundesrepublik vertretenen Parteien unter dem Titel „Festung Europa?" anschloß. Das brennende Thema war – und ist für heute und morgen: Kann oder soll oder muß man die Aussiedlerströme aus dem Osten und Süden eindämmen, indem man unter weitgehender Abänderung der bisherigen deutschen Entwicklungshilfepolitik – immerhin 9 Milliarden Mark 1989 – versucht, den Lebensstandard der armen Herkunftsländer zu verbessern, um das Überleben insbesondere in der vierten Welt zu sichern und so den Strom der Hunger- und Ökologieflüchtlinge mindestens zu verringern?

Die Abschlußfragen zu diesem Problem lauten: Dominiert heute für uns noch der Ost-West-Konflikt oder wird er schon vom Nord-Süd-Konflikt überwuchert? Und: Die Weltbevölkerung wächst nach den gemeinsamen Feststellungen der mit diesem Thema befaßten Kommissionen der Vereinten Nationen jährlich um 100 Millionen. Ende der neunziger Jahre werden mindestens 6 Milliarden, möglicherweise 6,3 Milliarden Menschen auf unserer Welt leben. Das Wachstum muß also eingeschränkt werden. Aber wie? Quo vadis Deutschland in dieser Welt?

Ein in diesem Zusammenhang sehr wertvolles **Soziogramm** stellt eine von der SRG (Schweizerische Rundspruch-Gesellschaft) bei der DemoSCOPE Meinungsforschungsgesellschaft, Zürich, in Auftrag gegebene und im März 1990 abgeschlossene Untersuchung „Das psychologische Klima der Schweiz" dar, die sich in vier Abschnitten über die Jahre 1974–89 erstreckt. Sie zeigt die Verschiebung der Wertvorstellungen und Grundhaltungen, die sich aus über 3.000 Interviews ergibt, unter zwei Hauptgesichtspunkten: soziogeographische und psychologische Entwicklungen. Die in diesen 15 Jahren eingetretene Trendwende kristallisiert drei Gruppierungen der Schweizer Bevölkerung heraus:

Die „Weltkriegsgeneration"

der 55jährigen bis Hochbetagten, zusammen „die Schweizer von altem Schrot und Korn", 1975 insgesamt noch 47, jetzt lediglich 33 Prozent umfassend, also starker Rückgang. Ihre Hauptcharakteristika sind: Bodenverwurzelung, Puritanismus, Moral, Sparsamkeit, Reserviertheit, ferner Arbeitsethos, Realismus, Konformismus und autoritäre Haltung. Im Südosten und im östlichen Südwesten wohnend, durch einen tiefen Graben von der Mittelgruppe Wohlstand und noch stärker von der Zukunftsgruppe getrennt. Oder klarer ausgedrückt: Die Weltkriegsgeneration ist dominant in der ganzen Alpenregion und in kleinen Einzelgebieten wie zum Beispiel im Kanton Appenzell. Sie sind überwiegend konservativ, introvertiert und traditionsbewußt.

Die „Wohlstandsgeneration"

bewohnt hauptsächlich den Westen einschließlich Südwesten, umfaßt insgesamt 36 Prozent der Bevölkerung, nicht zuletzt die französisch sprechenden Westschweizer, sie hat Zugehörige in allen Altersgruppen und Schichten.

Die zentralen Anliegen sind: ausgeprägter Materialismus, Erfolgsbetonung, Aktivität, Gepflegtheit in äußerer Erscheinung und Lebensführung. Ferner: Eigentumsbewußtsein und Gourmandise.

Zu dieser Kategorie gehören auch die Yuppies, stark ausgerichtet auf persönliches Wohlbehagen, Sinnenfreude, action, Erlebnis. Die ganze Gruppe ist im Wandel begriffen auf mehr Dynamik, Spontaneität, Hedonismus, Aggressivität, Fitness, Erotik, Rationalität.

Die „Zukunftsgeneration"

ist in den letzten Jahren erheblich gewachsen auf jetzt anteilig 31 Prozent. Sie bewohnt den Norden – entlang der deutschen Grenze – und die Nordost-Ecke mit den

Städten Basel, Zürich, Winterthur, St. Gallen, bis zum Fürstentum Liechtenstein und ist stark stadtbetont. Die Kluft zur Weltkriegsgeneration vergrößert sich.

Die Charakteristika sind: weltoffen, kosmopolitisch, zunehmend antiautoritär und kompromißlos. Sie erfaßt viele junge Schweizer mit hoher Bildung, die das traditionelle – noch weitgehend wirtschaftlich und politisch herrschende – Establishment in Frage stellen, überhaupt zunehmend jedes Leitbild. Weitere Eigenschaften: Nonkonformismus, überwiegend sozialdemokratische Einstellung, häufig unordentlich und romantisch.

Die Zukunftsgeneration fühlt sich überwiegend zur neuen Informationsgesellschaft hingezogen, sie weiß, wie man Informationen aufnimmt, filtert und auswertet, sie kommt auch mit der Informatik zurecht. Die Mitglieder sind bereits heute stark meinungsbeeinflussend, was sich beispielsweise bei dem bekannt gewordenen Volksentscheid „Schweiz ohne Armee" überraschend auswirkte. Sie machen sich auch bereits in der Politik, aber auch in der Wirtschaft und im Kulturgeschehen bemerkbar, ganz besonders in den Medien. Ihr Nonkonformismus und ihr informelles Denken und oft auch Handeln beunruhigt die „Alt-Schweizer", aber auch die halbmoderne Wohlstandsgeneration.

Durch diese Entwicklung fühlen sich die bürgerlichen Parteien in ihrer bisherigen Stellung bedrängt. Sie sind im letzten Jahrzehnt von 37 auf 28 Prozent zurückgegangen, zusammen mit der Sozialistischen Partei – mit der sie gemeinsam im Bundesrat seit Jahren regieren – von knapp 60 auf 39 Prozent.

Eine neue politische Strategie, die auf die Z-Generation – die Schweizer der Zukunft – auszurichten wäre, müßte zahlreiche neue Inhalte in einem neuen Stil vermitteln. Dazu wurden benannt: ein neues Weltbild, eine realistischere Schweiz inmitten Europas, mehr Verständnis für die Zielsetzungen vieler kleinerer Interessengruppen – die im Zunehmen begriffen sind –, Verzicht auf Monologe der „Platzhirsche", ganz verstärkte Aufgeschlossenheit für Natur, Umweltschutz, Technologie, Sport, Sex und Freizeit sowie mehr Menschlichkeit in der Arbeitswelt. Nur die Sicherung des Wohlstands bleibt unbestritten.

Diese sozio-demographische Studie, die ebenso hochaktuell wie politisch relevant ist, habe ich ausführlicher als sonst aus dem Gesamtmaterial herauskristallisiert, weil eine vergleichbare Arbeit nach meiner Kenntnis für unsere bundesdeutschen Verhältnisse nicht existiert.

Soziographische Entsprechung in der Bundesrepublik Deutschland

„Der neue Schweizer", wie er sich in dieser beachtenswerten Untersuchung abzeichnet, ähnelt – nicht nur wegen der Grenz-, Sprach- und teilweise auch alemannischen

Stammesnachbarschaft – in erheblichem Umfang einem analogen soziographischen Profil in der Bundesrepublik. Bei dieser langfristigen Trenddarstellung könnte man – wenn man das Wort „Schweiz" vergißt – manchmal denken, es handle sich um eine psychologisch-politische deutsche Enquête, in der vom relativ konservativen bayerisch-schwäbisch-badischen Süden mit anschließender Pfalz, vom wohlstandsorientierten Westen und Nordwesten und vom zukunftseingestellten Norden mit Hamburg-Bremen-Berlin natürlich auch von Großstädten wie München, Stuttgart und Frankfurt die Rede ist. Viele Verhaltenseinstellungen sind weitreichend entsprechend, ein Weg teilweise weg vom christlich-konservativen Lager deutet sich an und moderne, unkonventionelle Wertvorstellungen gewinnen an Gewicht, von nicht wenigen Politikern, Pastoren, Geisteswissenschaftlern und Senioren aller Kategorien noch nicht oder nur ganz wenig wahrgenommen.

Konsequenzen

Die Schlußfolgerungen aus all dem lassen sich folgendermaßen ziehen: Ich habe seit langem und oft den Public Relations-Fachmann einerseits mit einem Seismographen und andererseits mit einem Kompaß verglichen. Er muß als einer der ersten Trendveränderungen jeder Art wie ein Erdbebenmeßgerät registrieren und in seiner besonders wichtigen Funktion als Berater seine Auftraggeber darauf hinweisen. Und als einer, der schnell und intuitiv die zu wählende Richtung erfaßt, wie ein Kompaß aufzeigen, welcher Weg eingeschlagen werden sollte. Er ist der Mann, der aus der Situation von Heute in Kenntnis des Gestern das Ziel für Morgen zeigen soll.

Da er in seinen verschiedenen Aufgabenstellungen als PR-Verantwortlicher in Unternehmen, Verbänden oder in der Verwaltung, als Agentur-Chef oder als PR-Berater Generalist oder Spezialist oder beides sein muß, ist es unabdingbar, daß er neben der naturgemäß optimalen Ausbildung eine zeitgemäße ständige Fortbildung erhält, die den laufend steigenden und immer vielfältiger werdenden Anforderungen ausreichend Rechnung trägt. Fortbildung auf den Gebieten, die das Jetzt und die Zukunft der Bereiche umfaßt, die immer wichtiger werden:

- Political Relations – wozu ich auch Public Affairs im Inland, im europäischen – und auch steigend – im internationalen Ausland zähle,
- Financial- und Investor Relations, deren Bedeutung im Rahmen des Global Financing rapide im Wachsen begriffen ist,
- Umwelt-Relations vorbeugender oder praktizierender Art auf den Sektoren Naturschutz, Luft, Wasser, Boden, Energie, Lärm und zunehmend Abfall aller Art sowie Altlasten,
- Krisen-Management im In- und Ausland auf wirtschaftlichem, sozialem und gesellschaftlichem Gebiet
- Gesundheits- und damit verbunden Pharma- sowie Bio-Nahrungsmittel-PR,

- Cultural Relations, die bei dem schnell wachsenden Gewicht der weitverzweigten Bildungs-, Erziehungs-, Wissenschafts-, Forschungs- und Kunstprobleme sowie den äußerst diffizilen Aufgaben der Religionsgemeinschaften an Bedeutung gewonnen haben, und schließlich
- Medien-Relations auf den immer mehr an Gewicht gewinnenden Gebieten Presse, Hörfunk und Fernsehen, Film, Bild und Video, Verlage und Print-Erzeugnisse aller Art und natürlich Telekommunikation.

Diese Seminare müssen von hochqualifizierten Fachkräften, die selbst ständig auf dem neuesten Stand sind, abgehalten werden. Sie sollten eine Bereicherung an Kenntnissen für die Teilnehmer bringen, jedoch nicht eine Bereicherung in unangemessener Form für die Veranstalter. Auch sollten sie das Auditorium nicht ungebührlich viel Zeit kosten, wobei zentral gelegene Veranstaltungsorte eine Selbstverständlichkeit sein sollten.

Aus meiner rund ein halbes Jahrhundert umfassenden kritischen Betrachtung des umfangreichen Gebietes Öffentlichkeitsarbeit kann nicht übersehen werden, daß der PR-Sektor sich quantitativ ganz erstaunlich über dem Durchschnitt der gesamten wirtschaftlichen Entwicklung ausgeweitet hat. Die Zahl der Beschäftigten, der Gesamtaufwand und der Bekanntheitsgrad sind überproportional gestiegen. Auch die Qualität der Leistungen der in der GPRA – Gesellschaft Public Relations Agenturen – zusammengeschlossenen 32 führenden PR-Agenturen bewegt sich auf einem höchst erfreulichen Niveau.

Da allerdings nach zuverlässigen fachkundigen Schätzungen heute insgesamt etwa 300 Agenturen auf diesem Gebiet arbeiten – und ständig neue hinzukommen –, die teilweise ohne oder mit unzureichenden Voraussetzungen tätig werden, um – wie manche sagen – „die schnelle Mark zu machen" –, hat sich nicht zuletzt in der Wirtschaft das Ansehen der Public Relations insgesamt leider nicht verbessert, um es nicht negativ auszudrücken. Die auf dem PR-Gebiet besonders erfahrenen und qualifizierten Engländer pflegen seit Jahren von „image upgrading", vom Anheben des Niveaus wie des Ansehens zu sprechen. Dieser Profilierungs- und Professionalisierungs-Aufgabe könnte und sollte sich die DPRG mit Unterstützung ihrer Tochter-Institutionen Deutsche Akademie für Public Relations und Albert Oeckl-Stiftung bald und nachdrücklich widmen.

In der unternehmerischen Wirtschaft wird heute zu einem Teil gute bis erstklassige PR-Arbeit geleistet. Es erstaunt aber weiterhin, daß im Lauf der letzten ein bis zwei Jahre bei mehr als einem halben Dutzend bedeutender Unternehmen die sogenannten PR-Chefs vorzeitig bis herunter zu einem Alter von 58 Jahren ausgeschieden (worden) sind. Dieses heiße Eisen wird hier bewußt angeschnitten, weil es im Interesse der Arbeitgeber wie der leitenden Angestellten nötig ist, darüber offen zu sprechen. Die Ausgeschiedenen klagen, wenn man sie fragt, das ist ihr gutes Recht. Die

Arbeitgeberseite gibt verschiedene Begründungen oder – schweigt. Bedenklich scheint mir die Antwort zu sein:... war nicht mehr auf der Höhe der Zeit,... hat unseren steigenden Anforderungen nicht mehr entsprochen. Der PR-Berufsstand braucht – auch aus vorstehendem Grund – zweierlei für seine Berufskollegen:

1. ganz hochrangige Weiterbildungskurse für PR-Chefs der verschiedenen Kategorien, um sie ständig auf dem laufenden zu halten, mit anderen Worten: hartes Management-Training;

2. zahlenmäßig kleine Perfektionierungsseminare für die Aufsteiger aus dem zweiten Glied, die Nummer eins werden wollen oder sollen oder solche, die aus Medien oder dem Marketing oder der Werbung in PR umsteigen.

Damit nicht weitgehend kommunikations-unkundige Praktiker aus ganz anderen Berufen auf der Basis schwer durchschaubarer Gründe plötzlich Vorgesetzte von PR-Fachleuten werden, aus deren Reihen man keinem die höheren Weihen erteilen wollte.

Und abschließend zur Gegenseite: Es ist in beiden Lagern unbestritten, daß nicht wenige große Unternehmensbosse zwar inzwischen Öffentlichkeitsarbeit für unvermeidlich oder doch für notwendig halten, aber nach wie vor häufig nur ein geringes Maß an Verständnis für diese im Interesse des Unternehmens höchst wichtige Aufgabe aufbringen. Einige bisherige Versuche verliefen wenig erfolgreich. Es nützt nichts, wenn der Chef für ein Top-Management-Seminar zusagt und dann der persönliche Referent oder der PR-Mann kommt. Einige Ausnahmen bestätigen die Regel. Deshalb sollte es erste Priorität für die DPRG und ihre Tochter-Institutionen sein, höchst-qualifizierte Besprechungsrunden im kleinen Kreis an zentralem Ort mit relativ geringem Zeitaufwand zu veranstalten, die auf Wunsch absolut vertraulich bleiben.

Eines meiner langjährigen und immer wieder angemahnten Anliegen ist eine ganz erhebliche Aktivierung der deutschen PR-Auslandsbeziehungen. Wir sind bei der Confédération Européenne des Relations Publiques (CERP) und bei der International Public Relations Association (IPRA) nur mit jeweils rund 1 Prozent unserer Mitglieder vertreten, von denen wiederum bei den Jahrestagungen leider nur wenige – und das seit vielen Jahren – teilnehmen. Im Hinblick auf die schon erwähnte Europäisierung und Internationalisierung unseres ganzen Lebens ist dies nur schwer verständlich und wird bei den supranationalen Treffen nicht nur seit Jahren beklagt, sondern auch deutlich kritisiert. Wir brauchen für unsere politische und wirtschaftliche Zukunft Freunde in der Welt und leisten dazu ausgerechnet als Kommunikations-Fachleute nur einen absolut unzureichenden Beitrag. Zu den 70 nationalen PR-Gesellschaften rund um den Erdball pflegen wir so gut wie keine Beziehungen. Ein gleiches gilt für die Verbindungen zu den nationalen beziehungsweise supranationalen Kontakten zu den PR-Fachzeitschriften zum Beispiel in der Schweiz, in Frankreich, Schweden, Finnland oder Ägypten. In der Internationalen PR-Bibliographie ist bis heute kein deutsches Fachbuch enthalten. Unter Bezugnahme auf Jahrestagungen nationaler PR-Gesellschaften und -Institute: Die Deutschen glänzen durch Abwesenheit, während wir beim privaten Tourismus Weltmeister sind.

Noch ein weiterer Minuspunkt: Es ist trotz mehrseitiger Bemühungen seit vielen Jahren bis heute nicht gelungen, an einer deutschen Universität einen vollen Ausbildungslehrgang Öffentlichkeitsarbeit einzuführen, der systematisch Jahr für Jahr durchgeführt wird, was beispielsweise in Österreich seit einiger Zeit praktiziert wird.

Zusammenfassung

Die Public Relations stehen bei der Globalisierung der Welt vor einer ganz großen Aufgabe. Wir sollten dazu alle, wirklich alle notwendigen Voraussetzungen dafür schaffen, daß Deutschland wie in der Wirtschaft und – parallel mit ihr – einen der vorderen Plätze einnimmt. Albert Schweitzer, der große Kulturphilosoph, hat dazu gesagt: „Jeder muß auch etwas tun, wofür er nicht bezahlt wird."

Foto: Foto-Studio Olligschläger/Köln

Prof. Dr. Albert Oeckl

**Jaspersstraße 2
6900 Heidelberg
Tel.: 06221/388595**

Der Public Relations- und Kommunikationsberater Prof. Dr. Albert Oeckl wurde am 27. Dezember 1909 in Nürnberg geboren.

Nach dem Besuch des humanistischen, traditionsreichen Melanchthon-Gymnasiums nahm er das Studium der Rechtswissenschaft und Volkswirtschaft an den Universitäten München und Berlin auf; dem Schlußexamen in München 1933 folgte 1934 die Promotion zum Dr. oec. publ. am gleichen Ort. In den Jahren 1933 bis 1936 absolvierte er ein Referendariat. Der Kriegsdienst von 1939 bis 1945 unterbrach zunächst seine berufliche Laufbahn, die er zuvor über verschiedene Tätigkeiten bei der IG Farbenindustrie AG Berlin begonnen hatte.

Nach dem Kriege arbeitete Albert Oeckl als freiberuflicher Wirtschaftsberater (1945–1950), in den Jahren 1950 bis 1959 dann als Geschäftsführer und Abteilungsleiter Öffentlichkeitsarbeit beim Deutschen Industrie- und Handelstag.

Von 1959 bis 1974 schließlich war er weltweit Direktor und Leiter der Zentralabteilung Öffentlichkeitsarbeit bei der BASF AG.

Seit 1975 ist Prof. Dr. Albert Oeckl als bekannter und anerkannter Kommunikationswissenschaftler und -berater tätig.

Sein Engagement und seine Qualifikationen im gesamten Spektrum der PR- und Kommunikationsarbeit belegen zahllose ehrenamtliche Tätigkeiten, Mitgliedschaften, Publikationen und internationale Auszeichnungen.

Als kritisch-skeptischer Optimist sucht er eine Effizienz ohne Verzicht auf Ethik, verknüpft mit lebensnaher Sozialpsychologie, zu verwirklichen. Sein persönliches Motto lautet daher: „Fortiter in re, suaviter in modo!"

PR-Training:
Das innovative Institut

Zehn Jahre AFK — das ist noch kein „großes" Jubiläum.

Aber es gibt ein paar Fakten, auf die wir stolz sind und über die wir uns freuen:

* Kein anderes PR-Berufsbildungsinstitut hat eine so breite Palette von Trainingsangeboten.

* Kein anderes PR-Berufsbildungsinstitut hatte in den letzten zehn Jahren über 5000 Veranstaltungsteilnehmer und hat aktuell so viele Buchungen pro Jahr.

* Kein anderes PR-Berufsbildungsinstitut kann über 1250 didaktisch aufbereitete Seminarunterlagen bieten — Lernpapiere, Aufgabenblätter und Fallstudien.

* Kein anderes PR-Berufsbildungsinstitut hat so viele Innovationen entwickelt, die andere zum Teil inzwischen aufnehmen und mit Variationen nachmachen. Beispiele?:
    - die 15monatige Ausbildung von Hochschulabsolventen in Zusammenarbeit mit der Bundesanstalt für Arbeit;
    - die von den Verbänden anerkannten PR-Fachprüfungen;
    - die große Breite von spezifischen Trainingsangeboten für verschiedene Fortbildungswünsche und -notwendigkeiten;
    - die Seminare zu Krisen-PR, zu Social Communications, zu Marketing, Werbung, Verkaufsförderung und Media für PR-Fachleute und die speziellen Trainings für PR-Sekretärinnen — sämtlich in Zusammenarbeit mit der DPRG;
    - die Auftragsseminare für Agenturen, Unternehmen und Institutionen . . .
        . . . um nur einige zu nennen.

> Wir danken zu unserem 10-Jahres-Fest unseren Teilnehmern für die Mitarbeit und ihnen wie ihren Entsendern für das Vertrauen. Und wir versprechen, uns auch künftig nach Kräften innovativ zu engagieren.

Niederröder Str. 24b, 6074 Rödermark 2-Oberroden
Telefon: 06106/7841, Telefax: 06106/79408

Akademie Führung und Kommunikation

Politische Kommunikation:
Definitionen — Probleme — Methoden

von Prof. Dr. Wolfgang Bergsdorf

Unter *Politischer Kommunikation* sind alle sprachlichen Äußerungen oder Handlungen mit anderen Symbolen zu verstehen, die mit politischer Relevanz, von wem auch immer, getan werden. Der Begriff Politische Kommunikation umfaßt also sowohl das Stammtischgespräch über Politik wie auch die Regierungserklärung des Bundeskanzlers, das Abspielen der Nationalhymne bei einem Länderspiel wie auch den Sozialkundeunterricht in der Schule. Wenn der Begriff Politische Kommunikation auf die Kommunikation der Politiker und vielleicht noch der Medien verengt wird, taugt er als analytisches Konzept nicht mehr viel. Denn immer bemühen sich die Regierenden um die Zustimmungsbereitschaft der Regierten, die allein durch politische Kommunikation hergestellt und fortwährend geprüft werden kann. Allerdings, und das ist der entscheidende Unterschied zwischen der politischen Kommunikation in demokratischen und totalitären Ländern, hat die erfolglose Kommunikation mit ihrem Vertrauensentzug in demokratischen Systemen die Abwahl der Regierung zur Konsequenz, im Fall totalitärer Systeme bleibt erfolglose Kommunikation scheinbar folgenlos für die Verweildauer der Regierenden in ihren Ämtern. Die revolutionäre Entwicklung in Osteuropa hat jedoch bewiesen, daß die erfolglose Kommunikation nur über einen ungewiß langen Zeitraum folgenlos bleibt. Irgendwann – vor allem im Zeitalter des weltumspannenden Fernsehens – gelingt dann eine gründliche Veränderung der kommunikativen Situation, die immer zugleich die Machtfrage stellt. Daß eine demokratische Regierung Kommunikation betreibt, daß sie ihre Politik erläutern muß, um sie durchzusetzen, indem für sie Zustimmung und Vertrauen geschaffen wird, wird heute niemand mehr bestreiten wollen.

Die Regierungskommunikation gehört zu dem breiten Feld der politischen Kommunikation in der Bundesrepublik Deutschland, an der sich viele andere mehr – Medien, Politiker, Parteien, Parlament, Verbände, Organisationen, Wissenschaftler, einzelne Bürger – beteiligen. Demgegenüber hat es die Opposition im Normalfall schwerer, die politische Kommunikation zu beeinflussen. Denn sie verfügt nur bedingt über die Fähigkeit, Nachrichten zu erzeugen und Themen zu setzen.

Man kann die Kommunikation der Regierung aufteilen in Informationspolitik und Öffentlichkeitsarbeit. Unter Informationspolitik versteht man die aktuelle Unterrichtung der Öffentlichkeit über einzelne politische Sachfragen, Entscheidungen, Absichten, Verhandlungen. Öffentlichkeitsarbeit bezeichnet dagegen die nicht an den Tag gebundene Gesamtdarstellung einer Politik oder eines Politikbereiches. Das, was die Sprecher der Regierung (und das sind alle, die für die Regierung sprechen können, also der Bundeskanzler, die Minister und Staatssekretäre, die Abgeordneten der Koalitionsparteien und nicht zuletzt die Regierungssprecher) täglich leisten an aktueller, auf die politische Tagesordnung bezogener Information ist Informationspolitik. Werden diese Mosaiksteine jedoch zusammengesetzt, bilanziert man die Informationspolitik über einen Zeitraum, werden Felder der Politik im Zusammenhang von Situation, Zielen und Wegen dorthin dargestellt, kommt die Öffentlichkeitsarbeit ins Blickfeld.

Informationspolitik und Öffentlichkeitsarbeit werden so zu zwei miteinander korrespondierenden Begriffen, von denen der eine das aktuelle Detail, der andere mittelfristig einen politischen Zusammenhang, eine Übersicht über ein Feld der Politik kennzeichnen soll. Beide Begriffe unterscheiden sich nicht im Grad ihrer Aufladung durch Bewertungen. So wie jede politische Information eine implizite Wertung in sich trägt, so ist Öffentlichkeitsarbeit als Konzept der Wertneutralität undenkbar.

Der gleiche, unbestrittene Sachverhalt – etwa die Zahl der Arbeitslosen – wird von den verschiedenen politischen Gruppierungen aus jeweils unterschiedlichen Gesichtspunkten heraus beleuchtet. Die Unausweichlichkeit der Bewertung politischer Informationen ist auf die mehr oder weniger deutliche, stets vorhandene Wertstruktur der Politik zurückzuführen, die das Verlangen nach neutraler und auch objektiver Beurteilung von Politik so schwer erfüllbar macht.

Auch dies ist ein Grund dafür, daß die Öffentlichkeitsarbeit jeder Regierung in sehr unterschiedlicher Weise betrachtet wird. Das Ansehen der Öffentlichkeitsarbeit jeder Bundesregierung schwankt zwischen grotesker Überschätzung ihrer Möglichkeiten, namentlich durch Regierungsanhänger, und völliger Mißachtung als Propaganda und Schönfärberei durch die Sympathisanten der Opposition. Historische Erfahrungen mögen dabei eine Rolle spielen. Zwar haben nur die Älteren bewußt miterlebt, wie in der NS-Zeit der Staat die gesamte politische Kommunikation monopolisiert und in den Dienst seiner totalitären Ideologie gestellt hat, und zwar in allen Formen, angefangen bei Presse und Radio bis hin zu Literatur, Film, Theater und bildender Kunst. Die jüngeren Zeitgenossen haben jedoch vergleichbare Methoden der politischen „Kommunikation" am Beispiel der DDR bis Ende 1989 studieren können. Die Pervertierung staatlicher Öffentlichkeitsarbeit unter Goebbels und Kurt Hager wirkt bis heute nach in der Scheu staatlicher Institutionen, auch nur in den Geruch propagandistischer Aktivitäten zu geraten, und sie wirkt nach in der Übersensibilität der Medien und der Öffentlichkeit gegenüber regierungsamtlichen Erfolgsbilanzen und Lobeshymnen.

Gleichwohl sind Informationspolitik und Öffentlichkeitsarbeit als die beiden miteinander zusammenhängenden und sich gegenseitig ergänzenden Methoden der politischen Kommunikation nicht nur für die Regierung, sondern auch für die Opposition als der „Regierung von morgen" unverzichtbar. Denn die liberale Demokratie westlicher Prägung ist ein ebenso komplexes wie kompliziertes System von Machtbeziehungen zwischen Bürgern, Verbänden, Parteien, Parlament und Regierung. Dieses System kann nur funktionieren, wenn es transparent ist. Die Durchsichtigkeit der Machtbeziehungen, der Willensbildungs- und Entscheidungsprozesse wird zum immer wieder erneuerbaren Legitimationsbeweis des Systems gegenüber den Bürgern. Die Kommunikation über politische Inhalte, das Bereitstellen und der Austausch von Informationen über politische Meinungen und Absichten, Ereignisse und Zusammenhänge ist die entscheidende Voraussetzung für die Funktionsfähigkeit dieses politischen Systems. Die prinzipielle Offenheit politischer Kommunikation ist essentiell für Integration, Stabilität und auch Legitimität der parlamentarischen Demokratie.

Politische Kommunikation wird damit zum wichtigsten Instrument politischer Führung in einer parlamentarischen Demokratie. Dies gilt ganz besonders für die Regierung. Wer die Themen beherrscht, über die politisch gesprochen wird, der ist den politischen Konkurrenten einen Schritt voraus. Er hat eine größere Chance, seine Bewertung des debattierten Themas zur Meinung der Mehrheit zu machen. Insofern ist der Kampf um Themen, der Kampf um die sprachliche Präsentation der Bewertung dieser Themen die entscheidende Voraussetzung für die politische Meinungsführerschaft.

Kommunikation in Politik und Wirtschaft

Gegenüber der Kommunikationsarbeit der Wirtschaft unterscheidet sich politische Kommunikation in wesentlichen Dimensionen:

1. Während es in der Kommunikationsarbeit der Wirtschaft darauf ankommt, auf das Unternehmen beziehungsweise das Produkt aufmerksam und es bekannt zu machen oder seinen Bekanntheitsgrad zu erhalten und möglichst zu steigern, hat politische Kommunikation, vor allem die der Regierung, stets mit starker öffentlicher Anteilnahme und Aufmerksamkeit zu rechnen.

2. Anders als die Wirtschaft sind der freiheitliche Staat und seine demokratisch legitimierte Regierung zur politischen Kommunikation verpflichtet. Denn es gilt das Öffentlichkeitsarbeitsgebot für die handelnde Politik. Die politische Kommunikation der Regierung wird so zur Bringschuld.

3. Politische Kommunikation ist in pluralistischen Systemen stets konkurrierende Kommunikation, während für die wirtschaftliche Kommunikation, jedenfalls in der Bundesrepublik Deutschland, das Verbot vergleichender Werbung gilt.

4. Über den Kommunikationserfolg politischer Personen und Sachthemen entscheidet weniger ihre demoskopisch meßbare Akzeptanz als ein komplexes Geflecht von mentalen Einstellungen, politischen Trends, exogenen, also von der handelnden Politik nicht zu beeinflussenden Faktoren, die vom Bürger beim Wahlakt zusammenfassend beurteilt werden.

5. In der Politik zählt der langfristige Erfolg, der sich an Wahlergebnissen ablesen läßt. Deshalb spricht der Gesichtspunkt der Kommunizierbarkeit bei politischen Entscheidungen eine geringere Rolle als in der Wirtschaft, bei der die laufenden Verkaufsziffern einen ziemlich sicheren Anhaltspunkt für die kommunikative Verkäuflichkeit eines Produktes bieten.

Das Bemühen um öffentliche Aufmerksamkeit

Politische Kommunikation heißt Kampf um die Gunst der öffentlichen Meinung. Daran beteiligen sich die politischen Parteien, die kleinen und großen gesellschaftlichen Gruppen, Kirchen und Verbände, die Medien und schließlich die Regierung. Daß die Regierung zum einen mit vielen anderen Institutionen und Organisationen um die Gunst der öffentlichen Meinung konkurrieren muß, ist ein Charakteristikum der pluralistischen Demokratie; daß die Bundesregierung ihren Kampf um die öffentliche Aufmerksamkeit in der Konkurrenz zu den Länderregierungen zu führen hat, ist ein Kennzeichen des föderalen Staatsaufbaues. Die größte Herausforderung jeder Regierungskommunikation jedoch ist die begrenzte Aufnahmefähigkeit der öffentlichen Meinung.

Müßig ist der Versuch, den hundertfachen Bemühungen um eine Definition der öffentlichen Meinung eine weitere hinzuzufügen. Es möge der Hinweis genügen, daß öffentliche Meinung aus der politischen Kommunikation der Eliten entsteht, aus der von den Medien vermittelten und von ihnen geführten Kommunikation und schließlich aus dem Gespräch der Bürger über öffentliche Angelegenheiten. Auf eine – sich der detaillierten Analyse bisher entziehenden – Weise entsteht hieraus die öffentliche Meinung, die von V. O. Key als „Heiliger Geist des politischen Systems" bezeichnet wurde. Diese Metapher hat wie jeder Vergleich einen hinkenden Fuß. Treffend beschreibt sie zwar das Geheimnisvolle des Zustandekommens der öffentlichen Meinung. Anders als beim Heiligen Geist aber ist die Aufnahmefähigkeit der öffentlichen Meinung quantitativ begrenzt. Denn: Aufmerksamkeit verteilt sich nach bestimmten Regeln, wenigstens in der demokratischen Gesellschaft. Man kann – wie Niklas Luhmann dies vorgeschlagen hat – fünf Regeln finden, nach denen Aufmerksamkeit für Gegenstände, also Themen der öffentlichen Meinung, und für Meinungen, also Ansichten über diese Themen, hergestellt werden kann:

Erste Regel, nach der sich die Chance öffentlicher Aufmerksamkeit orientiert, ist die überragende Priorität bestimmter Werte. Wenn zum Beispiel ein Thema signalisiert, der Friede sei bedroht, die Gesundheit beeinträchtigt, die Unabhängigkeit der Justiz gefährdet, dann erhöht sich die Chance, daß diesen Gegenständen die Aufmerksamkeit der Öffentlichkeit zuteil wird.

Zweite Regel sind Krisensignale und Krisensymptome. Berichte über Hungersnöte und Gewaltakte haben eine gute Chance, öffentlich kommuniziert zu werden. Das ist der Grund, weshalb negative Ereignisse eine größere Kommunikationschance haben. Weil sie von der Regel abweichen, genießen sie unter den Bedingungen freier Meinungsäußerung eine Priorität vor dem Regelmäßigen, Alltäglichen, Normalen.

Dritte Regel für die Erringung öffentlicher Aufmerksamkeit ist die Neuheit von Ereignissen. Die erste Mondlandung, die jüngste Inflationsrate, die neueste Information über den Stand der Rüstungskontrollverhandlungen, die abweichende Meinung eines Regierungsmitgliedes können mit öffentlicher Aufmerksamkeit rechnen. Denn Neues hat die Vermutung von Wichtigkeit für sich. Die unterschiedliche Aufmerksamkeit, die der österreichische und italienische Weinskandal in den deutschen Medien gefunden hat, bestätigt diese Regel. Obwohl der Glykol-Wein aus dem Burgenland kein Todesopfer gefordert hat, wurde er viel ausführlicher kommuniziert als der italienische Methyl-Wein mit mehreren Dutzend Todesopfern, weil diese kriminelle Art der giftigen Panscherei neu erschien.

Vierte Regel: Auch Signale des publizistischen Erfolges beanspruchen die Vermutung von Wichtigkeit. Zuwächse von Stimmen bei Wahlentscheidungen oder auch die erhöhte Frequenz bei der Nennung von Personennamen lenken zusätzliche Aufmerksamkeit auf diese Träger des publizistischen Erfolges.

Die fünfte Regel, nach der die Chancen öffentlicher Aufmerksamkeit verteilt werden, gründet sich auf dem Status des Absenders einer Kommunikation. Je höher der Status, desto größer erscheint die Bedeutsamkeit einer Mitteilung, desto eher wird sie öffentlicher Aufmerksamkeit teilhaftig. Deshalb werden Mitteilungen des Regierungschefs oder politische Stellungnahmen eines berühmten, respektierten Dichters aufmerksamer registriert als Meinungsäußerungen von Abgeordneten oder Verbandsvorsitzenden.

Der politischen Kommunikation der Regierung kommen zwei der fünf Aufmerksamkeitsregeln zugute. Sie profitiert von ihrem Status, der ihren Mitteilungen die Vermutung der Bedeutsamkeit zufließen läßt. Und sie verfügt über die Kompetenz, Neues zu schaffen und kann dafür Wichtigkeit in Anspruch nehmen. Die anderen drei Regeln sind aus der Sicht der regierungsamtlichen Kommunikation neutral: sie können sich sowohl für als auch gegen die Aufmerksamkeit für die Regierung auswirken.

Darüber, welchen Themen aus dem Universum der Möglichkeiten öffentliche Aufmerksamkeit zuteil wird, entscheidet – zunächst – das Mediensystem.

Einflüsse der Massenkommunikation

Die technischen Möglichkeiten und organisatorischen Bedingungen der Massenkommunikation wirken auf die politische Kommunikation ein, wobei Art und Stärke der Einwirkungen umstritten sind. Nicht umstritten sind mindestens drei Leistungen des Massenkommunikationssystems, die zugleich Einwirkungen auf die politische Kommunikation darstellen.

Die erste Leistung besteht darin, daß die Massenmedien Themen für die politische Kommunikation bereitstellen und bereithalten. Diese Themen kämpfen um die Aufmerksamkeit des Publikums. Die Kriterien für die Auswahl dieser Themen und die Art und Weise ihrer Präsentation bestimmen mit über die Blickwinkel, aus denen heraus diese Themen öffentlich ausgeleuchtet werden. Werden in einem Wahlkampf die falschen Themen öffentlich debattiert und drängende Fragen nicht in den Medien erörtert, dann produzieren diese Defizite an politischer Kommunikation vordergründig überraschende Ergebnisse, die vielleicht anders ausgefallen wären, wenn Parteien und Medien die richtigen Themen debattiert hätten.

Die zweite Leistung des Massenkommunikationssystems für die Politik besteht darin, daß die Medien den Stellenwert mitdefinieren, der der Politik im allgemeinsten Sinne des Wortes als Gegenstand der gesellschaftlichen Kommunikation beigemessen wird und – damit zusammenhängend – auch das universelle Problem politischer Macht generell vorbewertet wird. Dies allerdings hängt von den national sehr unterschiedlichen Traditionen und aktuellen Problemlagen ab. In Deutschland als einem Land der geographischen Mitte hatte die Politik stets einen höheren Stellenwert, provoziert durch seine geostrategische Lage. Und Politik evozierte hier mehr Widerspruch und galt stärker als schmutziges Geschäft als in vergleichbaren anderen Ländern. Manches beiläufige Thema kann sofort zur Grundsatzfrage werden.

Die dritte Leistung des Mediensystems kann darin gesehen werden, daß es die Vorentscheidung über das Mischungsverhältnis von Rationalität und Emotionalität trifft, mit dem das Mediensystem die politische Kommunikation präjudiziert. Dieses Mischungsverhältnis variiert zwischen verschiedenen Ländern. Das Feld der Ökologie verdeutlicht beispielsweise, daß das gleiche Thema in verschiedenen Ländern völlig unterschiedlich als Gegenstand der politischen Kommunikation behandelt werden kann.

Diese Leistungen der Medien für die politische Kommunikation haben sich in der Praxis mit einigen offenkundigen Paradoxa herumzuschlagen, die als Rahmenbedingungen politischer Kommunikation verstanden werden müssen.

Das erste Paradoxon lautet:
Niemals zuvor waren die Möglichkeiten des Bürgers in den industrialisierten Ländern des freiheitlichen Westens zur gründlichen Information über politische, wirtschaftliche und kulturelle Fragen so umfassend wie heute; gleichzeitig wird es für den einzelnen immer schwerer, die Informationsflut zu verarbeiten, Orientierung zu finden, einen Überblick zu gewinnen, sich ein eigenständiges Urteil zu bilden.

Das zweite Paradoxon:
Dank der technologischen Entwicklung sind wir nicht mehr weit entfernt von der McLuhan'schen Metapher eines globalen Dorfes. Diese Internationalisierung der Kommunikation und mit ihr die Internationalisierung der Politik geht einher mit einer verstärkten Ausprägung des regionalen, lokalen und sublokalen Bewußtseins, das auch für die politische Wahlentscheidung immer bedeutsamer wird.

Ein drittes Paradoxon:
Als Generalergebnis internationaler Wertewandeluntersuchung findet nichts mehr Beachtung als der mächtige Individualisierungstrend in den pluralistischen Ländern. Demgegenüber steht der von Medien in der freiheitlichen Gesellschaft produzierte Druck des Populismus auf politische Entscheidungen. Je höher der Wohlstand und die soziale Sicherheit sind, desto erbitterter werden die persönlichen Interessen gegenüber allen tatsächlichen oder vermeintlichen Angriffen verteidigt. Gleichwohl wird Allgemeinwohlorientierung stärker postuliert, allerdings vor allem gegenüber dem anderen.

Ein weiteres, sicherlich nicht letztes Paradoxon:
Die Komplexität der Politik nimmt dramatisch zu. Immer mehr Entscheidungen sind von immer mehr Voraussetzungen mit immer mehr Nah- und Fernwirkungen abhängig. Dennoch macht sich in der medialen Vermittlung der Politik ein wachsender Druck der Simplifizierung dieser komplexen Zusammenhänge mit erheblichen Folgen für die Rezeption der Politik durch das Publikum bemerkbar, unter denen die tendenzielle Verteufelung der Politik in den Medien vielleicht ebenso wirkungsmächtig ist wie die umgekehrte Tendenz.

Veränderungen politischer Rahmenbedingungen

Keine schönen Aussichten also für die Bestärkung des demokratischen Postulates, daß der umfassend informierte Bürger kraft seines eigenständigen Urteilsvermögens durch seine Wahlentscheidung die rationale Qualität der Politik garantiert? Diese provokante Frage muß hier unbeantwortet bleiben. In einer gewissen Weise stehen sich politisches System und Mediensystem bereits heute kontradiktorisch gegenüber, in anderer Weise dagegen komplementär: komplementär im Blick auf die Rahmenbedingungen, denen – zum Beispiel ökonomisch und juristisch – beide Systeme unterworfen sind; kontradiktorisch im Blick auf die Erfolgsbedingungen: Der enorme, unersättliche Bedarf der Medien an Neuigkeiten kontrastiert mit jenem Mindestmaß an Kontinuität und Konzentration auf das Wesentliche als Erfolgsvoraussetzung der Politik. Daraus ergeben sich erhebliche Spannungen für die politische Kommunikation.

Der Freiburger Politikwissenschaftler Wolfgang Jäger hat kürzlich in einem viel zu wenig beachteten Essay über den Wandel der Kanzlerdemokratie zur Koordinationsdemokratie die Veränderung der politischen Rahmenbedingungen des westdeutschen Regierungssystems untersucht. Seine skeptische Schlußfolgerung lautete, daß die Regierung heute in ihrer postulierten Quasi-Allzuständigkeit bei eingeschränkten Gestaltungsmöglichkeiten chronisch überfordert ist. Als Folge erscheint ihm politische Führung grundsätzlich defizitär. Er sieht für die Bundesrepublik Deutschland einige Entwicklungstendenzen als Erschwernisse politischer Führung und als Veränderungen der Rahmenbedingungen politischer Kommunikation. Die Befunde von W. Jäger werden im folgenden durch eigene Überlegungen ergänzt:

1. Die Politisierung von immer mehr Lebensbereichen, das Wachstum ideologischer Betrachtungsweisen, die Forderung nach staatlicher Hilfe bei immer mehr Problembereichen.

2. Die verstärkte Macht organisierter Interessen, das wachsende politische und quasi-politische Engagement des einzelnen und sein zunehmendes Selbstbewußtsein, die Ausweitung und verstärkte Nutzung der politischen Mitbestimmungsmöglichkeiten.

3. Das zunehmende politische Selbstbewußtsein der Basis gegenüber der Spitze in jeder politischen Organisation und damit die Verringerung der Durchsetzungskraft der obersten Ebene, sei es im Bund gegenüber den Ländern, sei es in der Parteiführung gegenüber Landesorganisationen, sei in der Verbandsspitze gegenüber Mikroorganisationen. Das gleiche gilt im Verhältnis von der Landesebene zur lokalen Organisationsstufe.

4. Das nicht mehr so spektakulär steigende Wirtschaftswachstum verringert die Gestaltungs- und Umverteilungsmöglichkeiten der Politik. Überhaupt macht sich bei dem hohen Standard an Freiheit, sozialer Sicherheit, Wohlstand und gesichertem Frieden das ökonomische Theorem des abnehmenden Grenznutzens bemerkbar. Ein zusätzliches Plus an Wohlstand und Sicherheit wird der handelnden Politik kaum noch gutgeschrieben.

5. Die großen Fragen der Politik sind bei uns weitgehend geklärt. Die politische Ordnung ist weitestgehend unstrittig, weil erfolgreich. Das gleiche gilt für die Wirtschaftsordnung und die Sozialordnung. Auch die sicherheitspolitische Grund-

orientierung ist durch das westliche Verteidigungsbündnis weitestgehend außer Dissenz. Dies gilt jetzt sogar für die deutsche Frage. Der Streit über die Wünschbarkeit der Einheit Deutschlands oder die Hinnahme der Zweistaatlichkeit ist fast über Nacht unter dem Druck unserer Mitbürger in der DDR und ihres unübersehund -hörbaren Einheitswillens beendet worden. Es gibt in der Politik keine ungeklärten Grundsatzfragen mehr — jedenfalls aus der Sicht der überwiegenden Mehrheit. Damit können Fragen zweiten und dritten Ranges leicht zu Grundfragen hochstilisiert werden und die Temperaturen unserer politischen Kommunikation immer nahe der Fiebergrenze halten.

6. Die Attraktivität der Politik als Herausforderung zum Engagement verblaßt zusehends. Nicht nur das Ansehen der Parteien und Parlamente sinkt, auch die Bereitschaft qualifizierter Mitbürger, politische Ämter zu übernehmen. Die öffentliche Behandlung und Mißhandlung der Politiker provoziert nicht nur eine gewisse Abscheu vor dem Beruf des Politikers, sondern verstärkt den Reiz von Freizeit und selbstbestimmter Erwerbsarbeit. Die Leistungseliten werden ausgedünnt. Immer mehr Mitbürger arbeiten immer weniger, immer weniger Mitbürger werden immer mehr in die Fron genommen.

7. Wichtig ist weiter das Anwachsen des Irrationalismus. Je mehr Mitbürger der formal höheren Bildung teilhaftig werden, desto geringer wird die Überzeugungskraft der Vernunft in der politischen Kommunikation.

8. Schließlich ist der gewachsene Einfluß der Medien zu erwähnen. Die explosionsartige Vermehrung der politisch relevanten Medien und ihre insgesamt wachsende Bedeutung für den politischen Entscheidungsprozeß vergrößert die Abhängigkeit der Politik wie auch der Bürger von der Vermittlungsleistung der Medien. Vor allem das Fernsehen mobilisiert und verstärkt populistische Strömungen, die mit Nachdruck einfachste Antworten auf immer komplexere Fragestellungen verlangen.

Die Rolle des Fernsehens

Das Fernsehen spielt für die politische Kommunikation eine herausgehobene Rolle. Für die Qualität der politischen Kommunikation in der Bundesrepublik Deutschland ist es gewiß kein Nachteil, wenn die Bürger künftig die wachsende Chance haben, nicht nur die hochpolitisierte Information des öffentlich-rechtlichen Fernsehens, sondern auch die politischen Informationssendungen privater Programme zu sehen und miteinander zu vergleichen. Sie können so besser erkennen, daß das gleiche Ereignis auch im Fernsehen in unterschiedlicher Weise behandelt werden kann, wobei das Verleihen oder das Verweigern von Bedeutsamkeit der wichtigste Unterschied ist.

Die politischen Informationssendungen der privaten Fernsehprogramme werden dem Dilemma nicht entrinnen können, daß die zunehmende Komplexität der Politik das Wesentliche immer stärker der optischen Präsentierbarkeit entzieht. Verständlicherweise werden die privaten Programme den Ausweg der Personalisierung noch stärker nutzen als die bisherigen Programme. Sie werden sich auch intensiver darum bemühen, der Politik Unterhaltungswert abzugewinnen. Aber damit wird der Kontrast zwischen traditionellem Programm und privatem Programm um so deutlicher: hier Politik stets als alarmierender Ernstfall, dort Reduktion der Politik auf das vermeintlich Wichtigste – was auch immer das sein mag – als Normalfall.

Es ist verständlich, daß wenig Sympathie dafür entwickelt werden kann, wenn Politik im Fernsehen ausschließlich auf dieses Wichtigste reduziert würde, wenn ausschließlich die Einschaltquoten über die Zulassung eines Ereignisses, eines Themas auf dem Bildschirm entscheiden würden. Aber genausowenig Sympathie entsteht für politische Informationsprogramme, die sich grundsätzlich nicht für die politischen Informationswünsche des Publikums interessieren, sondern in denen die Meinungen der Journalisten über die Informationen dominieren. Man kann das Publikum nicht ernst nehmen, wenn man es zum Objekt politischer Erziehung macht.

Beide Fernseh-Organisationsformen politischer Informationen haben ihre – wenn auch unterschiedlichen – Vorteile und Nachteile für die politische Kommunikation. Die eher negativen Effekte des öffentlich-rechtlichen Fernsehens haben künftig die Konkurrenz mit den eher positiven Effekten der privaten Anbieter zu bestehen. Und auch die wahrscheinlich negativen Wirkungen des privaten Fernsehens werden in den Wettbewerb mit den positiven Seiten des öffentlich-rechtlichen Fernsehens zu treten haben. Insofern kann man davon ausgehen, daß auch das öffentlich-rechtliche Fernsehen eine Zukunft in der Bundesrepublik Deutschland hat, wenn es seinem Auftrag gerecht wird, die Grundversorgung der Bevölkerung mit umfassenden Informationen sicherzustellen.

Die durch die Konkurrenz zwischen privaten und öffentlich-rechtlichen Programmen bewirkte Entautorisierung des Fernsehens als glaubwürdigster Quelle politischer Information und der damit verbundenen Absenkung seiner Bedeutsamkeit für die politische Kommunikation muß kein Nachteil sein. Im Gegenzug gewinnt die Zeitung mit ihren Möglichkeiten differenzierender Darstellung neuen Raum. Die politisch Handelnden werden sich von der vermeintlichen oder auch tatsächlichen Notwendigkeit ein Stück entlastet sehen, ihre öffentlichen Artikulationen auf das Medium Fernsehen abzustellen. Telegenität, also die auf das Fernsehen abzielende optimale Präsentation der politischen Persönlichkeit, wird dann weniger wichtig. Förderlich dürfte auch sein, daß die Diminuierung des politischen Faktors Fernsehen vielleicht den populistischen Druck auf die Politiker zu verringern vermag. Bis jetzt ist hiervon allerdings noch nichts zu spüren.

Literatur

Wolfgang Bergsdorf. Über die Macht der Kultur
– Kommunikation als Gebot der Politik. Stuttgart 1988.

Wolfgang Jäger. Von der Kanzlerdemokratie zur Koordinationsdemokratie. In: Zeitschrift für Politik, Heft 1, 1988.

Michel Le Net. La communication gouvernementale. Paris 1985.

Gerda Pauli-Balleis. Polit-PR. Strategische Öffentlichkeitsarbeit politischer Parteien. Zirndorf 1987.

Peter Radunski. Wahlkämpfe. Moderne Wahlkampfführung als politische Kommunikation. München/Wien 1980.

Ulrich Sarcinelli (Hrsg.). Politikvermittlung. Beiträge zur politischen Kommunikationskultur. Bonn 1987.

Werner Wolf. Der Wahlkampf. Theorie und Praxis. Köln 1980.

**Prof. Dr.
Wolfgang Bergsdorf**

Presse- und Informations-
amt der Bundesregierung
Welckerstraße 11
5300 Bonn 1
Tel.: 02 28 / 2 08-31 00

Geboren am 7. November 1941 in Bensberg bei Köln, legte Wolfgang Bergsdorf im Jahre 1961 im Hermann-Josef-Kolleg Steinfeld sein Abitur ab.

Anschließend studierte er Politische Wissenschaft, Soziologie und Psychologie an den Universitäten Bonn, Köln und Regensburg.

Der Promotion im Jahre 1970 folgte 1982 im Rahmen seiner akademischen Laufbahn die Habilitation an der Rheinischen Friedrich-Wilhelms-Universität zu Bonn, an der er seit 1987 apl. Professor für Politische Wissenschaft ist.

Schon während seiner Studienzeit war Wolfgang Bergsdorf als freier Journalist für Zeitungen, Hörfunk und Fernsehen tätig. Schwerpunkte bildeten dabei kultur-, bildungs- und wissenschaftspolitische Fragen.

Weitere Funktionen in seinem beruflichen Werdegang waren:
Sozialreferent des Verbandes Deutscher Studentenschaften, Wissenschaftsreferent des Kuratoriums Unteilbares Deutschland, Kulturreferent der Christlich Demokratischen Union Deutschlands, Pressesprecher der Landesvertretung Rheinland-Pfalz beim Bund sowie (von 1973 bis 1982) Leiter des Büros des Vorsitzenden der CDU Deutschlands im Konrad-Adenauer-Haus.

Seit 1982 leitet Wolfgang Bergsdorf als Ministerialdirektor die Inlandsabteilung im Presse- und Informationsamt der Bundesregierung.

Nachrichtenquelle Public Relations

von Dr. Manfred Buchwald

Beginnen wir mit dem groben Strich der Karikatur:

Da gibt es irgendwo auf einer Gemeindeverwaltung einen braven Angestellten, der umständlich genug und vielleicht nur nebenbei die „Pressearbeit" macht. Er hat die großen Taten seines Bürgermeisters zu „verkaufen" und von PR wahrscheinlich kaum je etwas gehört. Da gibt es wohlerzogene Damen und Herren, die sich edelgewandet auf Jahrestreffen ihrer Organisationen begegnen. Ihr Berufsprestige messen sie am sechs- oder gar siebenstelligen Etat des „Bereichs Öffentlichkeitsarbeit" ihres (Groß-)Unternehmens. Bei solchen Begegnungen lassen sie gut honorierte Professoren öffentlich über PR nachdenken und fühlen sich allesamt so wichtig, wie sie es augenscheinlich auch sind. Da gibt es ausgebuffte Profis des Gewerbes in Wahlkampfzentralen, Präsidial- und Staatskanzleien, die zum Wohle ihrer Auftraggeber raffinierte, manchmal international dimensionierte PR-Strategien konzipieren.

Alles dies und manches mehr nennt sich PR; eine vielschichtige Branche produziert ebensolche Informationen. Kein Staatsmann und kaum ein ländlicher Bürgermeister, kein Verband, keine Institution, kein halbwegs beachtliches Unternehmen, keine Kirche oder Gewerkschaft, keine Partei ohne sogenannte Öffentlichkeitsarbeit. Die Zukunft der PR hat längst begonnen, und es ist ganz gewiß zu erwarten, daß sie ihren Siegeszug rund um den Erdball auch im kommenden Jahrzehnt fortsetzen wird. Mir scheint festzustehen, daß PR schon heute den Rang einer publizistischen Weltmacht erreicht hat. Für den Bereich Wirtschaft hat der durch Terroristen ermordete Vorstandsvorsitzende der Deutschen Bank, Alfred Herrhausen, eine Begründung für die hohe Konjunktur der Öffentlichkeitsarbeit geliefert: „Stärker noch als bisher müssen die Unternehmen ihr Handeln gegenüber der Öffentlichkeit erklären. Wir sind unter Begründungszwang gestellt."

Unter solchem Begründungszwang steht in einer freiheitlich verfaßten Gesellschaft allerdings nicht nur die Wirtschaft, sondern alle Segmente der sozialen Kommunikation sind darin eingebunden. Das gilt im gesellschaftlichen Mikroraum ebenso wie im nationalen oder gar internationalen Bereich. In pluralistischen Gesellschaften ist öffentliche Reputation direkt abhängig von öffentlicher Akzeptanz: Machtausübung – ob in der Politik, im Bereich des Marktes oder im vielstimmigen Konzert institutioneller Artikulation – bedarf der Legitimation durch möglichst breite Zustimmung, um wirksam zu sein. In höchst vielschichtiger Weise geht es darum, einen Platz im Bewußtsein der Menschen zu erobern. Der Kampf um diesen

Bewußtseinsanteil wird mit vielerlei Waffen aus dem Arsenal der Öffentlichkeitsarbeit geführt. Zu den noch immer wirksamsten, zugleich ältesten, gehören Nachrichten. Emil Dovifat schreibt: „Für den Menschen, der zunächst sich und die gesellschaftliche Umgebung, in der er lebt, in den Mittelpunkt der Dinge stellt, gewinnt eine Mitteilung immer dann Nachrichtencharakter, wenn die Beziehung zu seinen Lebensinteressen und denen seiner Mitwelt herstellbar ist."

Der Wert der Nachricht ist also durch das persönliche Interesse des Menschen bestimmt. Die Nachricht, eine Mitteilung, nach der man sich richten kann oder soll, ist eine Art Lebensmittel, dessen die vitale Neugier des Menschen bedarf. Sie ist das Grundelement der sozialen Kommunikation; sie ist der Schlüssel zum Zugang ins Bewußtsein, und sie ist die Ursubstanz aller Öffentlichkeitsarbeit. „Politische, religiöse, wissenschaftliche, pädagogische, ästhetische, technische, gesellige, sportliche, wirtschaftliche Dinge werden gemeldet, begutachtet, empfohlen oder verworfen, und die Kraft der Publizität... zieht alle Interessen an, die sich an einen größeren Kreis wenden, eine Masse für sich gewinnen wollen. Diese eindringliche und unermüdliche Stimme zur Aufklärung, Propaganda und Verteidigung für sich zu gewinnen, bemühen sich einzelne und Verbände auf geraden und krummen, auf offenen und geheimen Wegen, mit den Mitteln der Schmeichelei und der Gewalt, der Überzeugung oder Bestechung. Wie Regierungen und politische Parteien, so suchen auch einzelne Interessenten und Interessentenverbände aller Art... die Publizitätskraft... in ihre Dienste zu stellen", schreibt schon im Jahre 1929 einer der Väter der deutschen Zeitungswissenschaft, Otto Groth, und weist mit geradezu seherischer Fähigkeit in die Zukunft: „Es wird bald keine Organisation, keine öffentliche Stelle, ja keinen größeren Betrieb mehr geben, der nicht seine Presseabteilung hätte. Die Wachsamkeit der Zeitungen muß sich dieser irrenden und verwirrenden Zeitentwicklung gegenüber verdoppeln, damit das Wort von der Freiheit und Unabhängigkeit der Presse auch in dieser in Auswüchsen verderblicher Art befangenen Zeit seinen Wert behalte!"

Haben wir also endlich die „Öffentlichkeitsarbeiter" als Schuldige „dieser irrenden und verwirrenden Zeitentwicklung" dingfest gemacht? Sind sie der Antichrist der um „Freiheit und Unabhängigkeit" ringenden Journalisten? Wie ist dieser Antagonismus – wenn es ihn gibt – erklärlich, wo doch beide mit dem gleichen Werkstoff, der Nachricht, umgehen?

Sie gehen mit unterschiedlichen Arten von Nachrichten und sie gehen auf unterschiedliche Weise mit ihnen um.

Nachrichten nehmen in der öffentlichen Publizistik einen bevorzugten Platz ein: Zeitungen bemühen sich, die wichtigsten Meldungen auf der ersten Seite zu plazieren; im Radio werden Nachrichten regelmäßig, meist im Stundenrhythmus ausgestrahlt und bilden so die Eckpfeiler des gesamten Programmangebotes; das Fernsehen hebt die unbedingte Priorität der Nachricht dadurch hervor, daß es die attraktivste Zeit zu Beginn des Abendprogramms für die Hauptnachrichtensendungen reserviert.

Nachrichten, die von allen Medien Tag für Tag verbreitet werden, stammen aus unterschiedlichen Quellen. Ich erkenne vier Hauptkategorien. Da sind zunächst jene Nachrichten, die sozusagen von selbst entstehen: beispielsweise Meldungen über Verbrechen, Unglücksfälle, Krisen oder Katastrophen. Sie berichten von Ereignissen, die unvermutet, überraschend und ungeplant eintreten.

In der zweiten Kategorie sammeln sich Informationen über vermutete, erwartete, geplante Vorgänge: Meldungen von Sportergebnissen bis zum historischen Gedenktag, von der Gipfelkonferenz bis zum Kulturereignis. Nachrichten also, die man kommen sieht.

Eine dritte Gruppe umfaßt Meldungen, die nur durch journalistische Recherche, durch eigene Spurensuche zustandekommen. Sie machen Sachverhalte oder Vorgänge öffentlich, die ohne journalistische Bemühung unentdeckt und unveröffentlicht geblieben wären. Im vierten Sektor finden wir Nachrichten, die bewußt und mit der Erwartung auf bestimmte öffentliche Wirkungen produziert werden: Zweckmeldungen als Ergebnis eines immer weiter um sich greifenden Verlautbarungsjournalismus. Vor allem Politik wird durch solche Nachrichtenproduktion vermarktet: Selbst Politiker, die nicht miteinander reden, stehen durch ihre Nachrichtenpolitik in heimlichem Dialog, und der Arbeitstag aller Regierungen beginnt überall auf der Welt mit der Presseanalyse.

Dieser vierte Sektor der Nachrichtenproduktion hat sich so ausgedehnt, daß er in seinem Umfang und vor allem in seinen Wirkungen kaum noch zu überschauen ist. Der Anteil dieser Zweckmeldungen am allgemeinen Nachrichtenaufkommen wächst ständig. Der Verlautbarungsjournalismus dominiert. Die Medien werden – bewußt oder unbewußt – zum Dienstleistungsgewerbe im Auftrag unterschiedlichster Interessenten. Zwischengeschaltet sind die „Öffentlichkeitsarbeiter", Lobbyisten im Vorfeld der Medien, Visagisten der Massenkommunikation.

Ihr Umgang mit Nachrichten unterscheidet sich prinzipiell von der professionellen Handhabung durch Journalisten. Diese fischen aus dem ständig breiter werdenden Strom allgemeiner Informationen, der sich aus zahllosen Quellen speist, gerade jene Tropfen heraus, die für den Informationsdurst einer allgemeinen Öffentlichkeit wichtig sind oder für wichtig gehalten werden. Das vermutete oder erhoffte Interesse der Allgemeinheit bestimmt ganz wesentlich ihre Selektion.

Anders in der Öffentlichkeitsarbeit: Art und Menge ihrer Nachrichten sind durch die Befindlichkeit des Auftraggebers, durch seine Strategien gegenüber der Öffentlichkeit, durch seine „Zuwachsinteressen" an mehr Sympathie, Prestige, Akzeptanz von Waren und/oder Ideen bestimmt. Die Selektion ist durch die Erwartung eines bestimmten Effekts geprägt, und sie hat diesem Effekt zu dienen. Zuwiderlaufende Nachrichten werden entweder nicht wahrgenommen oder bewußt unterdrückt, denn sie disqualifizieren den Öffentlichkeitsarbeiter. Seine Selektion ist also im weitesten Sinne kosmetisch bestimmt. Dies hat die Folge, daß Öffentlichkeitsarbeit mit allen redlichen und zuweilen auch dubiosen Mitteln energisch bemüht ist, Öffentlichkeit zu verhindern, auszuschließen oder gar zu hintergehen.

In knappster Formulierung: Journalismus hat einen informativen, Öffentlichkeitsarbeit einen manipulativen Auftrag.

Ein weiterer Unterschied: Für Journalisten aller Medien gibt es kodifizierte Verhaltensregeln, die von der Verfassung über einschlägige Rechtsbestimmungen in Landespresse- und Rundfunkgesetzen, über die Satzungen der öffentlich-rechtlichen Rundfunkanstalten bis hin zu freiwillig vereinbarten publizistischen Grundsätzen reichen. Verstöße sind zwar an der Tagesordnung, aber sie sind entweder rechtlich verfolgbar oder setzen ihren Urheber der Gefahr professioneller Diskriminierung aus. Für den diffusen Bereich der PR- oder Öffentlichkeitsarbeit ist dergleichen bis heute nicht entwickelt.

Beim Versuch, die unterschiedlichen Physiognomien und berufspraktischen Eigenheiten beider Bereiche herauszuarbeiten, ist gewiß auch zu berücksichtigen, daß Journalisten gemeinhin in einer Einbahnstraße von der Nachrichtenquelle zum Nachrichtenverbrauch arbeiten. Öffentlichkeitsarbeit dagegen hat in mehrfacher Hinsicht mit „Gegenverkehr" zu tun. In der einen Richtung soll sie öffentliches Interesse für Positionen, Auffassungen und sogar Waren erzeugen, das es a priori nicht gibt (denn sonst bedürfte es ihrer ja nicht).

In der Gegenrichtung haben PR-Leute ihren Auftraggebern zu verdeutlichen, daß es deren Verpflichtung ist, sich einer Informationserwartung der Öffentlichkeit zu stellen, die oft genug als lästig, unangenehm oder gar bedrohlich empfunden wird.

Ein letzter Unterschied zwischen der Kommunikationspraxis des Journalisten und des Öffentlichkeitsarbeiters wird unterstrichen werden müssen: das durch den Zweck bestimmte jeweils eigene Instrumentarium.

Während sich Journalismus fast ausschließlich im Bereich jener vier Nachrichtenkategorien bewegt, von denen bereits gesprochen wurde, ist Öffentlichkeitsarbeit längst über den reinen Nachrichtentransfer hinausgewachsen. Neben den Waschzettel früher PR-Tage, neben Pressekonferenz und Pressegespräch, sind andere Formen kommunikativer Strategien getreten. Beispielsweise die Öffnung des eigenen Unternehmens für jedermann an Tagen der offenen Tür; Kunstausstellungen und Konzerte im eigenen Hause; die Förderung sozialer oder kultureller Initiativen; vielfältige Formen des Sponsoring; die Herausgabe eigener Periodika von der Kundenzeitschrift bis zur Video-Produktion.

Dies mögen im einen oder anderen Fall Aktivitäten sein, die eine Alibi-Funktion haben und die Aufmerksamkeit der Öffentlichkeit in eine andere, harmlose Richtung lenken. In diesen Fällen entsteht ein Schein-Image, das kurzfristig vernebeln kann, jedoch langfristig nicht als tragfähige Grundlage für öffentliche Reputation taugt. Es wird sich bei der erstbesten Krise des Unternehmens, bei der ersten gezielten Recherche findiger Journalisten, als Etikettenschwindel entlarven.

Insgesamt jedoch sind in diesen neuen PR-Instrumenten Kommunikationsimpulse zu erkennen, durch die eigene Kommunikationsräume geschaffen werden. Sie sind nicht primär auf die Manipulation durch Massenmedien gezielt, sondern bewirken Image- und Sympathiewerbung durch unmittelbaren Kontakt zum Publikum. Zugleich bekennen sich Unternehmen dadurch zur sozialen und intellektuellen Verantwortung im öffentlichen Raum. Moderne Öffentlichkeitsarbeit erschließt sich so weit über den medialen Bereich hinaus direkte Kontakte zu gesellschaftlichen Zielgruppen. Zahlreiche dieser Initiativen sind zwar aus sich heraus wieder „nachrichtenbildend", erzielen also ebenfalls den traditionellen PR-Effekt, reichen jedoch in Absicht und Ergebnis weit darüber hinaus.

Vorbedingung dafür ist eine stärker als in der Vergangenheit ausgeprägte Konzentration auf den „zweiten Weg" aller Öffentlichkeitsarbeit: nicht so sehr vom Auftraggeber weg in Richtung bestimmter Zielgruppen, sondern – umgekehrt – von der Öffentlichkeit ausgehend zum Auftraggeber hin.

Diese Nachrichtenpolitik ist schon heute ausgeprägte Praxis im Bereich der politischen PR. Mit aufwendigen Analysemethoden werden gesellschaftliche Artikulationsdefizite und -bedürfnisse ermittelt, die dann den Ausgangspunkt entsprechender PR-Strategien bilden. In den nicht (partei-)politischen Bereich ist dieses neue Verständnis von Öffentlichkeitsarbeit ebenfalls eingezogen. Es setzt zugleich auch die Bereitschaft voraus, sich in den argumentativen Streit einer pluralistisch verfaßten Gesellschaft zu begeben.

Beispiele dafür lassen sich unter anderen in der Elektrizitätswirtschaft oder in der chemischen Industrie leicht ausmachen. Zu Beginn der Umweltdiskussion und der wachsenden Kritik an der schier besinnungslosen Zuwachsmentalität in den Führungszentralen der Konzerne suchte man zunächst das eigene Selbstverständnis massiv zu verteidigen. Kernkraftgegner und Umweltschützer wurden für unglaubwürdig, inkompetent und ideologisch befangen erklärt und weithin lächerlich gemacht („Kernkraftgegner überwintern bei Dunkelheit mit kaltem Hintern").

Als sich jedoch die Ökologie-Bewegung politisch formierte und sich die öffentliche Sympathie mit ihren Argumenten in Wahlerfolgen der Grünen manifestierte, änderte sich zunächst in Partei- und Regierungszentralen und schließlich auch in Wirtschaft und Industrie der Ansatz für Öffentlichkeitsarbeit. Die Richtung des PR-Informationstransfers hatte sich umgekehrt: Argumente in der Öffentlichkeit hatten sich als so bedeutsam erwiesen, daß sie nunmehr als Argumente gegenüber der Öffentlichkeit tauglich schienen. Anders gesagt: Die PR-Agenturen hatten erkannt, daß ihre Aufgabe nicht nur darin bestehen kann, sich die Öffentlichkeit nach eigener Vorstellung und mit allen nur denkbaren Mitteln zurechtzubiegen, sondern daß die argumentative Zuwendung zu öffentlichen Meinungen für die eigene Reputation unverzichtbar wichtig war.

Hier hat ein Strukturwandel der Öffentlichkeitsarbeit stattgefunden, dessen weittragende Bedeutung durchaus noch nicht allenthalben erkannt ist: von der Propaganda zum Dialog, von der (demokratisch verbrämten) Indoktrination der Multiplikatoren zur gesellschaftlichen Kommunikation mit allen. Man beachte moderne PR-Kampagnen, beispielsweise der deutschen Großchemie, um diese These hinreichend belegt zu finden.

An dieser Entwicklung haben die journalistischen Massenmedien ganz gewiß erheblichen Anteil. Ihre Nachrichtengebung hat die Nachrichtenproduktion der Öffentlichkeitsarbeiter geradezu revolutionär verändert. Zwar hat sich dieser Strukturwandel noch nicht im gesamten PR-Bereich durchgesetzt, aber hier hat eine Entwicklung ihren Anfang genommen, die besten Journalismus und moderne Öffentlichkeitsarbeit einander näherbringen kann: Investigativer Journalismus sucht verborgene, aber für den lebendigen Organismus einer Gesellschaft lebenswichtige Schichten bloßzulegen. Investigative Öffentlichkeitsarbeit hat die Erwartungen einer Gesellschaft zu erlauschen, hat latent vorhandene Fragen ausfindig zu machen, kritische Ansätze aufzuspüren und sich mit ihnen argumentativ auseinanderzusetzen.

Guter Journalismus und wohlverstandene Öffentlichkeitsarbeit können also trotz unterschiedlicher professioneller Bedingungen, Arbeitsverläufe und Instrumentarien einen für die Sozialhygiene der Gesellschaft höchst bedeutsamen Dolmetscherdienst wahrnehmen.

Dazu bedarf es jedoch hier wie dort einer ethischen Fundierung der jeweiligen Professionalität. Diese jedoch ist in unseren Tagen in der Öffentlichkeitsarbeit noch kläglicher ausgebildet als im Journalismus. Dem redlichen Journalisten sollte der Informationsauftrag ebenso heilig sein wie dem Öffentlichkeitsarbeiter, der sich (dann zu Recht) an einer höchst verantwortlichen Stelle des gesamtgesellschaftlichen Kommunikationsprozesses sehen darf. Dann verbieten sich alle Formen der mentalen oder materiellen Korruption von selbst, die zur „irrenden und verwirrenden Zeitentwicklung" beitragen.

Der von Otto Groth 1929 konstatierte Antagonismus zwischen Journalismus und Interessenvertretung muß also nicht schicksalhaft vorgegeben und unabänderlich sein.

Im Gegenteil: beide Berufsfelder stehen in einer geradezu symbiotischen Beziehung.

Dennoch seien beide Seiten vor Umarmungen gewarnt: Sie schaffen zwar warmen Hautkontakt, aber ihr Preis sind Distanzverlust und die Unfähigkeit, den jeweils anderen in seiner eigengesetzlichen Funktion und Aufgabenstellung zu erkennen. Was alle brauchen, die mit Nachrichten, der wichtigsten Ursubstanz gesellschaftlicher Kommunikation, umgehen, ist wechselseitig kritischer Respekt.

Dr. Manfred Buchwald

**Funkhaus Halberg
Postfach 10 50
6500 Saarbrücken
Tel.: 06 81 / 6 02 20 00**

Manfred Buchwald wurde am 31. Juli 1936 in Oberhausen/Rheinland geboren.

Sein Studium in Münster und Kiel mit den Hauptfächern Neuere Geschichte und Literaturwissenschaft in den Jahren 1958 bis 1962 ergänzte er schon ab 1959 durch eine freie Mitarbeit in der Lokalredaktion Oberhausen der Neue Ruhr-Zeitung, durch eine Ausbildung beim Südwestfunk Baden-Baden und Mainz sowie durch eine freie Mitarbeit als Hörfunkreporter. Der Anstellung als Redakteur für Landespolitik beim Südwestfunk in Mainz 1963 schloß sich im Jahre 1964 die Promotion zum Dr. phil. an.

Im darauffolgenden Jahr wurde er mit dem Aufbau eines Fernseh-Regionalprogramms für Rheinland-Pfalz beauftragt und zum stellvertretenden Leiter des Regionalprogramms berufen. Mit dessen Leitung (Programmvolumen der Hauptabteilung ca. 20.000 Sendeminuten jährlich) war Manfred Buchwald von 1965 bis 1980 betraut.

1981 bis 1983 fungierte er als Chefredakteur der ARD-Tagesthemen Hamburg, im Anschluß daran als Chefredakteur beim Fernsehen des Hessischen Rundfunks in Frankfurt.

Mehrere ehrenamtliche Funktionen beim Deutschen Journalistenverband, Mitwirkung bei Konzeption und Organisation berufsbezogener Studiengänge sowie Lehraufträge zu kommunikationswissenschaftlichen und berufspraktischen Themenstellungen an unterschiedlichen Universitäten kennzeichnen seinen Werdegang.

Seit 1989 ist Dr. Manfred Buchwald Intendant des Saarländischen Rundfunks in Saarbrücken.

Eierlegendewollmilchsau gesucht...

Anmerkungen und Fragen zu Qualifizierung und Professionalisierung von Public Relations

von Dipl.-Politologe Dieter Gaarz

Die PR-Branche leidet. Sie leidet nicht am Körper – die PR-Etats wachsen, die Mitarbeiterzahlen steigen. Sie leidet am Geist. Sie leidet unter Minderwertigkeitskomplexen, sie leidet unter Imageproblemen. An Therapiebemühungen hat es in den letzten Jahren nicht gemangelt. Der PR-Berufsverband – die Deutsche Public Relations-Gesellschaft (DPRG) – verordnete sich eine Selbstverständnis-Diskussion. Herausgekommen sind ein neues PR-Berufsbild und eine Qualifizierungsoffensive. Der Autor war an beidem beteiligt, kann sich also nicht auf die Rolle des Besserwissers und Nörglers zurückziehen. Trotzdem konzentriert sich der folgende Beitrag auf kritische Anmerkungen und Randnotizen. Denn kluge Gesamtkonzepte zur zukünftigen Rolle von Public Relations in Deutschland gibt es genug. Bisweilen hat es den Anschein, als gäbe es dabei fertige Antworten, bevor die Fragen überhaupt formuliert sind. Doch auch das hat Tradition in diesem unserem Lande...

„Eierlegendewollmilchsau gesucht" titelte vor kurzem eine PR-Agentur in ihrer Nachwuchs-Stellenanzeige. Der interesseweckende Gag bringt das Dilemma einer ganzen Branche auf den Punkt:

Weder gibt es eine einheitliche Berufsbezeichnung noch einheitliche PR-Qualifikationsmerkmale.

Dafür gibt es um so mehr treffend-boshafte Karikierungen des PR-Berufsstandes: „Maskenbildner der Unternehmen" (Industriemagazin), „Propagandisten" (manager magazin), „Hofnarren" (Wirtschaftswoche), „Trommler für das Image" (Management Wissen), „Wunderheiler" (Die Welt).

Das öffentliche Erscheinungsbild ist eindeutig. Da hilft es wenig, daß die Nestoren der Public Relations in Deutschland – die Pioniergeneration um Albert Oeckl, Georg-Volkmar Graf Zedtwitz-Arnim und Klaus Dörrbecker – sich heute gegen die „Tyrannis des Zeitgeistes" (Zedtwitz) wehren und die „Sprüchemacher" (Oeckl), die „Scharlatane" (Dörrbecker), die „Schleichwerber" (Zedtwitz) beklagen.

Die Sektglashalter des Zeitgeistes

Den „Zeitgeist" prägen allzuoft „PR-Profis" vom Selbstverständnis eines Joachim H. Bürger, der seine vielen PR-Bücher mit Kernaussagen schmückt wie diesen: „PR darf ruhig auch mal lügen, aber bitteschön so, daß es keiner merkt", denn: „PR-Leute haben mit allen Mitteln zur Gewinnoptimierung eines Unternehmens beizutragen" – Bestechung und Einschüchterung von Journalisten eingeschlossen. „Hinderlich" auf dem Weg zum „wirklichen Kommunikationsexperten" seien dabei nur „die nicht mehr zeitgemäßen Standesregeln einer DPRG (Code d'Athene), eines Deutschen Journalisten-Verbandes und letztlich Grundgesetz und Landespressegesetze."

Eine PR-Vision als neue „Form unternehmerischen Denkens", die Ethik und Grundgesetz für hinderlich hält? Das mag ein Extremfall sein – oder ist Bürger nur einer, der offen schreibt, was manch anderer denkt? Sind die heutigen PR-Yuppies mit ihrem italienischen Outfit und dem näselnden Parlando wirklich so weit entfernt von den ehemaligen Ordonanzen, die das Sektglashalten zur PR-Tugend erhoben?

Die quicken, quirligen Clipping-Kreativen

Mißtrauen ist angebracht – gegenüber den quicken, quirligen Kreativen in der PR-Branche, die (nachdem sie die Honorarfrage geklärt haben) sofort einen bunten Strauß von Kampagnen und Aktionen aus dem Hut zaubern und danach beiläufig fragen, wozu das Ganze dienen solle.

Mißtrauen ist angebracht – auch gegenüber Auftraggebern, die sich davon blenden lassen. Und die damit zeigen, daß sie nicht an Kommunikationsstrategien zur Problemlösung, sondern an kurzfristiger Effekthascherei („Wo bleibt die Äckschn?") interessiert sind.

Mißtrauen ist angebracht – gegenüber der PR-Schaumschlägerei, die bis in die Fachsprachlichkeit hinein höchste Professionalität (Stichwort: „Effektivitätskontrolle mittels Clippings") und intellektuellen Tiefgang vortäuschen will, wo es – wenn überhaupt – um schlichte Handwerklichkeit geht.

Die Pseudoprofessionalität eines Standes

Gerade die Themen Professionalität und Professionalisierung waren und sind Dreh- und Angelpunkt der PR-internen Berufsbilddiskussion.

Die zentrale Frage lautet: Kann dem PR-Tätigkeitsfeld überhaupt eine allgemein anerkannte, spezifische Problemlösungskompetenz attestiert werden? Denn von einem „Beruf" läßt sich – so die Berufssoziologie – erst dann sprechen, wenn dazu ein spezielles, auf Probleme hin anwendbares und in systematischer Ausbildung erworbenes Wissen grundlegend ist – und wenn die Kompetenz allein den Angehörigen dieses Berufsstandes zugebilligt wird. Beim Berufsstand des Bäckers ist das ebenso eindeutig und einsichtig wie bei dem des Rechtsanwalts. Doch auch bei PR-Leuten? Zweifel sind erlaubt. Dazu ein PR-Insider, der Offenburger Kommunikationswissenschaftler Peter Szyszka: „Uneingelöst sind die Professionalisierungsdimensionen eines geregelten Berufszuganges (Ausbildung, Berufsweg), eines anerkannten Berufsbildes (Definition, Qualifikationsprofil) und eines im allgemeinen Konsens des Berufsstandes verankerten Selbstverständnisses (Berufsbewußtsein, Berufsethos)."

Die Trockensegler unter falscher Flagge

Allerdings: die Probleme von Pseudoprofessionalität kennen andere Berufe auch; doch kaum eine andere Branche hat solch ausgeprägte Legitimationsbedürfnisse – intern wie extern:

Da ist der Geschäftsführer einer bekannten PR-Agentur, der in seiner Eckkneipe mit „Ah, der Journalist" begrüßt wird. Er habe, sagt er, den Versuch aufgegeben, Normalbürgern den Begriff Public Relations erklären zu wollen. Diese Schwierigkeiten kennt fast jeder der in der PR-Branche Tätigen. Doch stecken dahinter wirklich (nur) Definitionsprobleme eines komplexen Berufsprofils? Oder segeln da nicht viele insgeheim recht gern unter falscher Flagge?

Mit Hajo Friedrichs und Marion Gräfin Dönhoff in Verbindung gebracht zu werden, ist allemal weniger ehrenrührig als mit einem Barschel-Pfeiffer oder einem Imhausen-Hunzinger. Oder wie ist es – als weiteres Indiz – sonst zu erklären, daß selbst im Mitgliederverzeichnis der Deutschen Public Relations-Gesellschaft als Berufsbezeichnung immer wieder „Journalist/PR-Berater" auftaucht, daß viele der Selbständigen lieber unter „Unternehmensberater" oder „Geschäftsführer" firmieren? Oder daß der Pressesprecher eines namhaften Zigarettenherstellers Visitenkarten mit dem Titel „Marketing Manager" verteilt – mit dem entschuldigenden Hinweis, man habe halt viel mit ausländischen Geschäftsfreunden und Journalisten zu tun.

Die Führungsmutation der Ehemaligen

Kann es überhaupt ein konsensfähiges Berufsbewußtsein geben?

Dazu einige Tendenzen der Berufsrekrutierung: Ein ehemaliger Staatssekretär wird oberster Öffentlichkeitsarbeiter von Mercedes-Benz, ein anderer (bis zum nächsten

Wahlsieg seiner Partei) bei Sony-Deutschland, ein Bonner Ex-Parteisprecher wechselt zu Burson-Marsteller und ein ehemaliger Berliner Senatssprecher zur Deutschen Shell.

Eine weitere Tendenz: Bei den Nachfolgeregelungen für PR-Top-Positionen (nicht nur) der großen deutschen Chemiekonzerne wird fast ausschließlich auf die „interne" Lösung vertraut: Der Leiter des persönlichen Stabs beim Vorstandsvorsitzenden mutiert zum neuen Leiter der Öffentlichkeitsarbeit. Oder das Beispiel regionaler und branchenbezogener Wirtschaftsverbände: Sie (be-)fördern für ihre Öffentlichkeitsarbeit zunehmend ehemalige Presse- und Jugendoffiziere.

Ex-Politiker, Ex-Vorstandsreferenten und Ex-Offiziere: sind sie kennzeichnend für die Realität von Persönlichkeitsmerkmalen im PR-Bereich?

Selbstreflexion statt Selbstbeweihräucherung

Dabei ist die Soll-Beschreibung so einleuchtend. Von Albert Oeckl stammt die griffige Definition, Public Relations seien „Arbeit mit der Öffentlichkeit, Arbeit für die Öffentlichkeit, Arbeit in der Öffentlichkeit". In diesen drei Funktionen läßt sich die Qualifikationsdiskussion der PR-Branche zusammenfassen:

„Arbeit mit der Öffentlichkeit" sollte bedeuten:
PR-Experten suchen und sichern Dialoge. Sie verstehen sich nicht als Handlanger einer „One-way-Communication", also der ausschließlichen Weitergabe (oder Nicht-Weitergabe ...) von Informationen. Sie richten vielmehr die Ziele und den Erfolg ihrer Arbeit darauf aus, ein kommunikatives Miteinander zu organisieren. Konkret: sie bieten Diskussionsplattformen an; sie schaffen Anstöße und Wege, auch kontroverse Themen im Meinungswettkampf auszutragen. Sie sind Moderatoren von Kommunikation.

„Arbeit für die Öffentlichkeit" sollte bedeuten:
PR-Experten verstehen sich – so DPRG-Präsident Hugo Jung vielzitiert – als „Seismograph und Kompaß", also als Kommunikationsmittler nach innen wie nach außen. Kommunikation auf dem Weg zu einem neuen Produktivfaktor und Public Relations als immer bedeutender werdende Managementfunktion – aus dem Mittler und Kommunikationsberater wird der Entscheidungsträger mit Veto-Recht in Sachen Kommunikation.

„Arbeit in der Öffentlichkeit" sollte bedeuten:
PR-Experten sind nicht die Apologeten des „Tue Gutes und rede darüber", sie schaffen vielmehr Transparenz – also Selbstreflexion statt Selbstbeweihräucherung. Sie artikulieren und bekennen sich offen zu Partikularinteressen; ihre Glaubwürdigkeit ergibt sich aus der Anerkennung von Pluralität.

Soweit die Kerninhalte der PR-internen Selbstverständnis-Diskussion – bisweilen bereits als „Public Relations-Theorie" hochgestapelt. Doch auch ohne den Anspruch auf Allgemeingültigkeit kollidieren die Selbstverständnis-Ziele allzuoft mit der Selbstverständnis-Realität.

Die Oberlehrer der Funktionalisierung

Das beginnt bereits beim neuen PR-Zauberwort „Dialogorientierung". Hieß nicht vieles, was heute unter „Dialog" firmiert, noch vor kurzem „Reaktion auslösen" oder auch „Konsens schaffen" und offenbarte eine manipulatorische Grundhaltung, die von der Funktionalisierung der Öffentlichkeit(en) ausgeht?

Klaus Kocks, ein scharfzüngiger und zugleich (oder deswegen) umstrittener PR-Manager, nennt es den „Gestus der Kommunikation" und formulierte sein Unbehagen so: „Da gibt es die oberlehrerhafte Belehrung des dummen Schülers, das altväterliche Beschwichtigen des ängstlichen Kindes, die patriarchalisch-gönnerhafte Einstellung gegenüber Frauen, das Nicht-Ernstnehmen des anderen mit dem Unterton der Ironie oder gar des Hohns, das naßforsche bis dreiste Eindringen in mentale Intimbereiche, das Ignorieren von Tabus anderer, die arrogante Fremd- und Fachsprachlichkeit gegenüber Laien, die pseudowissenschaftliche Faktenhuberei bei emotionalen Themen, Autoritätsgebärden, Rechthaberei und schließlich die sublime oder handfeste Drohung."

Die Heile-Welt-Scholastiker

Diese Selbstverständnis-Realität resultiert fast zwangsläufig aus der ungeklärten Legitimationsproblematik des PR-Berufsstandes:

Sich zur Interessengebundenheit von Public Relations zu bekennen, fällt immer noch vielen gestandenen PR-Leuten schwer. Sie verhüllen ihre Absichten gern mit Begriffen wie „Allgemeinwohl" und „Konsensbildung" – so, als seien Interessenpolitik und Interessengegensätze etwas Anstößiges. Doch nicht erst die vielen (Fehl-)Versuche von Krisen-PR brachten es an den Tag: Die Heile-Welt-Scholastiker der Öffentlichkeitsarbeit scheitern – denn: „PR sind keine Harmonielehre" (Zedtwitz).

Deshalb: die beste PR-Interessenpolitik ist es, sich zu den Interessen (und Interessenten) zu bekennen. Wirkliche Dialogorientierung heißt, den kommunikativen Gegenüber auch bei konträren Positionen ernst zu nehmen und selbst offen zu sein für neue Sicht- und Verhaltensweisen. Bis dahin scheint noch ein weiter (PR-)Weg zu sein.

Die verleugneten Schönwetter-Vorbilder

Vorerst buhlen Öffentlichkeitsarbeiter noch um Anerkennung – im betrieblich-beruflichen Umfeld ebenso wie in der Gesellschaft.

Kennzeichnend ist dabei wiederum das Verhältnis zum Journalismus. Die Journalisten, in PR-Schönwetterzeiten als „Partner Presse" umarmt, gelten den Zukunftsdenkern der PR-Branche als kommunikationspolitisch eindimensional-rückständig.

Wirkliche PR-Experten beherrschen die umfassende Profession der Kommunikation: Sie sind Manager, Berater, Repräsentant, Planer und Organisator in einem – und für das bißchen Schreiben heuert man sich externe Texter an (oder nimmt allenfalls mißbilligend zur Kenntnis, daß die eigenen Texte – oft eine Mischung aus verquastem Werbedeutsch und einschläferndem Behördenjargon einschließlich orthographischer Ignoranz – nicht zur Veröffentlichung gelangen).

Warum dieser berufsarrogante Salto mortale, wo sich doch die Großen der Branche auf ihre publizistischen Übersetzungsqualitäten berufen können: ein Graf Zedtwitz-Arnim (der als einer der wenigen zu seinen Wurzeln steht) begann als Journalist bei der „Neuen Züricher Zeitung", ein Klaus Dörrbecker gehörte zu den Gründern des Nachkriegs-Werkzeitschriften-Journalismus, ein Albert Oeckl publiziert seit vierzig Jahren Fachbücher und Fachaufsätze, der derzeitige DPRG-Präsident Hugo Jung ist gelernter Wirtschaftsjournalist, sein Vize Wolfgang Reineke ein erfolgreicher Sachbuchautor.

Die falschverstandene Demarkation

Alle Professionalisierungsdiskussionen innerhalb der PR-Branche können über eines nicht hinwegtäuschen: Die Grundqualifikationen für Öffentlichkeitsarbeit orientieren sich nach wie vor an denen der Journalisten. Ein Blick in die Stellenanzeigen genügt: immer wieder ist beim Anforderungsprofil vom „journalistischen Können", „journalistischen Gespür" oder gar „journalistischer Ausbildung" die Rede, erst danach werden Management- und branchenspezifische Qualifikationen verlangt.

Hinter journalistischer Qualifikation verbirgt sich mehr als die rein handwerkliche Fähigkeit der allgemeinverständlichen „Schreibe" und mehr als nur Kenntnisse der Medienlandschaft. Es sind – wie in allen zukunftsorientierten Berufsbereichen – weniger die besonderen als vielmehr die allgemeinen Qualifikationen, auf die es ankommt.

Zu den Basisanforderungen gehört zum Beispiel die zielgerichtete Recherche. Sie ist bei Journalisten wie Öffentlichkeitsarbeitern immer wirkungsorientiert und strebt im Gegensatz zur Wissenschaft nicht die kategorische Abstraktion, also die Verallgemeinerung, sondern die kategorische Konkretion an.

Übertragen aufs PR-Anforderungsprofil heißt das: Relevanz eines Themas einschätzen, praxisbezogene analytische Fähigkeiten besitzen und Arbeitsprozesse effizient organisieren können.

Ein weiteres kommt hinzu. Journalistische Qualifikation bedeutet: erfahren sein im Umgang mit Menschen, gewöhnt sein, leser-(also zielgruppen-)adäquat zu denken, Bedürfnisse und Verhaltensweisen von „Adressaten" zu verstehen.

Warum also sollten Public Relations und Journalismus nicht qualifikations- und berufspolitisch an einem Strang ziehen – oder fürchten Öffentlichkeitsarbeiter, unternehmensintern ihre Trösterfunktion zu verlieren, wenn das Abreagierventil „Journalist" wegfällt?

Der Hang zum Höheren

Denn der Hang zum Höheren ist berufsständisch inhärent. Public Relations als Managementfunktion heißt das Zauberwort und besagt – so seine konsequentesten Verfechter, der Schweizer Unternehmens- und PR-Berater Klaus J. Stöhlker und sein deutscher Kollege Wolfgang Reineke –, daß zu den klassischen drei Managementfunktionen (Produktion, Verkauf, Administration/Finanzen) die zielgerichtet geplante und organisierte (interne wie externe) Kommunikation hinzukommt – ein Instrument des kontrollierten Wandels: PR als „Überlebenshelfer" (Klaus Dörrbecker).

Das daraus resultierende Anforderungsprofil ist ebenso hoch wie das Potential klein. Dabei bleibt es durchaus legitim, die zukunftsweisende Funktion an einem General-Motors-Manager Horst P. Borghs auszurichten. Immerhin geht ein solches Berufsbild weit über die Pressemitteilungs-Einkuvertierer und Bakschischreisen-Organisierer hinaus.

Die Menschenkenner mit Trüffelschweinmentalität

Es stellt sich nur die Frage, ob mit der starken Betonung der Managementfunktion nicht notwendige Standortbestimmungen überlagert werden. Einige Beispiele und Fragezeichen:

Wie steht es um Persönlichkeitsmerkmale wie die der fundierten Allgemeinbildung – also ein geistiges Reflexionspotential, das über den Börsenteil der F.A.Z. und die Personalienseite des „pr magazin" hinausgeht?

Wo bleiben die kreativen Innovationskräfte, also Persönlichkeiten mit Ecken und Kanten, die mit einer „Trüffelschweinmentalität" ausgestattet sind, mit dem Riecher für Chancen und Gefahren, mit Sensibilität für atmosphärische Verläufe, mit dem Gespür für unkonventionelle Wege?

Wo bleiben die Erfahrenen mit Menschenkenntnis und Zweiter-Bildungsweg-Offenheit, die sich als Korrektiv zum jugendlich-dynamischen Präsentationsgebaren der Branche verstehen?

Das studierte „Learning by doing"

Immerhin ist ein Wandel erkennbar – zunächst in einer scheinbar formalen Äußerlichkeit: Die Bedeutung einer wissenschaftlich ausgebildeten, analytisch-methodischen Kompetenz nimmt zu. Konkret: Immer stärker wird eine akademische Ausbildung nachgefragt. Die empirischen Ergebnisse decken sich mit den Erfahrungen vieler gestandener PR-Profis bei der Nachwuchssuche:

Entscheidend ist weniger die Fachrichtung, und (glücklicherweise) trügt die Vermutung, daß Wirtschaftswissenschaftler bevorzugt würden. Wichtig ist die Fähigkeit zu analytischem Denken. In der Tat können Hochschulabsolventen zum Beispiel dem mitunter als „PR-Theorie" apostrophierten methodischen Rüstzeug von Public Relations-Planung oft nur ein mildes Lächeln abgewinnen: Die Aufeinanderfolge von Analyse, strategischer Zielsetzung und taktischer Umsetzung gehört in den meisten Studienfächern zum wissenschaftsmethodischen Einmaleins.

Daß demgegenüber im Studium der Praxisbezug zu kurz kommt, wissen Stellenanbieter und merken studierte PR-Berufsanfänger schnell. Doch das wird unter „Learning by doing"-Gesichtspunkten als korrigierbar angesehen – und muß es wohl auch sein, wenn zum Beispiel einer der profiliertesten jungen PR-Agenturgeschäftsführer – Alexander Zang von Leipziger & Partner – seine PR-Karriere auf ein Philosophiestudium aufbauen konnte.

Die Seiteneinsteiger-Wissenschaft

Das Bild des Selfmade-Seiteneinsteigers darf sicherlich nicht Maßstab sein. Denn: „Wer von Professionalisierung redet und gleichzeitig das schlechte Image dieser eigentlich imagebildenden Berufsgruppe beklagt, sollte sich für die Schaffung eines fundierten Bildungs- und Ausbildungssystems engagieren" (Szyszka).

Dieser Appell ist nicht neu. Das Ergebnis sind drei – zum Teil unabhängig voneinander operierende – Wege.

Das höchste Ansehen genießt (wen wundert's in einem wissenschaftsgläubigen Land?) die Hochschulausbildung – seit Albert Oeckl vor dreißig Jahren, aus der PR-Praxis kommend, den Begriff Öffentlichkeitsarbeit in der bundesdeutschen Wissenschaft salonfähig zu machen suchte. Wirkungsvollere Nachfolger hat er nicht gefunden; auch wenn sich jüngere, praxisorientierte Kommunikationswissenschaftler – wie Barbara Baerns an der FU Berlin, Günter Bentele an der Universität Bamberg oder Benno Signitzer an der Universität Salzburg – um Anerkennung für Public Relations im traditionellen Wissenschaftsbetrieb bemühen.

Als hinderlich – aber dem öffentlichen Erscheinungsbild durchaus entsprechend – erwiesen sich Versuche, privatwirtschaftlich gesponserte Hochschulinstitute aufzubauen – von der selbsternannten PR-„Wissenschaft" ganz zu schweigen, die das bienenfleißige Sammeln von PR-Literatur mit der Hoffnung auf professorale Lehrbefähigung verbindet.

Insgesamt ist auf absehbare Zeit für die Hochschulausbildung von zukünftigen PR-Experten eher Skepsis angebracht – und das Beispiel der vergeistigten „Diplom-Journalisten" wirkt wenig ermunternd.

Die reglementierte Ergänzungsbildung

Als eine Art Praxis-Aufbaustudium haben sich seit Mitte der achtziger Jahre die 15- beziehungsweise 18monatigen Ausbildungsgänge zunächst der AFK Akademie Führung und Kommunikation in Frankfurt, dann der Fortbildungsakademie der Wirtschaft (FAW) in Köln und seit neuestem der Initiative Communication (IC) in Heidelberg entwickelt.

Sie haben den erfolgskontrollierten Vorteil, auf den stufenlosen Eintritt ins PR-Berufsleben hin konzipiert zu sein. Ihr struktureller Nachteil lag und liegt in der starken bürokratisch-staatlichen Reglementierung – vor allem auf dem finanziellen (und damit natürlich auch inhaltlichen) Sektor. Außerdem sind sie wegen der geringen vorgegebenen Teilnehmerzahlen eher Ergänzungsmodelle eines dualen PR-Ausbildungskonzepts.

Die Bildungsoffensive in Statusgrenzen

Die Verbindung von beruflichem Erfahrungsansatz und praxisorientierter Weiterbildung leisten bislang nur privatwirtschaftlich agierende Seminaranbieter – wie Klaus Dörrbecker mit seiner AFK, Günther Schulze-Fürstenow mit seinem (gemeinnützig verfaßten) DIPR und Wolfgang Reineke mit seinen Führungsseminaren.

Ihr Ruf lebt von dem Anspruch, in systematischer Form PR-Know-how zu vermitteln. Die seit Jahren steigenden Teilnehmerzahlen in den für das Rüstzeug relevanten Basisseminaren können als Beleg dienen. Der Erfolg beruht auch auf der trainingsintensiven Weiterbildungsdidaktik, also der bewußten Abkehr von hochschul- und allgemeinbildenden Qualifikationssystemen – mit der fast zwangsläufigen Konsequenz, daß persönlichkeitsbezogene Bildungskonzepte entstanden. Damit sind einer immanenten Fortentwicklung Grenzen gesetzt.

Personenübergreifende Modelle – wie die Deutsche Akademie für Public Relations (DAPR) – befinden sich wegen ihres heterogenen Ansatzes noch in einer langwierigen Aufbauphase. Und von einer breiten Qualifizierungsoffensive wird man erst dann sprechen können, wenn das Weiterbildungspotential nicht mehr im wesentlichen auf Berufsanfänger beschränkt bleibt.

Konkret: Solange PR-Manager und deren Vorstände ihre Bildungsbedürfnisse in eintägigen Corporate Identity-Vortagsveranstaltungen (mit kaltem Buffet und Gefährtin) im Schweizer St. Gallen befriedigt sehen, solange ist Pessimismus angebracht.

Immerhin ist das Thema Aus- und Weiterbildung innerhalb der verbandsorganisierten PR-Berufe zum zentralen Thema seit Ende der achtziger Jahre geworden. Eines hat diese Diskussion auch deutlich gemacht: Die PR-Branche kann auf keine Hilfe von außen hoffen und warten.

Das „Spoonfeeding" der Öffentlichkeit

Dabei darf abschließend nicht übersehen werden, daß Qualifizierung und Professionalisierung der Public Relations auch eine Kehrseite haben können. So konstatierte der Berliner Kommunikationswissenschaftler Stephan Ruß-Mohl am Beispiel der amerikanischen PR-Szene „die immer gezieltere Fernsteuerung der Berichterstattung in den Medien durch Public Relations."

Entlarvend und zynisch zugleich sei es, wenn amerikanische PR-Profis von „spoonfeeding" redeten: „der löffelweisen Abfütterung der Journalisten und damit der Öffentlichkeit mit Informationshäppchen, die virtuos und sorgfältig in den PR-Küchen der Großorganisationen vorgekocht werden."

Wissenschaftlichen Untersuchungen zufolge sind 60 bis 80 Prozent des Nachrichtenstroms in den US-Medien von Pressestellen in Umlauf gebracht worden.

Die Fernsteuerer der Zukunft?

Zu ähnlichen Ergebnissen für die Bundesrepublik kam vor einigen Jahren auch die Publizistikwissenschaftlerin und PR-Expertin Barbara Baerns. Ihr kurzes Fazit: „Öffentlichkeitsarbeit hat Themen und Timing der Medienberichterstattung unter Kontrolle." Doch während sie die Gründe in den Organisationsformen der bundesdeutschen Massenmedien sieht, macht Ruß-Mohl die Professionalität und Professionalisierung der Public Relations in den USA direkt verantwortlich:

Wenn an Hunderten von Colleges und Universitäten Einführungsseminare und Studienschwerpunkte in PR angeboten werden und ganze Heerscharen von PR-Profis die Hochschulen verlassen, bilde sich automatisch ein „strukturelles Ungleichgewicht zwischen der Definitionsmacht der PR-Leute und der Recherchekapazität der Redakteure" heraus.

Auch wenn das für europäische Verhältnisse (noch) Zukunftsmusik sein mag. Es wirft grundsätzliche Fragen auf für alle, die sich für eine stärkere Professionalisierung der Public Relations in Deutschland einsetzen:

Sind wir uns wirklich über die Konsequenzen im klaren? Wollen wir diese Art Professionalisierung, die Öffentlichkeitsarbeiter und Public Relations insgesamt zu Fernsteuerern der öffentlichen Meinung machen?

„Es gibt nichts Gutes, außer man tut es", moralisierte einst Kurt Tucholsky. Vielleicht kann man auch zu viel des Guten tun.

Wer Fragen stellt, sollte auch Antworten geben können. Und da kritische Anmerkungen (fälschlicherweise) als nicht konstruktiv gelten, zum Schluß zumindest einige organisatorische Konsequenzen – bewußt in Sprache und Inhalt als Diskussionsthesen vom übrigen Textbeitrag abgesetzt.

Thesen zur Struktur von Qualifizierung

1. Das bewährteste System von beruflicher Qualifikation ist die duale Ausbildung. Auf Public Relations übertragen könnte das bedeuten:
   - ein PR-Volontariat mit verbindlichen Ausbildungsinhalten für PR-Agenturen und PR-Abteilungen in Unternehmen und Organisationen – mit Abschlußprüfung nach DAPR-Maßstäben;
   - überbetriebliche Ausbildungsanteile in Blockseminarform bei anerkannten Seminaranbietern.

Die überbetriebliche Ausbildung hat die betrieblich erworbenen Kenntnisse zu vertiefen und zu verallgemeinern. Alle Ausbildungsstätten in diesem dualen System bedürfen der Anerkennung und Kontrolle durch DPRG/GPRA; eine Verkammerung nach IHK-Muster ist auszuschließen.

2. Die Weiter- und Fortbildung im PR-Bereich sollte sich auf berufsrelevantes Spezialwissen konzentrieren: Umgang mit Sprache und Organisationsmanagement für Pressearbeit; Verhandlungsführung und Konzeptionsplanung im PR-Beratungsbereich; ferner die Techniken von Veranstaltungsorganisationen, von Redenberatung und Ghostwriting, von EDV-Kommunikation und Desktop Publishing, von Rhetorik und Präsentation. Hinzu könnten kommen: Managementtechniken, PR-bezogene Betriebs- und Volkswirtschaft, Kenntnisse in Werbung und Marketing, in empirischer Sozialforschung und Controlling.

3. Eine inhaltliche Ergänzung zum bestehenden und zukünftigen Weiterbildungsangebot könnten „Workshops" bieten. Sie sollten Diskussionsplattformen über neue Tendenzen der Public Relations sein. Mögliche Themen wären unter anderem: Krisen-PR, Corporate Identity, Sponsoring, Social Communication. Die Workshops sollten von den Berufsverbänden beziehungsweise der DAPR in Zusammenarbeit mit Seminaranbietern oder/und Hochschulen angeboten werden.

4. Die Aus- und Weiterbildungsdidaktik zur PR muß stärker am Trainingskonzept für Managementseminare ausgerichtet sein. Auf Vortragsveranstaltungscharakter ist zu verzichten; im Mittelpunkt müssen Intensivtraining, Einzel- und Gruppenarbeit, Fallstudienübungen und so weiter stehen. Statt längerer Blockseminare sollte ein abgestuftes Konzept von Kurzseminaren vorliegen.

5. Das „Train-the-trainer-Prinzip" muß realisiert werden. Das gilt sowohl für die Ausbilder von PR-Volontären als auch für Referenten und Dozenten von PR-Seminaren. Dazu sind ein institutionell-organisatorisches Konzept und eine neue Qualifizierungsoffensive der PR-Verbände nötig.

Autorenvita siehe folgende Seite!

**Dipl.-Politologe
Dieter Gaarz**

**dg pr Presse- und
Öffentlichkeitsarbeit
Dolmanstraße 50
5060 Bergisch Gladbach 1
Tel.: 0 22 04 / 6 39 55**

Dieter Gaarz, geboren am 29. Juli 1947, ist Hamburger „von Geburt, Temperament und Weltanschauung".

Über den zweiten Bildungsweg avancierte er zum Diplom-Politologen und gelernten (Wirtschafts-)Journalisten mit nunmehr 15 Jahren Berufserfahrung – von Hamburger Morgenpost bis Deutschlandfunk (und dazwischen als stellvertretender Pressesprecher des Deutschen Gewerkschaftsbundes).

Er war Geschäftsführer und Pädagogischer Leiter der Kölner Journalistenschule und ist seit drei Jahren selbständig mit Schwerpunkt auf PR- sowie Journalistenaus- und -weiterbildung (beispielsweise für die Fortbildungsakademie der Wirtschaft, FAW, in Köln und die AFK Akademie Führung und Kommunikation in Frankfurt).

Dieter Gaarz ist Mitglied der Deutschen Public Relations-Gesellschaft, DPRG, und der Initiative Communication, CI, und betrachtet sich selbst als „vehementen Verfechter des Trainings- und Professionalisierungsprinzips (statt gelehriger Weisheiten ex cathedra) in PR-Seminaren".

Seine persönliche Lebensmaxime: „Lieber ein Licht anzünden als über die Finsternis klagen!" (Chinesisches Sprichwort)

Corporate Communications

GPRA-Agenturen
entwickeln für Sie professionelle Lösungen.

Informationen zum Arbeitsfeld Public Relations
erhalten Sie von der GPRA:
Ausführliche Informationsbroschüre
Schutzgebühr DM 25,–;
Mitgliederverzeichnis kostenlos.
GPRA Gesellschaft Public Relations Agenturen e.V.,
Geschäftsstelle
Königswinterer Straße 552, 5300 Bonn 3,
Telefon: 02 28/44 45 08

GPRA
GESELLSCHAFT PUBLIC RELATIONS AGENTUREN E.V.

Verband führender PR-Agenturen Deutschlands

Corporate Communications · Corporate Identity · Interne Kommunikation
Medienarbeit – Presse, Funk, Fernsehen – Messe-Kommunikation
Krisen-PR · Monitoring · Product Publicity · Finanz-PR · Public Affairs
Lobbying · Business to Business Communication · Pharma-PR
Political Relations · Internationale PR · Kultur-PR · High Tech-PR · Sponsoring

II. Teil **Das Spektrum der Zukunft**

Management-Kommunikation:
kein Platz für Herr-Knecht-Verhältnisse

von Geoffrey J. Nightingale

Erbarmen mit dem armen Vorstandsvorsitzenden, Firmenchef oder Geschäftsführer.
Er sagt seinen Leuten, was zu tun ist, und nichts geschieht.
Er fordert seine Angestellten zur Kommunikation auf, und es folgt nur betäubende Stille.
Er investiert 50.000, 100.000, 250.000 Mark in Programme, die der internen Kommunikation dienen sollen, und muß feststellen, daß niemand die Botschaft wirklich mitbekommt.

Ist es da ein Wunder, daß so viele Führungskräfte die interne Kommunikation als bestenfalls geringfügig wirksam ansehen? Ist es da noch ein Geheimnis, warum sie der Ansicht sind, daß es größtenteils eine Verschwendung ist, Geld für interne Kommunikation auszugeben?

Ein Beispiel: Der Vorstandsvorsitzende einer führenden europäischen Baufirma beugt sich vor und sagt: „Mir ist zumute wie dem Kapitän eines alternden, dahinrostenden Tankers. Ich stehe auf der Kommandobrücke, drehe am Steuerrad, aber nichts geschieht. Wir fahren einfach nur immer in dieselbe Richtung weiter."

Ein anderes Beispiel: Gespräch mit dem Chef eines großen pharmazeutischen Unternehmens. Er sagt: „Wir halten Sitzung um Sitzung ab und bestätigen uns dabei die Notwendigkeit, uns mehr am Markt zu orientieren. Was geschieht daraufhin? Jeder Teilnehmer, jede Teilnehmerin geht ins eigene Büro zurück und macht genau dasselbe wie vorher."

Ein drittes Beispiel: Der Europa-Chef eines weltweit tätigen Wirtschaftsprüfungsunternehmens sitzt wutentbrannt an seinem Schreibtisch. Er hat ein Vermögen dafür ausgegeben, ein Beratungsgeschäft aufzuziehen und muß nun feststellen, daß die Chefs mehrerer Hauptniederlassungen alles, was er in diesem Bereich geschaffen hat, schneller demontieren, als er es wiederaufbauen kann.

Was läuft hier falsch? Warum kann das Management seine Anliegen nicht an die Beschäftigten übermitteln? Schlimmer noch: Warum kann es das Top-Management nicht einmal fertigbringen, seine Anliegen an die nächstniedrigere Führungsschicht weiterzugeben?

Einer der kritischen Punkte – wenn nicht überhaupt *der* kritische Punkt – besteht darin, daß die Management-Kommunikation *per definitionem* fast immer aus einer stationären Position heraus stattfindet. Das Management ist ständig in die Rolle gedrängt, *zu anderen Menschen hin* oder *an sie gerichtet* zu kommunizieren. Und es ist selten, daß das Management die Gelegenheit hat oder die Neigung verspürt, *mit* den Leuten zu kommunizieren. Genau deshalb klappt die Management-Kommunikation weit häufiger nicht, als daß sie funktioniert.

Vier Barrieren sind es, die sich durchgängig in Organisationen zeigen, in welchen das Management Schwierigkeiten mit einer erfolgreichen Kommunikation hat. Sie stehen sämtlich in Zusammenhang mit der Konzeption des Kommunizierens aus stationärer Position.

1. Die Geschäftsleitung schafft es nicht, die Wichtigkeit des Bedeutungszusammenhangs beim Kommunizieren zu verstehen und anzusprechen.

2. Dem Management gelingt es nicht, seinen Leuten aktiv zuzuhören. Dies beruht für gewöhnlich auf dem Fehlen eines Kommunikationssystems, das das Fließen von Informationen und Ideen in sämtliche Richtungen begünstigt.

3. Es gibt ein Zuviel an Kommunikation – sowohl formal als auch informell –, was zur Entstehung einer Informationssuppe führt, aus der niemand (auch nicht die Unternehmensleitung) die wichtigen Zutaten herausfischen kann.

4. Vielleicht die höchste aller Barrieren ist die allgemein übliche Management-Praxis, etwas zu sagen und sich dann ganz anders zu verhalten. Nichts ist für die Leute frustrierender, verwirrender oder demoralisierender als das.

Für sich genommen könnte jede einzelne dieser Barrieren die Kommunikation innerhalb einer Organisation lahmlegen. In der Kombination jedoch ist die Wirkung verheerend – sie beeinträchtigt Erfolg und Leistungsfähigkeit der Organisation selbst.

Diese kritischen Punkte in den Griff zu bekommen und diese Gefahren unter Kontrolle zu bringen, erfordert mehr als bloßes Erkennen oder Verstehen. Es erfordert absolutes Engagement seitens des Top-Managements und der professionellen Kommunikationsfachleute, mit denen es zusammenarbeitet. Erforderlich sind das Engagement, sich diesen Fragen mit Priorität zuzuwenden, und die Bereitschaft, Zeit, Anstrengung und Geld aufzuwenden, um das Problem zu lösen. Wenn dieses Engagement nicht vorhanden ist, kann man die Lösung des Problems vergessen.

Wie viele Führungskräfte und Top-Management-Teams haben wirklich einen Sinn dafür, wie wichtig es ist, innerhalb ihrer Organisationen die Effektivität der Kommunikationsvorgänge zu steigern? Wie viele von ihnen sind sich der Schwierigkeit bewußt, aus einer stationären Position heraus zu kommunizieren, und bereit, das notwendige Engagement aufzubringen, um diese Aufgabe zu bewältigen?

Die Kommunikation innerhalb der Organisationen und Unternehmen effektiver zu gestalten, ist im Europa der neunziger Jahre dringlicher denn je, und zwar aus zwei Gründen:

1. Das Europa der Zukunft wird ein Kontinent sein, in dem nationalstaatliche Grenzen ihre trennende Bedeutung verlieren. Der Kontinent wächst zusammen, nicht nur politisch, sondern auch wirtschaftlich. Nicht mehr Konfrontation wird die Szene beherrschen, sondern Kooperation. Aber auch wenn die Volkswirtschaften zusammenwachsen und Unternehmen über bisher bestehende Grenzen hinweg mehr noch als bisher zusammenarbeiten, bleiben in einem multikulturellen Kontinent Unterschiede der einzelnen Völker bestehen, sprachliche, kulturelle, aber auch Unterschiede in der Mentalität und in der Lebenseinstellung. In diesem integrierten, aber gleichermaßen differenzierten Wirtschaftsraum der Zukunft ist Kommunikation absolut unerläßlich. Wie anders soll beispielsweise eine einheitliche „Philosophie" für ein Unternehmen erarbeitet werden, das gleichermaßen in Polen und Portugal, in Großbritannien und Griechenland, in der Sowjetunion und in Spanien, in Irland und Italien tätig ist?

2. Die Gesellschaft der neunziger Jahre wird eine Gesellschaft sein, in der Hierarchien noch mehr an Bedeutung verlieren. Entscheidungen werden noch weniger als bisher von oben herab, unter Berufung auf eine formale Autorität, getroffen werden können. In der Gesellschaft und damit auch in der Wirtschaft der Zukunft müssen Entscheidungen begründet und eingesehen werden, sie müssen gemeinsam erarbeitet werden, damit sie nachvollzogen und durchgeführt werden können. Nicht der Befehl von oben, sondern die wechselseitige Kommunikation und das gemeinsame Entscheiden sind der in der Gesellschaft der neunziger Jahre erforderliche Stil. Diese Einsicht gilt auch für jene Unternehmen und Organisationen, die künftig bisherige regionale und staatliche Grenzen nicht überschreiten. Wenn aber im politisch und gesellschaftlich sich wandelnden Europa von morgen Kommunikation notwendiger als je zuvor ist, müssen die Begriffe übereinstimmen, in denen die Menschen kommunizieren. Wenn unter ein und demselben Wort verschiedene Leute Unterschiedliches verstehen, wird das Ziel, daß alle an einem Strang ziehen, nur schwer oder gar nicht zu erreichen sein.

Wenn jemand in einem Raum voller Leute aus verschiedenen Teilen einer Organisation sagt, daß „die Aufgabe Nr. 1 für uns alle jetzt darin besteht, uns mehr am Markt zu orientieren", so besteht die Aussicht, daß jeder Kopf in diesem Raum zustimmend zu nicken beginnt. Niemand weiß jedoch wirklich, was gemeint ist. Denn jeder hat seine eigene Interpretation des Begriffs „marktorientiert". Niemandem wurde dadurch irgendetwas mitgeteilt. Also gehen alle zurück und tun das, was sie immer tun.

Oder im günstigsten Fall versuchen sie, ihre Vorstellung von „marktorientiert" auf das anzuwenden, was sie immer tun. Aber: es funktioniert nicht.

Ähnliches geschieht, wenn man ein Memorandum mit der Unterschrift des Vorstandsvorsitzenden herumschickt, in dem zu bedenken gegeben wird, daß die Leute innerhalb der Organisation mehr risikoorientiert und mehr unternehmerisch eingestellt sein und handeln müssen. Während sich jeder vielleicht darauf festlegen wird, eben dies zu tun, sind die Aussichten darauf, daß sich auch nur irgendetwas Wesentliches ereignet, praktisch gleich Null. Und wiederum ist, während die Botschaft möglicherweise neu ist, der Kontext, in dem diese Leute arbeiten, derselbe, der er immer gewesen ist. Man bleibt in der alten Kiste gefangen. Und trotz des Schreibens, der Vervielfältigung, der Verteilung und der Entgegennahme des Memorandums hat eigentlich keine Kommunikaton stattgefunden. Weil einfach niemand auf eine Botschaft eingehen kann, die ihm außerhalb eines Zusammenhangs übermittelt wird.

Bevor mit der Übermittlung irgendwelcher Botschaften begonnen werden kann, muß zuallererst der Kontext hergestellt werden, in dem eine bestimmte Kommunikation stattfinden soll. Wenn bei der Kommunikation nur jene Auffassungen, Überzeugungen und Verhaltensweisen bestätigt werden, die innerhalb der Organisation bereits bestehen, ist dies verschwendete Zeit. Zielen jedoch die Botschaften darauf ab, Verhaltensänderungen zu bewirken und die Menschen zu anderen Sichtweisen zu bewegen, so wird das ganze Vorhaben zu einem „Unternehmen", an dem jeder ein Eigentumsrecht besitzt. Deshalb kommt es darauf an, das Top-Management-Team eines Unternehmens dafür zu engagieren, einen formell festgelegten Auftrag beziehungsweise eine schriftliche Zukunftsvision für das Unternehmen zu schaffen.

Wichtig ist nicht in erster Linie die Formulierung einer Mission, sondern vielmehr das Engagement von Leuten in einem Team bei der Durcharbeitung dieses Problems.
Diese Aufgabe braucht zwei Tage und bringt Mitglieder des höheren Managements an einem nicht im Betrieb gelegenen Ort zusammen, um sich mit Fragen wie den folgenden abzumühen:

* Was für eine Art Geschäft ist es, in dem wir tätig sind?
* Welches sind unsere entscheidenden Stärken?
* Wenn wir in die Zukunft blicken: in welcher Art von Geschäft wollen wir dann tätig sein?
* Welches sind die Barrieren, die uns bei dem Versuch, zu unserem Ziel zu gelangen, im Wege stehen?
* Welches sind die Werte, die für unsere Fähigkeit, in der Zukunft erfolgreich zu sein, am wichtigsten sind?

Während dieser zwei Tage muß über all diese Fragen Übereinstimmung erzielt werden, ein Konsens über eine strategische Vision für das Unternehmen ist zu erreichen.

Das eigentliche Ergebnis der beiden Tage aber ist, daß sich das gesamte Top-Management-Team fest in Reih und Glied auf gemeinsame Ziele ausgerichtet hat, so daß alle nun an einem Strang ziehen. Nicht die schriftliche Formulierung des Auftrags beziehungsweise der Zukunftsvision ist in erster Linie wichtig, sondern die Art und Weise, wie diese erarbeitet wird. Um es einfacher auszudrücken: Es ist der Prozeß, der den Unterschied ausmacht, nicht das Produkt.

Das Top-Management-Team, das den Kontext geändert hat, in welchem es das Unternehmen arbeiten sieht, ist nun in der Lage, Botschaften zu hören und darauf auf geeignete Weise zu reagieren.

Es ist als nächstes wichtig, alle anderen in der Organisation an Bord zu bekommen und dafür zu sorgen, daß sie in dieselbe Richtung losgehen. Die Methode, die am besten funktioniert, beginnt mit einer formellen Vorstellung der Mission beziehungsweise der Zukunftsvision für jeden Beschäftigten. Anschließend wird jede Abteilung innerhalb der Organisation gebeten, zur Unterstützung der Mission oder Zukunftsvision des Unternehmens meßbare Ziele zu setzen. Sämtliche daran teilnehmenden Abteilungen verfolgen sodann die Entwicklung ihrer Leistungen vor dem Hintergrund dieser Ziele, und zwar Monat für Monat.

In mehrspartigen Organisationen hat normalerweise jede einzelne Sparte dieselbe Übung zu absolvieren wie das Top-Management-Team, also eine Mission beziehungsweise strategische Vision für den betreffenden Unternehmensbereich zu schaffen, welche sich in Übereinstimmung mit derjenigen des Mutterunternehmens befindet: das Zielsetzungsprogramm ist sodann auf Spartenbasis anzuwenden.

Der wichtige Punkt dabei ist, sowohl Verständnis für als auch Miteigentum an einem neuen Kontext aufzubauen, in dem ein effektives Kommunikationsverhalten stattfinden kann. Dies schließt die intensive Beteiligung von Menschen an diesem Prozeß auf sämtlichen Ebenen als Voraussetzung ein. Warum? Weil „intensive Beteiligung" alle enger zusammenbringt. Die stationäre Position verliert allmählich an Isoliertheit. Der Prozeß des Findens einer Aussage zu Mission oder strategischer Vision ist eine derartige Beteiligungsaktivität, die in einer Mehrheit der Fälle gut zu funktionieren scheint. Es gibt jedoch auch noch viele andere, die im wesentlichen nach derselben Formel angelegt sind.

Nun, da ein Weg gefunden ist, einen Kontext herzustellen, in welchem Kommunikation leistungsfähiger sein kann, kann man einen Blick auf Barriere Nummer zwei werfen: Versagen bei der Aufgabe, den Beschäftigten aktiv zuzuhören. Dies ist ein natürliches Ergebnis des Kommunizierens aus einer stationären Position heraus. Aber es ist sogar noch mehr als nur das...

Ein großer amerikanischer Hersteller in der Flugzeugindustrie wollte die Produktivität steigern. Am ersten Tag des Projekts tut der Berater, was er immer am ersten Tag tut: Herumspazieren, mit den Leuten auf verschiedenen Ebenen der Organisation über ihre Aufgaben, ihre Produkte etc. reden. Er trifft auf einen etwa 50 Jahre alten Mann, der an einer automatischen Schleifmaschine arbeitet. Auf die Frage, was er da tue, antwortet er: „Schlechte Teile herstellen".

Das Teil, das er produzierte, war so konstruiert, daß es in das Endprodukt, ein Stahltriebwerk, nicht richtig hineinpaßte. Und so mußte ein jedes Teil, das von dieser Maschine produziert wurde, von Hand überarbeitet werden, bevor es eingebaut werden konnte – zu Realkosten für das Unternehmen von mehr als 15 Dollar pro Teil.

Auf die weitere Frage, ob er über diese Situation Meldung gemacht habe, sagt er: „Sicherlich, jeden Tag." – „Und was wird jetzt daran geändert?" – „Nichts. Es ist, als ob ich nicht Englisch spräche. Man hört mich nicht."

Hier gibt es also eine große Firma, die soeben einen auswärtigen Berater engagiert hat, der ihr behilflich sein soll. Und hier, auf ihrem eigenen Werksgelände, ist ein Mann, der eine Antwort auf Produktivitätseinbußen von Hunderttausenden Dollar hat; dessen Antwort sozusagen direkt auf der Hand liegt – und niemand hört ihn.

Solche Geschichten passieren sehr häufig. Die meisten Organisationen lösen ein solches Problem nie, selbst wenn sie es erkannt haben. Und zwar deshalb, weil erstens die Kommunikationssysteme der meisten Unternehmen nicht wirklich auf die Förderung von Kommunikation in beiden Richtungen eingerichtet sind, und weil zweitens der Prozeß, wenn es ihn doch gibt, normalerweise derart mechanisch und rituell abläuft, daß er alsbald seine Spontaneität und infolgedessen auch seine Wirksamkeit einbüßt. Das Management kann seine Beschäftigten nicht hören. Und auf ähnliche Weise ist es für die Beschäftigten oft eine zähe Sache, das Management zu hören.

Die Strategie, dies zu beheben, beginnt mit der Einrichtung von Kleingruppensitzungen, um ein klares Bild von dem zu gewinnen, was die Leute hören wollen, und davon, wie sie es hören wollen – und zwar auf sämtlichen Ebenen innerhalb der Gesellschaft.

Die Fragen werden sorgfältig entworfen. Sämtliche Sitzungen – und dies ist entscheidend – werden auf Tonband aufgenommen, um die bevorzugte Sprache für die Übermittlung von Botschaften an jede einzelne der Untergruppen festzuhalten.

Das Festhalten einer bevorzugten Sprache macht oft den Unterschied zwischen einem Zweiwege-Kommunikationssystem aus, das funktioniert, und einem, das nicht funktioniert. Wie war das mit dem Arbeiter an der Schleifmaschine in der Flugzeugfabrik? Warum hörte niemand auf seine Warnsignale? Die Sprache, die er benutzte, um seine Botschaft durch die Leitung nach oben zu übermitteln, kam einfach nicht an.

„Diese Maschine stößt schlechte Teile aus", hatte für die höhere Führungsebene ungefähr soviel Bedeutung, wie sie der Spruch „Wir müssen uns mehr marktorientiert verhalten" für die Juristen in einer Rechtsabteilung gehabt hätte. Das kommt ganz einfach nicht an. Und daher wird es ignoriert.

Nach Abschluß der Revision ergibt sich die Möglichkeit, eine graphische Darstellung des für die Organisation idealen Kommunikationssystems zu entwerfen. Es wird geschaffen in der Form eines Gitternetzes, das man vergleichen kann mit dem, was tatsächlich existiert, so daß Modifikationen vorgenommen werden können.

Hernach wird ein Leitfaden für innerorganisatorische Kommunikationsvorgänge erstellt, der die Anforderungen für jedes Element innerhalb des Systems in Bezug auf Gestaltung, Stil und Sprache festgestellt. Und da die leistungsfähigste Form aller Kommunikation stets der Kontakt von Angesicht zu Angesicht ist, müssen in dieses System so viele Elemente an vertikalen und horizontalen persönlichen Kontakten eingebaut werden, wie dies nur möglich ist: eben alles, was möglich ist, um die Schwierigkeiten bei dem Versuch, aus einer stationären Position heraus zu kommunizieren, so gering wie möglich zu halten.

Möglichkeiten des persönlichen Kontakts sind: Wöchentlich stattfindende Mittagessen zwischen Mitgliedern des Top-Management-Teams und Beschäftigten in der Linie... wöchentliche oder monatliche Zusammenkünfte zum Kaffee... jährlich stattfindende Treffen mit Beschäftigten und Familien... Einrichtung von „heißen Drähten"... ein firmeninternes Sprechsystem... „Management per Betriebsbegehung".

Unterdessen haben es die auf mehreren Ebenen stattfindenden Kommunikationsrevisionen und das interne Kommunikationsgitter systematisch ermöglicht, die dritte Barriere in Angriff zu nehmen. Es ist ein Zuviel an innerorganisatorischen Kommunikationseinrichtungen, das es den Menschen unmöglich macht zu entscheiden, was von Bedeutung ist und was nicht.

Dies besagt nicht, daß das Problem bereits gelöst wäre. Es bedeutet ganz einfach, daß es identifiziert ist. Es zu lösen heißt, diejenigen Leute, welche für unnötige Kommunikationsvorgänge und Kommunikationseinrichtungen verantwortlich sind, dazu zu bewegen, das aufzugeben, was sie für ihr gottgegebenes Recht halten: zu kommunizieren, was sie wollen und an wen sie wollen. In einigen Fällen steht sogar noch mehr auf dem Spiel. Denn es kann zum Beispiel Personen geben, deren Arbeitsplatz und Lebensunterhalt auf gerade den Kommunikationseinrichtungen beruhen, die abzuschaffen die Logik befiehlt.

Aber das Problem muß gelöst werden. Sonst wäre alles, was wir geleistet haben, Verschwendung gewesen. Was also ist zu tun? Im Verlauf einer Revision, ähnlich der, die soeben geschildert wurde, fand eine der führenden Computerfirmen der Welt heraus, daß diese Firma damals mehr als 400 verschiedene Magazine, standortspezifische und firmeninterne Rundschreiben, Management-Reports, vorläufige Umsatz-Rechenschaftsberichte, Außenstellen-Umsatzberichte, Umsatzberichte des Hauptgeschäftssitzes, technische Reports, Wartungs-Reports, Service-Reports für Außenstellen und Hauptquartier, Ausbildungs-Analysen, Anleitungen zum Umgang mit den Mitarbeitern und Gottweißwas sonst noch produzierte, und zwar Monat für Monat für Monat. Schlimmer noch: Wenn man sich innerhalb dieses Unternehmens in einer Position oberhalb einer bestimmten Ebene befand, erhielt man jede einzelne dieser Schriften.

Was war zu tun? Es wurde eine Reihe von Sitzungen auf regionaler Basis angesetzt. Eingeladen wurden die Personen, die für die Publikationen verantwortlich waren, ihre direkten Vorgesetzten sowie Vertreter des regionalen Managements. Und bei jedem Treffen wurde das Problem nachdrücklich veranschaulicht, indem die Organisatoren jede einzelne der Publikationen mittels eines kleinen elektrischen Gabelstaplers in einem großen Pappkarton in den Sitzungssaal bringen ließen und sodann das gesamte Durcheinander in einem großen Haufen auf die Fußbodenmitte kippten.

Danach erhielt jeder ein Verzeichnis, das jedes in dem Haufen vorhandene Schriftstück beinhaltete, jeden Report und jede Publikation mit Namen, Kategorie und Quelle kennzeichnete sowie eine kurze Zusammenfassung bot, welche die entscheidende darin enthaltene Information bekanntmachte.

Die an der Sitzung Beteiligten wurden gebeten, sich selber als Inhaber einer ganz bestimmten Position innerhalb des Unternehmens vorzustellen und sodann die verschiedenen Schriften nach ihrer Priorität einzuteilen, und zwar je nach ihrer Bedeutung für den Inhaber der betreffenden Position. Zur Bewältigung dieser Aufgabe wurde eine halbe Stunde Zeit gegeben. Nicht eine einzige Gruppe war imstande, sich durch die vollständige Liste hindurchzuarbeiten.

Sodann mußten die Teilnehmer die 20 im Verzeichnis enthaltenen Schriften mit der höchsten Priorität in dem Haufen auf dem Fußboden ausfindig machen und sie auf einen Tisch legen. Wiederum wurde eine halbe Stunde Zeit zur Erledigung der Aufgabe gewährt. Fünf von sechs Gruppen konnten es nicht innerhalb des zugeteilten Zeitraumes schaffen.

Schon in der ersten Stunde begriffen die Teilnehmer das Problem und konnten sich dem Projekt widmen: die Kommunikation wirkungsvoller zu gestalten. Das während der Vorbereitung erstellte Raster, das die einzelnen Personen mit ihren Informationsbedürfnissen und mit dem Verteilungsnetz in Beziehung setzte, spielte eine Schlüsselrolle bei dem Unterfangen, den Gruppen eine Konzentration auf Überflüssiges und Übermäßiges zu ermöglichen. Nach diesen Sitzungen war die Anzahl von Publikationen und regelmäßig herausgebrachten Schriften um ungefähr 75 Prozent verringert worden, und ein ebenso auf regionale wie auf zentrale Bedürfnisse zugeschnittenes elektronisches Informationsübermittlungssystem, das sorgfältig im Hinblick auf die Qualität seines Ausstoßes kontrolliert wurde, war konstruiert worden.

Während dieser Sitzungen stand auch das Arbeitsplatzproblem an. Dazu dienten Projektionstechniken, um neue Rollen für Personen festzulegen, die von der Einstellung des Erscheinens von Publikationen und Reports betroffen waren. Da die Vorgesetzten anwesend waren, war es verhältnismäßig einfach, als Teil der Übung auch Übereinstimmung in Bezug auf Rollen und Funktionen zu erzielen. Alles in allem war es auf einer ganzen Anzahl von Ebenen eine höchst erfolgreiche Intervention:

1. Der Wirrwarr hörte auf – und das auch noch rasch. So eröffneten sich Freiräume, in denen eine wirksame Management-Kommunikation stattfinden konnte.

2. Im Laufe des Verfahrens wurde eine übermäßige Kostenbelastung beseitigt.

3. Den Personen, die von den Änderungen am meisten betroffen waren, bot sich die Gelegenheit, an der Entscheidung über diese Veränderungen mitzuwirken.

4. Darüber hinaus wurden für die Personen neue, sinnvollere Funktionen geschaffen.

Und all das wurde in weniger als 60 Tagen zustandegebracht. Das ist sehr vielsagend in Bezug auf die Leistungsfähigkeit der Methode, die Menschen bei der Lösung von Problemen und beim Aufbau besserer Kommunikationsmöglichkeiten von Angesicht zu Angesicht zu mehr Engagement zu bewegen.

Die Barriere, die darin besteht, daß das Management das eine verkündet und hernach ganz anders handelt, ist ein wahres Kommunikationslahmlegemittel. Es macht das Kommunizieren aus einer stationären Position heraus mehr als bloß schwierig. Es macht es zu einem Witz! In einer Minute der Gedankenlosigkeit kann eine einzige unangemessene Verhaltensweise Wochen, Monate, ja Jahre ehrlicher, offener und zielgerichteter Kommunikationsarbeit zunichte machen.

Ein Beispiel: Ein amerikanisches Fast-Food-Unternehmen hat sich soeben einem schmerzhaften Neuorganisationsprozeß unterzogen. Der zentrale Punkt sämtlicher Kommunikationsinhalte von oben bis unten lautet nun: „Wir gehören alle zum selben Team. Wenn wir überleben wollen, wenn wir Erfolg haben wollen, müssen wir alle wie ein Mann an einem Strang ziehen." Ein älterer, wohlbekannter und recht beliebter Angestellter des Unternehmens stirbt. Ein Gedenkgottesdienst wird für Dienstagmorgen im Sitzungssaal des Unternehmens anberaumt. Der Vorstandsvorsitzende sagt, daß er daran nicht teilnehmen kann, weil er am Sonntag nach Europa fliegen wird, wo er seine Ehefrau zum ersten gemeinsamen Urlaub seit drei Jahren treffen will. Das gesamte Management-Team ist einverstanden. Er hat das wirklich verdient, nicht wahr? Wer möchte da noch raten, wie das gewirkt hat?

Ein weiteres Beispiel: Es stammt aus der schriftlichen Niederlegung des Auftrags einer kleinen, aber leistungsstarken Investitionsbank: „...In unserem Umgang mit unseren Kunden, mit den anderen Marktteilnehmern und untereinander wollen wir gewissenhaft und aufrichtig sein. Von jeder einzelnen Person, die sich hier eine Laufbahn aufbauen will, verlangen wir den höchsten Integritätsstandard." Und dann werden ganz plötzlich die Spitzenleute der Firma bei Unregelmäßigkeiten erwischt... Das neue Management macht Gebrauch von der Sprachregelung, es habe sich lediglich um Einzelfälle gehandelt, und versucht sich darin, einmal mehr die Verpflichtung der Firma zur Aufrichtigkeit zu beteuern. Aber wieviel von alledem wird in diesem Unternehmen zu dieser Zeit noch geglaubt? Schlimmer noch: Die besten Leute sind bereits mit ihren Bewerbungsunterlagen hinaus auf den Arbeitsmarkt gegangen.

Es ist dies eine Frage, die ständig von neuem auftaucht. Das Management sagt: „Wir wollen, daß unsere Leute unternehmerisch eingestellt sind und Risiken eingehen!" Ach wirklich? Wie unternehmerisch soll es denn sein? Wieviel Risikobereitschaft wird gebilligt? Was passiert mit dem Überzeugungssystem in einer Organisation, wenn eine Führungskraft so etwas sagt und dann, einen Monat später, irgendeinen armen Vertriebsleiter feuert, weil er es mit einem neuen Produkt versucht hat, das den gewünschten Marktanteil nicht hat erreichen können?

Tatsache ist, daß das Verhalten ein viel wirkungsvolleres Kommunikationswerkzeug ist als alles, was möglicherweise geschrieben oder gesagt wird. Die Leute lesen vielleicht Worte... Sie hören vielleicht Reden und Präsentationen zu... Sie schauen sich vielleicht Video-Magazine an... Jederzeit jedoch beobachten sie und fragen sich: „Stimmen die Taten mit den Worten überein?"

Inkonsequenz ist gleich Verwirrung – im günstigsten Fall. Im ungünstigsten gleich Unaufrichtigkeit und Mißtrauen. Wenn ein Manager sagt: „Schauen Sie, so soll es hier aussehen" und dann loszieht und sich selber vorsätzlich anders verhält, was spricht dann daraus?

Die Botschaft lautet dann: „Wir meinen nicht, was wir sagen. Wir wollen, daß Sie eines denken, so daß wir anschließend wieder mit dem anderen weitermachen können. Weder vertrauen wir Ihnen, noch respektieren wir Sie, noch bedeuten Sie uns irgendetwas – weder als Mensch noch als Angestellter oder als Fachkraft!"

Das ist die Botschaft. Ganz einfach und verständlich. Und sie wirkt jedes Mal 110prozentig als Killer jeder Management-Kommunikation.

Was also ist dagegen zu tun? Wenn eine professionelle Einstellung besteht und eine leistungsfähige und ehrliche Kommunikation innerhalb einer Organisation wirklich existiert, dann muß das Problem direkt angegangen werden.

Einige Regeln für Situationen, in denen es scheint, daß das Management zwar eines sagt, aber selber auf einer ganz anderen Grundlage handelt:

— Sprechen Sie mit jemandem, der die ganze Situation wirklich objektiv beurteilen kann. Schildern Sie die Angelegenheit auf eine unemotionale, objektive Weise, behalten Sie Ihre eigenen Ansichten für sich. Schließen Sie Ihre Darlegungen mit der Frage: „Was halten Sie davon?", und fragen Sie anschließend: „Wie kommen Sie zu dieser Meinung?" Vielleicht erhalten Sie so eine gänzlich neue Sichtweise der Situation.

— Wenn Sie, nachdem Sie dies erledigt haben, immer noch der Überzeugung sind, daß es sich um ein reales Problem handelt, dann schreiben Sie sich einen Schlachtplan auf, den Sie bei Ihrer Auseinandersetzung mit dem beteiligten Manager verwenden. Fassen Sie einen Entschluß darüber, wie Sie sich ihm oder ihr auf die am wenigsten bedrohliche Art nähern. Beginnen Sie, indem Sie für die Diskussion ein sinnvolles Ziel setzen. Treffen Sie eine Entscheidung hinsichtlich des Gesprächsschauplatzes und hinsichtlich dessen, was Sie zu sagen beabsichtigen. Überlegen Sie, was die Reaktionen sein könnten und denken Sie über einige zusammenpassende Alternativlösungen nach – also über andere Wegstrecken, die Sie an dasselbe Ziel bringen. Schließen Sie keinen schwachen Kompromiß. Listen Sie Ihre Fakten auf. Überprüfen Sie das, was Sie an Analysedaten „eingeben", damit Sie sichergehen können, nicht zum Opfer von Firmenpolitik gemacht zu werden. Wenn Sie sich vergewissert haben, daß das Gespräch gerechtfertigt ist und daß Sie sich selber und Ihren Schlachtplan gut unter Kontrolle haben...

— Veranstalten Sie Ihre Sitzung. Halten Sie dieses erste Treffen in einer direkten und nicht bedrohlichen Atmosphäre. Seien Sie offen und aufrichtig. Bringen Sie Ihre Anliegen zum Ausdruck. Legen Sie Ihr Beweismaterial dar. Hören Sie aktiv auf das, was er oder sie zu sagen hat. Diskutieren Sie Alternativlösungen. Verschaffen Sie dem Manager die Möglichkeit, sowohl das Problem zu erkennen als auch aktiv an dessen Lösung beteiligt zu sein. Versuchen Sie, während einer Sitzung Übereinstimmung zu erzielen. Lassen Sie sich nicht auf Streitereien oder emotionale Konflikte irgendwelcher Art ein. Beginnt sich das Klima der Sitzung zu verschlechtern, so finden Sie einen Grund, sie abzubrechen.

Schließlich: wenn Sie keine Kooperationsbereitschaft wecken können, aber immer noch davon überzeugt sind, daß es sich um ein reales Problem handelt, dann tragen Sie es auf der nächsthöheren Ebene vor. Sagen Sie aber der beteiligten Einzelperson, daß das Ihre Absicht ist. Und wenn es keine „nächsthöhere Ebene" gibt oder Sie immer noch nicht die notwendigen Ergebnisse zustandebringen können? Nun gut, dann nehmen Sie eine Bewertung der Situation vor: der Organisation, ihrer Ziele, der Ziele des Managements und seiner Verpflichtung zu einer wirksamen Kommunikation; Ihrer Funktion, Ihrer Rolle, etc. Und dann treffen Sie eine Entscheidung. Warten Sie nicht darauf, daß es jemand anderes für Sie tut.

Hier noch einige weitere zusammenfassende Hinweise, wie konkrete Kommunikation ablaufen kann, wie Sie Kommunikationsbarrieren überwinden können:

– Stellen Sie stets den Kontext her, bevor Sie versuchen, eine Botschaft zu übermitteln. Ist der Kontext falsch, so ergibt Ihre Kommunikation keinen Sinn – egal, für wie intelligent und aufmerksam Sie Ihre Zuhörer halten mögen. Ist der Kontext richtig – das heißt, ergibt er einen Sinn –, so haben Sie Ihr Publikum bereits hinter sich, während Sie Ihr Anliegen noch übermitteln.

– Ohne Geben und Nehmen kann keine Kommunikation stattfinden. Ein internes Kommunikationssystem, das lediglich die Kommunikation in eine Richtung gestattet, kann nicht wirklich erfolgreich betrieben werden. Erstellen Sie ein formales System, das die Zweiwege-Kommunikation fördert.

– Entwerfen und installieren Sie Programme und Aktivitäten, welche gewährleisten, daß eine Zweiwege-Kommunikation stattfindet. Und bilden Sie Ihre Manager dahingehend aus, daß sie bei ihrem Umgang mit Beschäftigten und anderen zu „aktiven Zuhörern" werden.

– Ein Zuviel an Kommunikation ist soviel wert wie überhaupt keine Kommunikation. Schaffen Sie das Durcheinander, all die Reports, Bulletins und Rundschreiben ab, die nichts als „heilige Kühe" sind. Konsolidieren Sie, organisieren Sie alles wirkungsvoller. Stellen Sie sicher, daß Informationen mit Prioritätsrang auch mit Priorität behandelt werden.

– Fördern Sie auf sämtlichen Ebenen innerhalb Ihrer Organisation die Ansicht, daß das Verhalten – also das, was eine Person tut, wie er oder sie handelt, was die Firma belohnt und was sie bestraft – im Sinne der Kommunikation viel wichtiger ist als das, was formell schriftlich festgelegt oder was gesagt wird. Wenn Sie darauf aus sind, einen wahren Kreuzzug zu veranstalten, so haben Sie hier Ihr Thema. Machen Sie es zur Ihrer persönlichen Verpflichtung, darauf zu achten, daß das Verhalten des Managements dessen Worten entspricht. Und dann: Halten Sie Ihre Verpflichtung von Anfang bis Ende ein.

Die Rolle des professionellen Kommunikationsfachmanns in einem beliebigen Unternehmen sollte die eines wahren Beraters sein, der mit dem Management Hand in Hand arbeitet, um eine leistungsfähigere, erfolgreiche Organisation aufzubauen...

Eine Organisation, die so angelegt ist, daß sie jedem nützt, der mit ihr in Berührung kommt.

Das bedeutet, direkt Seite an Seite mit dem Management zu stehen, wenn man die Herausforderung, ein leistungsfähiges Kommunikationssystem zu schaffen, frontal annimmt. Auf dem Gebiet des innerorganisatorischen Kommunikationswesens gibt es keinen Platz für Herr-Knecht-Verhältnisse. Nicht, wenn es das Ziel des professionellen Kommunikationsfachmanns ist, etwas Neues zu bewirken oder wirklichen Einfluß auszuüben.

Autorenvita siehe folgende Seite!

Geoffrey J. Nightingale

Burson-Marsteller
230, Park Avenue South
New York, NY 10003
USA
Tel.: 001 212 / 6 14 40 00

Geoffrey J. Nightingale, am 5. September 1938 in London geboren, studierte am CCNY/Brooklyn College.

Nach Abschluß seiner Ausbildung in Rhetorik und Englisch im Jahre 1958 diente er bei der amerikanischen Armee als Kommunikationsspezialist, wo er unter anderem Nachrichten ver- und entschlüsselte.

Seine Laufbahn bei Burson-Marsteller begann Nightingale in New York. Schon 1968 wurde er zum Kreativ-Direktor des New Yorker Büros ernannt, wenig später zum Kreativ-Direktor weltweit.

Er baute die Abteilung SynerGenics auf, die besondere Expertise in der Beratung und Umsetzung von Unternehmens- und Marken-Positionierung, Mission Development, strategischer Analyse und Management-Training aufweist.

Als President SynerGenics hat Geoffrey Nightingale seine Fähigkeiten bei der Moderation von Arbeitsgruppen schon häufig unter Beweis gestellt.

Seine schauspielerischen und mitreißenden Talente bei Präsentationen und bei der Leitung von Seminaren sind unter Fachleuten in ganz Amerika und Europa bekannt.

Von seiner anstrengenden und mit vielen Reisen verbundenen Arbeit erholt sich Geoffrey Nightingale beim Segeln und Hundezüchten.

Sein persönliches Motto lautet:
„Wenn Du Dich in die falsche Richtung bewegst und nicht unterwegs den Kurs änderst, wirst Du wahrscheinlich auch dort enden."

ANZEIGE

Der Verlag Rommerskirchen

Verlag Rommerskirchen · Rolandshof · 5480 Remagen-Rolandseck
Telefon 0 22 28/60 01-0 · Telefax 0 22 28/60 01 49 · Telex 8 869 212 roki d · Btx ✳ 42100 #

Unternehmerische Anforderungen an die Öffentlichkeitsarbeit von morgen

Eine Perspektive der Adam Opel AG

von Horst P. Borghs

Die Situation

Öffentlichkeitsarbeit hat bei Opel die Aufgabe, Anforderungen der Gesellschaft und insbesondere der differenzierten Zielgruppen des Unternehmens zu erkennen und zu analysieren, Unternehmensziele mitzuentwickeln, die diesen Anforderungen entsprechen und daraus Kommunikationsziele abzuleiten, die im ständigen Dialog mit der Öffentlichkeit intern wie extern gedacht, geplant und umgesetzt werden. In diesem Sinne gleicht Öffentlichkeitsarbeit der Navigation. Unter Einbeziehung aller relevanten äußeren und inneren Einflüsse soll der richtige Kurs ermittelt und kommuniziert werden.

„Gutes tun und darüber reden" – dieses alte Patentrezept taugt nicht mehr für die Öffentlichkeitsarbeit in der informierten Gesellschaft.

Das Automobil bewegt sich im Spannungsfeld zwischen dem Wunsch nach einer möglichst individuellen Fortbewegung und der immer stärker ins Bewußtsein gerückten Bedeutung einer intakten Umwelt und knapper werdender Ressourcen. Mittendrin ist der Autofahrer. Als Fahrer genießt er die großen Vorteile, die das individuellste aller Verkehrsmittel bietet; als Bürger kennt er auch die negativen Aspekte, die durch die hohe Fahrzeugdichte spürbar und zunehmend in der Öffentlichkeit diskutiert werden.

Die Aufgabe:

Die Form, in der heute das Thema Auto diskutiert wird, eröffnet der Allgemeinheit oftmals wenig brauchbare Hinweise darauf, wie eine individuelle Fortbewegung mittelfristig und langfristig sinnvoll möglich sein wird. Auch Forschung und Wissenschaft stoßen in einer durch Emotionen aufgeheizten Situation auf Schwierigkeiten, die von ihnen angestellten Überlegungen zu kommunizieren.

Besonders dringlich wird die Entwicklung intelligenter Verkehrskonzepte und Lösungen vor dem Hintergrund des europäischen Binnenmarktes und der Umwälzungen in Mittel- und Osteuropa. So führt die Vereinigung mit der DDR zu einem nochmaligen Ansteigen des Verkehrs auf der Straße, auf der Schiene und in der Luft. Allein für den Automobilverkehr sagen Experten bis zum Jahr 2000 ein Plus von 30 Prozent voraus.

Die Entwicklungen in Politik, Wirtschaft und Gesellschaft erlauben nicht das Gegeneinander der Verkehrsträger, sondern verlangen vielmehr ein wohl aufeinander abgestimmtes Miteinander. Integrierte Verkehrssysteme müssen entwickelt und verwirklicht werden. Dabei muß sichergestellt werden, daß der begrenzte natürliche Vorrat an Grundstoffen und Energie nicht in unverantwortlichem Maß verbraucht, sondern für die Versorgung kommender Generationen gesichert wird.

In diesem Aufgabenfeld kommt der Öffentlichkeitsarbeit eines Automobilherstellers eine immer stärkere Bedeutung zu. Dabei darf Polemik nicht mit Polemik beantwortet werden. Im ständigen Dialog mit allen verantwortlichen Gruppierungen müssen Lösungen gefunden werden, die den vielfältigen Anforderungen einer pluralistischen, demokratischen Gesellschaft gerecht werden. Es gilt dabei, das Unternehmen als glaubwürdigen und verantwortungsvollen Partner der Gesellschaft zu positionieren, denn diese ist besser denn je informiert.

Die Umsetzung:

Erinnern wir uns: In den goldenen sechziger Jahren wurde es der Automobilindustrie noch leicht gemacht, das Auto positiv im Meinungsbild der Öffentlichkeit zu verankern. Verkehrsminister Seebohm eröffnete unter dem Applaus von Bevölkerung und Medien ein Autobahnteilstück nach dem anderen. In den „Tagesschau"-Meldungen über Staus zur Ferienzeit schwang Stolz auf den erreichten Wohlstand mit.

In seiner heutigen Bedeutung gab es den Begriff Umwelt damals noch nicht. Der tauchte erst später, 1971, auf. Das Auto war ein intaktes Status-Symbol, und die Presse vergab in ihren Fahrberichten noch eifrig Punkte für die Höchstgeschwindigkeit der getesteten Autos.

Der Wertewandel, die zunehmende Belastung der Natur, die gestiegene Mobilität sowohl im wirtschaftlichen wie auch privaten Bereich und die Verringerung der natürlichen Ressourcen haben dazu geführt, daß die Öffentlichkeit dem Automobil gegenüber kritisch geworden ist, obwohl sie es mehr nutzt als je zuvor. Doch nicht nur die Produkte, sondern auch die Produktionsverfahren und das gesamte Verhalten eines Unternehmens werden sorgfältig und kritisch im Hinblick auf ihre Auswirkungen auf Umwelt und Gesellschaft betrachtet. Mochte es früher ausreichen, vor allem die Presse über Produkte, Ereignisse oder Geschäftsergebnisse zu informieren, ist heute strategische Kommunikation erforderlich, um den Informationsbedarf zu befriedigen. War Öffentlichkeitsarbeit früher in der Regel reagierendes und rein exekutives Instrument der zweiten Linie, so ist sie heute, zum Beispiel bei der Adam Opel AG, ein eigenständiges Vorstandsressort und damit in der Unternehmensführung ein gleichberechtigter Partner der klassischen Ressorts.

Zielgruppen der Öffentlichkeitsarbeit

Die differenzierte und informierte Öffentlichkeit beurteilt Unternehmen immer weniger allein nach der Qualität und dem Aussehen ihrer Produkte, vielmehr gilt heute für das Unternehmens-Image auch der Parameter, ob und wie ein Unternehmen seine gesellschaftliche Verantwortung wahrnimmt. In den USA beispielsweise gibt es eine Institution, die dieses Verhalten regelmäßig wertet. Eine Verbraucherinitiative nimmt Großunternehmen unter die Lupe und beurteilt sie nach ihren „social ratings". Hier hat sich eine soziale „Stiftung Warentest made in USA" entwickelt, die Unternehmen zum Beispiel im Hinblick auf ihren Einsatz bei gemeinnützigen Aktivitäten gegenüber Umwelt und Minderheiten beurteilt. Bei den „social ratings" zeigt sich, wie bei vielen anderen Image-Untersuchungen oder Äußerungen, eine beachtliche Diskrepanz zwischen dem Selbstbild und dem Fremdbild eines Unternehmens. Diese Differenz schafft unterschiedliche Realitätsebenen. Hieraus erwächst die große Chance, durch Planung und Gestaltung des Identitätsprozesses eines Unternehmens eine gewünschte und glaubwürdige Darstellung zu schaffen. Mit den Mitteln und Methoden der Öffentlichkeitsarbeit kann es dem Unternehmen gelingen, die verschiedenen Realitätsebenen in Einklang zu bringen.

Anforderungen an die Öffentlichkeitsarbeit sind gewachsen

Früher

- Presse
- Diffuse Ziele
- Ausführendes Organ
- Extern

Heute

- Strategische Kommunikation
- Klare Vorgaben
- Interner Berater
- Intern & extern

OPEL

War Öffentlichkeitsarbeit früher als Exekutive in erster Linie eine Einwegkommunikation, so haben sich ihre Aufgaben heute stark erweitert. Die Vielzahl der zu bewältigenden Arbeitsfelder hat qualitativ wie quantitativ eine deutliche Änderung gebracht.

Aufgaben der Öffentlichkeitsarbeit früher und heute:

Früher überschaubar – heute stark erweitert

PR-Aufgaben früher

- Hofberichterstattung
- Soziale Kontakte
- Repräsentation
- Dokumentation

PR-Aufgaben heute

- Entwicklung von Unternehmenszielen
- Strategische Konzepte und Realisierung
- Aktive Kommunikation mit allen gesellschaftlichen Gruppierungen
- Corporate Identity
- Kontakte zu Politik und Wirtschaft
- Top Management-Beratung
- Image-Steuerung von Konzern und Marke
- Europäische Koordination
- Messen
- Sponsoring
- Pressearbeit im Wettbewerbsumfeld
- Koordination und Kooperation mit Marketing-Aktivitäten
- Neue Medien
- Dokumentation

OPEL

Die Fülle der aufgezeigten Aufgaben sowie ihre elementare Bedeutung für das Unternehmen haben dazu geführt, daß der Bereich Öffentlichkeitsarbeit neu definiert wurde.

Von der Nachrichtenabteilung zum Vorstandsbereich Öffentlichkeitsarbeit

20er Jahre	Literaturabteilung
50er Jahre	Nachrichtenabteilung, erste PR-Programme, Seifenkistenrennen
60er Jahre	Presseabteilung, PR-Programme (Verkehrssicherheit, Technik, Regierungs- und Behördenkontakte)
70er Jahre	Hochschulkontakte, Schriftenreihe
80er Jahre	Information und Kommunikation, Europa-Pressearbeit, PR-Programme, Corporate-Identity/Institutionelle Aktivitäten z.B. Unternehmenswerbung, Kundenmagazin "start", Sport Sponsoring, Standort-PR
90er Jahre	Image-Planung und -Steuerung
	Integriertes Sponsoring: Sozio-Öko-Sport-Kultur

OPEL

Mit der Ansiedlung der Öffentlichkeitsarbeit auf Vorstandsebene hat das Unternehmen die Bedeutung von Öffentlichkeitsarbeit als interaktives Kommunikationsinstrument erkannt. Von Anfang an, direkt und verzögerungsfrei, können unternehmens- und damit öffentlichkeitsrelevante Entscheidungen mitgestaltet, strategisch definiert und in den verantwortlichen Abteilungen realisiert werden.

Öffentlichkeitsarbeit als Vorstandsressort

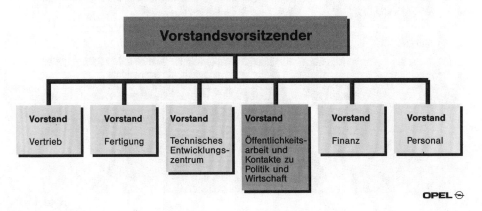

Folgende Ziele stehen im Vordergrund der Kommunikation:

Das Unternehmen und seine Produkte sollen als

- innovativ
- umweltbewußt
- technikorientiert
- dynamisch
- modern

erlebt werden.

Die Basis der interaktiven Kommunikation ist:

- offene Kommunikation mit allen Zielgruppen
- aktuelle, glaubwürdige Information
- unverwechselbare Corporate Identity
- partnerschaftlicher Umgang mit den Medien
- „Do the unexpected"

Kommunikations-Schwerpunkt Umwelt

Unternehmerischer Erfolg ist ohne Ausrichtung von Produktion und Produkten auf die Ökologie heute nicht mehr möglich. Dieser Tatbestand wurde sehr frühzeitig erkannt.

Mit einem Investitionsvolumen von mehr als acht Milliarden Mark wurden im vergangenen Jahrzehnt die technologischen Weichen für die neunziger Jahre gestellt und in der Fertigung die entsprechenden Voraussetzungen geschaffen.

Breite, publizistisch nachhaltige Wirkung hatte die Entscheidung des Unternehmens, als erster Automobilhersteller die gesamte Modellpalette in allen Hubraumklassen, vom Kleinwagen bis zur Oberklasse, serienmäßig mit geregeltem Katalysator anzubieten.

Diese Maßnahme, zusammen mit weiteren zukunftsorientierten Verbesserungen in der Produktion und am Produkt selbst wie die Verwendung von umweltfreundlichen Grundstoffen (zum Beispiel wasserlöslicher Lacke) sowie einer weiteren bedeutsamen Absenkung des Flottenverbrauchs, hat der Bereich Öffentlichkeitsarbeit genutzt, auf einer glaubwürdigen Argumentations-Plattform aktiv mit allen für das Geschehen rund ums Automobil relevanten Zielgruppen zu kommunizieren.

Opel hat, wie Meinungsanalysen ergaben, dadurch das Feld „Umweltorientierung" als ein Unternehmensziel erfolgreich besetzt und gilt heute in der Öffentlichkeit als einer der führenden Hersteller umweltfreundlicher Automobile.

Kommunikationsschwerpunkt Spitzensport

Wichtiger Teil der Unternehmenskommunikation ist das Engagement im Spitzensport. Diesen nutzt das Unternehmen zum langfristigen Imagetransfer durch ein strategisches Engagement bei verschiedenen Sportarten und Teams.

Der Vertrag mit Deutschlands Tennisstar Steffi Graf 1985 war ein Signal für den Einstieg des Unternehmens in den Sport auf breiter Front. Vorausgegangen waren intensive Überlegungen, welche Ziele mit dem Sportsponsoring erreicht werden sollten. Nicht etwa persönliche Ambitionen einzelner Manager oder falsch verstandenes Mäzenatentum waren auslösende Elemente, sondern die Auseinandersetzung mit Themen wie beispielsweise

- Verbesserung der sozialen Akzeptanz
- Imageveränderung
- Höherprofilierung der Marke
- Erschließung neuer Zielgruppen

- Gezielte Produktpromotion
- Kontaktpflege zu Kunden, Händlern und Mitarbeitern.

Am Anfang stand ein klares Konzept mit einer entsprechenden Kommunikations- und Marketingstrategie, die sich bis zu den Händlern erstreckt. Bei der Entstehung dieses Konzeptes war es auch notwendig, die Produktpolitik zu flankieren. Es ergab sich die Frage: Wie kann Opel seinem Image verstärkt sportliche Züge geben, ohne etwa direkt auf die Fahrleistung der Autos abzuheben?

Als Konsequenz daraus konzentriert sich Opel schwerpunktmäßig auf dynamische Ballsportarten, bei denen Begriffe wie „Team" und „Freude am Spiel" besonders wichtig sind. Solchen Begriffen fühlt sich das Unternehmen ebenso verbunden wie die fünf Millionen Menschen, die allein in Deutschland ein Auto mit dem Blitz am Bug fahren. Das Ziel „Verbesserung des Bekanntheitsgrades" ist angesichts einer solch klaren Präsenz der Marke in der Öffentlichkeit nicht von allerhöchster Priorität.

„Imageveränderung" sowie „neues Markenprofil" sind zwei wichtige Ziele für das Engagement im Hochleistungssport und allgemeinen Spitzensport: Zum Hochleistungssport zählen die Zusammenarbeit mit Steffi Graf, dem FC Bayern München, den Tischtennis-Weltmeistern Jörg Rosskopf und Steffen Fetzner sowie das Sponsoring von hochkarätigen Ereignissen wie Davis-Cup, Federation-Cup und World-Youth-Cup. Ganz im Sinne des Teamgedankens steht ebenfalls das Firmenengagement als Sponsor des deutschen Davis-Cup-Teams.

Im Tennissport steht die Symbolfigur Steffi Graf als absolute Spitzensportlerin oben auf einer Pyramide, deren breiter Sockel von rund 140 Tennisteams auf regionaler und lokaler Ebene gebildet wird. Diese Teams werden von mehr als 100 Opel-Händlern vor Ort betreut. Die Verbindung Opel und Sport soll auch in der Breite glaubwürdig sein und auch dort auftauchen, wo unsere Kunden und Fans selbst Sport treiben.

Öffentlichkeitsarbeit im Aufbruch

Die vielfältigen wirtschaftlichen und gesellschaftlichen Funktionen der Unternehmen mit den Mitteln der Öffentlichkeitsarbeit deutlicher, transparenter und damit verständlicher zu machen, gehört zu den unternehmerischen Aufgaben und Herausforderungen, denen sich alle Firmen ausgesetzt sehen.

Öffentlichkeitsarbeit ist ein notwendiger Bestandteil unternehmerischer Existenz und Zukunftssicherung in einer pluralistischen Gesellschaft, wobei die Probleme der Zukunft mit den konventionellen „Allzweck-Rezepten" der Vergangenheit nicht mehr gelöst werden können.

Das kann nur bedeuten, daß sich ein Unternehmen, das Erfolg haben will, permanent der differenzierten Öffentlichkeit stellen und den Dialog mit ihr gestalten muß.

So vollzieht die Öffentlichkeitsarbeit in Deutschland gegenwärtig nachhaltig den längst überfälligen Entwicklungsschritt vom

reagierenden Vollzugsinstrument
ohne Einbeziehung in den Entscheidungsprozeß

hin zum

Partner bei der strategischen Planung, Vorbereitung
und konsequenten Kommunikation von Unternehmensentscheidungen.

**Diplom-Volkswirt
Horst P. Borghs**

**Adam Opel AG
Öffentlichkeitsarbeit
Postfach 17 10
6090 Rüsselsheim
Tel.: 0 61 42 / 66-22 79**

Horst P. Borghs wurde am 7. Februar 1947 in Bad Godesberg geboren.

Nach dem Abitur studierte er Wirtschaftswissenschaften und schloß seine akademische Ausbildung im Jahre 1971 als Diplom-Volkswirt an der Universität Bonn ab.

Seine berufliche Tätigkeit begann Horst P. Borghs im gleichen Jahr als Redakteur.

Nach verschiedenen Stationen in der Öffentlichkeitsarbeit von Wirtschaftsverbänden arbeitete er von 1979 bis 1982 als Leiter der Presseabteilung der Ford-Werke AG in Köln.

Im November 1982 nahm er dann seine Tätigkeit für die Adam Opel AG auf, wo schließlich zum 1. August 1986 seine Ernennung zum Direktor Öffentlichkeitsarbeit und Beziehungen zur Regierung und Industrie erfolgte.

Mit Wirkung vom 1. April 1989 wurde er dann zum Vorstandsmitglied für den gleichen Bereich ernannt.

Gedanken zur Kommunikationsstrategie für die nähere Zukunft

Voraussetzungen, Anpassungsmechanismen und Medien künftiger Betriebspublizistik

von Hansjürgen Meisert

Die Struktur dieses Beitrages führt vom Generellen zum Speziellen. Zunächst wird versucht, die bereits mehr oder weniger konkret vorhersehbaren Veränderungen der Zukunft auf politischem, technischem und allgemein-evolutionärem Gebiet darzustellen, wie sie Institute, Futurologen und Wirtschaftsfachleute in neuester Zeit gedeutet haben.

Die soziologischen Veränderungen, soweit sie den Menschen in Handel, Industrie und Dienstleistungsunternehmen betreffen, sind der erste, eingrenzende Schritt zum Umfeld der Betriebspublizistik. Den insofern externen und internen Veränderungskriterien folgt als Notwendigkeit einer gelungenen Anpassung der Zwang zur Gesinnungsänderung in den Köpfen der Manager, Führungskräfte und Mitarbeiter. Schließlich geht der Beitrag auf konventionelle und neue Medien, Maßnahmen und Ressourcen ein und endet mit einer Statusbestimmung.

EXTERN: Wandlungen der Umwelt bilden neue Existenzvoraussetzungen

Den Menschen interessiert bekanntlich nichts so sehr wie der Mensch selbst. Diese Grundthese impliziert die enorme Wichtigkeit der Kommunikation. Denn ohne vielfältigen Informationsaustausch als Kontaktbrücke vom einen zu anderen ist Menschsein nicht denkbar und das Interesse des Menschen am Menschen unerfüllbar.

Deshalb ist es relevant zu wissen oder doch zu empfinden, wie der Mensch der Zukunft aussehen wird. Schon um 1960 sagte Robert Jungk für das Jahr 2000 fünf Menschentypen voraus, denen sich der Betriebspublizist mit Form und Inhalt seiner Medien anpassen muß.

„1. Der *bewußte Mensch*, der seine physische und gesellschaftliche Umgebung und sogar sein eigenes Unbewußtes mit rationalen, wissenschaftlichen Hilfsmitteln zu verstehen versucht.

2. Der *mündige Mensch*, der alle traditionell vorgegebenen Bindungen lösen will und nach eigenständiger Orientierung in einer neuartigen Lebenssituation sucht.

3. der *Homo faber*, der Mensch also, der die Welt als machbar oder zumindest als gestaltbar betrachtet.

4. Der *technisch fähige Mensch*, der die Lenkung und Auslösung mechanischer Energie betreibt, der also Maschinen schafft zur Entlastung des Menschen, anstatt nach dem biblischen Fluch lasttragend im Schweiße seines Angesichts sein Brot zu essen.

5. Und schließlich der *mobile Mensch*, der nicht mehr die lebenslängliche Verbindlichkeit von Wurzeln anerkennt, weder die Verbindlichkeit von geographischen im Sinne der Heimat noch von glaubensmäßigen in Tradition und Religion, von gesellschaftlichen Wurzeln im Sinne der Schichtungszugehörigkeit durch das, was uns heute als der Zufall der Geburt erscheint. Der Mensch also, der mobil sein will und maximale Beweglichkeit beansprucht gemäß seinen eigenen Neigungen, Fähigkeiten und Möglichkeiten."

Aus dieser Jungkschen Vision ersehen wir, daß der Mensch mündiger, gebildeter, entscheidungsfreier und geistig mobiler wird. Diese Mutationen sind Merkmale und Voraussetzungen für das Anwachsen seiner Informationsneugier.

Um die Dimension der Human-Evolution richtig einzuschätzen, muß man eine Reihe von Zukunftsvorhersagen für mittlere Zeitumfänge auf sich wirken lassen:

Permanente Marsbasis – Weltbevölkerung im Jahre 2000 bereits 5,1 Milliarden – Hauptnahrungsquelle ist das Meer – Allgemeine Immunisierung gegen Bakterien und Viruskrankheiten – Künstliches Leben aus dem Labor (bereits verwirklicht!) – Korrektur von Erbschäden – Die Automation reicht von Dienstbotenarbeit bis zu hochintelligenten Maschinen – Wettermanipulation.

Und da soll nach der „Vorstellung der mangelnden Anpassungsbereitschaft" die Betriebspublizistik fortbestehen wie heute? Das kann nicht sein.

Karl Steinbuch schreibt bereits 1968 in seinem Buch „Die informierte Gesellschaft": „Wahrscheinlich werden sich die technischen Kommunikationsmittel in 100 Jahren von den gegenwärtigen mehr unterscheiden als ein heutiges Fernsehgerät von Morses Telegraf. Fernziel der Nachrichtenübertragungstechnik ist etwa das folgende: Mit Hilfe eines kleinen, tragbaren Apparates soll jeder beliebige Mensch, wo immer er sich befindet, von jedem beliebigen anderen Menschen akustisch und optisch erreicht werden können. Mit diesem modernen, billigen Televideoempfänger kann man sich aber auch an die Hauptinformationsbanken anschließen, woher man jede beliebige Information beziehen kann, sei es zur Belehrung oder zur Unterhaltung."

Mindestens zwei Firmen, darunter Sony, haben bereits jetzt ein gut handgroßes Minifarbfernsehgerät auf den Markt gebracht, das bereits heute bei entsprechendem Einspeisungsangebot (Sender) die Steinbuch-Intentionen realisieren kann.

Der Präsident des Stanford Research Institute, William F. Miller, sagte erst kürzlich in einem Interview: „Es gibt fünf Schlüsselbereiche, die das kommende Jahrzehnt prägen werden: die Elektronik einschließlich der Optoelektronik, neue Werkstoffe, die Biotechnologie und dann noch Informations- und Verfahrenstechnologien, denen eine ganz besondere Bedeutung zukommt, weil wir uns immer stärker mit Umwelt- und Energieproblemen befassen müssen. Einige dieser Technologien sind ja schon ziemlich weit fortgeschritten."

Auch Millers Aussage soll diese Prognosensammlung abrunden, wobei nicht vergessen werden darf, daß unter dem Begriff der Informationstechnologie in erster Linie der relevante Bereich der elektronischen Datenverarbeitung gemeint ist. Aber Daten sind Informationen, und Informationen sind Daten. Und ein Teil der hier als „Bits" und „Bytes" angesprochenen Informationen können auch als Nachricht und damit als Handelsware der Betriebspublizistik angenommen werden. Und wenn es, wie Miller sagt, „sicher ist, daß wir eine Explosion bei Informationssystemen erleben werden", dann hat das im Sinne neuer elektronischer Medien und neuer Wege des Nachrichtenhandlings selbstverständlich auch Auswirkungen auf die Betriebspublizistik.

Eine ähnliche Dimension hat die politische Komponente. Die wachsende Internationalisierung grenzüberschreitender Handelsströme durch Öffnung der Binnenmärkte öffnet auch Schleusen für neue Informationsströme. Das führt letzlich zu einer Informationskonkurrenz der Belegschaften. Wir haben gesehen, daß immer bessere technische Kommunikationsmittel zu mehr und qualitativ unterschiedlichen sozialen Kontakten zwischen Menschen führen. Das bedeutet aber auch Konkurrenz von Mensch zu Mensch. Konkurrenz bedeutet Streben nach Bessersein. Bessersein bedeutet mehr Qualifikation. Und mehr Qualifikation – das werden wir später noch sehen – bedeutet mehr Wissen und Können durch Informationsaufnahme.

Zumindest für die nähere Zukunft sehen Betriebswirtschaftler voraus, daß die knappe Personallage in der Bundesrepublik Deutschland sogar kurzfristig Produktionen lahmlegen könnte. Immerhin könnten betroffene Unternehmen dadurch in ihrer Existenz bedroht sein, wenn sie nicht frühzeitig ihre Belegschaft durch Qualifizierung auf höhere Belastung einstellen. Auch solche Unternehmen, die nicht bereit sind, sich rasch dezentrale Entscheidungsstrukturen zuzulegen, werden vom Markt verschwinden. Sie lassen dem Menschen keinen Spielraum, schränken Initiativen ein und werden so starr und unflexibel, daß sie nicht mehr rasch genug reagieren können. Hierfür sind östliche Planwirtschaftsbeispiele schlagend.

Welche Bedeutung die politischen Veränderungen in Osteuropa für Veränderungen im Lebens- und Arbeitsbereich des westlichen Menschen haben können, ist im Moment noch gar nicht abzusehen. Sicher ist jedoch, daß Europa mit seiner im Vergleich zu den Entwicklungsländern zurückgehenden Bevölkerungszahl, seinem noch immer traditionell hohen Ausbildungsstand, seiner Tradition an technischer Kompetenz gegenüber den Entwicklungsländern mit Niedriglohnmöglichkeiten und den nur langsam aufschließenden Volkswirtschaften ein Know-how-Exporteur wird. Die Muskeln werden in Europa unwichtiger. Der Kopf dagegen immer wichtiger. Und der Kopf besteht aus Information und Wissen. Der amerikanische Trend-Autor John Naisbitt sagt: „Ich mache aus Informationen Wissen!"

Als wichtiger Teilaspekt der Spezialisierung der europäischen Wirtschaftsmacht muß hier der Umweltschutz genannt werden. Er wird Industrieauftrag Nummer eins in Europa werden und für lange Zeit bleiben. Er ist zweifellos eine Belastung, hat aber als Vorreiterfunktion für die ganze Welt und letztlich auch für das ärmste Entwicklungsland eine enorme Bedeutung. Auch Umweltschutz ist ohne adäquate Information der Menschen und damit der Mitarbeiter in den Industriebetrieben undenkbar.

Nur der Schnelle wird also überleben. Und das ist der, welcher frühzeitig, umfassend und qualitativ informiert ist.

INTERN: Soziologische Veränderungen als neue Kriterien der Informationsanpassung

Bleiben wir noch ein wenig bei Zukunftsvisionen, wobei wir hier den uns näheren Bereich von Veränderungen der Wirtschaftsgefüge oder der dort arbeitenden Belegschaften betrachten wollen.

Das Hudson Institute in den USA prognostizierte bereits vor einiger Zeit unter anderem folgendes:

1. Das erste Auftauchen „quartärer" Wirtschaftssektoren, das heißt: Dienstleistungen für Dienstleistungen und das Verschwinden produktionsorientierter Wirtschaftssektoren.

2. Zunehmende Bedeutung der technischen und finanziellen Voraussetzungen zur Veränderung der Umwelt und der Gesellschaft.

3. Wachsende Bedeutung der neoökonomischen Anreize, das heißt: Interesse der Arbeitnehmer für ihre Umgebung, das Schulwesen, die Produktionsergebnisse, Gewinnbeteiligung, zwischenmenschliche Beziehungen, eine Demokratie der Mitbestimmung und großes Interesse an Verdienst- und Aufstiegschancen.

4. Größere Abhängigkeit von Meinungsbeeinflussung, Nachrichtenübermittlung, Anweisungen, Richtlinien, Befehlen und Kontrollen von oben.

5. Sich schnell verändernde Informationstechniken und Verfahrensweisen. Fast jeder nutzt die Informations-, Orientierungs- und Bildungsmöglichkeiten. Geringer werdende Bedeutung von Basiswissen und Urteil des Spezialisten, dafür größere Bedeutung aktuellen Wissens.

6. Nationale Datenzentren zur Benutzung durch private und öffentliche Organisationen, aber auch Einzelpersonen, zugelassen.

7. Neue Formen internationaler, binationaler und mulitinationaler Kooperationen (zum Beispiel Joint-ventures).

8. Gewaltige Zunahme des multinationalen Belegschaftsaustausches.

9. Viele Teilzeit- oder Gelegenheitsarbeiter.

10. Der Verlust vieler traditioneller Werte und eine daraus resultierende Suche nach dem Sinn und Zweck des Lebens. Kleidung und Lebensstil werden optisch die philosophische Grundeinstellung des Menschen, seine Bedeutung, seinen Beruf oder Nichtberuf widerspiegeln.

11. Der Mensch wird neue Versagenssituationen erleben, die zurückzuführen sind auf eine übermäßige Abhängigkeit von unfassenden und in höchstem Maße dezentralisierten Informationssystemen. (Eine Gefahr, der wir entgegenwirken müssen.)

12. Den gelegentlichen absichtlichen Mißbrauch von Informationssystemen sowohl durch offizielle Stellen als auch durch Einzelpersonen (Computerviren, Hacker-Eingriffe usw.).
Soweit diese Aufzählung.

Daß eine gewisse Revolution im Informationswesen stattgefunden hat, ist heute Allgemeinwissen. Datenverarbeitung und Kapazität der Nachrichtenübermittlung haben bereits gewaltig zugenommen und explodieren weiter. Die enorm vermehrte Informationsübermittlung durch Nachrichten-Satelliten, Laserstrahlentechnik, Glasfaserkabel und andere neue Informationstechniken ist erst am Anfang. Schon jetzt werden Informationen in grenzenloser Fülle ins Haus geliefert.

Diese weitgehend technisch begründeten Veränderungen finden vor einem philosophisch strukturierten Hintergrund statt, den wir heute mit „Wertewandel" bezeichnen. Dieser Wertewandel im Rahmen der gesellschaftlichen Evolution ist ein besonders sensibler und damit schwer vorhersehbarer Bereich. Fachleute unterschiedlicher

Richtungen beurteilen diesen Wertewandel in Relevanz und Inhalt unterschiedlich. Die Mannheimer Sozialwissenschaftler Hans Raffée und Klaus-Peter Wiedmann sehen den Wertewandel von folgenden Entwicklungen ausgelöst oder begleitet:

- Fortschreitende, teilweise irreversible Umweltverschmutzung
- Zunahme physischer und psychischer Pathologien
- Verluste an Gemeinschaftsbewußtsein und problematische soziodemographische Entwicklungen

Darüber hinaus nennen sie die Verschärfung wirtschaftlicher Instabilitäten, Marktsättigung, Struktur- und Arbeitsmarktkrisen, Börseneinbrüche und internationale Schuldenkrise als weitere Stichworte. Ihre bereits heute vorhandene zentrale Bedeutung behalten folgende gesellschaftliche Werte: Ökologie und Gesundheit, die Schaffung und Erhaltung von Arbeitsplätzen sowie die Verwirklichung sozialer und humanitärer Ziele. Sogenannte „Sozio-Mätzchen" wie etwa das Sponsern von allen möglichen Anlässen und Veranstaltungen, auch im Sport, werden immer weniger honoriert und können sogar zu negativen Reaktionen führen. Denn nach ihrer Auffassung konzentriert der Bürger seine Forderung nach verantwortungsbewußtem Unternehmensverhalten mehr und mehr auf das „Kerngeschäft". Die Zuwendung zur praktischen Umweltfreundlichkeit im Produkt und seiner Herstellung sowie verantwortliches Handeln gegenüber Mitarbeitern oder Ländern der dritten Welt werden zum maßgeblichen Image und damit zu Erfolgsfaktoren.

Nach Auffassung der beiden Wissenschaftler nimmt auf der Ebene der persönlichen Lebenswerte der Trend zur Individualisierung weiter zu. Der Wunsch nach Selbstentfaltung und Selbstbestimmung drängt die klassischen Pflicht- und Akzeptanzwerte immer weiter in den Hintergrund. Vor allem das Modell „Arbeit als Pflichterfüllung" verliert gegenüber dem Ideal „Leben als Erlebnis" zusehends an Bedeutung. – Soweit Raffée und Wiedmann.

Wenn dies alles so eintrifft, geht daraus die Forderung nach neuen Informationsstrukturen und neuer Standortbestimmung der Belegschaftsinformation hervor. Sie muß die wahrhafte Tatsache suggerieren, daß Arbeit Spaß machen kann und muß. Aber auch, daß Arbeit Ansatzpunkte zur Selbstverwirklichung bieten kann und bieten muß. Denn trotz unseres Sturzes in die High-Tech-Gesellschaft dürfen Wirtschaft und Technik nicht zum Selbstzweck degenerieren, sondern müssen neben der Existenzsicherung in erster Linie der menschlichen Bedürfnis- und Gefühlsstruktur Rechnung tragen.

Wenn diese Entwicklung komplett oder ähnlich eintrifft, wird es in der näheren Zukunft mehr Führungsprobleme geben. Der Mensch wird anspruchsvoller. Er ist besser ausgebildet, und dadurch steigen seine Anforderungen. Es entstehen aber auch irrationale Ängste. Und in einer High-Tech-Umgebung kann der Mensch leider auch nicht mehr zuhören. Deshalb ist keine Kommunikation möglich. Er muß daher aufs neue Zuhören lernen, um kommunizieren zu können.

Das ist ein Aufgabenfeld der Wissens- und Nachrichteninformation. Der Mensch muß neu „aufgeschlossen" werden. Nur dann ist jener Gefahr zu begegnen, wenn es uns gelingt, mit mehr Information die Überschaubarkeit der Dinge wieder zu realisieren. Wir müssen einfach Information säen, um Verständnis zu ernten. Dabei muß uns bewußt werden, daß Information Freiheit bedeutet. Und vielfältige Freiheit der Mitarbeiter bedeutet Kreativität, wenngleich auch bedeutend schwierigeres Führen. Die Komplexität künftiger Entwicklungen bedeutet, daß Konflikte vorprogrammiert sind. Diese können leichter gelöst werden bei gleichem Wissensstand der Beteiligten. Information muß deshalb einen neuen, wichtigen Platz im betriebssoziologischen System erhalten. Das heißt: Führungsstil ohne die Komponente Mitarbeiter-Information in hervorgehobener Position ist kein solcher.

Abschließend Professor Friedrich Fürstenberg: „Trotz immer geringer werdender Durchsichtigkeit besteht für den arbeitenden Menschen der Zwang, richtig, und das heißt, situations- und zieladäquat zu handeln. Hierzu ist eine hinreichende Information unerläßlich. Je weniger die Möglichkeit besteht, die das eigene Handeln bestimmende Umwelt unmittelbar zu erfahren, desto größer wird der Wunsch, sich zuverlässig rechtzeitig und umfassend zu orientieren. Wir können also davon ausgehen, daß in jedem modernen Unternehmen nicht nur ein großes Informationsbedürfnis besteht, sondern Information geradezu die Grundlage jedes Arbeitsablaufs und damit auch der betrieblichen Zusammenarbeit bildet."

GESINNUNGSWANDEL: Grundvoraussetzung der Optimierungsstrategie ist ein Wandel der Informationsgesinnung

Das Veränderungskriterium für Mitarbeiter-Information in der Zukunft ist zweigeteilt. Einmal ist da der sachlich-technische Zwang, der zur Veränderung der Medien führen muß. Zum anderen aber gibt es das mentale Problem, und das ist schwerer zu bewältigen. Es handelt sich hierbei um die Veränderung der Informationsgesinnung von oben nach unten und damit eine Relevanzbestätigung der Mitarbeiter-Information durch das Management.

In der Zeitschrift „Personalführung" stellt Dr. Klaus Ehrhardt „Die Ebenen des strategischen Managements als eine Quelle innerbetrieblicher Informationspolitik" vor. Die Stichworte haben folgenden Inhalt:

Vision
Damit wird ausgedrückt, wo das Unternehmen in ferner Zukunft seine Schwerpunkte, seine Hauptbetätigungsfelder sieht und welches Profil langfristig angestrebt wird.

Mission/Identität
Unter diesen Stichworten wird definiert, worin das Unternehmen heute seine Aufgaben sieht. Dazu zählen auch die Grundsätze, die man den Mitarbeitern (vor allem Führungskräften), der Volkswirtschaft, dem Staat, dem Kunden, dem Lieferanten, der breiten Öffentlichkeit sowie den Anteilseignern gegenüber einnimmt.

Allgemeine Zielprojektion
Damit werden längerfristige Vorstellungen definiert, welche die Richtgröße für die nachfolgenden Ebenen (Ziele, Strategien) darstellen. Als Beispiel wäre das Streben nach Qualitäts- und Marktführerschaften zu nennen.

Ziele
Darunter sind in ihrer Realisierung meß- und kontrollierbare Planungswerte wie zum Beispiel Umsatz- und Gewinnsteigerung, Marktanteilszuwächse innerhalb eines bestimmten Zeitraumes zu verstehen.

Strategien
Das sind alle Wege, auf denen man die definierten Ziele – aber auch die langfristigen Zielprojektionen – realisieren will.

Taktiken
Die Umsetzung der Strategien erfolgt über taktische Maßnahmen. Jedes einzelne Unternehmen wird die Elemente mit individuellen Inhalten füllen, so daß sich von Fall zu Fall ein eigenes Themenraster ergibt.

Diese aufgeführten Ebenen des strategischen Managements bestimmen natürlich zum einen die Unternehmenspolitik. Zum anderen liefern sie aber auch die Botschaften für die innerbetriebliche und teilweise sogar außerbetriebliche Informationspolitik. Es sind äußerst wichtige, vom Unternehmen als „Steps" vorschreibbare Situationen auf dem richtigen Wege. Dazu gehört allerdings die bereits angedeutete notwendige mentale Veränderung des Menschen, und zwar zunächst des Vorgesetzten. Der Vorgesetzte muß auf dem Wege der Neueinschätzung der Informationsbedeutung und der Bereitschaft zur Entgegennahme, aber auch Weitergabe von Informationen Vorbildfunktion übernehmen. Das muß bereitwillig, offen, umfassend und selbstverständlich geschehen. Ohne Wenn und Aber. Die technische Vorbereitung ist leicht. Sie kann durch „Informationsbedeutungs-Seminare" allenthalben und schon jetzt angeboten werden, um Manager, Politiker und Führungskräfte zu schulen. Die Qualifikation der Führungskraft muß künftig daran gemessen werden, ob ihr Informationsverhalten optimal funktioniert.

Eine weitere Sperre für ungehinderten Informationsfluß sind die oft unnötig verordneten Geheimhaltungsgebote. Zweifellos gibt es in der Tat in seltenen Fällen die Notwendigkeit der Informationszurückhaltung, um wirtschaftliche Nachteile etwa durch frühzeitige Konkurrenzinformation auszuschließen. Diese Fälle sind aber sehr viel seltener als die unnötige Übung, diese Schutzbehauptungen vorzuschieben.

Und weil wir gerade dabei sind: Es gilt, weitere Denkweisen abzubauen. Folgende Behauptungen halten sich, entgegen jeglicher Vernunft und zum Schaden freier Informationspolitik: Zuviel Wissen schadet nur. – Das erfahren Sie noch frühzeitig. – Wissen ist Macht, also macht sie unwissend. - Keine schlafenden Hunde wecken.

Dem steht die aggressive These entgegen: Frühestmögliche Information der Mitarbeiter ist notwendig, selbst wenn Konflikte möglich erscheinen. Der Konflikt kommt im übrigen unaufhaltsam und meist in verstärktem Maße, wenn die Information verschleppt oder gar verhindert wird.

Die dümmste Waffe gegen die Informationsverbreitung ist die gelegentlich überzeugend vorgetragene Behauptung „Ich habe dazu keine Zeit!". „Die oft unbefriedigende Information", so Dr. K. Ehrhardt, „ist nicht so sehr Ausdruck einer bewußten ‚Abschottungs-Philosophie', als vielmehr Folge von Zeitknappheit. Der geplagte Manager, stets in Terminnot, vergißt in der Eile die Weitergabe von Informationen. Doch dieser menschlich verständliche Fehler hat fast immer die gleichen Folgen wie die bewußte Vorenthaltung von Informationen. Es entstehen Mißtrauen, Frustration, Reibungsverluste. Der Manager sollte sich also auch bei äußerster Zeitknappheit Zeit für die Information seiner Mitarbeiter freischaufeln."

Die Zukunft wird es zeigen: Wer keine Zeit hat, seine Mitarbeiter zu informieren, ist nicht geeignet als Führungskraft. Deshalb muß sich sowohl bei Vorgesetzten als auch bei Mitarbeiter-Informations-Fachleuten eine notwendige Überlegung rasch durchsetzen: vom Ich- zum Du-Denken. Nicht, was will ich, und wie sehe ich etwas, sondern was will er, und wie sieht er etwas. Er – mein Mitarbeiter.

Kommunikation, und damit Informationsaustausch und -verstehen, gedeiht nicht in einem Garten aus Zeitknappheit, Angst, Gerüchten, Verboten und Grabenkämpfen. Das Abschneiden der Information und damit ihr Nichtankommen bedeutet, daß der Mitarbeiter in die innere Isolation und Emigration getrieben wird, und das bewirkt Resignation. Der Mitarbeiter „funktioniert" zwar formal, aber nicht permanent aufbauend, also weder motiviert, noch kreativ.

Gut informiert zu sein, wird zunächst im Unternehmen zum Privileg werden. Wenn wir Betriebspublizisten unsere Aufgabe allerdings richtig verstehen, muß der Anspruch weitgehender Information später Allgemeinnutzen sein. Auch diese Behauptung deutet an, daß Informationsweitergabe und -aufnahme nicht dekretiert werden kann. Wäre es so einfach, könnte man ein neues Informationsbewußtsein oktroyieren. Der Prozeß der mentalen Änderungen muß neben der Bereitschaftsförderung, den sachlichen Hintergrund der Information neu zu begreifen, auch die Emotionen des Menschen berücksichtigen. Wer sie nicht beachtet, wird Widerstände vorfinden, die kaum anders zu überwinden sind.

Natürlich ist auch ein noch so erneuertes und angepaßtes Informationsbewußtsein nicht der Schlüssel zur allgemeinen Problemlösung. Wenn wir nicht aufpassen, enthält der neue Weg sogar übermächtige Gefahren. Deshalb muß hier deutlich gemacht werden, daß die Manipulation des Mitarbeiters durch ungeeignete Information und seine Ausbeutung strikt abzulehnen sind. Nichtvorhandensein von Information beziehungsweise Informationsbereitschaft bedeutet aber brachliegendes Ackerland. Die Nutzung brachliegenden Ackerlandes ist jedoch statthaft. Nicht nur das – sie ist sinnvoll und produktiv, und zwar zum Nutzen aller.

BILDUNG: Information ist eine Bildungsaufgabe, Bildung ist eine Informationsaufgabe

Die weitgehende Deckungsgleichheit von Bildung und Informationswesen wird allzu selten betont. Dabei ist sie banal und aus sich selbst heraus verständlich. Bildung ist die Vermittlung von Wissen und Können durch Informationstransfer. Diese Tatsache enthält die Notwendigkeit enger Kontakte zwischen beiden Aufgabenbereichen. Extrem ausgelegt, ist die Bildungsaufgabe im Unternehmen nichts anderes als eine spezifische Form der Mitarbeiter-Information. Zumindest müssen sich beide Bereiche deshalb gegenseitig befruchten.

Speziell wir im europäischen Wirtschaftsbereich werden trotz gemeinsamen Binnenmarktes künftig weniger Personal haben. Die Chance, unsere Stärke in einer kommenden weltweiten „Know-how-Vermittlung" zu sehen, impliziert aber auch, daß die wenigen Arbeitskräfte besser qualifiziert sein müssen. Nur bessere Ausbildung und Bildung führen zur notwendigen Grundqualifikation, und wenn die Mitarbeiter einmal aus den Bildungsangeboten entlassen sind, ist die Qualifikationserhaltung nur noch über Informationsaufnahme möglich.

Der europäische Binnenmarkt ab 1992 mit seinen spezifischen Anforderungen, zum Beispiel der Benutzung mehrerer Sprachen unterschiedlicher Sprachfamilien, mit einem zweifellos vorhandenen Bildungsgefälle von Nord nach Süd, mit der Vereinigung unterschiedlicher Kulturen, historischer Herkünfte, diverser Mentalitäten und neuer Denkweisen, fordert ein Informationsnetz mit dünnen Maschen.

Im Unternehmen selbst wird der neue allgemeine Trend zum Teamwork, und zwar übergreifend über unterschiedliche Hierarchiepositionen, zum Wissensausgleich in großem Stil zwingen. Auch das ist Aufgabe der Information.

KONVENTIONELLE MEDIEN: Konventionelle Informationsmedien im angepaßten Maßanzug

Ohne Zweifel steht fest, daß sich in den vergangenen drei Jahrzehnten die Medien der Mitarbeiter-Information angepaßt und erweitert haben. Schon jetzt besteht für den Betriebspublizisten die Möglichkeit, auf einem „Informationsklavier" mit vielen weißen und schwarzen Tasten zu spielen. Aber es gibt noch immer Instrumente mit höchst bescheidenen Tastaturen und andere, auf denen mehrere Oktaven sind.

Dabei ist es absolut notwendig zu erkennen, daß es kein einziges ideales, optimales Medium gibt. Die Eignung verschiedener Informationsmedien für unterschiedliche Zwecke und Zielgruppen muß realisiert und in die Praxis umgesetzt werden.

Wir haben bereits gesehen, daß die Komplexität der Systeme geradezu explodiert. Deshalb fallen Informationen in großer Menge an. Und weil das so ist, müssen alte Informationskriterien wie Klarheit und Wahrheit, aber auch wie Zielgruppenorientierung Bestand haben neben neuen Ordnungskriterien für Nachrichtenkategorien mit der Möglichkeit des raschen Auswahlzugriffs. Was ist gemeint?

In der Betriebspublizistik müssen neue Ordnungskriterien Einzug halten, die zu einer neuen „Informationshygiene" führen. Laut „manager magazin" formuliert Bernd Fischer: „Ein sinnvolles Auswählen, Informationsmenge auf individuelle Maßstäbe beschränken, rasch zu verarbeitende und lange speicherbare Informationen auswählen, Unvertrautes in Vertrautes umwandeln." Das ist „Informationshygiene".

Für den Betriebspublizisten bedeutet das: Schaffen zielgruppenorientierter Informationsmedien, adäquate Ansprache beziehungsweise Formulierung der Botschaft für die angesprochenen Gruppen und die Einführung eines neuen Begriffs, der zum Redaktionsauftrag werden muß. Er heißt: Resonanzaktion. Oder noch genauer: Resonanzaktion durch Motivationsnachrichten. Was ist darunter zu verstehen? – Gemeint ist jene Form von Information in all ihren komplexen Erscheinungsformen, die als Motivationsnachricht beim Empfänger umgehend oder verzögert eine bestimmte, vorhersehbare und sogar erwünschte Reaktion auslöst.

Das Ganze ist durchaus vergleichbar mit den Bestrebungen moderner Wirtschaftswerbung, die durch eine bestimmte Information oder Motivation den Kaufentschluß (Resonanzaktion) wecken will. Auch die Belegschaftsinformation wird sich künftig bemühen müssen, beim Leser ein Aha-Erlebnis auszulösen. Ein Aha-Erlebnis in dem Sinne, daß die Information ihn überzeugt, daß es richtig ist, wenn er so oder so handelt oder denkt.

Dabei muß sehr klar bleiben, daß Motivation etwas grundsätzlich anderes ist als Manipulation. Sauberer Journalismus wird im Zeichen der Resonanzaktion unabdingbarer Maßstab sein. Aber erst, wenn es uns durch eine neue Art von Berichterstattung gelingt, den Inhalt einer Information dem Leser bewußt zu machen und ihn dadurch positiv zu motivieren – freilich ohne, daß wir etwas verschleiern –, dann wird der Betriebspublizist mit mehr Selbstbewußtsein der Frage gegenübertreten können, ob er dem Unternehmen für die aufgewendeten Kosten auch eine errechenbare Gegenleistung zu bieten hat.

Es wird daher künftig nicht mehr genügen, einfach zu schreiben im Sinne eines grammatikalisch und orthographisch korrekten, akzeptablen Stils, sondern der Aufbau einer Nachricht und in gewissem Umfang auch ihr Inhalt müssen nach einem bisher zu selten angewandten bzw. neuen System gestaltet sein. Die Motivationsnachricht muß folgenandeutend sein. Sie muß positiv motivieren. Sie muß Nachrichten über zukünftige Vorhaben bringen.

Eine Voraussetzung für diese neue Form der redaktionellen Arbeit muß eine journalistische Grundfreiheit sein, wie sie sich bis heute nur wenige Redaktionen erkämpft haben.

Wenn, wie wir zuvor behauptet haben, eine Informationsschwemme auf einen der evolutionären Entwicklung angepaßten intelligenten Menschen zukommt, dann liegt der Schluß nahe, daß der Mensch der Zukunft alle Informationen weit mehr als heute selektieren muß. Er nimmt also nur noch solche Themen an, die ihn direkt betreffen. Die Auswahl der subjektiv interessanten Informationen wird also in weit größerem Umfang eine wichtige Rolle spielen. Neben der motivierenden Formulierung der Nachricht muß also bereits der Betriebspublizist oder Informationsredakteur das Informationsangebot nach neuen Kriterien ordnen. Nur dann hat er die Gewähr, daß der selektierende Leser die ihn interessierende Meldung auch findet und nicht übersieht. Hier ergibt sich eine außerordentliche Chance für die betriebspublizistischen Medien. Denn sie sind in besonderem Maße in der Lage, ausgesuchte Spezialinformationen für Fachinteressenten anzubieten. Dieser Gedanke drückt sich nicht zuletzt auch durch übersichtliche Rubriken und Spalten in den Printmedien aus. Die richtige Systematik der Informationsanordnung auf dem gedruckten Blatt ist also wichtig. Der Leser muß jene Beiträge, für die er sich besonders interessiert, möglichst rasch auffinden können.

Denkbar ist als ein Beispiel sogar eine Art Loseblatt-Werkzeitschrift, die ein Computer für jeden Leser nach geistiger Auffassungskapazität, Interessen, Spezialitäten, Grad der Vertraulichkeit, Position, Fachgebiet, Alter und anderen Kriterien zusammenstellt. Kennzeichnungen der einzelnen Blätter mit Ordnungszahlen vereinfachen den Verkehr der Redaktion mit dem Computer. Die einzelnen Blätter können natürlich je nach Bedarf oder Lesezeit vom Computer abrufbar sein. Auch dazu kommen wir noch später.

Diese Ausführungen scheinen weitgehend auf schriftliche Medien festgelegt. Es ist dagegen wesentlich, daß auch die Gesprächskommunikation selbst in Großunternehmen ihren Raum erhält. Sie allein läßt in verstärktem Maß auch die Vertikalinformation von unten nach oben zu, wenn die hierarchischen Positionen der Gesprächspartner nicht im Sinne falscher Autoritätsauffassungen eine Rolle spielen. Deshalb muß jede Gesprächsform liberal, demokratisch, offen und kritisch sein dürfen.

Es gilt also, die bestehenden konventionellen Informationsmedien der Zeit anzupassen, sie zu verändern und ihnen einen Maßanzug zu geben, der glatt anliegt und keine Falten wirft.

INNOVATIVE MEDIEN: Neue Informationsmedien, die vorhanden oder denkbar sind

Die Fülle bereits vorhandener und gut funktionierender Informationsmittel, aufgestockt und ergänzt durch neue aus dem elektronischen Technikbereich, muß künftig zu einem Netzwerk zumindest im Mittel- und Großunternehmen werden, das ein vielfältiges Gitter aus horizontalen und vertikalen Informationsaktivitäten ergibt. Dabei muß es, vor allem bezogen auf die elektronischen Medien, dazu kommen, daß die Berechtigung, spezifische und zum Teil vertrauliche Informationen zu empfangen, als Führungsmittel verwendet wird. Das wird besonders im Bereich der Führungskräfte-Information dazu führen, daß Information einer bestimmten Qualität auch von solchen Mitarbeitern empfangen werden will, die bisher, mit welchen Ausreden auch immer, selbst für Informationsentgegennahme unansprechbar waren.

Bereits heute zur Verfügung stehende elektronische Kommunikationsmedien sind unter anderem:

Telefax: die Fernkopie über den speziellen Anschluß durch die Bundespost.
Teletex: Texte über Fernmeldeleitung von einem Schreibcomputer zum anderen.
Elektronische Post (Mailbox): die Textmitteilung von einer Computer-Arbeitsstation zur anderen.
Telekonferenz: Teilnehmergruppen können sich auf einem großen Wandbildschirm oder Monitor gegenseitig sehen, Zeichnungen und Dokumente zeigen und so fort. Das geht bereits über Kontinente hinweg.
Bildtelefon: Teilnehmer können sich gegenseitig während eines Ferngesprächs sehen und damit Mimik und Körpersprache übermitteln.
Datenbankzugriff: Zahlen, Texte und Grafiken oder Lernprogramme können von einer Datenbank im Unternehmen oder extern auf die eigene Arbeitsstation abgerufen werden. (Nach der Broschüre „Neue Wege der Informationsbeschaffung", die über die Möglichkeiten berichtet, mit Hilfe von Datenbanken Informationen zu finden – her-

ausgegeben vom Bundesministerium für Wirtschaft, 1988 –, konnte man bereits seinerzeit vom eigenen Schreibtisch aus in fast 3.700 elektronischen Datenbanken der Welt nach Informationen suchen.)
Television: Informationsverbreitung durch lokale oder im Unternehmen stationierte Fernsehsender auf handflächengroße, leicht mitzuführende Monitore. Durch Anruftonfrequenzen kann die Informationsübernahme abgefordert werden.

Die bereits seit Jahren existierende Möglichkeit des *Werkfunks* soll hier nur der Vollständigkeit halber angesprochen sein.

Dr. W. K. Scheuten von IBM hat sich in einem Beitrag intensiv mit der Elektronischen Post beschäftigt. Er schreibt unter anderem: „Elektronische Post oder Bildschirmpost ist Textkommunikation von einer Computer-Arbeitsstation (Terminal oder vernetzter PC) zur anderen. Wenn man mit der Tastatur umgehen kann, lassen sich kurze Mitteilungen und Briefe mit wenigen Handgriffen schreiben und absenden, an ganze Verteilerlisten verschicken, kopieren oder im elektronischen Archiv ablegen und wiederfinden ... Der Partner ist immer erreichbar, unabhängig von Ort und Zeit ... Man hat ein großes Stück mehr Autonomie in der Arbeit: im Vergleich zum Brief keine Abhängigkeit von Sekretariat, im Vergleich zum Telefon keine Unterbrechungen mehr bei wichtigen Arbeiten oder Gesprächen.

Der emotionale Gehalt der Bildschirmbotschaft ist geringer als beim persönlichen Gespräch. (Das kann ein Vor-, aber auch ein Nachteil sein.)

Die Zahl zwischenmenschlicher Kontakte steigt, dabei nehmen Telefonate und Briefverkehr ab, aber nicht die Häufigkeit persönlicher Gespräche ... Elektronische Post eignet sich am besten für kurze und klare Inhalte ... Die Elektronische Post fordert: häufiges Öffnen des Postkorbs und schnelles Antworten, klare und kurze Ausdrucksweise sowie gut überschaubare Bildschirmgestaltung (Maskengestaltung)."

Die Elektronische Post, wie sie hier gemeint ist, ist allerdings in erster Linie ein Mittel der Kurzkommunikation und nicht so sehr der ausführlichen Informationsübermittlung. Die elektronischen Kommunikationsmedien insgesamt sind mehr als andere Medien in der Lage, neben dem Vermitteln von Wissen auch dabei behilflich zu sein, das Wissen zu verarbeiten. So findet man bereits jetzt Expertensysteme, die Information umsetzen in Problemlösungsvorschläge und damit dem Menschen eine Zwischenstufe der Informationsverarbeitung abnehmen. Der riesige Vorteil der elektronischen Informationsweitergabe ist, daß sie nicht unbedingt arbeitszeitabhängig ist. Das heißt, der Kollege im Kontinent anderer Zeitzonen ist durchaus auch außerhalb der Arbeitszeit insofern erreichbar, als sein Terminal die elektronische Information gern speichert, bis er sie bei Arbeitsbeginn abruft.

Der Einsatz professionell hergestellter Informations-Videokassetten in unterschiedlichen Wiedergabemedien gehört genaugenommen auch zum elektronischen Datenverarbeitungsbereich. Großfirmen sind bereits dazu übergegangen, Videokassetten mit Lerninhalten, aber auch Informations- oder Nachrichtenmaterial in speziellen „Info-Mobilen" anzubieten. Diese meist auf Kleinbusbasis ausgerüsteten mobilen Informationsstationen können direkt zum Endverbraucher fahren. Außerhalb oder innerhalb der Arbeitszeit kann der Informationskonsument spezielle oder allgemeine Informationen abrufen.

Bei aller Bereitschaft, die Möglichkeiten elektronischer Informationsanforderung und -weitergabe zu nutzen, muß der Betriebspublizist sein Augenmerk darauf richten, daß das Nachrichtenangebot nicht komplett vertechnisiert werden darf. Das Gespräch ist nach wie vor Ur- und Endform der Kommunikation.

STATUS: Der optimale Status der Mitarbeiter-Information in Großunternehmen

Geschwindigkeit, Komplexität und Ausmaß künftiger Entwicklungen, die das Gebiet der Betriebspublizistik berühren, verändern und gestalten, machen für den Insider unter anderem deutlich, daß der gesamte Bereich der innerbetrieblichen Kommunikation und Information und die damit zusammenhängenden Gestaltungs- und Darbietungsfragen in eine Hand gehören. Dennoch bleibt die Forderung bestehen, daß die Grundaufgabe der Mitarbeiter-Information zunächst einmal Sache jedes Vorgesetzten ist. Der Mitarbeiter-Informations-Redakteur ist aber andererseits der Spezialist für diese Aufgabe und in seinem Selbstverständnis im besten Falle ein Dienstleister. Er muß alle Möglichkeiten der Informationsrecherche im Betrieb und außerhalb nutzen und alle Medien der Mitarbeiter-Information in seiner Hand vereinigen. Dazu gehören sogar scheinbar so abseits liegende Aufgaben wie kulturelle Veranstaltungen, Vorträge, Ausstellungen im Betrieb oder Themenaktionen (Beispiel: Alkohol am Arbeitsplatz), soweit sich diese an Mitarbeiter richten.

Nach dem heutigen Verständnis sind betriebspublizistische Abteilungen immer noch häufig Werbeabteilungen, Verkaufsabteilungen, mehr oder weniger geeigneten Vorstandsbüros, Arbeitsdirektionen, PR-Abteilungen oder anderen unterstellt. In vielen Fällen wird auch die Personal- oder Sozialabteilung als übergeordnete „Anbindung" angegeben. Innerbetriebliche Information ist zweifellos zu einem gewissen Prozentsatz auch Führungsaufgabe. Das wurde hier dargestellt. Ihre Bedeutung geht aber weit darüber hinaus. Wie zum Beispiel die Aufgabe der Corporate Identity absolut fachbereichsübergreifend ist, so kann auch die umfassende Aufgabe der Mitarbeiter-Information nur eine konsequente und optimale Anbindung haben: bei kleinen und mittleren Unternehmen direkt unmittelbar unter der Unternehmensspitze, bei Großunternehmen bei der Abteilung Öffentlichkeitsarbeit, die mit einer Vielzahl von

Parallelen zur Mitarbeiter-Information für die Information des Menschen jenseits der Betriebsgrenzen verantwortlich ist. Nur der enge Schulterschluß beider Aufgaben im Unternehmen kann zu optimalen Ergebnissen der Belegschaftsinformation führen.

Anderenfalls wird sich Sand im Getriebe ergeben, der durch noch so gute Arbeit auf beiden Seiten nicht wegzublasen ist. In der Zukunft wird also eine andere Eingliederung als direkt unter der Unternehmensspitze oder im Bereich der Öffentlichkeitsarbeit aus organisatorischen und rationalen Gründen gar nicht mehr möglich sein.

APPELL: Neues Denken und neues Handeln sind gefordert

Um seine Arbeit und seine Bemühungen, Unternehmensziele zu erreichen, verbessern und ausbauen zu können, muß der Mensch der Zukunft mehr Informationen aufnehmen. Voraussetzung dazu ist, daß er sie angeboten bekommt. Der Betriebspublizist hat seinerseits die Aufgabe, dieses Angebot vorzubereiten. Er kann das aber nur in Art und Umfang wirklich optimal tun, wenn Management und Führungskader ihm den Rücken stärken. Deshalb müssen all jene, die zwar grundsätzlich, aber nur latent den Auftrag zur Informationsweitergabe haben, hier zu einer anderen Denkweise kommen. Ihr Informationsbewußtsein muß sich ändern. Das ist aber der Führungskraft von morgen schon heute abzufordern.

Der gesellschaftliche Trend, daß immer weniger Menschen immer mehr tun müssen, damit immer mehr Menschen weniger zu tun brauchen, zwingt zur Qualifizierung. Qualifizierung bedeutet auch – und vor allem –: Information.

Autorenvita siehe folgende Seite!

Hansjürgen Meisert

Thüringer Weg 39
3180 Wolfsburg 1
Tel.: 0 53 61 / 3 24 06

Zur Zeit der Berliner Olympischen Spiele (am 21. Juli 1936) in der Ruhrpottstadt Bochum geboren, hat Hansjürgen Meisert 1989 sein 25jähriges Dienstjubiläum bei der Volkswagen AG gefeiert. Dort ist er wortverliebter (eigene Aussage: „Am liebsten schreibe ich meine sehr persönliche Kolumne!") Leiter der Abteilung Mitarbeiter-Information im Rahmen der Öffentlichkeitsarbeit und Chef der „VW-Autogramm"-Redaktion. Nach des Tages Arbeit vor allem aber begeisterter Feierabend-Großvater.

Nach dem humanistischen Gymnasium (Hohe Landesschule in Hanau am Main) und der Realschule absolvierte er eine Lehre zum Verlagskaufmann in Frankfurt und avancierte folgerichtig von der Mitarbeit an der Schülerzeitung zu der bei der Tagespresse.

Über Verlage und Werbeagenturen zur Automobilbranche gewechselt, setzte er einen neuen Tätigkeitsschwerpunkt im Bereich der innerbetrieblichen Kommunikation.

Kommunalpolitisch sehr aktiv (eigene Aussage: „Ich weiß nicht, ob ich ein liberaler Konservativer oder ein konservativer Liberaler bin!"), ist er mit Vorstandsaufgaben betriebspublizistischer Institutionen befaßt und Mitglied journalistischer Fachverbände.

Darüber hinaus betätigt sich Hansjürgen Meisert als Fachautor und Dozent mit einem Hang zur Rhetorik sowie als Präsidiumsmitglied des größten niedersächsischen Sportvereins (und auch selbst als Hockeyspieler, Florett- und Säbelfechter).

Seine Maxime: „Der Weg des geringsten Widerstandes führt niemals bergauf!"

Unseren Namen werden Sie im Radio nie hören . . .

RTS

. . . aber unsere Hörfunkbeiträge!

RTS — Rundfunk-Themen-Service

Wir bringen Ihr Thema auf Sendung.
Journalistisch und professionell.

Ein Angebot des Medien-Informations-Dienstes.

Ihr Ansprechpartner in der Redaktion:
Thomas Buschardt (Durchwahl 0 22 28 / 60 01 45)
Rolandshof, 5480 Remagen-Rolandseck
Telefax 0 22 28 / 60 01 49

Öffentlichkeitsarbeit für eine energiereiche Branche

Erfahrungen und Ausblicke aus der Kommunikationsarbeit im Bereich der Kernenergie

von Hugo Jung

Vor einiger Zeit berichtete ein namhaftes deutsches Wirtschaftsmagazin über „PR in Deutschland". Die Überschrift lautete: „Maskenbildner der Unternehmen".

Diese Headline ist schlichtweg falsch. PR-Leute wollen und können Menschen, Unternehmen, Verbänden oder Institutionen keine Masken aufsetzen, sie gewissermaßen so zurechtschminken, wie sie der Allgemeinheit gefallen. Sie wollen und müssen sie vielmehr so zeigen, wie sie sind, weil andernfalls die Tünche sehr schnell abblättert, was – wie gerade einige Fälle der jüngsten Vergangenheit gezeigt haben – dann schwerwiegende Vertrauensverluste zur Folge hat, die manchmal nicht wiederherzustellen sind – mit all den damit verbundenen negativen Folgen für das betroffene Unternehmen.

Weder Maskenbildner noch Werksfeuerwehr

In der Vergangenheit sind PR-Abteilungen und -Agenturen oft mit der Werksfeuerwehr verwechselt worden, die schnell und möglichst unauffällig jeden „Brand" der öffentlichen Meinung im Keim zu ersticken hatte, die trotz weithin sichtbarer Rauchwolken und unüberhörbarem Explosionsknall der staunenden Öffentlichkeit weismachen sollten, daß eigentlich überhaupt nichts passiert sei, sondern daß es sich dabei wieder einmal um unzutreffende Berichte und Kommentare der grundsätzlich nicht wohlmeinenden Presse handele.

Mal ganz abgesehen von diesem Mißverständnis der Funktion einer freien Presse (die natürlich – wie wir alle wissen – auch ihre Tendenzen hat) - die Autoren des Artikels in besagtem Magazin sehen in den PR-Leuten die Werksfeuerwehr. Dieses Bild resultiert aus dem in vielen Unternehmen, Institutionen und Verbänden anzutreffenden Irrtum, daß sich gute PR-Arbeit in erster Linie durch die perfekte Beherrschung aller denkbaren Kommunikationstechniken auszeichnet, mit deren gekonnter Anwendung und durch die Bereitstellung von möglichst viel Geld man die öffentliche Meinung in jeder gewünschten Weise lenken und beeinflussen könne.

Dabei handelt es sich jedoch um eine kurzsichtige und gefährliche Denkweise. Mehr denn je kommt es auf die Inhalte an, die kommuniziert werden sollen. Denn über kurz oder lang ist kein Netz so fein gesponnen, daß die Wahrheit über die tatsächliche Situation nicht nach draußen dringt.

Ohne Glaubwürdigkeit ist keine langfristige Öffentlichkeitsarbeit denkbar. Wer aber könnte mit Masken Glaubwürdigkeit erzielen?

Für einen offenen Dialog

Natürlich, bestimmte unternehmerische Entscheidungen und Konzeptionen müssen in den Vorstandsetagen beschlossen und vertreten werden. Es könnten sich sogar schädliche Konsequenzen daraus ergeben, wenn sie zu früh öffentlich diskutiert werden. Doch dürfen sie zumindest in ihren Auswirkungen für die Mitarbeiter, die Umwelt oder die „politische Landschaft" nicht als geheime Kommandosache behandelt oder gar maskenhaft schöngefärbt werden.

Öffentlichkeitsarbeit muß informieren, zum Dialog bereit sein, ganz besonders dann, wenn es um unangenehme Sachverhalte geht. Der Mut zur Wahrheit ist auch und gerade dann gefordert, wenn es darum geht, weniger glänzende Zahlen oder unangenehme Entwicklungen darzustellen.

Nur wer faire und offene Informationspolitik betreibt, der kann auch in Problemfällen mit einer fairen Berichterstattung rechnen. Unsere Aussagen werden dann ein hohes Maß an Glaubwürdigkeit in der Öffentlichkeit haben, wenn die unterschiedlichen Gruppen unserer Gesellschaft wissen, daß offene Informationspolitik zum demokratischen Selbstverständnis gehört. Öffentlichkeitsarbeit erhält dadurch auch eine besondere Legitimation: Sie leistet einen entscheidenden Beitrag zur „Demokratisierung der Gesellschaft". Sie überwindet Fabrikmauern und hemmende Zäune, sie erläutert Planungen und Entscheidungen, sie vermittelt Denkmuster und Werthaltungen. Sie ist ein wichtiger Faktor für die Sicherung und Weiterentwicklung unserer demokratischen Grundordnung, die in der gesellschaftspolitischen Auseinandersetzung unserer Tage ebenso oft wie vielfach ungerechtfertigt in Zweifel gezogen wird. Und sie macht natürlich die Stellung eines Unternehmens, Verbandes, einer Organisation oder Institution und deren Leistung im Rahmen unserer Wirtschafts- und Gesellschaftsordnung deutlich.

Suche nach Konfliktlösungen

Aufgabe von PR-Fachleuten ist es, mit anderen den gesellschaftspolitischen Dialog zu führen. In einer konfliktbereiten demokratischen Gesellschaft tragen sie dazu bei, nach Konfliktlösungen zu suchen. Denn die Demokratie lebt vom Kompromiß. Sie wollen die Diskussion versachlichen, was aber nicht ausschließt, daß dabei unterschiedliche Interessen vertreten werden.

In diesem Zusammenhang sei eine Anleihe bei unserem Bundespräsidenten gestattet. In seiner großen Rede zum 40. Geburtstag der Bundesrepublik Deutschland hat Richard von Weizsäcker unter anderem folgendes gesagt:

„Am Ideal gemessen, versagt die Wirklichkeit. Aber was wäre das für eine traurige Wirklichkeit, wenn sie aufhören würde, sich nach dem Ideal zu orientieren und nach der Wahrheit zu fragen? Nähern wir uns im demokratischen Wettbewerb der Wahrheit? Wo bleibt sie in unserer offenen pluralistischen Gesellschaft? Niemand hat sie. Niemand darf deshalb die Freiheit anderer beschneiden, weil er der Meinung ist, er besäße sie. Es geht aber nicht ohne das Ringen um Wahrheit. Wir alle, Wähler und Politiker, Alt und Jung, Mann und Frau, Laien und Sachverständige sind dazu aufgefordert, in der Verbindung von Freiheit und Wahrheitssuche uns an der Lösung der Zukunftsfragen zu beteiligen".

Und welches sind die Zukunftsfragen? Gibt es nicht viel zu viele Erklärungsversuche für die Zukunft, obwohl wir noch genügend mit der Gegenwart zu tun haben? Was ist von Prognosen zu halten, die immer kurzlebiger werden, weil sie die Realität überholt?

PR-Leute als gesellschaftspolitische Vordenker

Woher weht der „Wind" der öffentlichen Meinung? Wie das natürliche Element, so wechselt auch der „soziale Wind" des öfteren seine Richtung. Diesen Richtungswechsel sehr genau zu beobachten, ist die Aufgabe jedes PR-Fachmannes. Ebenso wie das Naturelement Wind entfaltet auch der „soziale Wind" unterschiedliche Stärke. Einmal weht er nur sacht, ein andermal überaus stürmisch – und dann noch aus ganz unterschiedlichen Richtungen.

Viele mißverstehen nun PR-Arbeit in der Form, daß sie gegen den Wind ankämpfen, ihn anhalten oder ablenken wollen. Dabei weiß jeder, daß man den Wind nicht anhalten und auf Dauer in seiner ganzen Breite auch nicht ablenken kann.

Deshalb muß man den „sozialen Wind" als Rohmaterial sehen, das bearbeitet, eine Kraft, die genutzt werden muß. Segler wissen, daß der Wind Feind oder Verbündeter sein kann, je nachdem, wie man mit ihm umgeht. Professor Bernard Cathelat, der bekannte französische Kommunikationswissenschaftler, betrachtet die PR-Leute als „Steuermänner", deren Aufgabe darin besteht, „in den sozialen Luftströmen zu navigieren".

Dabei dürfen sie als gesellschaftspolitische Vordenker aber weder die milden Lüftchen der Zeitgeschichte noch gelegentliche Böen oder täglich wechselnde Winde mit den großen soziokulturellen Strömungen verwechseln, an denen sich ihre Arbeit orientieren muß.

Akzeptanzprobleme nicht nur bei der Kernenergie

Nach diesen grundsätzlichen Überlegungen nun zur Kommunikationsstrategie der IZE und zu deren Bemühen, einen kontinuierlichen Dialog zwischen einer energiereichen Branche und der Öffentlichkeit zu führen. Die Elektrizitätswirtschaft ist wie kaum ein zweiter Wirtschaftszweig den Blicken einer kritischen Öffentlichkeit ausgesetzt. In den Medien, auf unterschiedlichen politischen Ebenen und in breiten Bevölkerungsschichten werden wichtige Themen der Branche engagiert und zum Teil sehr kontrovers diskutiert.

An exponierter Stelle stehen hier natürlich die Akzeptanzprobleme der Kernenergie. Die Affären um die Hanauer Firmen „Transnuklear" und „Nukem" sowie die Ereignisse um Tschernobyl und die Diskussion um Biblis führten nicht nur zu einer Vertrauenskrise der Kernenergie, sondern haben die Glaubwürdigkeit der gesamten Branche negativ beeinflußt. Die politischen Auseinandersetzungen um den Verzicht auf die Wiederaufarbeitungsanlage in Wackersdorf und die jüngsten Streitigkeiten um die Stillegung des Hochtemperaturreaktors in Hamm-Uentrop und des „Schnellen Brüters" in Kalkar sind ebenfalls nicht geeignet, verlorengegangenes Vertrauen zurückzugewinnen.

Probleme gibt es aber nicht nur auf dem Sektor Kernenergie. Die Europa-Diskussion und in diesem Zusammenhang die Frage der „Durchleitung" von Strom aus Frankreich an deutsche Industrieabnehmer gewinnt stetig an Bedeutung, ebenso die damit verbundene Diskussion über die im internationalen Vergleich hohen deutschen Strompreise; gleichzeitig werden den Stromversorgern im Hinblick auf die in letzter Zeit erfolgten Unternehmensbeteiligungen „überquellende Kassen" vorgeworfen. Die Liste der kritischen Themen ließe sich ohne Schwierigkeiten verlängern – man denke nur an die Kohleproblematik, an die Verbrennung fossiler Energieträger und die daran anknüpfende Klimadiskussion.

Vor diesem Hintergrund werden eindeutig positive Entwicklungen kaum wahrgenommen, etwa die Anstrengungen und Erfolge der Elektrizitätswirtschaft auf dem Gebiet der Luftreinhaltung, die sich in Investitionen von über 20 Milliarden Mark spiegeln. Oder die Förderung erneuerbarer Energien. Oder die Bemühungen der Stromversorger beim Energiesparen: Gegenüber 1950 muß heute in Kohlekraftwerken weniger als die Hälfte des Brennstoffs eingesetzt werden, um die gleiche Menge Strom zu erzeugen. Alle diese Leistungen werden von Teilen der Öffentlichkeit – wenn überhaupt – dann nur unzureichend gewürdigt.

Statt dessen sehen die Kritiker dieses Wirtschaftszweiges in dem Engagement der Stromversorger für Sonnen-, Wind- und Wasserkraftwerke vielfach eine Alibifunktion; die Energiesparbemühungen werden kaum zur Kenntnis genommen; die Erfolge zur Luftreinhaltung werden durch die CO_2-Problematik relativiert.

Unbehagen an der technisch-wissenschaftlichen Zivilisation

Löst man den Blick von den spezifischen Problemen der Elektrizitätsbranche, so läßt sich feststellen, daß eine Reihe anderer Wirtschaftszweige mit ähnlichen Problemen konfrontiert ist – man denke nur an die chemische Industrie oder die Automobilindustrie. Verallgemeinernd sei gesagt: Relativ große Bevölkerungsgruppen artikulieren ein Unbehagen an der technisch-naturwissenschaftlichen Zivilisation, das sich vornehmlich an sogenannten Großtechnologien festmacht. Dieses Unbehagen, diese auf den ersten Blick als Technikkritik auftretende Protesthaltung, erweist sich bei näherem Hinsehen als eine Vertrauenskrise, die unsere Industriegesellschaft als Ganzes erfaßt. Die Akzeptanzprobleme von Großtechnologien finden ihre Parallele in der Ablehnung von Großorganisationen in Staat, Wirtschaft und Gesellschaft insgesamt.

Die Anonymisierung unserer Gesellschaft schlägt sich bei vielen Menschen in einer Auflösung tradierter Werte nieder. Bei vielen Bürgern macht sich ein wachsendes Mißtrauen gegen sogenannte „offizielle" Verlautbarungen breit, die als einseitig und geschönt empfunden werden. Das Wertesystem „materieller Wohlstand" konkurriert zunehmend mit dem Wertesystem „Umwelt und Gesundheit". Diese sozialpsychologisch motivierte Situationsanalyse findet ihr Fazit in dem oft zitierten Ausspruch: „Der Mensch will zurück zur Natur, aber im Rolls Royce."

Für die PR-Arbeit von Industrieunternehmen ergibt sich aus diesem Sachverhalt eine Vielzahl von Konsequenzen im Umgang mit der Öffentlichkeit. Einige Aspekte sollen Beispiele aus der PR-Arbeit der IZE veranschaulichen. Zuvor aber noch einige Bemerkungen zur Rolle der Medien als Vermittler von Wirklichkeit.

Medien als Vermittler von Wirklichkeit

Die Bedeutung der Medien – und hier insbesondere die des Fernsehens – kann gar nicht hoch genug eingeschätzt werden. Das Bild der Menschen von der Realität, ihre Meinungen und Einstellungen zu wirtschaftlichen, politischen und gesellschaftlichen Fragen wird nachhaltig bestimmt durch die Informationen, die sie aus der Presse und dem Fernsehen gewinnen. Dabei zeigt sich, daß die Medienwirklichkeit sehr stark von „Negativmeldungen" beherrscht ist. Gerade am Beispiel der Elektrizitätswirtschaft läßt sich dieses Phänomen tagtäglich erleben: Positivmeldungen, wie eingangs angedeutet, werden allenfalls als Tagesmeldungen verzeichnet, während die kritischen Themen Dauerbrenner in den Medien sind.

Die Berichterstattung über Störfälle in Kernkraftwerken ist meines Erachtens ein typisches Beispiel: Ist ein Störfall eingetreten, wird dieses Ereignis oftmals in der Art eines „Enthüllungsberichtes" dargeboten. Daran knüpft sich dann die politische Diskussion um die Frage, ob das betreffende Kernkraftwerk überhaupt wieder ans Netz gehen darf; es werden Sicherheitsgutachten in Auftrag gegeben, und bis die Experten ihr Urteil abgegeben haben, sind einige Wochen ins Land gezogen. Bis dahin ist die Berichterstattung hochgradig spekulativ. Kommen die Fachleute dann zu dem Schluß, daß keine Gefährdung der Umgebung vorgelegen hat, findet dieses Resultat sich allenfalls als Einspalter im Innenteil einer Zeitung wieder. Im Fernsehen wird es in der Regel überhaupt nicht zur Kenntnis genommen.

Eine kritische Presse- und darüber hinaus Medienberichterstattung ist in einer Demokratie unverzichtbar. Unternehmen wie die öffentlichen Stromversorger, die in einem wettbewerblichen Ausnahmebereich agieren, sollen nicht nur der Kontrolle staatlicher Instanzen ausgesetzt sein, sondern auch vom kritischen Blick der Medien begleitet werden.

Andererseits gibt es bestimmte Eigengesetzlichkeiten der Presse- und Medienberichterstattung. Eine davon lautet: Information ist eine Ware, die verkauft werden will, und schlechte Nachrichten verkaufen sich besser als gute. Die Presse lebt eben zum guten Teil von Spektakulärem. (Der „neutrale Beobachter" ist eine Fiktion.)

Zudem gibt es subjektive Einfärbungen der Informationsverarbeitung. Wie wir alle, so sind auch Journalisten vor ideologischen Fixierungen nicht gefeit. Als Generalisten haben sie oft genug mit einer Materie zu tun, deren Komplexität sie nicht immer voll überblicken. Der Journalist als „neutraler Beobachter", als objektiver Vermittler von Informationen, ist eine Fiktion, allenfalls ein Ideal, an dem er seine Arbeit ausrichtet, ohne es je zu erreichen. Mit diesen kurz skizzierten Aspekten soll vor allem die Problematik verdeutlicht werden, die mit dem Selbstverständnis der Medien als „Wächter der Demokratie" verbunden ist.

Obwohl es sehr reizvoll wäre, soll diese Diskussion um die Rolle der Medien jedoch an dieser Stelle nicht fortgesetzt werden, zumal die IZE sich in ihrer PR-Arbeit in erster Linie direkt an die Öffentlichkeit wendet. Es scheint aber wichtig, einige zentrale Aspekte dieser Diskussion wenigstens kurz angedeutet zu haben, vor deren Hintergrund die IZE die Öffentlichkeitsarbeit der Stromversorger wahrnimmt.

Das Bild von der tiefgreifenden Vertrauenskrise, die unsere moderne Industriegesellschaft erfaßt hat, mag etwas düster gezeichnet sein. Nach wie vor gibt es Menschen, die leistungsorientiert und zukunftsbejahend sind. Und diejenigen, die den deutschen Stromversorgern gegenüber kritisch eingestellt sind, bestehen nicht nur aus Fundamentalverweigerern, die sich mit den Positionen dieser Branche nicht mehr auseinandersetzen wollen. Statt dessen handelt es sich oft um Menschen, die eine eher ambivalente Haltung in Fragen der Technik und des technischen Fortschritts einnehmen, die in ihrem Urteil darüber, ob Technik ein Segen oder Fluch sei, schwanken. Gerade diese Verunsicherten und Unentschiedenen, die „Ja" sagen zum Produkt Strom, aber „Nein" zur Produktionsweise, gilt es mit der Öffentlichkeitsarbeit der IZE zu erreichen.

Die Öffentlichkeitsarbeit der IZE

Damit zur zentralen Frage: Wie sind diese Menschen zu erreichen, was und vor allem wie soll es ihnen gesagt werden?

Die Öffentlichkeitsarbeit der IZE läßt sich von der Überzeugung leiten, daß nur eine langfristige, ehrliche und dialogorientierte Informationsarbeit Gehör finden und die Glaubwürdigkeit dieses Wirtschaftszweiges heben kann. Der Aufbau von Glaubwürdigkeit und Vertrauen ist die zentrale Aufgabe, um die Akzeptanz der Elektrizitätswirtschaft in der Bevölkerung zu heben.

Die IZE-Öffentlichkeitsarbeit muß langfristig sein, weil nur Kontinuität und Dauer zu einer nachhaltigen Imageverbesserung der Branche beitragen kann. Überzeugungsarbeit, die auf tiefverwurzelte Einstellungen der Menschen einwirken will, kann nicht durch sporadische und fallweise Aktivitäten geleistet werden. Die Öffentlichkeitsarbeit verfehlt ihr Ziel, wenn sie – wie bereits geschildert – als Werksfeuerwehr mißverstanden wird, die nur zum Einsatz kommt, wenn es bereits brennt.

Ehrlich und offen

Die Öffentlichkeitsarbeit muß ehrlich und offen sein – gerade auch, wenn es um unangenehme Sachverhalte geht. Das Verschweigen und Vertuschen, die Teilinformation und einseitige Hervorhebung des Positiven hilft nicht und wird schnell als Manipulation und Täuschung entlarvt. Ein solcher PR-Ansatz geht von der Haltung aus, nur keine schlafenden Hunde zu wecken und verkennt, daß die Hunde schon längst wach sind. Nur wer eine faire und offene Informationspolitik betreibt – und das heißt auch, die Öffentlichkeit so früh wie möglich bei besonderen Vorkommnissen einzubeziehen –, kann auch in Krisensituationen auf eine faire Berichterstattung rechnen. Mit anderen Worten: Eine ehrliche und offene Informationsarbeit ist unabdingbar, um verlorenes Vertrauen in großen Teilen der Öffentlichkeit wiederzugewinnen.

Ständiger Dialog

Öffentlichkeitsarbeit muß außerdem dialogorientiert sein, um vom Empfänger ernst genommen zu werden. Eine Einweg-Kommunikation im Sinne einer verlautbarenden Informationspolitik geht fehl: Sie sitzt dem irrigen Glauben auf, bestehende Akzeptanzprobleme seien ausschließlich die Folge eines Informationsdefizits. Allein mit immer mehr und immer besserer Information kommt man einer Problemlösung jedoch nicht notwendigerweise näher. Im Gegenteil: Dem steht die wohlbegründete These entgegen, daß Überinformation zu „kognitivem Streß" führt. Mehr Information steigert nicht automatisch den Wissensstand, sondern erzeugt oftmals eher eine mißtrauische Abwehrhaltung, in welcher der Empfänger sich auf seine bewährten Vorurteile und Klischees zurückzieht. Das ist Reduktionismus als ein Akt geistiger Gesunderhaltung.

Der Soziologe Eugen Lemberg hat dieses Phänomen so beschrieben:

„Dem Menschen (ist) die Stabilität eines auf welche Art immer zustande gekommenen Weltbildes so wichtig, daß er für sie allerlei Kräfte mobilisiert. Neue Informationen, die mit dem einmal gewonnenen Urteil oder Bild in Widerspruch stehen, stören dessen Eindeutigkeit und Sicherheit und werden darum instinktiv abgewehrt. Selbst wo solche Informationen – etwa aufgrund von Augenschein – unwiderlegbar sind, versucht man sie als Ausnahme zu werten, nur damit das ursprüngliche Vorurteil beibehalten werden kann."

Das Leben ist voller Beispiele, die diese Aussagen bestätigen. Man denke nur an das Klischeebild vieler Männer über das Technikverständnis von Frauen und die Vergeblichkeit, dieses Vorurteil abzubauen.

Albert Einstein hat diesen Sachverhalt einmal ähnlich beschrieben:

„Der Mensch", schrieb er, „sucht sich jeweils auf seine Weise ein vereinfachtes und durchsichtiges Bild der Welt zu formen und die Welt der Erfahrung dadurch zu überwinden, daß er sich bemüht, sie bis zu einem gewissen Grad durch dieses Bild zu ersetzen."

Nur informieren ist zu wenig

Den Werten und Wertungen ist mit einer faktenreichen Informationsarbeit allein nicht beizukommen. Mit einer rein technikbezogenen Rationalität dringt man nicht zu den Ängsten der Menschen vor. Die in zahllosen Studien von Experten bezeugte Sicherheit deutscher Kernkraftwerke löst die Akzeptanzprobleme dieser Technologie nicht.

Der monologisierenden und belehrenden Einweg-Kommunikation steht unser Konzept der „moderierenden Öffentlichkeitsarbeit" gegenüber, in welcher der Branchenstandpunkt als ein berechtigtes, aber keineswegs absolut zu setzendes Interesse innerhalb des pluralistischen Meinungsspektrums eingebracht wird. Die IZE sieht ihre Aufgabe darin, in einer konfliktbereiten Gesellschaft nach Konfliktlösungen zu suchen und zu einer Versachlichung der Diskussion beizutragen.

Dies heißt, Fragestellungen aus den erkennbaren Problemen und Bedürfnissen der Bürger heraus zu entwickeln. Es gilt, einen allzuoft gemachten Fehler der PR zu vermeiden, nämlich das zu erfragen, was den Bürger in seinem „wohlverstandenen Interesse" eigentlich interessieren sollte. Damit aber ist ein Aneinander-Vorbeireden bereits vorprogrammiert. Wir wollen den Gesprächspartner nicht mit einer Strategie des argumentativen Kahlschlags wohlvorbereitet, straff gegliedert und logisch zwingend niederwalzen, sondern ihm die Möglichkeit geben, eigene Gedanken und Ansichten auszuformulieren und in die Diskussion einzubringen.

Beispiele der IZE-Öffentlichkeitsarbeit

Soweit zu den allgemeinen Prinzipien der IZE-Öffentlichkeitsarbeit. Die Frage stellt sich natürlich, wie diese strategischen Überlegungen in die Praxis umgesetzt werden und inwieweit diese Strategie erfolgreich ist.

Eine der wesentlichen Aufgaben ist die Beratung der rund 800 Mitgliedsfirmen der IZE bei individuellen PR-Problemen. Pro Tag werden durchschnittlich 30 bis 50 Anfragen beantwortet. Auf diese Weise wird aktiv und professionell die PR-Arbeit des jeweiligen Stromversorgers in seinem Verbreitungsgebiet unterstützt.

Ein zweiter Aufgabenbereich ist die Vertretung der Interessen der EVU (Elektrizitätsversorgungsunternehmen) durch eine Informationskampagne, für die Anzeigen bundesweit in Printmedien geschaltet werden.

In den Imageanzeigen der Jahre 1988/89 hat die IZE Fragen der Technikakzeptanz aufgegriffen und darauf hingewiesen, daß eine moderne Volkswirtschaft ohne ein hohes Maß an Technik und damit auch Risikobereitschaft unvorstellbar ist. Die Kampagne zielte ganz in diesem Sinne auf dem Umweg über die Anwendung des Produkts Strom im High-Tech-Bereich auf die Akzeptanz der Großanlagen zur Stromproduktion. Zudem sollte sie dem Kultur- und Technikpessimismus unserer Zeit Paroli bieten, ohne dabei in einen unreflektierten Technikglauben zu verfallen. Die Anzeigen waren mit einer Postkarte versehen, um den Aufmerksamkeitswert zu erhöhen und andererseits einen Dialog mit dem Leser in Gang zu setzen. Mit der Postkarte konnten Interessierte ein Technik-Touren-Set anfordern, das aus einer Broschüre besteht, die vierzig Technikziele enthält, sowie einer dazugehörigen Deutschland-Straßenkarte, auf der diese Ziele eingetragen sind.

Großer Erfolg: Die Technik-Touren

Insgesamt erreichten rund 150.000 Zuschriften die IZE, um auf das Angebot einzugehen. Mit der Versendung des Technik-Touren-Pakets verbunden war die Aufforderung an den Interessenten, selber die nähere Heimat zu erkunden, eine eigene Technik-Tour zusammenzustellen und damit am IZE-Reisewettbewerb teilzunehmen. Die

Resonanz auf diese Aufforderung übertraf die Erwartungen bei weitem. Über 1500 zum Teil sehr umfangreiche Ausarbeitungen gingen bei der IZE ein.

Dieses Material bildet die Grundlage für die Weiterentwicklung des Projekts, in dem die IZE in Zusammenarbeit mit den Mitgliedsunternehmen sogenannte regionale Technik-Touren-Führer erarbeitete, von denen vier Exemplare bereits vorliegen. An weiteren fünf wird gearbeitet. Langfristig soll erreicht werden, die gesamte Bundesrepublik mit regionalen Technik-Touren-Karten abzudecken. Dieses Projekt ist ein gutes Beispiel für eine dialogorientierte PR-Aktion, die über eine rein rezeptive Auseinandersetzung mit Technik via Informationsschriften hinausgeht.

Zeitschrift im Abonnement: Die Strom-THEMEN

Mit der Zusendung des Technik-Touren-Sets verbunden war ein weiteres Dialogangebot: Jeder Sendung beigefügt wurde die neueste Ausgabe der achtseitigen Monatsschrift „Strom-Themen", die einen Gutschein für ein kostenloses Abonnement dieses Informationsdienstes enthielt. Wer den Gutschein ausgefüllt zurücksandte, wurde in den IZE-Verteiler aufgenommen. Auch hier konnte ein beachtlicher Rücklauf verzeichnet werden. Rund 28.000 neue „Strom-Themen"-Leser wurden auf diese Weise quasi als „Mitnahme-Effekt" geworben. Die Strom-Themen zählen aufgrund ihrer monatlichen Erscheinungsweise, die eine kontinuierliche Ansprache ermöglicht, zu den zentralen PR-Instrumenten der IZE. Die große Themenbreite hat mit zu einer starken Leserbindung des Blattes geführt. Die hohe Abonnentenzahl von über 160.000 Beziehern sowie ihre qualitative Struktur sichern eine beachtliche Breiten- und Tiefenwirkung. Mittlerweile rekrutiert sich etwa die Hälfte der Leser aus den Bereichen Politik, Forschung, Bildung und Lehre sowie Medien.

Keine Einheitskost: Der Leserservice

Auch die Einrichtung einer sogenannten „Leserservice"-Seite in den Strom-Themen, die regelmäßig Informationsangebote der IZE präsentiert oder Literaturhinweise und Buchbesprechungen enthält, hat sich als PR-Instrument bewährt. Das zeigen die zahlreichen Zuschriften, die die Geschäftsstelle jeden Monat erreichen und in denen um weiterführende Informationen gebeten wird. Bei der Auswahl branchenunabhängiger Publikationen im Leserservice wird bewußt darauf geachtet, keine „stromlinienförmige" Einheitskost zu servieren.

Als abschließendes Beispiel einer dialogorientierten und offenen PR-Arbeit sei auf die Schriftenreihe „Strom-DISKUSSION" hingewiesen, in der kontroverse Standpunkte zu energiewirtschaftlichen und energiepolitischen Themen publiziert werden. Der Charakter dieses Diskussionsforums verlangt, daß bei der Auswahl der Beiträge nicht nur Branchenstandpunkte berücksichtigt werden, sondern auch Gegenpositionen zu Wort kommen. Exemplarisch seien hier die Strom-DISKUSSIONEN zum Störfall in Biblis, zum Verzicht auf die Wiederaufarbeitungsanlage in Wackersdorf und zur CO_2-Problematik genannt – Beispiele, die zeigen, daß die IZE bei „unangenehmen Sachverhalten" nicht auf Tauchstation geht. Dieses Dokumentationsmedium scheint besonders geeignet, Glaubwürdigkeit und Vertrauen bei Zielgruppen aufzubauen, die der IZE skeptisch bis ambivalent gegenüberstehen.

Wenn es um Grundsätzliches geht

Die Standardbroschüre „Es dreht sich um Strom" beschäftigt sich mit grundsätzlichen Fragen. Diese sei nicht nur deswegen genannt, weil sie in einem grafischen Wettbewerb mit dem 1. Preis honoriert wurde, sondern auch, weil sie ein Auflagenrenner ist. Rund 100.000 Exemplare wurden davon bereits vertrieben. Darüber hinaus gibt es die Publikationsreihe „Basisthema Strom" für grundsätzlich an diesem Thema Interessierte. Die „Basisthemen" umfassen jeweils 4 Seiten und greifen ganz bestimmte Einzelthemen auf. So liegen Publikationen vor zu Themen, die sehr intensiv diskutiert werden, wie „Erneuerbare Energie" (Auflage etwa 60.000 Exemplare) oder „CO_2" (Auflage 50.000 Exemplare). Oder die Broschüre „Nutzung erneuerbarer Energien und Abfälle". Davon wurden 70.000 Stück abgefordert. Das bedarf alles einer enormen Logistik. Deshalb wurde der Vertrieb auf EDV umgestellt. Jüngster „Renner" im IZE-Angebot ist die Broschüre zum Thema „Wasserstoff". Ein Schweizer Journalist hat sie so anschaulich geschrieben, daß sie geradezu reißenden Absatz findet.

Zusammenarbeit mit anderen Partnern

Eine weitere Maßnahme, die sehr viel Aufmerksamkeit gefunden hat, ist eine Zusammenarbeit mit der Publikation „Zeitbild", einer Gemeinschaftsproduktion des Bundespresseamtes und anderer Institutionen, die an sämtlichen deutschen Schulen verteilt wird. Der IZE ging es darum, dabei auf vier Seiten das Thema „Stand der Rauchgasentschwefelung und Entstickung der deutschen Energieversorgungsunternehmen" zum Diskussionsgegenstand zu machen.

Eine Zusammenschau, die die IZE produziert, sind die sogenannten „Pressethemen". Sie erscheinen monatlich, gehen an einen ausgewählten Bezieherkreis und ermöglichen die schnelle Übersicht darüber, was sich in den Medien im Laufe eines Monats getan hat. Eine häufig gestellte Frage lautete: „Gibt es nicht die Möglichkeit, eine Jahreszusammenstellung zu haben?" Gesagt, getan. Die IZE hat deshalb auch eine Sammlung der wichtigsten Medien-Ereignisse des Jahres zusammengestellt.

Die Elektrizitätswirtschaft will wissen, was die Menschen meinen

Kontrovers geht es natürlich – und wer wüßte das nicht – in der Energiebranche oft zu. Um zu erfragen, was kontrovers ist – und warum –, werden regelmäßig Marktforschungsuntersuchungen über die Meinungen und Werthaltungen junger Menschen durchgeführt. Aber es wurde auch die Bevölkerungsreaktion nach Tschernobyl erfragt oder die Einschätzung bestimmter Themen beim Umweltschutz. Nicht, daß die Marktforschung überbewertet werden soll, aber sie ist doch hilfreich, wenn es darum geht, nicht nur im Nebel zu stochern und bloße Vermutungen zu äußern.

Wichtige Zielgruppe: Die Kunden von morgen

Eine wichtige Zielgruppe sind die Kunden von morgen. Auf diesem Gebiet wird einiges getan. Beispielsweise die „Drachenpostergeschichte", um schon relativ früh erzieherisch tätig zu sein: „Sei vorsichtig beim Drachenfliegen, bleib von Stromleitungen weg." Diese Aktion hat sich zu einem absoluten Renner entwickelt. Dazu gibt es Poster, Aufkleber und eine „Gebrauchsanweisung", die den gleichen Grundgedanken enthält und auf der Rückseite eine Bauanleitung aufweist, wie man Drachenflieger bauen kann. Des weiteren noch eine Drachenpilotenmütze, die das Ganze besonders reizvoll gestaltet. Auf dem Schirminnenteil wird vor dem Start nochmals gemahnt: „Denke dran, Drachen nicht in der Nähe von Stromleitungen steigen lassen." Von den Drachenpostern gingen innerhalb eines halben Jahres 20.000 Stück weg, an Drachenbauanleitungen über 100.000 Exemplare, an Aufklebern 50.000 und Pilotenmützen immerhin auch 30.000 Stück. Auf die nächste Kundengeneration gewissermaßen zielt auch unser immerwährender Kalender. Immerwährender Kalender deshalb, weil er zwar eine Monats-, aber keine Tageszuordnung hat und deshalb für jedes Jahr gültig bleibt. Dieser Kalender wirft bestimmte Stromthemen auf. Die Rückseite jedes Blattes beinhaltet Bauanleitungen für ungefährliche Experimente, mit denen Kinder und Jugendliche Stromerfahrung sammeln können. Alles natürlich mit Batterie, die Kinder werden vor Steckdose und 220 V gewarnt.

Ausstellungen sind sehr gefragt

Eine Reihe von Ausstellungsarrangements, beispielsweise zum Thema „Regenerative Energien", die sich für unterschiedliche Anlässe eignen, kann bei der IZE kostenlos angefordert werden.

Wer ist wer in der Branche?

Dem wichtigen Aspekt „wer ist wer" in der Branche widmet sich das in Zusammenarbeit mit dem Kroll-Verlag herausgebrachte Pressetaschenbuch, in dem praktisch alle wichtigen Persönlichkeiten der Branche enthalten sind. Auf diese Weise soll der Presse die Möglichkeit gegeben werden, wo immer es nötig ist, den sachgerechten Ansprechpartner zu finden.

Mit unterschiedlichen Verlagen und Autoren wird auch kooperiert, um bestimmte Nachschlagewerke – wie etwa zu den Themen „Kernenergie" oder „Erneuerbare Energien" – herauszubringen, die sehr preiswert bezogen werden können.

Wichtige Zielgruppen: Lehrer und Schüler

Stichwort Schulen. Die IZE ist der Meinung, daß es möglichst frühzeitig gelingen muß, Problemstellungen an junge Menschen heranzuführen, sie nicht zu indoktrinieren, sie aber für die Arbeit auf dem Energiesektor zu interessieren, vielleicht sogar zu begeistern. Sonst kann es leicht geschehen, daß aus der frühen Unkenntnis später Aversion resultiert. Diesem pädagogischen Anspruch wird im wesentlichen im „Arbeitskreis Schulinformation Energie" in Zusammenarbeit mit der HEA entsprochen. Dazu werden Lernsequenzen, beispielsweise über Energie, erstellt sowie regelmäßig erscheinende Lehrerinformationen, außerdem ein Medienverzeichnis, das an die Schulen versandt wird und dem zu entnehmen ist, was überhaupt für den Unterricht geboten wird. Darüber hinaus ist der Schulkompaß erhältlich, der für die Mitgliedsfirmen erarbeitet wurde, um die Schularbeit vor Ort zu erleichtern.

Kontakte zum Fernsehen

Die IZE kümmert sich auch um den Bereich Film/Video/Fernsehen. Zur breiten Nutzung des Angebotes gibt es einen umfassenden Katalog, der alle zwei Jahre erscheint. Er umfaßt 400 Seiten und bietet alles, was im Energiebereich auf Film oder Video erhältlich ist. Ein überaus wichtiger Aufgabenbereich umfaßt die Kontakte zum Fernsehen, wohl wissend, daß dieses Medium eine unvergleichlich breite Ausstrahlung und nach wie vor ein Höchstmaß an Glaubwürdigkeit besitzt. Zulieferungen bestimmter Materialien an Redaktionen, aber auch regelrechte Koproduktionen bei bestimmten Sachthemen sind nur Beispiele einer künftig noch zu intensivierenden Zusammenarbeit.

Diese wenigen Beispiele geben einen Einblick in die Öffentlichkeitsarbeit der IZE für eine energiereiche Branche. Abschließend ein Zitat aus dem letzten Jahresbericht der IZE:

„Die sachliche und kompetente Darlegung des Branchenstandpunktes, die deutlich signalisierte Gesprächsbereitschaft auch gegenüber Andersdenkenden, die Ehrlichkeit in der Argumentation und in der Dokumentation der Meinungsspektren zu branchenrelevanten Themen sind die wesentlichen Inhalte für die vielfältigen Aktivitäten der IZE. Auf diese Weise wollen wir dazu beitragen, die kontroversen Standpunkte in der Energiepolitik der Bundesrepublik Deutschland einander wieder näher zu bringen."

Autorenvita siehe folgende Seite!

Hugo Jung

IZE
Informationszentrale der Elektrizitätswirtschaft e.V.
Stresemannallee 23
Postfach 70 05 61
6000 Frankfurt am Main 70
Tel.: 0 69 / 63 04-3 72

Hugo Peter Felix Jung erblickte das Licht der Welt am 17. Juli 1943 in Metz/Lothringen.

Stationen seines Werdeganges:
- Studium mehrerer Fachbereiche (Soziologie, Volkswirtschaftslehre, Politische Wissenschaften, Politische Soziologie in Verbindung mit Industrie- und Betriebssoziologie an der Wirtschafts- und Sozialwissenschaftlichen Fakultät der Universität Frankfurt am Main),
- Wirtschaftsredakteur bei der Frankfurter Neuen Presse,
- Abteilungsdirektor, stellvertretender Leiter der Abteilung für Öffentlichkeitsarbeit der Hoechst AG,
- seit 1985 Präsident der Deutschen Public Relations-Gesellschaft, DPRG,
- ab Mai 1988 Geschäftsführer der Informationszentrale Elektrizitätswirtschaft e. V. in Frankfurt am Main.

Im Laufe seines bisherigen Lebens wurden Hugo Jung zahlreiche Ehrungen zuteil (zum Beispiel die Auszeichnung mit dem Bundesverdienstkreuz am Bande).

Seine persönliche Leitlinie lautet:
1. Verlange nichts von anderen, was Du nicht selbst bereit bist zu tun.
2. Behandele jeden so, wie Du selbst behandelt werden willst.

Seine PR-Leitlinie ist:
Rede mit den Menschen über das, was Du tust, und vor allem über das, was Du tun willst. Erkläre ihnen die Gründe und Ziele Deines Handelns, beziehe sie – wann immer möglich – in Deine Entscheidungsfindung ein. Führe einen kontinuierlichen und ehrlichen Dialog. Wer nicht mit den Menschen redet, der hat bald nichts mehr zu sagen.

Kulturkommunikation — Aufgabe der Zukunft

von Dr. Klaus Mölln

Kulturkommunikation ist als Wort so zukunftsorientiert, daß dieser Begriff noch in keinem deutschen Wörterbuch erklärt worden ist. Dies soll hier nachgeholt werden.

Begriffsdefinition

Am besten erreicht man eine Definition des Begriffes über die Erklärung der beiden Einzelbestandteile „Kultur" und „Kommunikation".

Kultur setzen wir im allgemeinen mit der Kunst gleich. Wir sprechen von Kulturtagen, Kulturhäusern und Kultursponsoring, meinen aber eigentlich Kunsttage, Kunsthäuser und Kunstsponsoring. Kultur ist jedoch mehr als nur Kunst. Das wird deutlich, wenn wir zum Beispiel von Eßkultur oder Kulturkreis sprechen.

Daraus kann man schließen, daß Kultur anscheinend etwas Umfassenderes bedeutet. Wissenschaftler haben sich zu der folgenden Definition entschlossen:

Kultur läßt sich als die Gesamtheit der geistigen, der sozialen und materiellen Formen der Lebensäußerungen der Menschheit beschreiben. Es geht also um den Ausdruck in den Bereichen Wissenschaft, Kunst, Religion, Erziehung und Sprache. Mit sozialen Formen der Lebensäußerungen sind zum Beispiel die Politik oder die Gesellschaftsordnung gemeint, und materielle Formen beziehen sich auf Wirtschaft und Technik. Wichtig ist aber auch, daß die Kultur eines Volkes einem ständigen Wandel unterliegt und räumlich begrenzt ist.

Etwas einfacher ist die Definition des Begriffes Kommunikation. Er bedeutet den Austausch von Mitteilungen und Informationen. Das kann sich natürlich auf den verschiedensten Wegen vollziehen: durch Worte, Zeichen, Bilder oder auch durch Reize. Über die Kommunikation wird die Verbindung zwischen den Menschen oder Unternehmen geschaffen.

Kulturkommunikation als gesellschaftliches Bindeglied

Die Kulturkommunikation ist schließlich das Bindeglied zwischen den Menschen, deren Ordnungen und Systemen. Da die Kultur fester Bestandteil unseres alltäglichen

Lebens ist, muß die Kulturkommunikation das verbindende Element unter den Einheiten der Gesellschaft sein. Diese sind zum Beispiel die Bürger, die Unternehmen, Behörden und Verbände ebenso wie Vereine und Parteien.

Kulturkommunikation könnte aber auch als „Kommunikation im kulturellen Umfeld" begriffen werden. Das kulturelle Umfeld ist dabei ebenso wie in der obigen Definition Bestandteil des alltäglichen Lebens in unserer gesellschaftlichen Ordnung.

Unter diesen Gesichtspunkten bedeutet Kulturkommunikation, dort Informationen auszutauschen, wo der Puls der Zeit schlägt, wo sich etwas entwickelt, wo ein Wandel stattfindet. Auch hier geht es um unsere nächste Umgebung. Es stellt sich daher die Frage nach der eigenen Präsenz in diesem Umfeld.

Erscheinungsbild und Sympathie

Das eigene Verhalten und Auftreten prägt unser Erscheinungsbild im kulturellen Umfeld. Wirkung bei unserem Gegenüber erreichen wir durch Kommunikation, indem wir Zeichen, Sprache oder Reize aussenden. Dabei wird sich jeder selbstverständlich um Sympathie und Harmonie bemühen.

Durch eine positive Selbstdarstellung wollen wir Achtung und Anerkennung innerhalb unserer Bezugsgruppe erreichen. Daher wird sich jeder einzelne darum kümmern, möglichst alle Werte und Konventionen dieser Kultur zu erfüllen und zu verwirklichen. Derjenige, der in diesem „Wettstreit" die „leading person" wird, kann aus dieser Position heraus Einfluß auf die Entwicklung des kulturellen Umfeldes nehmen. Je sicherer die Position, je größer die Präsenz ist, desto größer ist die Möglichkeit zur Mitbestimmung über die Werte.

Präsenz der Unternehmen

Dies alles gilt natürlich nicht nur für die Menschen, sondern auch für jedes Wirtschaftsunternehmen. So ist jeder Betrieb bestrebt, als sympathischer Teil der Umgebung, auf die seine Produkte oder Dienstleistungen gerichtet sind, angesehen zu werden. Das bedeutet auch, daß jedes Unternehmen im gesellschaftlichen Zusammenhang eine anerkannte, führende Position einnehmen will. Um dieses Ziel zu erreichen, ist es maßgebend, die Werte und Konventionen des gewünschten kulturellen Umfeldes zu akzeptieren. Wenn ein Unternehmen fester oder gar führender Bestandteil seiner kulturellen Ordnung geworden ist, ist es bei Bedarf auch in der Lage, an der Alltagskultur der jeweiligen Zielgruppe gestaltend teilzuhaben und damit die eigene Position zu festigen.

„Positives Persönlichkeitsbild"

Zur Umsetzung dessen ist allerdings ein kontinuierliches Bemühen um Sympathie im kulturellen Umfeld erforderlich. Voraussetzung dafür ist eine Kommunikation mit positiver Ausstrahlung und sympathiewerbenden Inhalten.

Will man Wirkung erzielen, muß diese Kommunikation langfristig, strategisch ausgefeilt, konsequent in allen Bereichen sowie geradlinig und offen angelegt sein. Alle Bemühungen müssen gleichwohl unaufdringlich erfolgen, um nicht den fatalen Eindruck zu vermitteln, man wolle ständig Komplimente provozieren. Vordringliches Ziel eines Unternehmens ist es also, durch Kommunikation im kulturellen Umfeld ein „positives Persönlichkeitsbild" zu etablieren.

Marktpräsenz in jedem Unternehmensbereich

Dieses Persönlichkeitsbild macht im Idealfall eine (wieder)erkennbare Individualität und einen hohen sozialen Reizwert aus. Dabei bleibt es gleichzeitig dezent und dennoch unübersehbar am Markt. Eine solche Marktpräsenz wird aber nur dann zu erlangen sein, wenn das Unternehmen sich in allen Bereichen seines kulturellen Umfeldes profiliert: im Logo, in den Geschäftsberichten und sonstigen Broschüren oder Druckerzeugnissen, im architektonischen Erscheinungsbild, in den Accessoires, in den Produkten und Dienstleistungen, im gesellschaftlichen, sozialen und kulturellen internen wie externen Unternehmensengagement. Dies Profil muß Ausdruck finden in der Persönlichkeit der Mitarbeiter ebenso wie in der Beziehung zu Journalisten als direkte Kommunikations- und Verbindungsglieder zum Umfeld, in der wirtschaftlichen Solidität, auch im Innenleben der Firma und nicht zuletzt in der Stellung des Unternehmens im Kontext der Branche. Mit der umfassenden Erfüllung dieser Vorgaben wäre eine Grundlage geschaffen für die Akzeptanz der Produkte oder Dienstleistungen, die auch als kulturelle Zeichen im Alltag der Menschen, die sie wahrnehmen, betrachtet werden müssen.

Solch ein Profil entsteht nicht allein durch Kommunikation im direkten kulturellen Umfeld des jeweiligen Angebots, wobei die jeweilige unmittelbare Zielgruppe der wichtigste Kommunikationspartner des Unternehmens ist, vielmehr müssen auch die Zielgruppen in der weiteren gesellschaftlichen Umgebung bewertet werden. Je mehr einzelne „Zellkulturen" zu einer Einheit des großen kulturellen Ganzen werden, je mehr dort das Profil und die positive Präsenz gefestigt werden können, desto besser wird das Standing des Unternehmens, desto sympathischer das Image der Firma. Folge davon ist die potentielle Einflußnahme auf die Wertmaßstäbe.

Positives Image bedeutet wirtschaftlichen Erfolg

Für ein Unternehmen bedeutet ein nachahmenswertes Standing, ein bevorzugtes Image wirtschaftlichen Erfolg, der dann durch Zahlen zu belegen ist. Basis für diese Berechnungen kann aber nur die Standortbestimmung der eigenen Existenz sein, und diese hängt von der öffentlichen Bewertung des Horizontes ab, in dem sich das Unternehmen bewegt. Daher muß sich die Kommunikation immer an diesen Horizonten des gesellschaftlichen Daseins, gleichgültig, ob sie enger oder weiter gefaßt sind, orientieren.

Zielgruppenorientierung

Übertragen auf die Unternehmenskommunikation dürfen Maßnahmen der Öffentlichkeitsarbeit, des Marketing und der Werbung nicht nur auf die engere Zielgruppe der Nutzer von Produkten und Dienstleistungen beschränkt bleiben. Vielmehr sind darüber hinaus auch die Bereiche zu berücksichtigen, die für die gesellschaftliche, politische, wirtschaftliche und kulturelle Definition der jeweiligen Zielgruppe im öffentlichen Bewußtsein maßgeblich sind. Das meint jedoch nicht nur, daß dieser Weg ausschließlich in eine Richtung weist, nämlich weg vom Unternehmen, sondern es ist ein fester Bestandteil einer solchermaßen geforderten Strategie, die Horizonte enger zu ziehen und auch einen Weg nach innen zu finden, der in gerader Linie wieder nach außen führt. Dadurch wird ein überzeugendes Profil geschaffen, das den Produkten oder Dienstleistungen des Unternehmens innerhalb der Zielgruppe mehr Attraktivität verleiht. Die gesteigerte Nutzung des Angebots im weiteren kulturellen Umfeld trägt zu einem Standing bei, das erstrebenswert scheint und dadurch die eigene gesellschaftliche Position stärkt.

Probleme intensiver Präsenz

Auf diesem Weg kann es aber zwei Probleme geben. Das erste ist eine angemessene Präsenz in den Medien, denn nicht jede Zeitungsmeldung, selbst mit positivem Inhalt über das Unternehmen, ist von Vorteil. Zu viele Meldungen, zu häufige Erwähnung von Belanglosigkeiten, Berichte über unzusammenhängende Aktivitäten vermitteln den ungünstigen Eindruck einer allzu geschäftigen Pressearbeit. Zu intensive Berichterstattung kann wie die ständige Provokation durch Komplimente im Privatleben wirken. Der Hinweis auf „fishing for compliments" wirkt peinlich und gefährdet die erworbene Sympathie.

Das zweite Problem liegt darin, daß wir uns in verschiedenen Umgebungen bewegen, die nicht kongruent sind und daher ein und dieselbe Handlungsweise eventuell ganz unterschiedlich bewerten. Ein Teilaspekt dieses Problems resultiert aus der Tatsache, daß diese unterschiedlichen Umgebungen nicht statisch sind, sondern sich ständig wandeln und sich damit auch wechselnde Beziehungen untereinander ausprägen.

Analyse der Unternehmenskommunikation

Für uns Menschen läßt sich das Problem leicht lösen, denn wir können einfacher als ein Unternehmen unsere direkte und weitere Umgebung wahrnehmen. Wir können uns sehr schnell auf Veränderungen einstellen und reagieren. Die Kommunikation des einzelnen ist einfacher als die eines Unternehmens mit seiner komplexen Struktur. Daher muß hier auch der direkte Vergleich zwischen dem Individuum und dem Unternehmen mit reizvoller „corporate identity" enden. An dieser Stelle beginnt die Analyse der Besonderheiten der Unternehmenskommunikation, die in einem Feld konkurrierender Mitbewerber sowohl die Wandlungen der Mentalität ihrer Zielgruppen als auch die großflächigen Wandlungserscheinungen in unserem kulturellen Umfeld, nämlich in Gesellschaft, Politik, Wirtschaft und Kultur im weitesten Sinne von Kunst zu antizipieren hat. Nur dadurch wird das Unternehmen und seine Kommunikation überlebensfähig.

Es ist also notwendig, auf der Grundlage einer differenzierten Einsicht in die Verflechtungen der engeren und weiteren Zielgruppen und Horizonte die Dynamik des Wandels zu erkennen, um den eigenen Standort immer wieder durch gezielte Anpassungen ausrichten zu können. Oder zu dokumentieren, daß Produkte und Dienstleistungen, daß auch soziales und kulturelles Engagement längst den Umfang und den Status besitzen, der plötzlich gefordert ist.

Präsenzmanagement

Für die Strategien, die sich mit Kommunikationsproblemen dieser Art beschäftigen, sind in den letzten Jahren viele Bezeichnungen entwickelt worden, die in erster Linie nur Teilaspekte einer einheitlichen Gesamtkommunikation betreffen. Die Strategien blieben im großen und ganzen dabei die alten. Das ist nicht grundsätzlich zu bemängeln, denn irgendwann sind in jeder Disziplin die Grenzen der substantiellen Schöpfung erreicht.

Was aber die Verknüpfung von Strategieelementen zu neuen Mustern, zu einem in sich schlüssigen, langfristig angelegten und zukunftssicheren Maßnahmen-Ensemble betrifft, stehen wir noch am Anfang. Vor allem da, wo es um die langfristige Sicherung der Präsenz von Unternehmen und Branchen in der sich stetig verändernden Umwelt geht, steckt die Kommunikation noch in den Kinderschuhen. Hier ist eine integrierte, soziologisch fundierte Strategie notwendig: Management im klassischen

Sinn, Management der Präsenz. Zu genau diesem Zweck wurde von Prof. Holger Rust von der Universität Wien der Begriff des Präsenzmanagement geprägt.

Das integrierte Konzept

Präsenzmanagement als substantieller Bestandteil der Kulturkommunikation bildet den Schwerpunkt einer kontinuierlichen und sinnvollen Unternehmenskommunikation in der Zukunft.

Präsenzmanagement ist das integrierte Konzept, das alle Werbe-, Marketing- und PR-Maßnahmen zusammenfaßt, eine langfristige Konsolidierung des Unternehmens in der Öffentlichkeit anstrebt. Es beinhaltet Befunde über die wechselnden Anschauungen und Bedürfnisse sowie Verhaltensgrundlagen in verschiedenen Bereichen unserer Gesellschaft, unserer Kultur und bietet damit nicht nur Anleitungen und Mittel für die Öffentlichkeitsarbeit, sondern vor allem auch fundierte Quellen für die Auswahl dieser Mittel. Damit wird eine rationale Entscheidung möglich: eine vernünftig begründete Entscheidung, die in Kenntnis aller wichtigen Einflußfaktoren und in der plausiblen Einschätzung unmittelbarer und längerfristiger Konsequenzen des entsprechenden Handelns in unterschiedlich weit gefaßten Horizonten getroffen wird. Das bedeutet auch, daß die Umsetzung des „Präsenzmanagement"-Konzepts Sache der Unternehmensführung ist.

Veränderungen der Kultur durch Akzentverschiebungen

Dabei ist zu beachten, daß unsere Kultur einem ständigen Wandel unterliegt. Für ein Unternehmen bedingt das zunächst die Einsicht, daß sich die Umgebung der Firmen durch politische, demographische, mentale oder wirtschaftliche Akzentverschiebungen ständig ändern kann.

Dies läßt sich an einem Beispiel deutlich darstellen:

Durch die zunehmende Öffnung der Grenzen nach Osteuropa haben die im Grenzgebiet ansässigen Unternehmen der Bundesrepublik Deutschland plötzlich eine ganz andere, neue Bedeutung erlangt. Zunächst waren sie lediglich für die durchschnittliche Bedürfnissituation einer Gemeinde in Zonenrandlage eingerichtet. Jetzt sehen sie sich nicht nur einer neuen Verantwortung als Arbeitgeber gegenüber, sondern auch die Produkte, insbesondere die des Einzelhandels, finden ein ganz neues Kundenpotential, an das kein Mensch vorher gedacht hat.

Es ist dabei nicht prognostizierbar, inwieweit sich diese neue Klientel und die damit verbundene Aufmerksamkeit auf unerwartete und bislang nicht ins Bewußtsein gerückte Aspekte auswirken werden. Aber man kann sich darauf einstellen, daß die hinzugewonnene Publizität eine neue und größere Chance zur Profilierung darstellt, insbesondere dadurch, daß sich die Horizonte weiten.

Veränderungen im gesellschaftlichen Denken

Neue Umgebungen für Unternehmen entstehen auch durch demographische Veränderungen. Das Bewußtsein der älteren Generation ist zum Beispiel gegen Ende der achtziger Jahre gewachsen. Damit ist diese Bevölkerungsgruppe in das Interesse der Marketing-, Werbe- und PR-Fachleute gerückt. Ein kultureller Wandlungsprozeß hat eingesetzt, der weitreichende Konsequenzen für die Umgebung der Unternehmen hat.

Ein ähnlicher Wertewandel wurde durch die geburtenstarken Jahrgänge der ausgehenden fünfziger Jahre verursacht, die in den Achtzigern die Generation der Yuppies und DINKS (Double Income No Kids) gestellt haben und vollkommen neue Werte in den Mittelpunkt ihrer Zeit gerückt haben.

Neue kulturelle Situationen erwachsen einem Unternehmen auch durch Bewußtseinsänderungen in der Bevölkerung.

Der Fahrradboom war nicht vorhersehbar. Und niemand hätte geglaubt, daß sich gegen die Frauenbewegung ein Trend zum luxuriösen Dessous hätte durchsetzen können. Auch war nicht abzusehen, daß sich die Damen des Luxus und des Glitters einmal vom Statussymbol Pelzmantel lossagen würden.

Wertewandel als Basis der Kulturkommunikation

Hinter all diesen Veränderungen kultureller Inseln steht als Oberbegriff der sogenannte Wertewandel. Die Fortentwicklung unserer Kultur hat gerade in ihm seinen Ursprung und dient zugleich als Indikator eben dieses Wertewandels. Folglich ist der Wertewandel die Basis der Kulturkommunikation. Im Kontext einer Reihe von Begriffen wie „Kommunikation", „Zeitgeist", „ganzheitliches Denken", „Ethik" und „Dialogorientierung" sowie „Glaubwürdigkeit" und darauf abgestimmter Kommunikationskonzepte hat sich dieser „terminus technicus" die Position einer generellen Leitvokabel erobern können. Er ist eine begriffliche Dokumentation der Aufmerksamkeit gegenüber den Wandlungserscheinungen der verschiedenen Kulturen, also der Entwicklungen in Gesellschaft, Politik, Wirtschaft, Kunst, Kirche und anderen Bereichen.

Gefahr einer Glaubwürdigkeitskrise

In diesem Begriff liegt aber auch eine Gefahr. Bezieht sich der Unternehmer ständig in der Veränderung seiner Strategien auf den Wertewandel, gerät er in den Verdacht, mit Beruhigungsstrategien zu taktieren. Durch die Öffnung der deutsch-deutschen Grenzen wurde für dieses Verhalten der Begriff des Wendehalses geprägt, der großen Schaden bei den Betroffenen anrichtet. Es droht also eine Glaubwürdigkeitskrise durch übertriebene Anpassung, denn die Reaktionen auf neue Einstellungen in der Umgebung erfolgen zu schnell, zu direkt und zu plakativ, um glaubwürdig zu sein. Die Kontinuität der bisherigen Kommunikationspolitik eines Unternehmens kann gefährdet sein. Nur dort, wo schon vor der Auseinandersetzung mit dem neuen Wandel in der Werteskala entsprechende Maßnahmen eingeleitet wurden, bleibt die Strategie glaubhaft.

Der Wertebegriff

Was steckt aber wirklich hinter dem Begriff des Wertewandels? Die Bedeutung des Wortes „Wert" ist in den relevanten Wissenschaften wie Soziologie und Philosophie klar definiert. Es bezeichnet die grundlegenden Orientierungen, an denen sich menschliches Verhalten ausrichtet. Werte sind letztgültige Verbindlichkeiten, Lebensinhalte und Glaubensbekenntnisse, die in einer langen historischen Entwicklung entstanden sind und die grundlegenden Elemente unserer Alltagskultur bilden. Sie stellen so etwas wie die Eckpfeiler einer Verfassung des Lebens dar. Zu dieser Basis menschlichen Zusammenlebens zählen die Unantastbarkeit der menschlichen Würde, das Recht auf individuelle Verwirklichung, körperliche Unversehrtheit und freie Meinungsäußerung.

Werte als Basis des alltäglichen Lebens

Wie selbstverständlich entspricht diese Aufzählung den Erfordernissen und den Gegebenheiten des alltäglichen Lebens. Die Richtigkeit der Ansicht, daß diese Werte Basis unseres Alltags sind, scheint nicht in Frage zu stehen. Aber allein die Betrachtung dieser Werte von Positionen verschiedener Ideologien her läßt offenkundig unterschiedliche Bewertungen und Einordnungen dieser Werte zu. Doch dies geschieht nicht aus objektiven Überlegungen heraus, sondern aufgrund verschiedenster Billigkeitserwägungen des jeweiligen kulturellen Systems. Die Gesellschaftsordnungen gewichten die Werte nach ihren speziellen Erfordernissen. Damit ändern sie nicht die Werte, sondern führen für andere Werte andere Bezeichnungen.

Am Beispiel des Wertes der Freiheit als Grunderfordernis staatlichen Zusammenlebens in humanistischer oder aber kommunistischer Betrachtungsweise läßt sich deutlich darlegen, daß der kommunistische Freiheitsbegriff, der eine Einschränkung gegenüber dem humanistischen Wert erfährt, dann seinen wahren Gehalt wiederfindet, wenn die Einschränkung, also die Veränderung aus ideologischen Gründen, entfällt. Dann erhält der Begriff der Freiheit seinen ursprünglichen Inhalt und ist damit der tatsächliche Wert, als welcher er bezeichnet ist.

Sicherung der Werte

Zur Sicherung der Werte entwickeln sich Normen und Konventionen. Das sind Verhaltensregeln für das soziale Zusammenleben, in deren Bahnen die Orientierung auf die verschiedenen Werte variabel gestaltet werden kann. Diese Normen haben in der Regel den Stellenwert eines Gesetzes. Außerdem bilden sich Sitten und Bräuche oder andere Übereinkünfte der Menschen in einer Kultur heraus, die unterschiedliche Verbindlichkeitsgrade haben. Eine weitere Sicherung der Werte besteht in dem alltäglichen Verhalten der Menschen, welches eine variationsreiche Umsetzung von Normen und Werten bietet. In diesem Alltagshandeln zeigen sich die individuellen Bedürfnisse, die im Rahmen der geltenden Regeln des gesellschaftlichen Zusammenlebens auf der Grundlage des Wertgefüges einer Kultur ausgelebt werden wollen.

Veränderung alltäglicher Verhaltensformen

Das, was heute meist als Wertewandel beschrieben wird, ist bei genauerer Betrachtung oft nur eine Veränderung in den alltäglichen Verhaltensformen, gelegentlich eine Änderung in den Konventionen und Regeln, die das menschliche Verhalten steuern. Ganz selten nur bedeutet dieser Wertewandel eine Veränderung im grundlegenden Wertesystem einer Kultur.

So ist die neue Rolle der Frau in Verbindung mit dem Wunsch und Streben nach Selbstverwirklichung nichts anderes als eine neue Dimension des klassischen Wertes der Gleichheit aller Menschen ohne Ansehen von Alter, Geschlecht, Rasse und Religion.

Voraussetzungen langfristiger Strategien

Um in der langfristigen Strategie der unternehmerischen Kommunikationspolitik klare Bezugspunkte setzen zu können, müssen die Unterschiede des sogenannten Wertewandels genau beachtet werden. Außerdem ist der Bereich, in dem der Wechsel der Werte stattfindet, ausfindig zu machen.

Die Frage, ob der Wertewandel im sozialen, politischen, wirtschaftlichen oder kulturellen Kontext steht, muß ebenfalls Beachtung finden. Es ist eine präzise Analyse gefordert.

Analyse des Wertewandels

Diese Analyse richtet sich auf den gesamten Bereich der in Verhaltensformen umgesetzten Bedürfnisse von Menschen auf der Basis normativer Regeln, in denen sich die Grundwerte unserer Kultur, unseres Gemeinwesens widerspiegeln.

Sie zielt darüber hinaus auf die Umsetzung in den jeweiligen Teilsystemen und auf die Verbindungen dieser Teilsysteme zueinander. Systemanalyse und die Analyse des soziokulturellen Wandels ergeben ein ganzheitliches Bild der Entwicklung in einer Kultur.

In dem so entstehenden Feldschema kann die genaue Standortbestimmung der einzelnen Bereiche vorgenommen werden. Diese Bereiche lassen sich jeweils weiter unterscheiden. Die „Gesellschaft" kann in verschiedene Segmente eingeteilt werden: in Altersgruppen, in „Lebenswelten", Berufsgruppen, Regionen und andere demographische Sektoren oder Marktnischen. Dabei müssen die Relationen der auf diese Weise bestimmten Segmente zueinander ausgearbeitet werden.

Trendänderungen

Die wichtigsten Veränderungen in unserer Kultur äußern sich in übergreifenden Trends, die alle Lebensbereiche betreffen. Die herausragenden Aspekte der Änderungen in Verhaltensweisen und Einstellungen der näheren Zukunft lassen sich aus der wissenschaftlichen Analyse des soziokulturellen Wandels dokumentieren:

1. Die Altersstrukturen der meisten europäischen Kulturen verschieben sich deutlich nach oben. Das hat Auswirkungen auf die unterschiedlichen Märkte.

2. Die Bedeutung der Frauen in Gesellschaft, Politik und Wirtschaft nimmt weiter zu. Damit sind neue Konsumansprüche verbunden.

3. Die Gesellschaft verliert ihre globale Einheit und segmentiert sich. Das hat Auswirkungen auf die Produktentwicklungen und auf die Unternehmenskommunikation.

4. Produkte für spezielle Zielgruppen nehmen zu.

5. Der Medienmarkt vergrößert und spezialisiert sich. Gleichzeitig sinkt die Bindung an alle unspezifisch informierenden Medien.

6. Kunst, Bildung und intellektuelle Betätigungen erfahren zunehmende Bedeutung im Freizeitbereich. Sie werden damit ein wichtiger Faktor in Werbung und PR.

7. Die politischen Tendenzen zielen auf einen integrierten west-östlichen Binnenmarkt.

8. Tendenzen im Alltag prägen aber einen neuen Regionalismus.

9. Die partikulare Kompetenz der Menschen nimmt zu. Sie sind besser informiert.

10. Die fortschreitende Automation und Computerisierung verändern weiterhin nachhaltig die Arbeitswelt.

11. Die Formen des Konsums ändern sich. Produkte werden kritischer bewertet. Dabei spielen gesellschaftliche, politische und ökologische Aspekte eine Rolle, ohne daß Qualitätseinbußen hingenommen werden.

Diese Trends sind häufig beschrieben worden. In den unterschiedlichen Entwicklungen dieser Tendenzen liegen aber nicht nur Vorteile, sondern es entsteht auch neues Konfliktpotential. So kann durch die Überbetonung der Zielgruppe „Neue Alte" ein Generationenkonflikt heraufbeschworen werden. Durch das Akzentuieren der Selbstverwirklichung der Frau können sich männliche Zielgruppen zurückgesetzt fühlen. Die Europäisierung wird mit einer Irritation einhergehen, die aus der Befürchtung kultureller und oft auch wirtschaftlicher Einbußen herrührt.

Erfordernis einer ganzheitlichen Analyse

Angesichts dieser Entwicklung wird deutlich, daß Präsenzmanagement im Sinne von Kulturkommunikation eine ganzheitliche soziokulturelle Analyse der wichtigen Unternehmensumwelten erfordert und darstellt.

Auf dieser Grundlage erst können dann Entscheidungen über die Art und Weise eines sozialen, kulturellen oder ökologischen Engagements getroffen werden. Außerdem sind nur auf dieser Basis Entschlüsse über das Design der integrierten Marketing- und PR-Bemühungen zu fassen.

Entscheidungen innerhalb von Unternehmenshorizonten

Mit diesen Trends sind zugleich die Horizonte angedeutet, in denen sich die Unternehmen bewegen. Soll die Öffentlichkeitsarbeit eines Unternehmens oder Verbandes zielgerecht und zielgruppenadäquat sein, muß man sämtliche politische und wirtschaftliche Entwicklungen mit ihren langfristigen kulturellen Konsequenzen einbeziehen.

Nur so läßt sich neben einer ganz allgemeinen Dimension ein klares Bild darüber gewinnen, inwieweit einzelne Branchen oder Betriebe von solchen Trends betroffen sind und wie sich dementsprechend ihre Kommunikationspolitik gestalten muß. Ihre Vorbereitung muß jedoch die engen Perspektiven interessengebundener Sichtweisen überwinden, um die Entscheidungen für Strategiemaßnahmen in Kenntnis aller Kontextbedingungen treffen zu können.

Kulturkommunikation gibt positive Präsenz

Hier setzt die Kulturkommunikation mit dem Mittel des Präsenzmanagements zukunftsorientiert an. Es beinhaltet die kontinuierliche Anpassung der Kommunikationsstrategien eines Unternehmens an die Veränderungen in der Kultur, also im komplexen Gesamtzusammenhang unseres Gemeinwesens, in unserer Gesellschaft, Politik, Wirtschaft und Kunst. Alle diese Bereiche beeinflussen die öffentliche Beurteilung der Aktivitäten eines Unternehmens. Daher ist die Verweigerung einer Kulturkommunikation bedenklich und gefährlich, da sie die Bewertung der Präsenz im Markt auf unkontrollierbare Art Außenstehenden überläßt.

Kulturkommunikation wird neben der Pressearbeit und Maßnahmen des „corporate design" oder anderen klassischen Mitteln der Unternehmenskommunikation in erster Linie durch die „passive Attraktivität" des Unternehmens geleistet. Alle Strategien gelten daher der Entwicklung eines Reizwertes für das alltägliche öffentliche Gespräch. Das Unternehmen muß sich das Ziel einer latent wohlwollenden Öffentlichkeit setzen. Produkte und Produktwerbung werden auf diese Art und Weise zum „Zitat der angenehmen Präsenz". Die konkreten Maßnahmen, die langfristig zu ergreifen sind, hängen von der jeweiligen Systemanalyse und der Analyse des Grades der Betroffenheit von dem jeweiligen Wertewandel ab.

Kulturkommunikation gibt dem Anwender eine positive Präsenz in seiner jeweiligen Kultur.

Autorenvita siehe folgende Seite!

Dr. Klaus Mölln

**Hill and Knowlton
Deutschland GmbH**
Bockenheimer
Landstraße 98—100
6000 Frankfurt am Main 1
Tel.: 069/7563-125

Der am 29. Juli 1947 in Hamburg geborene Jurist Dr. Klaus Mölln war in den Jahren 1969 bis 1970 als Marktforscher und Studienleiter beim Sample Institut in Mölln tätig, bevor er dann von 1970 bis 1973 Leiter Marktforschung/Produktmanagement bei der Bavaria St. Pauli-Brauerei in Hamburg wurde.

Von 1973 bis 1986 schließlich fungierte er als Geschäftsführender Gesellschafter bei Hansen & Partner (PR- und Werbeagenturgruppe).

Zeitgleich war er in den Jahren 1973 bis 1977 Vorstand im BVM (Bundesverband Markt- und Sozialforschung), von 1974 bis 1989 Vizepräsident des Marketing Club Hamburg sowie im Zeitraum von 1981 bis 1985 Vizepräsident in der Deutschen Marketing-Vereinigung.

Seit 1984 ist Dr. Klaus Mölln Inhaber des MACADAM-Theaters Hamburg sowie der events GmbH (Spezialagentur für Veranstaltungskonzeption).

Darüber hinaus arbeitet er als Managing Director für die Hill and Knowlton Deutschland GmbH in Frankfurt am Main.

Das Btx-Komplett-Angebot. Alles aus einer Hand.

Btx + Telefon	Btx + Telefon + TV	Btx + TV	Btx + PC

Loewe Modul-Konzept für MultiTel und MultiKom.	Loewe Manager-Terminal TV 10.	Loewe TV-Btx-Konzept.	Loewe PC/Btx-Decoder-Konzept. ALPHA.

Btx-Anwendungen werden heute immer mehr mit Mehrdienste-Endgeräten durchgeführt.
Diese multifunktionalen Produkte aus den Bereichen:
　PC + Btx
　Telefon + Btx
　TV + Btx
bieten eine Vielzahl von Nutzungsmöglichkeiten.
　Viele am Btx-Markt agierende Anbieter sind nur in einem Marktsegment tätig.
　Loewe als Btx-Pionier und Marktführer bietet dagegen das Btx-Komplett-Angebot aus einer Hand.
　Vom Modul-Konzept für MultiTel und MultiKom über das Manager-Terminal TV 10 bis zu den ALPHA-Btx-Decodern für PCs (Industrie-Standard).
　Darüber hinaus sind auch alle digitalen Loewe Fernseher mit integriertem Btx-Modul lieferbar.
　Die Kompetenz des Komplett-Anbieters nehmen viele Institutionen und Unternehmen in Anspruch.
　So ist Loewe Lieferant der DBP TELEKOM und der Schweizer PTT. Die Bundeswehr setzt ebenso Loewe Btx-Produkte ein, wie eine ganze Reihe namhafter Unternehmen. Zum Beispiel: AEG, Bauknecht, BMW, Honda, Neckermann, Otto, Foto Porst, Toyota, Deutscher Lloyd, Iduna, Schwäbisch Hall und Transpotel.

Detaillierte Informationen finden Sie im Loewe Btx-Programm. Wählen Sie
∗ 50705 #.
Oder schreiben Sie uns.

Loewe Opta GmbH
Telekommunikation
Industriestraße 11
8640 Kronach
Btx-Nr.: ∗ 50705 #.

LOEWE.

Financial und Investor Relations am Beispiel von Going Public

von Bodo Bimboese, M.A.

Die Zeit, in der Bilanzpressekonferenzen und Geschäftsberichte als einzige Instrumente der Dialogführung zwischen Unternehmen und der Finanzöffentlichkeit genügten, geht zu Ende. Nur ein professionelles Kommunikationsmanagement kann in Zukunft gewährleisten, daß Unternehmen alle Möglichkeiten, die die Finanzmärkte bieten, auch tatsächlich ausschöpfen. Was hierzulande oft noch für verständnislose Blicke sorgt, ist für Unternehmer anderer führender Wirtschaftsnationen längst Alltag: Investor Relations (IR) als Bindeglied zwischen Unternehmen und Öffentlichkeit.

Für Kommunikationsprofis in Unternehmen und Agenturen sind Investor Relations nicht eine lästige Pflicht, die Teilhaber oder Anteilseigner ihrer Firma mit den erforderlichen Informationen über Erfolg und Perspektiven ihres Geschäfts aufzuklären. Vielmehr bauen sie über diesen Weg oft sehr persönliche Beziehungen auf, die auch in schweren Zeiten großen Belastungen gewachsen sind. Mehr noch: Sie wissen, daß Investor Relations die Marketingchance sind, das Unternehmen der breiten Öffentlichkeit von interessierten Anlegern zu empfehlen.

In dieser Hinsicht wird sich allerdings im kommenden Jahrzehnt auch in der Bundesrepublik einiges ändern, denn die Anforderungen an die Kommunikationspolitik eines Unternehmens steigen.

Die Öffnung des EG-Binnenmarkts am 1. Januar 1993 steht bevor. Konkurrenten aus dem Ausland werden mit ihren preislich oft günstigeren Produkten und Dienstleistungen den Markt überfluten, umgekehrt werden deutsche Firmen ihr Auslandsengagement verstärken müssen. Deshalb sind schlüssige IR-Konzepte notwendig, welche die Firmenposition gegenüber der Finanzöffentlichkeit und den potentiellen Investoren festigen und ausbauen.

Hinzu kommt, daß deutsche Firmeninhaber erkennen müssen und werden, daß die stetige Propagierung des Anlagemediums Aktie in den vergangenen Jahren endlich Früchte trägt – eine deutliche Wandlung der Aktionärsstruktur ist die Folge. Damit wächst der Wunsch und die Notwendigkeit, Finanzfachleute und Investoren mit detaillierten Berichten und Prognosen über die Entwicklung des Unternehmens zu informieren.

Schließlich ist die zunehmende Zahl mittelständischer Firmen, welche die Liquidität der Kapitalmärkte in Anspruch nehmen müssen, um ihr (internationales) Wachstum finanzieren zu können, ein Indiz dafür, daß auch der Markt für Financial und Investor Relations vor einem Boom steht.

Den Erfolg nicht dem Zufall überlassen

Außer Zweifel steht, daß Investor Relations vor allem für börsennotierte Aktiengesellschaften besonderes Gewicht erhalten. Diese stehen bekanntlich weitaus stärker im Rampenlicht des öffentlichen Interesses als zum Beispiel private Aktiengesellschaften. Wird gar der Gang an die Börse vorbereitet, ist die Einbeziehung von Investor Relations in das Procedere des Going Public von Anfang an von elementarer Bedeutung.

Mit Zögern erkennen das auch bundesdeutsche Strategen. Vielerorts wird offen über Maßnahmenkataloge nachgedacht, die Unternehmer von der Notwendigkeit überzeugen, den Erfolg ihres Going Publics nicht dem Zufall zu überlassen, sondern mit gezielter Öffentlichkeitsarbeit sicherzustellen. Schon bald wird in diesem Bereich noch viel mehr passieren müssen.

Während hierzulande meist nicht einmal Budgets für diese wichtige Disziplin geführt werden, gehören IR in den USA zu den Hauptaufgaben eines integrierten Finanzmarketings. Dort investierten die 10.000 führenden Aktiengesellschaften 1986 gut 5 Milliarden Mark in derlei Aktivitäten. Im Crashjahr 1987 waren es rund 6,8 Milliarden, 1988 sogar 9,2 Milliarden Mark, also knapp 100 Prozent mehr als zwei Jahre zuvor. Solche Zahlen werden in der Bundesrepublik im Vergleich längst nicht erreicht.

Grundsätzlich ist es für Großunternehmen leichter, IR-Aktivitäten in ihren Gesamtmaßnahmenplan einzuarbeiten. Sie sind der breiten Öffentlichkeit gut bekannt und haben aufgrund ihrer Marktposition in der Regel gute Beziehungen zu nationalen wie internationalen Medien. Für solche Firmen sind IR lediglich ein weiteres Kommunikationsinstrument, das oft nicht einmal besonders hohe Kosten verursacht.

Für den Start von Börsenneulingen allerdings kann sich ein fehlender IR-Plan schnell als finanzielles Fiasko erweisen –, und zwar dann, wenn die Aktien bei institutionellen wie privaten Investoren nicht den gewünschten Preis erzielen, die Konsortialbanken Teile der Emission nicht plazieren können oder der Kurs bereits nach wenigen Tagen fällt, weil Anteile, die von Spekulanten nur kurzfristig übernommen wurden, keine Aufkäufer finden.

Der Konkurrenzkampf um das Kapital verstärkt sich

Das Vermögen auf institutionellen und privaten Konten wächst stetig. Allein das Geldvermögen der privaten Haushalte in der Bundesrepublik wird auf rund drei Billionen Mark geschätzt. Und auch die Sparquote von zur Zeit etwa zwölf Prozent sichert den Bundesbürgern im internationalen Vergleich eine Spitzenposition. Genauso hat aber auch die Zahl handelbarer Titel auf den Kurszetteln der Börsen sowie die Palette innovativer Finanzprodukte rapide zugenommen. Rund 470 deutsche sowie über 600 ausländische Werte stehen zur Disposition, des weiteren zahllose Varianten des traditionellen Sparbuches, Anleihen in- und ausländischer Emittenten in unterschiedlichen Währungen und Laufzeiten sowie Immobilien, Edelmetalle und diverse Versicherungsformen. Hinzu kommen im Zeitalter der Allfinanzkonzepte Produktkombinationen und Mischformen aus unterschiedlichen Bereichen – von Investitionsmöglichkeiten an US-amerikanischen oder fernöstlichen Börsenplätzen ganz zu schweigen.

Für Börsenaspiranten wird es somit zunehmend schwerer, Investoren auf sich aufmerksam zu machen und ihre noch unbekannte Aktie als zukunfts- und gewinnträchtige Anlagealternative zu empfehlen. Das gilt für institutionelle Portfoliomanager, vor allem aber für die rund 25 Millionen inländischen Haushalte. Lag der Anteil der Wertpapiere bei der privaten Vermögensbildung in den letzten Jahren durchschnittlich noch zwischen 5 und 9 Prozent, so rechnen Finanzexperten im kommenden Jahrzehnt mit einer deutlichen Zunahme dieser Rate – günstige Perspektiven vor allem für kleine und mittlere Unternehmen.

Damit wachsen aber auch die Anforderungen an die Informationspolitik bei einem Going Public. Genügte es in der Vergangenheit, der gesetzlich vorgeschriebenen Publizitätspflicht zu entsprechen und neben der Erstellung von Jahresabschlüssen Hauptversammlungen abzuhalten, einen Börsenzulassungsantrag einzureichen und den Börsenprospekt zu produzieren, wird aufgrund geänderter Rahmenbedingungen ein weiterer und entscheidender Schritt dazukommen müssen: Financial und Investor Relations, bei denen der nötige und erwartete Geldfluß in das Unternehmen mit einem an die breite Öffentlichkeit gerichteten Informationsfluß kombiniert wird.

Unternehmen, Banken und IR-Fachleute müssen zusammenarbeiten

Eines ist sicher: Dieser Bereich wird kaum von den beiden bisher traditionell beteiligten Partnern beim Going Public – dem Unternehmen und der Bank – allein abgedeckt werden können. Vielmehr ist es notwendig, durch Schaffung einer dritten „Planstelle" das gesamte Procedere zu ergänzen. Unternehmer, Banken und Kommunikationsprofis werden dabei gemeinsam vorzugehen haben. Dabei versteht sich der IR-Berater als Bindeglied zum anlagewilligen Publikum, indem er versucht, die gemeinsame Basis zwischen dem Emittenten und der Bank einerseits und den Investoren andererseits herzustellen. Es gilt, einen konstruktiven, langfristig angelegten Dialog zu initiieren und zu pflegen.

Ziel des Unternehmens ist es schließlich, die Kapitalkosten durch einen möglichst hohen Emissionskurs der Aktie niedrig zu halten, den Kurs auf einem hohen Niveau zu stabilisieren und in der Regel eine breite Streuung des Aktienkapitals zu erreichen. Der Anleger dagegen hat andere Intentionen. Er möchte die Firmenanteile zu einem niedrigen Kurs einkaufen und eine dauerhafte Rendite sowie Kursgewinne erzielen.

Dies soll natürlich nicht bedeuten, daß Investor Relations als Spezialgebiet der Public Relations nur bei solchen Unternehmen eingesetzt werden sollten, die an einen Börsengang denken oder diesen bereits konkret vorbereitet haben. Financial und Investor Relations werden sich in Zukunft auf allen Ebenen als unverzichtbares Kommunikationsinstrument des Finanzmarketings erweisen und über Erfolg oder Mißerfolg einzelner Geschäftsstrategien mitentscheiden.

Spätestens hier ist die Kommunikationsbranche gefordert, ihrerseits detaillierte Aufklärungsarbeit zu leisten und vor allem kleinen und mittelgroßen Unternehmen beim oft unsicheren Frage- und Antwortspiel mit der Öffentlichkeit, aber auch mit Finanzfachleuten beizustehen. Hier sollte erkannt werden, daß Publizität bei korrekter Anwendung ein Instrument der Eigenwerbung ist, das die eigene Leistungsfähigkeit gegenüber dem Gesamtmarkt oder Mitbewerbern herausstellt.

„Die Nachrichten von heute sind die Kurse von morgen." – Gerade im hochsensiblen Börsengeschäft der vergangenen Jahre bekommt diese Bankerweisheit völlig neue Dimensionen. Die Konsequenz: Nachrichten müssen nicht nur zielgruppenspezifisch gestreut werden, sondern auch so aufbereitet sein, daß sie die Zielgruppe mit minimalen Streuverlusten erreichen.

Wichtig dabei ist, daß sich die Informationen nicht allein auf reine Produkt- oder Unternehmensbeschreibungen (Emissionskurs, Zeichnungsfrist und so weiter) beschränken. Sie müssen darüber hinaus einen klaren, optimistischen Zukunftsaspekt enthalten, der den Charakter einer geldwerten Information hat. Nur so kann erreicht werden, daß der Anleger etwa beim Going Public einen Titel als optimale Ergänzung für sein Portefeuille empfindet.

Die Arbeit eines Kommunikationsberaters kann natürlich nur dann erfolgreich sein, wenn das betreffende Unternehmen die Notwendigkeit erkannt hat, emissionsbegleitende Maßnahmen zu integrieren, somit also auch seinen gesamten Informationsfundus zur Verfügung stellt und den Berater über alle Aspekte im Zusammenhang mit der Firma und seiner Branche in Kenntnis setzt.

Ziele und Maßnahmen

Die Analyse der Ausgangslage sowie die daran anschließende Formulierung der Kommunikationsziele sind Grundlage für eine erfolgversprechende Zusammenarbeit des IR-Spezialisten mit seinen Auftraggebern. Dabei sind idealerweise kurz-, mittel- sowie langfristige Ziele zu unterscheiden, um einerseits den Börsengang vorzubereiten und zu begleiten, andererseits die Präsenz des Unternehmens an der Börse sicherzustellen und für höchstmögliche Stabilisierung des Kurses im täglichen Geschäft zu sorgen.

Zu den kurz- und mittelfristigen Zielen gehören:

- Die Steigerung des Bekanntheitsgrades und die Imagestärkung des Unternehmens im Markt.

Jeder Marketing-Manager weiß, wie wichtig es ist, wenn im öffentlichen Meinungsbild mit dem Firmennamen sofort die Produkte oder Dienstleistungen des Hauses verknüpft werden.

- Profilierung des Managements

Das Management als Repräsentant des Unternehmens bedarf der besonderen Profilierung. Die Personalisierung von Kompetenz und Know-how auf die Geschäftsführung ist im Regelfall ein wesentlicher Faktor der Emissionsvorbereitungen.

- Schaffung von Investitionsbereitschaft bei den Hauptzielgruppen

Nur wer Chancen und Risiken eines Investments einschätzen kann, wird bereit sein, Kapital einzusetzen. Das gilt vor allem für die Aktie, wo Kursentwicklung und Rendite weitaus stärker variabel sind und von einer größeren Zahl von Faktoren abhängen als etwa bei einer Anleihe. Die Herausgabe der wichtigsten Finanzdaten über das Unternehmen und seine Branche sind somit unerläßlicher Bestandteil der Informationspolitik.

- Propagierung der Emissionsbedingungen

Investoren wollen wissen, zu welchem Kurs und innerhalb welcher Frist sowie zu welchen Zeichnungsbedingungen sie Anteile des betreffenden Unternehmens erhalten können. Nur mit diesen Daten ist die völlige Transparenz eines Going Public sichergestellt.

- Ausgabe von zielgruppenspezifischen Unterlagen

Die Pflichtinformationen nach dem Börsen- und Aktiengesetz entsprechen meist nur den Anforderungen von Finanzexperten. Soll jedoch eine breite Streuung der neuen Aktien erreicht werden, sind zielgruppengerechte Publikationen ein wichtiger Schritt zu einem echten Dialog mit den potentiellen beziehungsweise neuen Anteilseignern.

Nach der Emission kommt die Kurspflege

Nach der abgeschlossenen Plazierung ist die Arbeit für das Unternehmen und die Kommunikationsfachleute allerdings noch nicht beendet. Beide haben nun den langfristigen Dialog mit den neuen Aktionären des Unternehmens, vor allem aber mit wichtigen Meinungsbildnern wie Finanzanalysten und Fachjournalisten fortzuführen. Wichtigstes Ziel dabei ist die Kurspflege, um einen möglichst hohen und stabilen Kurs, der über dem Ausgabepreis der Aktie liegen muß, sicherzustellen.

Zu den wesentlichen Kommunikationsinstrumenten nach erfolgtem Going Public gehören informative und attraktive Hauptversammlungen (HV) sowie qualifizierte Pressekonferenzen und Informationsgespräche mit Analysten und den Medien. Die turnusmäßige HV soll eben nicht nur eine Pflichtveranstaltung sein, auf deren Tagesordnung die Bekanntgabe des Geschäftsergebnisses und die Entlastung von Vorstand und Aufsichtsrat stehen.

Für den erfolgreichen Verlauf der Hauptversammlung bedarf es einer offenen Informationspolitik und einer eingehenden Begründung unternehmerischer Entscheidungen. Die Aktionäre wollen das Gefühl haben, daß der Vorstand führt und daß er seine Maßnahmen eingehend begründen kann.

Pressegespräche und andere Sonderveranstaltungen (Road Shows, exklusive Tischgespräche, Pressereisen) wiederum sind die optimale Gelegenheit, mit Journalisten und Finanzanalysten persönliche Kontakte aufzubauen, die sich langfristig positiv auf deren Meinungsbild auswirken dürften.

Zu den Basisinstrumenten einer erfolgversprechenden Kommunikationsstrategie gehört aber auch ein leserfreundlicher Geschäftsbericht – als Visitenkarte des Unternehmens –, der über den Pflichtteil hinaus informiert und dem Interessenten einen Überblick über alle wesentlichen Aspekte im Zusammenhang mit dem Unternehmen und seinem Management verschafft.

Als ein besonders gutes Kommunikationsinstrument gelten auch Aktionärsbüros zur Pflege der Investor Relations – was bislang hauptsächlich von größeren Aktiengesellschaften erkannt wurde. Den Möglichkeiten bezüglich der Ausgestaltung dieser Informationsstellen sind keine Grenzen gesetzt, und sie werden vermehrt genutzt werden. Die Alternativen des Dialogs: Neben dem Telefon und der Post werden in erster Linie elektronische Medien wie Datenbank via Btx an Bedeutung gewinnen.

Die Vorgehensweise des IR-Beraters vor, während und nach dem Gang zur Börse

Vor dem Gang zur Börse	Beim Gang zur Börse	Nach dem Gang zur Börse
Pressecommuniqués	Pressecommuniqués	Pressecommuniqués
	Pressekonferenzen	Pressekonferenzen
Direktkontakte zu Opinionleadern und Multiplikatoren	Direktkontakte zu Opinionleadern und Multiplikatoren	Direktkontakte zu Opinionleadern und Multiplikatoren
Pressefahrt		
	Finanzpräsentation/ Investment-Report/Analyse	Finanzpräsentation/ Investment-Report/Analyse
Newsletter/Aktionärsbrief	Newsletter/Aktionärsbrief	Newsletter/Aktionärsbrief
Geschäftsberichte/Unternehmensbroschüre		Geschäftsberichte
Film/Tonbildschau		Börsenkursnotiz in den Wirtschaftsblättern
Veröffentlichung von Anzeigen (Pflicht- und PR-Anzeigen)	Veröffentlichung von Anzeigen (Pflicht- und PR-Anzeigen)	Veröffentlichung von Anzeigen (Pflicht- und PR-Anzeigen)
Auftritt der PR-Träger in den Medien und bei Veranstaltungen		Auftritt der PR-Träger in den Medien und bei Veranstaltungen
Kapitalmarkt-Panel/Medien-Briefing		Kapitalmarkt-Panel/Medien-Briefing
Informationstableau – Finanzen – Medien – Effekten		
Argumentarium/Reden		Argumentarium/Reden
	Börseneinführungsprospekt/ Verkaufsangebot	
	Text- und Layoutberatung, Drucküberwachung, Versand	
	Pflichtbekanntmachung	Pflichtbekanntmachung
		Hauptversammlungen

Die komplexen und interdisziplinären Segmente von Investor Relations sind nur durch konstruktive Zusammenarbeit von Unternehmen, Banken und Kommunikationsspezialisten zu bewältigen. Nur zusammen mit erfahrenen und kompetenten IR-Profis werden Probleme bei der Finanzkommunikation schnell erkannt und durch gezielte Maßnahmen abgewendet.

Voraussetzung dafür sind natürlich IR-Berater, deren Fachkenntnisse in beiden Segmenten – PR und Finanzen – gleichermaßen tiefgreifend sind. Nur dann ist sichergestellt, daß Fragestellungen sowohl erkannt als auch realistisch umgesetzt werden können. Darüber hinaus kann sich ein internationales Agenturennetz nur positiv auf die Zusammenarbeit auswirken. Immerhin kann so auf einen Erfahrungsschatz zurückgegriffen werden, der schnelle Resultate einer IR-Strategie im Sinne des Unternehmens garantiert und Kinderkrankheiten von vornherein ausschließt.

Wie auch immer: Echte Erfolgschancen werden nur diejenigen haben, die sich dieser Aufgabe mit der Verantwortung eines guten Kaufmanns und der Kreativität eines Kommunikationsprofis stellen – was für Unternehmer und IR-Fachleute gleichermaßen gilt.

Autorenvita siehe folgende Seite!

Bodo Bimboese, M.A.

Trimedia Public Relations AG
Eschenheimer Anlage 25 A
6000 Frankfurt am Main 1
Tel.: 0 69 / 55 04 81-85

Bodo Bimboese wurde am 15. Februar 1953 in Bad Hersfeld geboren.

Nach seinem Abitur im Jahre 1972 wandte er sich an der freien Universität Berlin dem Studium der Fächer Volkswirtschaft, Geschichte und Publizistik zu, das er im Jahre 1980 mit dem Abschluß Magister Artium Geschichte/Publizistik beendete.

So verwundert es nicht, daß sein spezielles Interesse der Wirtschaftsforschung in der neuzeitlichen Geschichte gilt.

Zur Öffentlichkeitsarbeit kam Bodo Bimboese im Jahre 1980 als PR–Assistent der PR-Agentur Leipziger & Partner in Frankfurt am Main, später als PR-Berater sowie PR-Gruppenleiter desselben Unternehmens.

Im Jahre 1983 dann wurde er Stellvertretender Geschäftsführer der Dr. Seibold PR in Wachenheim.

Von 1984 an bis heute bekleidet er die Stellung eines Geschäftsführers der Trimedia PR AG in Frankfurt am Main.

Außerdem ist er seit 1987 Mitglied des Geschäftsleitungsausschusses der Trimedia Communications AG in Zürich.

Wenn es seine Zeit zuläßt, entspannt er sich bei seinen Hobbies Golf und Fotografieren.

Sein Motto lautet:
„Aktiv das Leben selbst bestimmen!"

Anzeige

Fachreferent/in für Öffentlichkeitsarbeit (DIPR)

Hamburg. - Von Januar 1991 bis April 1992 absolvieren in Hamburg zwei Dutzend Hochschul- und Fachhochschul-Absolventen unterschiedlicher Fachrichtungen eine 16monatige Aufbauqualifikation; ihr Ziel ist die Abschlußprüfung als "Fachreferent/in für Öffentlichkeitsarbeit (DIPR)".

Dieses Weiterbildungsangebot für das chancenreiche Berufsfeld Public Relations wurde von Prof. Dr. Ottfried Jarren vom Institut für Journalistik der Universität Hamburg zusammen mit dem Deutschen Institut für Public Relations e.V. (DIPR), Hamburg, konzipiert. Nicht nur Fächer der Kommunikationswissenschaften, Übungen in PR-Methodik und -Praxis stehen auf dem Lehrplan; Professoren und Dozenten der Hamburger Universität vermitteln außerdem kommunikations relevantes Wissen aus Teilbereichen anderer Fächer wie Wirtschaft, Recht, Politik, Soziologie und Psychologie.

Eingebunden in den etwa 1.900 Unterrichts- und Trainings-Stunden umfassenden Stoffplan ist das Lehr- und Trainingsprogramm der gemeinnützigen Berufsbildungs-Einrichtung DIPR. Dort wird bereits im zweiten Jahrzehnt durch in der Praxis stehende PR-Fachleute erfolgreich Weiterbildung in methodischer Öffentlichkeitsarbeit geleistet. Auf diese Erfahrungen wollten Initiatoren und Träger der neuen Aufbauqualifikation für Akademiker nicht verzichten.

Ein Vierteljahres-Praktikum in PR-Abteilungen von Wirtschaftsunternehmen, Institutionen oder Agenturen ist Teil dieser Aufbauqualifikation. Sie wird bei entsprechenden Voraussetzungen der Teilnehmer/innen vom Fachvermittlungsdienst Hamburg nach AFG als Vollzeitmaßnahme gefördert.

Im Zusammenwirken von Universitäts-Lehrkräften verschiedener Fachbereiche und erfahrenen Praktikern der PR-Weiterbildung und spezieller Kommunikationsberufe wird dieses Ausbildungsangebot auch internationalem Anspruch gerecht. Es entspricht damit den von der International Public Relations Association (IPRA), Genf, im September 1990 weltweit verbreiteten Empfehlungen und Standards "Public Relations Education".

Projektleiter sind Prof. Dr. Ottfried Jarren vom fächerübergreifend arbeitenden Institut für Journalistik der Universität Hamburg und Günther Schulze-Fürstenow, Pädagogischer Leiter und seit 1986 Vorstandsmitglied im Deutschen Institut für Public Relations e.V. (DIPR), Hamburg.

Projektträger ist UNITRAIN, eine Einrichtung des Vereins zur Förderung der wissenschaftlichen Weiterbildung e.V., Hamburg. Dieser 1984 von Präsidiumsmitgliedern, Professoren und Mitarbeitern der Universität Hamburg gegründete Verein ist gemeinnützig und hat bereits Aufbauqualifikationen anderer Fachrichtungen erfolgreich durchgeführt.

Das neue Projekt werten die Beteiligten als einen weiteren Beitrag zur Förderung des akademischen Nachwuchses bei der Qualifizierung für spezielle Berufsfelder mit besonders guten Zukunfschancen. •

Unabhängig von diesem neuen Projekt in Hamburg werden wie bisher die offen ausgeschriebenen Grund- und Fachseminare des DIPR in Bad Dürkheim veranstaltet. - Über Programme, Referenzen und Termine informiert Sie die

DIPR-Seminarplanung

Postf. 520 242, W-2000 Hamburg 52

Telefon 040 - 88 11 555

Krisenprävention und Krisenmanagement
— eine grundsätzliche Zukunftsaufgabe

von Erika Backhaus

Krisen-PR ist „in". Es gibt wohl nur noch wenige PR-Chefs, sei es auf Agenturseite oder aus Unternehmen, die nicht schon Artikel zu diesem Thema plaziert oder Interviews gegeben haben. Kaum ist irgendwo ein Unfall passiert oder ein Unternehmen in eine Krise geraten, schon wissen die Kommunikationsexperten treffsicher die Situation für ihre Eigen-PR zu nutzen. Sie beurteilen aus der Ferne die Situation und befinden darüber, was das betreffende Unternehmen hätte tun und kommunizieren müssen, um den Schaden zu begrenzen oder eine andauernde Krise in den Griff zu bekommen. Theoretisch und aus der Ferne ist es freilich nicht schwer, plausible Thesen aufzustellen. Inwieweit diese praktisch umsetzbar sind, ist jedoch die Gretchenfrage. Merke: Krisenmanagement ist immer eine Ausnahme, und keine Krisensituation ist mit einer anderen vergleichbar.

Ein Grund für das breite Interesse an Krisen-PR liegt vielleicht in der Allgegenwart von Krisen und den durchgängigen Reaktionsmustern.

Vergleichbar beziehungsweise universell sind übrigens in aller Regel die Symptome einer Krise. Ganz gleich, was vorgefallen ist, es entwickeln sich immer sehr ähnliche Reaktionen in den betroffenen Unternehmen:

1. Schock
2. Mangel an Information
3. Eskalation der Ereignisse
4. Kontrollverlust
5. Intensive Nachforschungen von außen
6. Beginn einer „Belagerungsmentalität"
7. Kurzfristige Perspektiven

Was die einzelnen Stufen dieser Dynamik beinhalten und wie es dazu kommt, werden wir im folgenden noch genauer beleuchten. – Für sinnvolle Krisenprävention ist es jedoch grundsätzlich wichtig zu wissen, daß diese Symptome auftreten.

Wie kommt es, daß sich das Thema Krisen-PR – gerade bei Fachleuten – so großer Beliebtheit erfreut? Sicher ist Krisenberatung ein lohnendes Geschäft, und sicher ist das ein Teil der Erklärung für die Konjunktur in Sachen Krisen-PR. Wesentlicher ist aber, daß gerade anhand von Krisensituationen deutlich wird, was Kommunikation leisten kann oder hätte leisten können. Verständlich also, warum die PR-Experten jede Gelegenheit ausnutzen, um genau das zu tun. Denn qualifizierte Kommunikationsfachleute haben aus der Praxis gelernt, daß PR ein strategisches Instrument ist, das kontinuierlich, offen und zielgruppenspezifisch Kommunikationsprozesse initiiert und realisiert.

Wenn in Krisensituationen erstmals (und dann meistens gezwungenermaßen) offene Kommunikationspolitik betrieben wird, produziert das zwangsläufig Mißtrauen. „Mißtrauen" oder „Vertrauen", – darum geht es – und um nichts anderes. In Krisensituationen sowie davor und danach. Was hilft der gewonnene Gerichtsprozeß, der beweist, daß zum Beispiel eine Produktvergiftung nicht Schuld des Herstellers ist, wenn sich die Verbraucher längst für das Produkt eines anderen Herstellers entschieden haben und der Marktanteil des betreffenden angeschlagenen Produkts innerhalb von vier Wochen von 48 auf 2 Prozent gefallen ist?

Die beste Krisenprävention ist grundsätzlich eine langfristig angelegte Kommunikation. Denn Vertrauen aufbauen, ganz gleich bei welcher Zielgruppe, braucht Zeit. Deshalb ist Krisenprävention zu jeder Zeit ein Zukunftsthema. Doch aus den Fehlern der Vergangenheit sollten Schlüsse gezogen werden. Wie sieht es aus mit dem Vertrauen der Menschen in die Industrie, in Verbände und Organisationen oder in Regierungen? Nur zu leicht vergißt man die großen industriellen Katastrophen der vergangenen Jahre, statt zu begreifen, welcher langfristige Schaden dadurch dem Vertrauensverhältnis zwischen Öffentlichkeit und der Industrie zugefügt wurde.

Der erste Schock, der das bis dahin ungebrochene Vertrauen in die Pharmaindustrie erschütterte, war der Contergan-Skandal. „Seveso" rüttelte am Image der chemischen Industrie. Es folgten der spanische Speiseöl-Skandal, Tschernobyl, die Brandkatastrophe bei Sandoz, die den Rhein vergiftete, Flugzeugabstürze schlechtgewarteter Maschinen sowie Tankerunglücke mit verheerenden Folgen für die Küstenregionen, Spionage- und Bestechungsskandale bei Regierungen und innerhalb der Parteien und… und… und.

Die Berichterstattung über diese Unfälle und Skandale durch die Medien wurde in den vergangenen Jahren immer intensiver. Die weltweite Verbreitung einer Nachricht ohne Zeitverzögerung stellt kein Problem mehr dar, und die Aktualität der Nachrichten ist weltweit gewährleistet.

Das Vertrauen der Bevölkerung in die Industrie und deren Integrität schwand zunehmend mit jeder neuen Krise. In vielen Fällen ging die Wahlbeteiligung zurück, da der Wähler weder einzelnen Politikern noch deren Parteien sein Vertrauen mehr aussprechen wollte oder konnte.

Was heißt das alles für die jetzige Situation und für die Zukunft? Jedes Unternehmen muß mit einer kritischen Haltung der Öffentlichkeit rechnen. Das heißt, auch alle anderen Zielgruppen, mit denen sich die Unternehmensleitung auseinandersetzen muß, Lokalpolitiker, Banken, Zulieferer und viele andere mehr müssen in ihrem Umgang mit dem Unternehmen eben diese kritische Haltung aufgreifen oder zumindest berücksichtigen. Dies wird im Alltagsgeschäft vielleicht nicht immer deutlich, spätestens aber im Falle einer Krisensituation. Dann nämlich sind die Geschäftspartner häufig sehr schnell dabei, sich öffentlich von dem betroffenen Unternehmen zu distanzieren.

Die kommunikative Aufgabenstellung für jedes Unternehmen heißt also, die kritische Einstellung der Öffentlichkeit zu kennen, zu verstehen und vor allen Dingen auch zu akzeptieren (und dementsprechend zu handeln). Dieses Wissen um und Verständnis für die Wünsche der Öffentlichkeit muß kommuniziert werden. Nur so kann Vertrauen aufgebaut werden.

Aber genau hier liegt häufig der Fehler. Selbst Unternehmen, die sehr viel Geld für Kommunikation ausgeben, große PR-Abteilungen beschäftigen und Agenturen engagieren, haben oft diesen kritischen Punkt nicht begriffen. Häufig genug kommen Einwände wie „Was versteht die Bevölkerung von so komplexen Aufgaben wie dem Betrieb eines Atomkraftwerkes oder einer chemischen Anlage?" – „Nichts!" ist die einzig richtige Antwort. Denn tatsächlich wird die Allgemeinheit auch gar nichts davon verstehen. Die entscheidende Frage des Laien ist vielmehr: „Kann *ich* den Experten, der Unternehmensleitung vertrauen?" Und der einzelne kann nur dann Vertrauen fassen, wenn ihm demonstriert wurde, daß die Experten seine Ängste, seine Befürchtungen kennen und respektieren.

Wenn Verantwortungsbewußtsein und Anteilnahme kommuniziert werden, ist der wichtigste Teil der Krisenprävention geleistet.

Krisenprävention

Neben der strategisch und kontinuierlich angelegten Kommunikation sollte jedes Unternehmen natürlich auch darauf vorbereitet sein, einen unvorhersehbaren Unfall oder Krisenfall so zu meistern, daß die jahrelange Vorarbeit nicht durch falsches Krisenmanagement zunichte gemacht wird.

Ein Krisenpräventionsprogramm beinhaltet fünf Stufen:

1. Eine Stärken- und Schwächenanalyse des Unternehmens:
   Die Arbeitsabläufe, Vorschriften und Sicherheitsbestimmungen jeder Abteilung, ob Büro oder Produktion, sollten genau überprüft werden, ebenso, ob die Vorschriften genau eingehalten werden. Wenn nicht, müssen die Schwachpunkte

herausgefunden werden. Eine solche „Inspektion" sollte von einem Team aus Außenstehenden und Mitarbeitern durchgeführt werden, die das gesamte Unternehmen von oben bis unten überprüfen und jede Stufe analysieren. Wenn diese „Inventur" erstellt ist, können die Mängel festgestellt und die nötigen Schritte zu ihrer Behebung unternommen werden.

2. Verfolgen der öffentlichen Meinung:
Ein Team von Mitarbeitern des Krisenstabs muß regelmäßig beobachten, was zur Zeit die öffentliche Meinung beeinflußt, welche Trends ersichtlich sind, die sich ür das Unternehmen positiv oder negativ auswirken können.

3. Vorbereitung eines Krisenhandbuchs:
Es müssen Richtlinien festgeschrieben werden, an die sich jeder im Falle einer Krise zu halten hat. Zum Beispiel: Wer tritt als Pressesprecher auf? Wer setzt sich mit welchen Anwälten in Verbindung? Wer kontaktiert die Polizei? Und so weiter. Krisenhandbücher können sehr ausführlich oder sehr knapp sein – das hängt vom Unternehmensstil ab. Aber grundsätzlich sollten das „Wer, Was, Wo und Wann" der Krisenkommunikation festgeschrieben werden.

4. Krisenübung mit den Mitarbeitern:
Jedes Krisenhandbuch ist nur so gut, wie es gelebt wird. Deshalb müssen regelmäßig Krisenübungen mit den Mitarbeitern durchgespielt werden. Die hypothetische Situation wird in einem Krisenteam von Mitarbeitern geprobt. Dann wird das Ergebnis überprüft und die Vorgehensweise für die Zukunft festgelegt.

Obgleich es ganz unmöglich ist vorherzusagen, wann eine Krise entsteht, sind die Chancen, sie zu überstehen, wesentlich besser, wenn es einen organisierten und durchgespielten Krisenplan in einem Unternehmen gibt.

5. Kontinuierliche Kommunikation mit den Zielgruppen, die für das Unternehmen wichtig sind:
Mitarbeiter, Kunden, Lieferanten, Behörden sind im Falle einer Krise nur dann gute „PR-Mitarbeiter", wenn sie genauso schnell und präzise informiert werden wie die übrige Öffentlichkeit. Besser noch: Diese Zielgruppen werden sogar früher und umfassender informiert, um ihrerseits auf Reaktionen der Öffentlichkeit vorbereitet zu sein. Und bei alledem gilt es zu beachten: Die Vorbereitung auf die Krise ist notwendig, aber eben nur der theoretische Teil der Schlacht.

Krisenmanagement

Eine Krise zu managen, unterscheidet sich vollkommen vom normalen Geschäftsablauf. Statt Ordnung herrscht Chaos, statt Systematik Kontrollverlust, statt Zugänglichkeit öffentliche Diskussion. Entscheidungen können nicht überlegt auf der Basis von soliden Informationen getroffen werden, sondern müssen eher intuitiv aufgrund fragmentarischer oder sogar unzuverlässiger Daten gefällt werden.

Dieser Druck – durch ständig neue Teilnachrichten dauernd verstärkt – ruft die eingangs geschilderten Krisensymptome hervor: Schock, Mangel an Information, Eskalation der Ereignisse, Kontrollverlust, intensive Nachforschungen von außen, Beginn einer „Belagerungsmentalität", Panik, kurzfristige Perspektiven.

Wie kommt es zu diesen Symptomen, und was bedeuten sie im einzelnen?

1. Schock
   ist *immer* das erste Element einer Krise. Wenn eine Krisensituation eintritt, sind die Beteiligten zunächst geschockt. Der Schock wird um so größer, je breiter Öffentlichkeit involviert ist.

2. Mangel an Information:
   Die Tatsache, daß die Betroffenen überrascht und geschockt sind, bedeutet meist, daß sie nur über wenige Informationen verfügen, mit denen sie umgehen können. Sie kennen das Ausmaß der Katastrophe zunächst nicht und können die direkten Schäden und die Folgeschäden nicht abschätzen. Meist wurde noch nicht einmal festgestellt, was der Grund für die Krise oder wer der „Schuldige" ist.

3. Eskalation der Ereignisse:
   Immer wenn Schock und Mangel an Informationen zusammentreffen, kann die weitere Entwicklung außer Kontrolle geraten und eskalieren. Sobald eine Krisensituation publik geworden ist, werden die Medien weiter recherchieren und den Fall direkt in dem betroffenen Unternehmen genauestens untersuchen. Zum Beispiel werden Mitarbeiter befragt, welche „Fehler" der Unternehmer wohl gemacht hat. Recherchen bei Lieferanten, Anwohnern und anderen werden durchgeführt. Mutmaßungen und Meinungen uninformierter Einzelpersonen werden in dieser Situation schnell zu Fakten, die nicht mehr zu widerlegen sind.

4. Kontrollverlust:
   Er entsteht, wenn die Öffentlichkeit ungenügend oder falsch informiert wird, beispielsweise weil es keinen Unternehmenssprecher gibt, oder weil der Sprecher inkompetent ist. Ein Sprecher muß unbedingt in der Phase zwischen dem „Mangel an Informationen" und der „Eskalation der Ereignisse" auftreten.

   Es ist sehr schwierig, mit der Öffentlichkeit in dieser Phase des eigenen Informationsmangels angemessen zu kommunizieren. Aber wenn die Gelegenheit, sich öffentlich zu äußern, ungenutzt vorübergeht, wird das Unternehmen seine einzige große Chance verpassen, alle Angriffe, die jetzt oder in Zukunft kommen, zu parieren und wieder Kontrolle über die Ereignisse zu gewinnen.

Der wichtigste und entscheidende Faktor der Kommunikation an diesem Punkt ist: *Betroffenheit über das Problem zu zeigen,* statt Fragen zu beantworten. Man muß keine Schuld zugeben, aber in jedem Fall Mitgefühl zeigen für das, was geschehen ist. Äußerungen wie: „Kein Kommentar!" vermitteln der Öffentlichkeit einen unverzeihlichen Mangel an Mitgefühl. Als Sprecher kann dabei der Unternehmer selbst, ein kompetenter Pressesprecher wie auch der Sprecher einer PR-Agentur auftreten. Wenn die Agentur jedoch bis zu diesem Punkt nicht schon längst involviert wurde, ist es fraglich, ob sie zu einem späteren Zeitpunkt überhaupt helfen kann.

5. Intensive Nachforschungen von außen:
Wenn Medien intensiv recherchieren, geschieht es oft, daß sich die Mitarbeiter gegen das eigene Unternehmen wenden. Häufig sind sie selbst noch nicht richtig informiert oder können nur Teile des Vorgefallenen überblicken. Sie geben dann ihre Sicht der Dinge wieder, ohne den Gesamtzusammenhang zu kennen. Oder sie äußern sich zum Beispiel gegenüber der Presse über Mißstände in der Firma – vielleicht aus Geltungsbedürfnis, vielleicht auch, um sich selbst zu schützen.

6. Beginn der Belagerungsmentalität:
Der Druck von innen und außen auf den Unternehmenschef wird unerträglich. Er hat nicht die Informationen, die er benötigt, um Entscheidungen zu treffen. Jeder seiner Berater drängt ihn zu handeln, die Ratschläge sind durchaus widersprüchlich. Die Telefone stehen nicht still. Jeder Mensch fühlt sich in einer solchen Situation belagert. Die Folge ist, daß meistens überhaupt nicht mehr gehandelt und kommuniziert wird.

7. Panik:
Die Unfähigkeit zum Handeln und die Verweigerung der Kommunikation nimmt jedoch den Druck nicht weg. Die Folge ist Panik.

8. Kurzfristige Perspektiven:
Jeder Unternehmer muß sich im klaren darüber sein, daß es nichts gibt, was sich in so einem Fall sozusagen „von allein erledigt". Langwierige Prozesse und juristische Auseinandersetzungen drohen. Das Unternehmen kann dadurch immer wieder in die Schlagzeilen geraten. Es ist deshalb sehr schwierig, eine vernünftige langfristige Lösung zu finden. Der Unternehmer muß folglich verstehen, daß er seine Energien darauf verwenden muß, die unmittelbar durch den Auslöser der Krise entstandenen Probleme zu lösen und gleichzeitig die Schwierigkeiten zu meistern, die als Folge der Krise aufgetreten sind. Und diese sind – auf lange Sicht – für die zukünftige Entwicklung des Unternehmens oft die schwerer wiegenden.

Seien Sie versichert: Alle diese Stufen treten ein, selbst bei noch so guter Vorbereitung. Mit diesen krisentypischen Phasen kann man aber nicht vertraut genug sein. Nur so lernt man, damit umzugehen, und man verliert das Wichtigste nicht aus den Augen: *Was auch immer passiert, die Kommunikation darf nicht abreißen.* Natürlich ist die Verlockung, nicht zu kommunizieren, groß. Schließlich gibt es dafür scheinbar rationale und gute Gründe:

– Wir können nicht mit den Medien sprechen, denn wir haben keine Fakten.
– Wir können unseren Mitarbeitern nicht zuviel sagen, dies würde sie viel zu sehr beunruhigen.
– Überhaupt: Wir können nichts sagen wegen der rechtlichen Folgen.
– Wir wollen unseren Ruf nicht ruinieren.
– Wir wissen nicht, wie wir den Schaden beheben sollen.
– Wir könnten Mitbewerbern zuviel preisgeben.
Und, und, und. Die Liste läßt sich bekanntlich beliebig fortsetzen.

Es gilt hier, fein zu unterscheiden zwischen gerichtsrelevanten Beweisen einerseits und öffentlichkeitswirksamem Handeln andererseits. Die besten Anwälte der Welt werden ihrem Klienten raten, nichts zu sagen. Die besten Kommunikationsberater der Welt werden ihren Klienten bei offensichtlicher Schuld raten, daß sie die öffentliche Verantwortung für untragbare Folgen übernehmen.

Tatsächlich haben beide recht, und es sind Eigenschaften wie Intuition und Instinkt, die einen guten Geschäftsführer den Weg zwischen den beiden Positionen wählen lassen, der für ihn und sein Unternehmen der richtige ist. Gewiß: Die Entscheidung ist nicht einfach, aber auch nicht annähernd so quälend, wie ein Gerichtsverfahren zu gewinnen und dann festzustellen, daß das gute Image des Unternehmens für die nächsten Jahre unwiderruflich verlorengegangen ist.

Die Herausforderung für das Management in Krisensituationen wie auch generell lautet heute: Verwalter des öffentlichen „Goodwills" zu sein. Das heißt, Verantwortung zu übernehmen, verantwortlich zu handeln und auch so gesehen zu werden.

Dies verlangt eine feinfühlige und ehrliche Einschätzung und Bewertung der Schwächen des eigenen Unternehmens zusammen mit der Entwicklung einer Strategie, wie mit diesen Schwächen im Krisenfall umzugehen ist.

Erika Backhaus

**Burson-Marsteller GmbH
Untermainkai 20
6000 Frankfurt am Main 1
Tel.: 0 69 / 23 80 90**

Die am 26. Juni 1955 in Frankfurt geborene Erika Backhaus hat die PR von der Pike auf gelernt.

Direkt nach dem Abitur begann sie ihre berufliche Laufbahn als Assistentin bei Klaus Dörrbecker's Kommunikationsberatungs-Agentur.

Ihre ersten Sporen in der Consumer-PR verdiente sie sich als Assistentin und später als Kundenberaterin bei der PR-Agentur Infoplan in Berlin und in Frankfurt.

Im April 1982 kam Erika Backhaus zur Burson-Marsteller GmbH, wo sie heute Geschäftsführerin und Leiterin des Frankfurter Büros ist (Managing Director, Vice President).

In mehr als 15 Berufsjahren hat die Mutter einer vierjährigen Tochter Erfahrungen auf den unterschiedlichsten Gebieten erworben.

Sie bezeichnet sich selbst als „Generalist", bewußt im Gegensatz zu den „Spezialisten", ohne die heute eine große PR-Agentur auch nicht mehr auskommen kann.

Im Privatleben steht natürlich ihre Tochter im Vordergrund, so daß für Hobbies kaum noch Zeit bleibt.

Corporate Identity und künftige Public Relations

von Peter G. C. Lux

Public Relations hat eine Entwicklung durchlaufen – und ich meine auch noch vor sich – wie wahrscheinlich kein anderes Gebiet im weiten Feld des Kommunikationsgeschäfts. Die ursprüngliche Funktion als Sprachrohr der Geschäftsleitung schien die besten Voraussetzungen zu bieten, ihr alle möglichen anderen Relations ebenfalls zu übertragen. Das mag im Fall des einzelnen Unternehmens noch nicht vollständig zutreffen, aber der Trend ist unverkennbar: wachsende Internationalität der Beschaffungsmärkte, Dezentralisierung betrieblicher Strukturen, der wachsende Informationsbedarf in den Unternehmen und die technisch-systematischen Möglichkeiten seiner Befriedigung bieten eine Fülle neuer und andersartiger Aufgaben.

Hinzu kommt eine immense Differenzierung der „klassischen" Domäne der Public Relations. Mit der zunehmenden Internationalität der Absatzmärkte steigt auch der Umfang an Verbindungen und Verflechtungen des Unternehmens, die es zu pflegen und zu entwickeln gilt. Schließlich ist auch der Zusammenhang zwischen Markt und gesellschaftlichem Umfeld komplexer, differenzierter und somit komplizierter geworden. Und weil die Technologisierung der Informationsflüsse und Entscheidungsprozesse sowie vielseitiges Kooperieren mit anderen Unternehmen den Zeitdruck auf rechtzeitiges Handeln erhöht, muß auch die Public Relations schneller reagieren als in der Vergangenheit, ohne an Qualität und Wirkungsgewißheit zu verlieren.

Das Vertrauen der Öffentlichkeit und spezifischer Interessensgruppen zu behalten, wird vielen Unternehmen nicht mehr ausreichen. Mehr Nähe zu ihrem Meinungsmarkt und dessen frühzeitige Einstimmung werden als Leistungsparameter für eine erfolgreiche Public Relations hinzukommen.

Herausfordernde, aber auch schwierige Aussichten also, denen wohl kaum mit einer simplen Personalaufstockung in der PR-Abteilung sinnvoll näherzukommen sein wird.

Wenn wir auch für die Zukunft die Hauptaufgabe von Public Relations in der aktiven Gestaltung von Unternehmensbeziehungen sehen wollen und nicht in einer Austauschfunktion für Unternehmensnachrichten, so eröffnet das Konzept der Corporate Identity und der dazu erforderliche Entwicklungsprozeß in einem Unternehmen den Public Relations umfassendere und nachhaltigere Wirkungsmöglichkeiten.

Was ist Corporate Identity? Wir verstehen darunter die ganzheitliche Wirkung einer Unternehmenswelt auf den einzelnen, die sich dann ergibt, wenn

1.) die verschiedensten materiellen Erscheinungsformen der Unternehmenskultur die ihr zugrundeliegenden immateriellen Werte auf lange Zeit überzeugend widerspiegeln und
2.) die Werte der Unternehmenskultur das Unternehmen unverwechselbar machen.

Das ist ohne Zweifel ein anspruchsvolles Konzept mit einem Wirkungsrahmen, den die heutige PR-Praxis nicht einmal halbwegs befriedigend auszufüllen vermag. Dennoch will ich im folgenden versuchen zu begründen, warum die Public Relations-Verantwortlichen sehr gute Chancen haben, zu einer treibenden Kraft des Corporate Identity-Prozesses zu werden und dadurch besser in der Lage sein werden, ihre Aufgaben effizienter – weil gesamtheitlich – zu erfüllen.

Insbesondere Unternehmen, die durch die anfangs skizzierten Entwicklungen betroffen sind, sehen sich zu einer ständig zunehmenden Spezialisierung ihrer Beziehungsarbeit nach innen und außen gezwungen.

Die vielen Arten des Sponsoring, Maßnahmen im Direkt- und Handelsmarketing sind jüngste „Zuwachsfelder". Aber auch Angebote für den internen „Markt" an Führungskräfteveranstaltungen, Kundenseminaren oder Quality Circles versammeln inzwischen eine große Schar externer Spezialisten um die meistens kleine Gruppe von unternehmensinternen Ansprechpartnern, von der diese mehr schlecht als recht gesteuert werden. Für alle verbindliche, gemeinsame Ziele sind als Sach- oder Imageziele zwar formuliert, unternehmenskulturelle Werte jedoch, die naturgemäß den Spielraum für die Art und Weise der Zielerreichung sinnvoll, das heißt der Charakteristik des Unternehmens angemessen, einschränken würden, sind noch immer eine Seltenheit.

Eindeutige, gewinnende Positionierungen für ein Unternehmen sind auf diese Weise nicht zu gewinnen, allenfalls für die externen Berater. Was fehlt, ist erstens ein ganzheitlicher, an der Unternehmensidentität ausgerichteter Orientierungsrahmen, der einer aktiven Kommunikationspraxis nach innen und außen Wege aufzeigt und Grenzen setzt. Und zweitens benötigt man in den Unternehmen einen Professionellen, der die spezifischen Techniken, Methoden und Instrumente als das erkennen und bewerten kann, was sie nämlich tatsächlich sind: Formen des Handelns und Verhaltens eines Unternehmens. Für diese Funktionen bringt ein gut ausgebildeter und erfahrener Public Relations-Mann (eine Frau hat vielleicht sogar die besseren Chancen) die besten Qualifikationen mit, verglichen mit den übrigen Kommunikationsberufen.

Worum geht es bei Corporate Identity-Prozessen überhaupt?

Seit McKinsky Anfang der achtziger Jahre darauf hingewiesen hat, daß in sieben Feldern eines Unternehmens die entscheidenden Faktoren für seinen Erfolg zu finden sind, hat sich herauszukristallisieren begonnen, daß einem dieser Felder – shared values – eine übersteuernde, koordinierende Funktion zufällt. Die Kenntnis und Pflege dieser gemeinsamen Werthaltungen, Orientierungsmuster und kognitiven Fähigkeiten und die Entscheidung, was davon langfristig die Positionierung des Unternehmens prägen soll, ist die zentrale Aufgabe des Corporate Identity-Prozesses. Sie ist äußerst anspruchsvoll in verschiedener Hinsicht.

Unternehmenskulturelle Werte sind immaterieller Natur, sind den Menschen, die die Gemeinschaft eines Unternehmens bilden, nicht direkt bewußt und nur durch Interpretation sämtlicher Arten und Formen des Denkens und Handelns in ihren Ergebnissen über einen längeren Zeitraum hinweg zu gewinnen.

Um zu bestimmen, welche der unternehmenskulturellen Werte als Identitätsmerkmale die Positionierung bestimmen soll, ist eine sorgfältige, langfristig ausgelegte Entwicklungsstrategie für das Unternehmen erforderlich. Alles, was wir über solche Planungsprozesse inzwischen wissen, legt nahe, daß sie nicht von Stäben, sondern von den Linienmanagern getragen werden müssen.

Die Pflege der unternehmenskulturellen Werte und Identitätsmerkmale bedeutet nicht weniger als ihre tägliche Umsetzung: jeden Tag der Versuch von möglichst vielen und einflußreichen Unternehmenszugehörigen, durch das WIE von allem, was getan werden muß, diese Werte lebendig und erlebbar zu halten. Was letztlich nicht erfolgreich sein kann, wenn dabei die sich ändernden in- und externen Umstände und Einflüsse unberücksichtigt bleiben.

PR-Arbeit hat heute für die Erweiterung ihrer Perspektiven aber auch eine solide Basis vorzuweisen. Wirksame PR-Arbeit führt heute zu einer Vielzahl an Kontakten auf allen Ebenen in sämtlichen Bereichen des eigenen Unternehmens. Und sie ist mit allen marktgerichteten Aktivitäten des Marketing sorgfältiger abzustimmen als jede andere Kommunikationsarbeit. Sie benutzt heute praktisch alle verfügbaren Mittel und Medien zur Kommunikation, muß die Bedeutung und Wirkung von Sprache, visueller Gestaltung und symbolischen Handlungen einschätzen und voraussehen können. Und sie ist in der Bewältigung von unerwarteten Situationen – in denen es auf zielgruppen- wie unternehmensgerechte Reaktionen besonders ankommt – erfahren oder sollte darauf vorbereitet sein.

Kontakte, Hintergrundwissen, Trendbeobachtung, Medienerfahrung, soziale Kompetenz, ein sicheres Gefühl für Möglichkeiten und nicht zuletzt eine klare berufsethische Haltung: das alles wird der PR-Verantwortliche verkörpern müssen, damit sich seine wirksame PR-Arbeit auch für das Unternehmen (langfristig) erfolgreich auswirkt.

Wenn diese Beschreibung nicht zu idealisierend ausgefallen ist, dann muß im PR-Verantwortlichen ein sehr aussichtsreicher Kandidat für das Management eines

Corporate Identity-Prozesses gesehen werden. In dieser Funktion, die ohne jeden Zweifel für das Unternehmen von wesentlich höherer Bedeutung ist, lassen sich dann auch die Voraussetzungen für einen anderen Stellenwert der PR-Arbeit schaffen, indem sie auf einem höheren, gesamtheitlichen Niveau eine integrierende Funktion innerhalb des Unternehmens erhält. Dadurch, daß sie die Beziehungen und Verknüpfungen innerhalb des Unternehmens und zur Umwelt verdeutlicht, rückt sie quasi vom Rand zum Zentrum des Unternehmens. Sie leitet dann das unternehmerische Denken an, stimuliert die produktive Auseinandersetzung zwischen externer und interner „Öffentlichkeit" und hält den lebendigen Prozeß einer gesellschaftlichen Orientierung der Unternehmenskultur in Gang.

Aufgaben der PR-Arbeit im Rahmen der Corporate Identity

In der Erfüllung ihres Auftrages stehen der PR-Arbeit zwar viele Mittel und Wege zur Verfügung, doch war ihre Aufgabe bisher gewissermaßen eindimensional, sie ist auf die wirksame Außenpräsentation des Unternehmens konzentriert gewesen. Darin lag auch ein natürlicher Nachteil begründet, denn eine Botschaft, die einmal und nur eindimensional vom Empfänger wahrgenommen werden kann, erzeugt noch nicht das gewünschte Vertrauen oder die erhoffte Glaubwürdigkeit. Erst wenn die Grundaussage der Botschaft wiederholt und vor allem in vielfältigster Form angeboten wird, erhöhen sich Vertrauen und Verläßlichkeit der Botschaft.

Die Vielfalt der Formen, die hier gemeint ist, besteht nicht aus noch mehr Variationsreichtum der Mittel oder Kreierung neuer Formen, sondern entsteht aus der Einbeziehung vieler, bisher nicht berücksichtigter Kommunikationsdimensionen des Unternehmens in die PR-Arbeit. Dazu muß sie allerdings Rückbezug auf die gesamte Corporate Identity des Unternehmens nehmen.

Der neue Auftrag für die PR-Arbeit besteht darin, *integrierend* für ein Unternehmen tätig zu sein, das sich im gesellschaftlichen Kontext seine Rolle sichern will und muß. PR wird dadurch zum Botschafter für die Vielschichtigkeit der Persönlichkeit eines ganzen Unternehmens. Sie hat auf vielfältige Art und Weise die Zusammenhänge aller Bereiche und Bestrebungen des Unternehmens zu koordinieren oder zu präsentieren und in die jeweiligen gesellschaftlichen und kulturellen Rahmen zu stellen, um sie erfolgreich zur Wirkung kommen zu lassen. Die Identität eines Unternehmens kann von der Öffentlichkeit jedoch erst dann überhaupt wahrgenommen werden, wenn ihre Merkmale intern und extern *stimmig* kommuniziert werden.

Außerdem sollte sie *konstant* vermittelt und dazu unabhängig von der Darstellungsform *konsistent* präsentiert sein. Brüche und Leerstellen in den Darstellungsformen des Unternehmens müssen unbedingt vermieden werden. Zu leisten ist dies von der PR-Arbeit nur, wenn sie selbst um das Wesentliche in der Persönlichkeit

„ihres" Unternehmens weiß. Alle Aktivitäten der PR sollten sich daher auf einen verbindlichen Orientierungsrahmen beziehen, der durch das Corporate Identity-Konzept des Unternehmens bestimmt ist.

Diese Aufgabe geht über die alten fachlichen Grenzen der PR-Arbeit hinaus. Die PR gewinnt durch die Einbindung in die CI-Bemühungen einen großen Arbeitsbereich hinzu: Sie expandiert ihre kommunikative Funktion auf allen Gebieten des Unternehmens: extern (in Anknüpfung an ihren bisherigen Bereich, aber mit Erweiterung der Aufgaben) und intern (durch neue, innerbetriebliche Aufgabenfelder). Sie erhöht ihre fachliche Kompetenz durch Erweiterung ihres Wissens- und Fähigkeitsstandes.

Die PR-Arbeit wird an Gewicht und Differenziertheit zunehmen, denn je höher entwickelt ein Unternehmen ist, desto feiner und komplexer sind die Verknüpfungen im System der Gesellschaft (aber auch umso störanfälliger werden sie sein), und um so wirkungsvollere und qualitativ hochwertigere Instrumente benötigt das Unternehmen zu seiner erfolgreichen Integration in die Gesellschaft.

– Nach außen sollte die PR-Arbeit Verständnis vermitteln für das, was ein Unternehmen war, ist und werden will.

– Nach innen wirkt sie in Eigenverantwortung daran mit, daß sich die Mitarbeiter mit der CI des Unternehmens identifizieren können, daß sich zum Beispiel Führungskräfte als Unternehmer begreifen. Sie reagiert auf die verschiedensten Ereignisse selbständig, bewertet sie eigenständig und fördert die Bewußtmachung der CI bei den Mitarbeitern. Das kann sie deshalb leisten, weil sie sich nicht mehr nur als Sprachrohr der Unternehmensleitung versteht, sondern als Vordenker für die komplizierten und vielschichtigen Prozesse der Bewußtseinsveränderungen im Sinne einer Unternehmensidentität. (Wie entscheidend die interne Kommunikation die Herausbildung von Werten und die berufliche Befriedigung der Mitarbeiter beeinflußt, hat W. Corbett 1986 in einer empirischen Untersuchung angeführt).

Um den letzten Rest an Zweifel, der noch verunsichern könnte, zu beseitigen: Mit „Corporate Identity" ist nicht mehr ein neues, einheitliches visuelles Erscheinungsbild von der Dienstleistung bis zum Briefpapier zu verstehen. Diese Auffassung ist veraltet. Der moderne CI-Ansatz ist dem Wesen nach ganzheitlich und berücksichtigt alle prinzipiellen Dimensionen von Ergebnissen und Abläufen, durch die sich ein Unternehmen konkret wahrnehmen läßt (Verhalten und Kommunikation des Unternehmens als Ganzes wie des einzelnen Zugehörigen. Führungssysteme und natürlich – aber nur als Teil – die gesamte visuelle Erscheinung). Ferner das, was sich durch Ergebnisse und Abläufe indirekt mitteilt. Damit sind die im Unternehmen vorherrschenden gemeinsamen Werthaltungen gemeint. Erst wenn die konkrete, materielle Unternehmenswelt nach einem verbindlichen Wertesystem bewußt beeinflußt und gestaltet wird, kann nach einer gewissen Zeit von Corporate Identity gesprochen werden.

Für die Public Relations hat das Konsequenzen. Sie muß sich ihr relatives Eigenleben, das sie in vielen Unternehmen heute genießt, stärker (durch das CI-Konzept, als dessen praktischer Anwalt sie sich verstehen würde) eingrenzen lassen. Und sie wird ihren eigenen Erfolg nicht nur an der Bewältigung ihrer täglichen Aufgaben, sondern letztlich auch am Fortschritt des Identitätsdenkens im Unternehmen messen lassen müssen. Das ist aber noch nicht alles.

Der Erfolg stellt sich erst ein, wenn sich über eine lange Zeitspanne hinweg die Corporate Identity auch konsistent erhält. Den Änderungen des Zeitgeistes unterworfene Werte sind also für eine CI ungeeignet.

Die Präsentation der CI-Werte sollte konsistent sein, damit sie von den Mitarbeitern identisch interpretiert werden können und die Kunden die Marke beziehungsweise das Unternehmen als konstant und glaubwürdig erleben. Die Leistung in den einzelnen Bereichen sollten durchgängig auf die Erreichung der vom Unternehmen angestrebten Wirkung ausgerichtet sein. Die CI-Werte innerhalb des internen Bereichs müssen mit denjenigen externer Bereiche übereinstimmen, damit nicht Diskrepanzen das Unternehmen unglaubwürdig machen und Identifikationsprobleme bei den Mitarbeitern hervorrufen.

Nicht-Korrespondenz von Werten mit denen der Zielgruppe ist kein Ausschließungsgrund für die Wahl zu CI-Werten. Einerseits kann durch einen gesellschaftlichen Wertewandel Übereinstimmung mit Unternehmenswerten rasch in ihr Gegenteil umschlagen, andererseits widerspricht eine permanente Anpassung an Änderungen in der Zielgruppe der geforderten Konstanz der unternehmenseigenen CI-Werte. Es ist vielmehr eine Aufgabe für das CI-bezogene Handeln, in der Gesellschaft Verständnis für die vom Unternehmen vertretene Identität zu wecken.

Die Verpflichtung auf gemeinsame CI-Werte legt den einzelnen Bereichen in ihren materiellen Ausdrucksformen jedoch keine Beschränkung auf, eine Uniformierung ist sogar unerwünscht. Jeder Unternehmensbereich soll die Vielfalt seiner Ausdrucksmöglichkeiten ausschöpfen können, um den Eindruck von Lebendigkeit und Natürlichkeit zu erwecken. Nur die Grundstrukturen, das heißt die hinter den Ausdrucksformen stehenden CI-Werte, sollen von den einzelnen Bereichen einheitlich aufgefaßt werden. Deshalb sollten die Werte in offizieller Fassung als Sollgröße vorgegeben werden, damit sie nicht in jedem einzelnen Bereich neu ausgelegt zu werden brauchen. In der Ausführung hat jeder Bereich Autonomie und Raum für kreative Lösungen.

Die Möglichkeiten, die sich für die PR-Arbeit aus den Anforderungen der CI ergeben, sind auf einer eher generalistischen Ebene angesiedelt. Die CI-Arbeit kann die Fähigkeiten der PR-Mitarbeiter nutzen, Menschen mit den Orientierungshilfen vertraut zu machen, die sie bereitzustellen beabsichtigt. Aus seiner Überschau über die

Belange des Unternehmens und der Gesellschaft heraus kann der PR-Mitarbeiter konkrete Anregungen geben und die Beziehungen zwischen Lösungsanforderungen und CI-Werten bewußt machen. Als speziell ausgebildeter Manager kann er die Umsetzungsprozesse anleiten und eine Steuerungsfunktion ausüben. Er vermag rechtzeitig auf falsche Entscheidungen in bezug auf die Transformation der CI-Werte in konkrete Ausdrucksformen aufmerksam zu machen und ist der geeignete Mittler zwischen den internen Bereichen des Unternehmens und der Öffentlichkeit.

Anforderungen an den PR-Mitarbeiter

Die mentale Anforderung an die PR-Mitarbeiter besteht im wesentlichen darin, daß sie nicht mehr nur in „Public Relations" denken dürfen, sondern sich als Denker für das Ganze verstehen lernen. Sie sollten die CI-Werte ihres Unternehmens verinnerlicht haben und sich als Vermittler verstehen, welche die dafür notwendigen speziellen Eigenschaften und Fähigkeiten im besonderen Maße besitzen.

Diese Fähigkeiten machen den PR-Mitarbeiter zu einem Spezialisten, der das kann, wofür es bisher noch keinen „Fachmann" gibt. Das ist eine ausgeprägte Persönlichkeit, die wir nun genauer charakterisieren können. Dieser Fachmann ist ein Generalist,

– der den Überblick über alles hat, was als Auswirkungen der CI beabsichtigt ist,

– der die Einzelheiten innerhalb eines Gesamtrahmens integrieren kann,

– der im Abstrakten wie im Konkreten (von den immateriellen CI-Werten bis zu den einzelnen Ausdrucksformen) das im Sinne der CI Wesentliche erkennen und beurteilen kann und

– der die besondere Fähigkeit besitzt, sprachlich einprägsam die (meist) vorgedachten Werte und konkreten Erscheinungsformen begreiflich und faßbar zu machen.

Das sind eigentlich mehrere Berufe in einer Tätigkeit gleichzeitig, aber die konkrete Ausführung übernehmen glücklicherweise die Spezialisten wie Designer, Grafiker, Führungskräfte und so fort. Der PR-Manager als CI-Manager ist eher mit einem Regisseur zu vergleichen, der wissend und einfühlsam integrieren, kritisieren, lenken, beurteilen und sachkundig eingreifen kann, der alle Spezialisten zur Hand hat und sich dem Autor (hier dem Unternehmen) und dem Publikum (der Öffentlichkeit) verpflichtet fühlt. Das Verhältnis des Regisseurs zu den Spezialisten ist der paradoxen Beziehung ähnlich, die für sich selbst erneuernde Unternehmen als optimal beschrieben wird (Tichy, N., Devanna, M. 1986): Diese Unternehmen müssen eine Balance finden zwischen hoher Spezialisierung und ausgeprägter Generalisierung von Funktionsträgern. (Die Autoren unterscheiden zwischen dem „transactional manager" und dem „transformational leader", der Identity als Motor notwendiger Änderungen begreift, Mut besitzt, an die Potenzen der Mitarbeiter glaubt, lebenslang lernt, von Werten motiviert ist und visionäre Fähigkeiten besitzt. Er kann mit Komplexität, Ambiguität und Unsicherheit umgehen.)

Die Kreativität des PR-Managers muß fast künstlerisch sein, gepaart mit Sinn für die Unternehmensbelange. Er muß zunächst in sich, dann aber auch in anderen und vor allem in der Öffentlichkeit das Verständnis für die Identität des Unternehmens wecken können.

Das setzt bereits viel Sensitivität voraus, ein Gespür für emotionale und zum Teil unbewußte Reaktionen, viel Feingefühl und aufmerksame Beobachtung der Interpretationen der Unternehmensidentität durch andere. Er soll nicht die Fachleute ersetzen – er soll ihnen zu sagen imstande sein, was das Unternehmen richtig und sensibel auszudrücken vermag, welche konkreten Lösungen adäquat sind und welche nicht. Er muß eine differenzierte Urteilsfähigkeit besitzen mit sensiblen Antennen für alle Schwingungen und Nuancen; er muß Zugang besitzen zu den kommunikativen Formen, wie sein Unternehmen bestmöglich mit der Öffentlichkeit in Kontakt tritt. Er sollte für die spezielle Qualität der Unternehmenspersönlichkeit genau den richtigen Weg finden, um den Transfer zum Publikum zu erreichen. Dazu muß er die Wirkung des Unternehmens in der Öffentlichkeit einschätzen und die Reaktionen der verschiedenen Zielgruppen voraussagen können. Über die Wirkung von Massenmedien, Werbeanzeigen, Werbestile, gesprochenes Wort und Musik, filmische und fotografische Mittel, Rhetorik und Life Style muß er ebenso Bescheid wissen wie über Unternehmensführung, gesellschaftliche Kontakte und Umgang mit unterschiedlichsten sozialen Gruppen.

Der PR-Manager muß das Ganze im Auge haben, empathische Fähigkeiten besitzen und Visionen umsetzen können; er sollte die Vorstellungswelt des Unternehmens präzisieren helfen, sie CI-gerecht übermitteln können und diejenige Gruppenmentalität kennen, die spezifisch für die beabsichtigte CI-Wirkung ist.

Sprachkompetenz wird für den PR-Mitarbeiter besonders wichtig sein. Denn von allen ihm zur Verfügung stehenden Mitteln ist die Sprache das wirkungsvollste Instrument. Unabhängig von den eigenen materiellen Ausdrucksmöglichkeiten der verschiedenen Unternehmensbereiche, durch die CI-Werte ausgedrückt werden können, ist deren Vermittlung fast ausschließlich mit Hilfe der Sprache möglich. Sogar dann, wenn andere adäquate Ausdrucksformen noch nicht gefunden worden sind, bedarf es der sprachlichen Formulierung.

Durch Sprache ist einerseits die notwendige Konkretisierung von Bildern und Archetypen, unterschwelligen Stimmungen und atmosphärischen Gestaltungen möglich. Andererseits besitzt Sprache auch die Macht der Abstraktion, mit der die

Werte in ihrer singulären Erscheinungsform erkannt und benannt werden können. Schon bei der Analyse eines Unternehmens, das sich seines Wertsystems noch nicht bewußt ist, muß aus den unterschiedlichen konkreten Ausdrucksformen auf die immanenten Werte abgehoben werden; sie müssen sprachlich verdeutlicht und begriffen werden.

Um im Sinne der CI des Unternehmens wirken zu können, haben PR-Spezialisten also beste Voraussetzungen: psychologische Kenntnis der Gesetzmäßigkeiten von Wahrnehmung und Emotion, Sensitivität, Sprachgefühl und Präzision des Ausdrucks, Fähigkeit zu treffsicherer und auslotender Begriffsverwendung, geschultes Sensorium für Zeitgeist, gesellschaftliche Stimmungen, dazu kommunikative Kompetenz und Überblick über alle Bereiche des Unternehmens und persönliche Kontakte zu den Mitarbeitern.

Diese Eigenschaften haben sie bisher schon eingesetzt; doch mit der Ausrichtung auf die Mithilfe bei der CI-Arbeit können sie sie in ein größeres Aufgabengebiet einbringen und zum Nutzen der neuen Anforderungen im Unternehmen verwenden. Für sie würde dann kein Wort besser zutreffen als die Bemerkung von Marshall McLuhan: „We shape our tools, and our tools shape us."

Konsequenzen für die Unternehmensführung

Die Erweiterung des Betätigungsfeldes für PR-Spezialisten hat auch Konsequenzen für die Unternehmensführung. Sie muß den institutionellen Platz im Unternehmen schaffen und dieser Tätigkeit eine „Position" einrichten, damit dieser anspruchsvollen Aufgabe auch Kompetenz verliehen wird. Der PR-Manager sollte konstruktiver Widerpart für die einzelnen, teilweise isolierten und sich gegenüberstehenden Fachressorts sein. Er hat die Aufgabe, alles mit der Werteproblematik Zusammenhängende ganzheitlich, übergreifend und ressort-integrierend zu vertreten. Das kann nur ein hochqualifizierter Fachmann, an den die Unternehmensleitung diese Aufgabe delegiert.

Mit der Unterstützung durch den PR-Fachmann erweitert die Unternehmensleitung ihren Entscheidungsraum: Der Bezugsrahmen für Entscheidungen sind nunmehr die für die Corporate Identity ausgewählten Merkmale; mit ihnen sind Kriterien vorgegeben, die auch für schwerwiegende Entscheidungen wie Aufnahme neuer Produkte in die Fabrikationspalette, die Produktgestaltung oder die Beurteilung von Fehlleistungen im Betrieb Orientierungshilfen sind. („Managers should learn how to focus on the relevant cultural issues because they can often illuminate communication or problem-solving failures." (Schein, E. 1986.)

Der Entschluß eines Unternehmens, CI als strategisches Mittel einzusetzen, resultiert ja in der Regel aus einem Bedürfnis nach sicheren Kriterien zur Entscheidungsfindung. Der Zwang zur Optimierung der unternehmerischen Entscheidungen entsteht aus den Entwicklungen des Marktes: Durch die immer stärker werdende Anonymisierung und Egalisierung der Produkte, wie sie durch Normen, Sicherheitsbestimmungen, Rationalisierungsmaßnahmen und Typisierung hervorgerufen werden, sind die Produkte eines Herstellers nicht mehr Unikate. Der Produktcharakter, sein ökonomischer Nutzen, zum Teil sogar der soziale Nutzen verschwinden in der Konkurrenz gleichartiger Angebote und in der Masse der Waren.

Unterscheiden können sich die Produkte zusehends nur noch durch die immateriellen Werte für die Gesellschaft. Die Unternehmen stehen mit ihrem Produkt für eine bestimmte Wertewelt, aus deren Geist sie entstanden sind und deren Handschrift sie tragen. Die Kaufentscheidung des Kunden wird immer weniger von der materiellen Bedürfnislage und immer stärker vom gesellschaftlichen Wertesystem beeinflußt. An der Art und Weise, wie Produkte präsentiert werden, kann der potentielle Käufer erkennen, welcher Provenienz sie sind und ob sie seinen immateriellen Bedürfnissen entgegenkommen.

Die Austauschbarkeit der Produkte kann durch die Vermittlung der unternehmenseigenen Wertewelt in der Außenwirkung des Unternehmens und im Produktcharakter verringert werden. Bislang haben viele Unternehmen sich und ihre Produkte nur selektiv und unvollständig präsentiert. Diese „Unredlichkeit" lag nicht in der Absicht der Unternehmen, sie war vielmehr erzwungen; denn ohne Bezug zu seiner CI kann ein Anbieter nur *behaupten,* daß sein Produkt besser sei als das der Konkurrenz. (– Wobei das Verbot der „Vergleichenden Werbung" zu beachten ist. Anmerkg. der Red.). Der bisherige Mangel an Differenzierungsmöglichkeit ist, weil in der modernen Warengesellschaft Produktnutzen und Ausstattung egalisiert werden, immer stärker spürbar geworden. Die Zukunftssicherung von Unternehmen muß daher in dem Bemühen bestehen, mehr Verständnis für sich zu erzielen und sich durch die eigene, nur ihm zugehörige Identität von den Wettbewerbern abzuheben.

Schlußbemerkung

Die Betätigung im Rahmen der Corporate Identity eröffnet viele Chancen für die PR-Arbeit. Man wird nicht über das Ziel hinausschießen, wenn man in ihr die Möglichkeit zur Revitalisierung der PR-Arbeit sieht. Sie bietet neue Chancen, implantiert dem althergebrachten Konzept moderne Prinzipien und gibt ihr eine Zukunftsorientierung. Dem in der PR-Abteilung Tätigen bringen solchermaßen orientierte Unternehmen einen Zuwachs an Kompetenz und Aufgabenbreite, geben seiner Tätigkeit ein anderes Gewicht und befreien ihn von dem manchmal anzutreffenden Image, nur reines „Sprachrohr" oder „Fensterluke nach außen" sein zu müssen. Die Verantwortung wächst allerdings in gleichem Maße; das Risiko für sich und für das Unternehmen ist nicht zu unterschätzen. Eine Fehlentscheidung in der Selektion der CI-Werte führt unmittelbar zur Fehlleitung der Mitarbeiter und der Öffentlichkeit und bedeutet sowohl ökonomischen wie ideellen Schaden für das Unternehmen. Mit der Erweiterung der Kompetenz steigen auch die Ansprüche an die Leistungsfähigkeit der PR-Manager, die sich zu einer Überforderung ausweiten können.

Auf der positiven Seite steht diesen Gefahren die Chance zur persönlichen und fachlichen Weiterentwicklung gegenüber: Bildlich gesprochen, hat ein bisher als Solist Agierender die verlockende Möglichkeit, zum Dirigenten einer hochqualifizierten Solistenvereinigung zu avancieren, die sich gemeinsam um die verantwortungsvolle Interpretation eines Werkes für ein anspruchsvolles Publikum bemüht. Das erfordert von allen Beteiligten viel Können und Verstehen.

Mit den nachwachsenden Führungsgenerationen werden immer mehr Unternehmen sich mit Fragen zu ihrer Unternehmenskultur, ihrer Identität und langfristig zu sichernder Positionierung im Markt beschäftigen müssen. Public Relations in den Unternehmen wird sich entscheiden müssen, ob sie in dieser Entwicklung eine gestaltende Rolle übernehmen will.

Birkigt, K. M., Stadler, M. 1988   Corporate Identity. Grundlagen, Funktionen, Fallbeispiele. Landsberg a. Lech. (4. Aufl.)
Ciotta, P. 1987   The anatomy of a creative corporate culture. In: Journal of Creative Behavior 21 (2), S. 145–152.
Corbett, W. 1986   The communication tools inherent in corporate culture. In: Personnel Journal 71–72, S. 74.
Ernest, R. 1985   Corporate cultures and effective planning. In: Personnel Administrator 30 (3), S. 49–60.
Gorman, L. 1987   Corporate culture: Why managers should be interested. In: Leadership and Organization Development Journal 8 (5), S. 3–9.
Grzyb, G. 1988   Corporate Culture and Cultures in the Corporation. In: Wisconsin Sociologist, S. 25–34.
Hutchinson, F., Gilbert, G. 1985   Readying your company for change. In: Training and Development Journal 39 (5), S. 28–30.
Leshner, M., Coleman, S. 1985   The case of the missing HRP (and how to solve it). In: Personnel Journal 64 (4), S. 57–64.
Linder, J. 1985   Computers, corporate culture and change. In: Personnel Journal 64 (9), S. 49–55.
Lux, P. G. C. 1985   Ist Corporate Identity käuflich? Referat vom 26. 9. 1985 in Zürich, Gesellschaft für Marketing.
Lux, P. G. C. 1987   Corporate Identity – die gemeinschaftliche Vision. Vortrag SCM Basel, 23. 2. 1987.
Lux, P. G. C. 1990   Die Sammlung als Corporate Culture. In: Corporate Collecting, Düsseldorf, S. 53–59

Lux, P. G. C. 1988   Zur Durchführung von Corporate Identity Programmen. In: Corporate Identity, Landsberg, 4. Auflage

Neske, F. 1977   PR-Management. Gernsbach.

Olins, W. 1978   The Corporate Identity. An Inquiry into the Nature of Corporate Identity. London.

Olins, W. 1984   The Wolff Olins Guide to Corporate Identity. London.

Olins, W. 1989   Corporate Identity. Making Business Strategy visible through Design. Spain.

Pedersen, B. M. (Ed.) 1989   Graphics Corporate Identity. Zürich.

Sathe, Y. 1983   Implications of corporate culture: A manager's guide to action. In: Organizational Dynamics 12 (2), S. 5–23.

Schein, E. 1986   Are you corporate cultured? In: Personnel Journal 65 (11), S. 83–96.

Schnyder, A. 1989   Unternehmenskultur. Bern.

Smith, G., Kleiner, B. 1987   Differences in corporate cultures and their relationship to organisational effectiveness. In: Leadership and Organization Development Journal 8 (5), S. 10–12.

Tichy, N., Devanna, M. 1986   The transformational leader. In: Training and Development Journal 40 (7), S. 27–32.

Viljoen, J. 1987   Successful post merger management and corporate culture. In: Management and Labour Studies 12 (2), S. 63–69.

Wallach, E. 1983   Individuals and organizations: The cultural match. In: Training and Development Journal 37 (2), S. 28–36.

Autorenvita siehe folgende Seite!

Foto: Peter G. C. Lux/Zürich

Peter G. C. Lux

Zintzmeyer & Lux AG
Corporate Identity Agentur
Hotzestraße 33
CH-8006 Zürich
Tel.: 01 / 3 63 23 63

Der Identitätsberater Peter G. C. Lux wurde am 6. September 1942 in Münsterberg/Schlesien geboren.

Sein Studium der Fächer Graphic Design und Kommunikation an den Hochschulen für bildende Künste in Hamburg und Berlin sind kennzeichnend für die Interessen des gelernten Farblithographen Lux, die er auch in seinem weiteren Berufsleben konsequent umzusetzen versucht.

So nahm er folgende Positionen ein:

— Graphic Designer bei
  Jürgen Köhlert, Graphik Studio, Hamburg,
  und Neue Heimat Städtebau, Hamburg,
— Corporate Design Projektmanager bei
  Henrion Design Assoc., London,
— Corporate Design Berater bei
  Wolff Olins Ltd., London,
— Corporate Identity-Berater bei
  Zintzmeyer & Lux AG, Zürich,

wo er zugleich Mitglied der Geschäftsleitung ist.

Fragen zu Strom?

Über das Ziel sind sich alle einig: Unsere Energieversorgung muß sicher, preiswert und sauber sein. Unterschiedliche Meinungen gibt es über den richtigen Weg: Sollten wir unseren Strom weiterhin aus heimischer Kohle und in deutschen Kernkraftwerken erzeugen oder reichen auch Sonne, Wind und Wasser? Viele Bürger sind unentschieden: Brauchen wir alle Energien oder können wir mehr sparen?
Und nicht alle wissen, daß die deutschen Kohlekraftwerke heute zwei Drittel weniger Schwefeldioxid ausstoßen als vor sechs Jahren. Mit dem Einbau von Katalysatoren wird auch der Ausstoß von Stickoxiden bis Anfang der 90er Jahre drastisch reduziert werden. Wenn Sie mehr über die Elektrizitätswirtschaft und die deutschen Stromversorger wissen wollen, dann schreiben Sie uns, oder rufen Sie uns an. Wir bieten Ihnen Nachrichten und Informationen aus erster Hand. Sachlich, verständlich, schnell.

IZE Informationszentrale der Elektrizitätswirtschaft e.V.
Postfach 70 05 61, 6000 Frankfurt/M. 70
Telefon: 069 / 63 04 - 3 72

Wie läßt sich eine Stadt kommunikativ führen?
Versuch einer Vision

von Dipl.-VerwW (FH) Jörg Blumenthal

Visionen sind in jüngster Zeit wieder modern geworden. Sie sind eine Art Wiederentdeckung des Bauches in der Zukunftsplanung. Weil man sich aber mit Visionen leicht gewaltig irren kann, nennt man sie – vorsichtig geworden – häufig „Szenario" und beschreibt mehrere Alternativen.

Dies will ich in meinem Beitrag nicht tun. Vielmehr möchte ich versuchen, einen Weg zu finden zwischen Utopie und Realität, quasi nach dem Motto „Mit dem Kopf in den Sternen und den Füßen auf dem Boden".

Bevor ich beginne, sei jedoch eines bemerkt: Ich frage, ob man eine Vision über kommunikatives Führen einer Stadt entwickeln kann, ohne dabei gleichzeitig auch deren Fortentwicklung zu kalkulieren?

Es ist nämlich absehbar, daß unsere Städte einem Wandlungsprozeß unterliegen, der wirtschaftlich und sozial vieles – um es neutral zu formulieren – verändern und uns kommunikativ vor völlig neue Herausforderungen stellen wird.

Drei Szenarien werden hierzu häufig entwickelt:

1. Die verödete Stadt: Das Lieblingsszenario aller Berufspessimisten; es soll vor allem aufrütteln.

2. Die Stadt als Unternehmen: Das ist die bevorzugte Variante der Technokraten, die eine Stadt managen möchten wie ein Wirtschaftsunternehmen. Mir scheint aber eine Stadt mehr als ein Unternehmen zu sein.

3. Die Stadt als humaner, sozialer und ökologisch intakter Lebensraum: also das wohl unerreichbare Leitbild, das den Planern – nur in der Wortwahl modifiziert – schon jahrzehntelang vorschwebt.

Würde ich ein solches Szenario in meine Überlegungen einbezogen haben, ginge es mir vermutlich wie dem Philosophen Hegel. Der überraschte eines Tages sein erwartungsvolles Auditorium mit der Nachricht: „Die Vorlesung fällt heute aus. Bin mit dem Denken nicht fertig geworden!" Deshalb habe ich mich auf eine Situation beschränkt, die eine Stadt als weitgehend human, mit sozial aushaltbaren Konflikten und als überwiegend intakten Lebensraum einstuft.

Somit gilt mein Augenmerk vor allem den Aspekten, wer eigentlich eine Stadt führt und was heute die Beziehung zwischen einer Stadt und ihren Bürgern kennzeichnet.

Nach dieser analytischen Flurbereinigung beschreibe ich mir wünschenswert erscheinende Veränderungen; ob sie nur „Vision" sind oder auch reelle Chancen zur Verwirklichung haben, bietet dann sicher reichlich Stoff für Diskussionen.

Wer „führt" eigentlich eine Stadt?

Führen heißt, gemeinsam mit anderen und auch durch sie strategisch formulierte Ziele zu erreichen. In Kommunen geschieht dies durch politische Teamarbeit: Beteiligt sind in erster Linie der Oberbürgermeister mit – je nach Gemeindeordnung – Oberstadtdirektor und Bürgermeistern sowie der Gemeinderat mit seinen Parteienvertretern; nicht vergessen werden sollten die Vorstände der städtischen Gesellschaften, da ihnen so wesentliche Aufgaben wie Nahverkehr oder Abfallbeseitigung übertragen sind.

Die Kunst des Führens liegt in dem Zusammenfügen und Bündeln der Aktivitäten und ihrer Vermittlung an die Öffentlichkeit. Stadt-Kommunikation beinhaltet dabei alle stadtbezogenen Äußerungen von Stadtspitze und Rat, städtischen Gesellschaften und Parteien. Ist sie dialogisch, treten die Bürger diesem Kreis hinzu. Das Themenspektrum umfaßt alle Bereiche städtischer Daseinsvorsorge, reicht also quasi von der Geburt im Klinikum bis zur Grabpflege auf dem Friedhof.

Die Parteien, verstanden als Organisationen zur Herbeiführung politischer Entscheidungen, haben die Aufgabe, inhaltliche Positionen zu vermitteln und dabei Interessen auszugleichen. Dabei geht es weniger um die Umsetzung des Mehrheitswillens als um die Gestaltung programmatischer wie auch pragmatischer Zielvorstellungen. Die Aufgaben der Verwaltungsspitze sind neben der fachlichen Beratung des Gemeinderates im Aufklären und Antworten zu sehen, im Ausgleich von Konfrontationen mit dem Ziel, einen optimalen Handlungsweg zu finden.

„Die meisten politischen Entscheidungen funktionieren nicht nach einem schlichten JA oder NEIN, sondern unterliegen einem komplexen Geflecht. In dieser schweren Durchschaubarkeit liegt zweifellos der Grund dafür, daß viele Bürger mit der Politik nicht mehr so recht etwas anzufangen wissen." So beschreibt Regierungssprecher Hans Klein politisches Handeln und die Gründe für fehlende Politikakzeptanz. Politik ist in der Tat komplex: Wer überblickt zum Beispiel heute noch die Subventionen im sozialen Wohnungsbau? Recht ist dem Regierungssprecher auch zu geben hinsichtlich der fehlenden Akzeptanz. Den Grund hierfür in der „schweren Durchschaubarkeit" zu sehen, lenkt von der eigenen Aufgabe ab: Der Kernpunkt kommunikativer Führung liegt nämlich gerade darin, die politischen Zusammenhänge und Abhängigkeiten der Öffentlichkeit zu vermitteln, transparent zu machen, ihr die politischen Standpunkte zu erläutern und sie so in den Entscheidungsprozeß miteinzubeziehen. Statt dessen werden häufig nur die Ergebnisse eigenen Nachdenkens zur Entscheidung gestellt, im Bund wie in den Gemeinden.

Zwar ist ein Gemeinderat kein Parlament. Seiner Aufgabe als Hauptverwaltungsorgan der Gemeinde kann er nur gerecht werden, wenn er sich nicht als Akklamationsorgan der Verwaltung empfindet und Entscheidungen nicht bereits in Fraktionsvorständen, Aufsichts- oder Verwaltungsräten der städtischen Gesellschaften antizipiert. Deshalb sei der Blick auf die Beziehung der Kommunikatoren zur Bürgerschaft gelenkt und gefragt:

Was kennzeichnet heute die Beziehung zwischen den Kommunikatoren einer Stadt und ihren Bürgern?

Die wichtigsten Partner im politischen Kommunikationsprozeß auf Gemeindeebene sind einerseits die Bürgerschaft, andererseits die Stadtverwaltung mit Rat und Parteien, wesentlich verbunden durch die Medien.

Die Beziehung der Bürger zu den Parteien ist heute schwierig geworden. Nach den richtungsweisenden Entscheidungen in der Aufbau- und Konsolidierungsphase der Bundesrepublik stehen heute tagespolitische Herausforderungen im Vordergrund, bei denen parteipolitische Polarisierung häufig nur noch zu Wahlkampfzwecken erfolgt. Zwar gab es schon immer Unverständnis oder Kritik am Handeln der Politiker. Fehlentwicklungen wie zum Beispiel politische Skandale auf praktisch allen Ebenen (pars pro toto seien Barschel, das Celler Loch oder die Frankfurter Stadtverwaltung genannt) haben – zusammen mit strukturellen Veränderungen – zu einem Vertrauensverlust gegenüber politischen Eliten und Parteien sowie zu Vorbehalten gegenüber staatlichem Handeln geführt.

Erlaubten früher klare Parteiprofile einfache Zuordnungen, sind diese heute verblaßt mit der Folge fehlender Identifikation mit einer bestimmten „Gemeinschaft" oder „Schicht". Die Wählersegmentierung nach konfessionellen oder finanziellen Kategorien ist abgelöst worden durch die Zuordnungen nach individueller Betroffenheit. Friedens-, Umwelt- und Frauenbewegungen, Bürgerinitiativen u. ä. führten zu einer weiteren Entfremdung von den etablierten Parteien.

Der Profilverlust der Parteien erzeugte bei manchen Bürgern ein Gefühl der Desorientierung. Folge: Die Einschätzung fehlender Lösungskompetenz für die eigenen Probleme führte zur Zersplitterung des Parteienspektrums, was auf kommunaler Ebene gerade in Baden-Württemberg, wo zahlreiche Freie Wählergruppen zu finden sind, besonders deutlich wird.

Hinzu kommt die zunehmende Artikulation politischer Meinungen durch parteipolitisch unabhängige, fachlich bestens informierte Bürger, die oft nur eigene Interessen im Auge haben und diese rechtlich auch durchzusetzen wissen. Diese Personen äußern sich selbst und direkt, zumal der politische Kontakt und Einfluß der Parteigliederungen mit ihren Verbindungen über Betriebe, Vereine, Gewerkschaften und Kirchen nicht mehr wie früher trägt. Außerdem tun sich Parteienvertreter im Dialog mit solchen aufgeklärten und beweglichen Personen und Gruppen argumentativ oft sehr schwer: Welcher Kommunalpolitiker kann sich denn zum Beispiel bei Umweltdiskussionen noch behaupten, wenn Begriffe wie MAK- und MIK-Wert, Furane oder Dioxine, deren Gefahrenqualifizierung selbst Experten uneins zeigt, debattiert werden?

Auf die Individualisierung der Wählerschaft und die Neigung zu häufig wechselndem Wahlverhalten (früher 10 Prozent, heute oft 30–40 Prozent) waren die Parteien strategisch wie kommunikativ nicht eingestellt.

„Von strategischem Denken halten Politiker gar nichts, weil es ihnen nur auf die Wahlperiode ankommt, so daß Denken und Handeln allein auf die Taktik beschränkt sind". Dieses kürzlich von Marion Gräfin Dönhoff geäußerte Urteil ist sicherlich auch auf kommunaler Ebene nicht grundsätzlich falsch. Augenzwinkernd verstehen und verständigen sich so die nach außen politisch als „Gegner" eingestuften etablierten Parteien untereinander oft besser als mit der Bürgerschaft.

Was das Kommunizieren selbst anbelangt, wachsen wir einerseits insgesamt in eine elektronisch gesteuerte Informationsgesellschaft hinein, während andererseits die lokalen Prozesse weithin nach tradierten Mustern verlaufen. Dabei spüren die Politiker durchaus, daß ihr Stil bei der Bürgerschaft wie auch bei ihren Mitgliedern immer weniger ankommt.

Von Jörg Leipziger war kürzlich zu lesen, daß er Wirtschaftsführern attestierte, sie könnten „ihr Manager-Gerede nicht in Arbeiter-Sätze umformulieren". So erstaunlich das klingen mag, ich meine, das gilt ähnlich für Politiker auch auf lokaler Ebene: Allzuoft werden nicht die politischen oder fachlichen Überzeugungen kommuniziert, sondern es wird auf einer anderen, zweiten Ebene diskutiert. Adenauer machte hierzu die bezeichnende Bemerkung, es gebe eben „neben der politischen Wahrheit auch noch die reine Wahrheit". Oft entstehen so – weil die Aussagen zwangsläufig diffus bleiben müssen – die berühmten Sprechblasen, mit denen jeder alles oder besser: keiner etwas anfangen kann. Politisch diskutieren bedeutet für die meisten Politiker simplifizieren, mit Schlagworten arbeiten, vereinfachen. Wie aber können Bürger politisches – oft unbequemes – Handeln akzeptieren, wenn die Probleme nicht zutreffend beschrieben werden?

Bei ihrer Politikdarstellung werden deren Führer von den Medien nach Kräften unterstützt: Zwar haben diese zu einer vom Rathaus und zumeist auch von den Parteien losgelösten, kritischen Berichterstattung gefunden. Schonungslos werden die Schwächen kommunaler Politik von lokalen Hörfunksendern bis zum Szenenblatt aufgezeigt. Über das mangelnde Medieninteresse an Rats- und Ausschuß-Sitzungen, die häufig denselben Sachverhalt mit kaum wechselnder Besetzung und ohne neue Erkenntnisse zu gewinnen auf mehreren Polit-Hierarchien beraten, braucht man sich nicht zu wundern: Mangels Neuigkeitswert führen solche Rituale rasch zu einer abgehobenen Berichterstattung, die selbst Einfluß nimmt: Sie läßt zum Beispiel alle möglichen Leute zu Wort kommen und übt so Druck auf Ratsentscheidungen aus. Was Wunder, daß da Politiker gerne von verzerrten Wirklichkeiten – der in den Medien und der tatsächlichen – sprechen und daraus Konflikte erwachsen?

Die meisten Politiker haben erkannt, daß es in unserer Fernsehdemokratie mindestens so sehr auf Ausstrahlung ankommt wie auf Inhalte. Und Kommunalpolitiker sind da – angesichts zahlreicher privater Rundfunkveranstalter – recht lernfähig: Einfach reden, Sympathie ausstrahlen, Geborgenheit vermitteln, bei Wahlen so tun, als sei man schon längst im Amt, so werden die „Grundregeln" definiert. Und vor allem: Keine Ratlosigkeit oder Schwäche bei Problemen erkennen lassen. Gerade ein etwas weniger selbstüberzeugtes Auftreten würde jedoch zu der Glaubwürdigkeit beitragen, deren Fehlen die meisten Politiker beklagen.

Schaut man sich die Ergebnisse einer solchen Politikdarstellung an, geht dieses Rezept zumeist sogar auf: Als Politiker gefragt scheint eher der umgängliche, verbindlich wirkende Jedermann-Typ, weniger der intelligent und analytisch scharf argumentierende Intellektuelle.

Daraus jedoch abzuleiten, das Interesse der Bürger an der Politik hätte nachgelassen, läßt sich zumindest auf lokaler Ebene nicht belegen. Einschlägige Untersuchungen erweisen, daß zwei Drittel der Bürgerschaft erhebliches Interesse am kommunalpolitischen Geschehen haben. Sie wünschen sich dabei vor allem eine interessant aufbereitete, je nach Parteienstandpunkt differenzierte Darstellung, weniger in trockener Verlautbarungs- oder Politikersprache gehaltene „Statements".

Manche schlußfolgern daraus, die repräsentative Demokratie müsse modifiziert werden. Das halte ich für einen Schritt zu weit, denn der Vergleich mit anderen Ländern und Verfassungen zeigt, daß kein anderes System die privaten und öffentlichen Belange der Bürger so abgestimmt regelt und gegeneinander abzuwägen gestattet. Vielmehr sollte man zunächst einmal die beschriebenen strukturellen Mängel beheben – das ist nicht Aufgabe der PR-Fachleute. Diese allerdings müssen sich der Probleme annehmen, die derzeit hauptsächlich in der fehlenden Nähe, Durchsichtigkeit und Glaubwürdigkeit kommunalen Handelns liegen; hier sind folglich auch die Ansatzpunkte für Lösungsmöglichkeiten zu suchen.

Einstieg in eine Vision

Eine Vision über kommunikatives Führen ist nichts Willkürliches: Sie wächst aus Bedürfnissen und fußt zugleich auf Erfahrungen und Erkenntnissen.

Eine wesentliche Erkenntnis, die Politiker – zumal Kommunalpolitiker – immer wieder machen, ist: Politik kann dauerhaft nicht gegen die Bürgerschaft – verstanden als Gesamtheit bürgerschaftlicher, wirtschaftlicher und gesellschaftlicher Interessen – betrieben werden.

Als weitere Erkenntnis kommt hinzu: Will kommunale Politik Erfolg und Bestand haben, setzt sie nicht zuerst auf obrigkeitliche Maßnahmen, sondern auf das Engagement der Bürgerschaft. Vor diesem Hintergrund orientiert sich kommunalpolitisches Handeln am eigenen Gestaltungswillen und setzt mit der konkreten Arbeit dort an, wo die Grenzen bürgerschaftlicher Wirkungsmöglichkeiten erreicht sind.

Diese Sichtweise setzt zwangsläufig die Bereitschaft voraus, den Einflußbereich kommunaler Politik und somit bestehende Machtstrukturen einzuschränken, ja in Teilbereichen aufzugeben. So verstandene Stadtpolitik heißt, privates Engagement zu fördern, wo immer es möglich ist: in der Familie, in der Nachbarschaft, im Vereinsleben, in der Schule, in der Wirtschaft. Wer privates Engagement fördert, fördert unternehmerische, kreative Kräfte. Der Begriff des privaten Engagements, des Idealismus, erfährt hier eine Renaissance, die Mut macht. Mut auch zum Wettbewerb. Wettbewerb um Firmenansiedlungen, um Arbeitsplätze, um Gäste und Besucher, um Tagungen und Kongresse, um öffentliche Einrichtungen, um Forschungs- und Entwicklungspotentiale, um Aufmerksamkeit in den Medien: Die Stadt stellt sich dem Wettbewerb der Ideen, und nichts ist einer Stadt förderlicher als eine solche Aufbruchstimmung.

Bei dem Prozeß, auf den Feldern kommunaler Politik zuerst auf die Bürgerschaft und dann erst auf die Politiker und die Stadtverwaltung zu setzen, kommt der Kommunikation eine ganz wesentliche Rolle zu: Nur eine informierte Bürgerschaft ist in der Lage, aktiv die Regelung ihrer Belange zu begleiten. „Information" ist in einem demokratischen Gemeinwesen „Bringschuld", also Aufgabe von Rat beziehungsweise Verwaltung, und wird in erster Linie im kommunikativen Zusammenwirken mit Parteien und Medien geleistet.

Das kommunikative Zusammenwirken von Rat, Verwaltung, Parteien und Medien

Politisch arbeiten heißt für alle Beteiligten, in einem breitangelegten Kommunikationsprozeß Ziele zu formulieren, diese sensibel, auf Bedürfnisse und Meinungen reagierend zu verfolgen und – nach einer demokratischen Entscheidung – schließlich die Ergebnisse und Wirkungen zutreffend darzustellen.

Selbstbewußtere und mitgestaltende Bürger legen beim politischen Handeln Wert auf ein partnerschaftliches Verhalten in einem gemeinsamen Gestaltungsprozeß. Dies setzt in Rat und Verwaltung Menschen voraus, die sich zu gestaltendem Handeln herausfordern lassen, die sowohl nach innen führen als auch nach außen initiieren, Ideen aufnehmen und Entscheidungsprozesse moderieren können. Von den Entscheidern in Rat und Verwaltung sind somit Kommunikation, Kooperation und soziale Intelligenz beziehungsweise Kompetenz gefordert. Dabei sind auch veränderte Strategien gefragt: Nicht die nächste Wahl, sondern die absehbaren Grundwerte im laufenden Wertewandelprozeß sind die Orientierungsziele. Der Aufbau von Vertrauen und dessen Stabilisierung sind absehbar das Hauptziel. Die Forderungen an Verwaltung und Politik lauten deshalb: dem Bürger zuhören und durch Fragen differenziert erforschen, wo seine wirklichen Bedürfnisse liegen. Ihm Hilfen zur Selbsthilfe an die Hand geben, wo dies praktikabel ist. Den Bürger ernst nehmen und ihm zeigen, daß er für das Gemeinwesen wichtig ist.

Dabei sollte man bedenken, daß mehr Wissen und mehr Information nicht unbedingt zu höherer Akzeptanz und Vertrauen führen müssen: Die Erwartung, daß der Bürger innerhalb bestimmter Zeitgrenzen Informationen begreift, verarbeitet, und womöglich auch akzeptiert, ist verfehlt. Auch ein Übermaß an Information ist nach aller Erfahrung kontraproduktiv. Weiterhin setzt die Akzeptanz des Positiven auch eine zutreffende Darstellung des Negativen voraus: Ist das erkennbar nicht der Fall, stellt sich sonst rasch das Gefühl der Manipulation ein. Akzeptanz ist letztlich das Ergebnis eines zumeist langen Kommunikationsprozesses, der schrittweise im Dialog begangen werden will. Läßt man der Bürgerschaft die Möglichkeit, sich selbst zu entscheiden, treibt man sie nicht zu bestimmten Einschätzungen, sondern motiviert sie zur Mitarbeit und konstruktiven Suche von Lösungen, dann wird sie ihr Interesse am unmittelbaren Lebensumfeld auch bekunden und dieses aktiv mitgestalten.

Kommunikatives Handeln auf politischer Bühne

Eine Stadt bürgerschaftsnah zu führen, heißt heute konsequente Planung und Steuerung der Beziehungen mit ihren unterschiedlichen Anspruchsgruppen. Nur durch eine Befriedigung dieser Bedürfnisse kann eine Stadt langfristig ihre Attraktivität steigern, ihr Image verbessern und damit ein eigenständiges Profil aufbauen. Profilbildung beinhaltet dabei auch die Frage nach dem Selbstverständnis. Gemeinsam mit der Bürgerschaft entwickelte Vorstellungen darüber, wie ihre Stadt in Zukunft sein will und im Rahmen ihrer Entwicklungsmöglichkeiten sein kann, eröffnet zunächst Perspektiven. Die individuelle Antwort einer Stadt auf die gesellschaftlichen Trends zu mehr Dienstleistungen, mehr Information, mehr Qualifikation und mehr Freizeit profiliert eine strategische Leitidee, „Stadtidentität" genannt (angelehnt an die aus dem Wirtschaftsleben bekannte „Corporate Identity"). Zusammen mit weiteren Elementen („Stadtdesign", „Stadtkultur") wird sie zur Triebfeder der Gesamtkommunikation.

Im Gegensatz zu einem Markenartikel ist eine Stadt komplexer: Als soziales System wird sie geprägt durch die Menschen, die in ihr leben, arbeiten oder sie besuchen. Sie alle sind an ihrer Gestaltung beteiligt; deshalb ist die Übereinstimmung und Identifikation möglichst breiter Kreise der Bürgerschaft mit den gemeinsam gefundenen Zielen das A und O erfolgreicher Stadtpolitik.

Die Verwaltungen werden von den Kommunalpolitikern in erster Linie als Instrument zur Umsetzung ihrer politischen Ziele betrachtet. Die Bürger hingegen sehen ihre Stadtverwaltung eher in der Rolle als Dienstleister und beurteilen als „Kunde" die Effizienz der Verwaltungswege, Kunden-, das heißt Bürgernähe, aber auch Informationsfreude und Kommunikationsverhalten. Folglich profiliert sich heute eine geschickte Verwaltung mit vielfältigen Dienstleistungen als kompetent und intelligent. Schwierigkeiten zu lösen, statt zu bereiten ist gefragt. Die unsinnige Auffassung, „Beamte seien Leute, die für jede Lösung gleich ein Problem parat haben", gehört so bald der Vergangenheit an.

Damit nicht durch parteipolitische Polarisierungen manchmal der Blick auf Bürgerwünsche verstellt wird, werden künftig häufiger die Bedürfnisse und Einstellungen der Bürger empirisch und zielgruppenorientiert erforscht. Rasch wird dann erkennbar, daß Watzlawiks Frage „Wie wirklich ist die Wirklichkeit?" mit Blick auf die Vorstellungen in den Köpfen mancher Planer und Politiker überaus berechtigt war.

Im übrigen begreift und akzeptiert eine zukunftsorientierte Verwaltungsspitze – wie in der Wirtschaft häufig schon der Fall – Kommunikation als eigenständigen Aufgabenbereich: Frühzeitig und eigeninitiativ werden nach innen wie außen Informationen gegeben und ausreichend Personal und Mittel bereitgestellt, um Kommunikationsprozesse in Gang zu bringen und abwickeln zu können. Modern denkende Verwaltungschefs behandeln ihre Organisation dabei als lebendigen Organismus, nicht als bloße Weisungsempfänger. In Entscheidungprozesse eingebundene und an den Ergebnissen beteiligte Mitarbeiter danken solches sozialintelligentes Führen durch Engagement und Motivation.

Aufgeschlossenheit für moderne Führungs- und Managementtechniken aus der Wirtschaft bergen wegen der andersartigen Entscheidungs- und Vollzugsstruktur häufig die Schwierigkeit, daß sich diese nicht problemlos auf Verwaltungen übertragen lassen. Als Beispiel sei das Marketing genannt: Dessen Anwendung hätte sicher den Vorteil, dank professioneller Analysemethoden exakter über Meinungen und Bedürfnisse der Bürger informiert zu sein, als dies über des Politikers „Bauch" (seriöser:

dessen „politischen Instinkt") der Fall ist. Allerdings könnte eine solche Orientierung leicht dazu führen, daß die weitverbreitete Mentalität der Ablehnung alles Neuen beziehungsweise von Veränderungen einen gewissen Stillstand in der Stadtentwicklung oder eine Vernachlässigung sozialer Aspekte (zum Beispiel bei der Preisbildung und Nachfragepolitik) bewirkt. Dies schließt jedoch nicht aus, daß bestimmte Aufgaben (beispielsweise Stadtbäder oder Kongreßzentren) nach marketingähnlichen Gesichtspunkten geführt werden.

Zur Kommunikation von Rats- und Verwaltungshandeln sei abschließend die klassische Erkenntnis der Produktwerbung in Erinnerung gerufen, daß alle Maßnahmen nicht greifen, wenn das „Produkt" nicht stimmt: Die bekannte Politiker-Aussage, „eine eigentlich gute Politik sei schlecht verkauft worden", wird bei marketingorientiertem Handeln an Argumentationskraft verlieren. Hans Dietrich Genscher hat schon recht, wenn er sagt: „Der Apparat kann uns Politikern das Eisstadion schön ausleuchten, aber den Doppelten Rittberger müssen wir selbst springen". „Springen" heißt dabei auch, bei der Vermittlung von Botschaften (zumal von weniger erfreulichen) präsent zu sein: In unserer Medienwelt sind „Originale" gefragt und nicht „Stellvertreter" oder gar „Marionetten".

Zeigte sich in der Vergangenheit in der Zusammenarbeit von Rat und Verwaltung eine Tendenz, daß die Politik vielfach administrative und die Verwaltungen zum Teil politische Aufgaben übernehmen, konzentrieren sich Kommunalpolitiker künftig wieder auf ihre eigentlichen Aufgaben, nämlich Zielbestimmung und Kontrolle. Frühere Eingriffe in die Abwicklung der Verwaltungsgeschäfte unterbleiben, da eine Politisierung der Verwaltung als gefährlich erkannt wird, zumal dadurch auch Verantwortlichkeiten verwischt werden.

Auf kommunaler Ebene wurden bisher Beschlüsse herbeigeführt, indem – zumeist aufgrund politischer „Anträge" der Parteien – Verwaltungen ihren geballten Sachverstand in umfangreiche Vorlagen gossen und auf dieser Basis Handlungsvorschläge unterbreiteten. Diese prägten dann die Diskussionen. Ergebnisoffene Kommunalpolitik hingegen fordert Handlungsalternativen ein und entwickelt auch selbst solche.

Das „Erstinformationsrecht" der Kommunalpolitiker wird auch weiterhin Bestand haben; veränderte Beteiligungsprozeduren lassen künftig zwischen Information und Entscheidung mehr Zeit: Im aktiv gesuchten Dialog mit Beteiligten, Betroffenen und politischen Zielgruppen (von Bürgervereinen bis Stadtteilzeitungen, von Bürgerinitiativen bis zu Gewerkschaften, Verbänden und Kammern) wird eine partnerschaftlich-offene Entscheidungsvorbereitung betrieben werden. Moderne Kommunalpolitiker begreifen sich als Katalysator von Verwaltungsvorschlägen und Bürgeranliegen.

Effizienz und Demokratie schließen sich nicht aus. Deshalb wird eine öffentliche Diskussion, inwieweit (nicht nur kommunal-) politisches Beratungs- und Entscheidungshandeln zeitlich und inhaltlich angemessen ist, Veränderungen auslösen. Denn Entscheidungen hält der Bürger nicht dadurch für richtiger oder besser, daß verschiedene Ratsgremien (personell oft nahezu identisch besetzt) dieselbe Vorlage sukzessive mit – wie das sprachlich so beeindruckend heißt – erheblichem „Diskussionsbedarf" erörtern.

Um zu vermeiden, daß Beratungen sich weiter in einer „Öffentlichkeit" von vielleicht einem Dutzend Zuhörern abspielen, werden Abläufe gestrafft und Betroffene angehört werden, sich aber auch – dank dann höherem Nachrichtenwert – Hörfunksender in Kommunaldebatten zuschalten.

Aktive und öffentlichkeitsorientierte Parteiarbeit zielt darauf ab, politische Inhalte zu artikulieren und durchzusetzen, – möglicherweise auch gegen den Widerstand einzelner Interessengruppen. Stimmenverluste und Wahlenthaltungen bewirken auch in der Kommunalpolitik, die Kultur der politischen Auseinandersetzung zu überdenken: Nicht vorbehaltloses Zusammenhalten und Abstimmungen nach Fraktionsblöcken erwartet der Bürger, sondern konstruktive Auseinandersetzungen um die beste Lösung. Deshalb wird die Bereitschaft der Politik zunehmen, nicht nur in den Entscheidungsgremien, sondern auch bei der Bürgerschaft Mehrheiten für ihre Vorhaben zu gewinnen. Die Kontakte zum Wähler werden hierzu wiederbelebt, die Entfremdung aufgehoben: Kontinuierlich werden der Aufbau, die Entwicklung und Pflege politischer Ideen und Botschaften dargestellt und mit der Öffentlichkeit diskutiert werden. Allerdings nicht mit den herkömmlichen Techniken und Taktiken, sprich: Plakatorgien und Mitgliederversammlungen in Vortragsform; gefragt sind interaktiv und phantasievoll gestaltete, zielgruppenorientierte Veranstaltungsmedien, die allgemein zugänglich sind. Der Informationsstand an der Straßenecke, der Information nicht nur „gibt", sondern vor allem auch „nimmt" und insofern Beteiligung schafft, hat da schon eher Chancen. Hearings, Forumgespräche, Bürgeranhörungen sind Stichworte, wie in einem gegenseitigen Prozeß Bürgerinformation geleistet werden und Kommunikation in Gang kommen kann.

Neue Kommunikationsformen – zumal, wenn sie aus der Produktwerbung kommen – werden *sensibler* auf ihre Übertragbarkeit und Eignung für politische Zwecke überprüft werden. „Sensibel" wurde betont, weil es in der Vergangenheit manchmal daran fehlte: So wurde etwa das bei der Bundestagswahl 1987 probierte und als „moderne Dialogform" gepriesene Telefon-Canvassing rasch verboten, weil an den Bedürfnissen und schützenswerten Belangen der Bürger vorbeitaktiert wurde.

Eine angemessene Öffentlichkeitsarbeit sorgt dafür, daß die Bürgerschaft allgemein und vor allem die Betroffenen von Ratsentscheidungen rasch Kenntnis erhalten. Hatte man in der Vergangenheit häufig diesen Part den Medien überlassen (und sich dann gewundert, wenn die – zwangsläufig verkürzt, manchmal verzerrt, häufig überhaupt nicht wiedergegebenen – Beratungen und Beschlüsse die Adressaten gar nicht erreichten), geht man künftig – vielleicht auch, um ein gewisses Korrektiv zu schaffen – mittels eigener journalistisch gemachter Printmedien auf die Bürger zu. Die Tageszeitung bleibt allerdings in all ihren Erscheinungsformen weiter das wesentlichste kommunale Informationsmedium, auch wenn Hörfunk und Fernsehen im regionalen Rahmen teilweise nahezu adäquate Reichweiten erlangen.

Der teilweise geforderte Zugang der Städte zu den elektronischen Medien erbrachte bei ersten „Gehversuchen" keine zur Fortsetzung ermutigenden Ergebnisse. Andererseits steigt die Zahl der privaten Rundfunkveranstalter stetig, und die vom Stuttgarter Oberbürgermeister Rommel für die Lokalberichterstattung einmal befürchtete „Vervielfältigung des Einfältigen" ist weitgehend ausgeblieben: Neue Beitragsformen, interessant gemachte Nachrichtenmagazine, kurze Liveberichte aus aktuellem Anlaß steigen in der Gunst der Bürgerschaft. Sie bieten überdies den Entscheidern bei geschicktem Eingehen die Chance, durch offensive Informationspolitik die Medienpräsenz zu steigern. Dabei weisen medienpräsente Führungskräfte neben Sachkompetenz einerseits künftig auch ein Mindestmaß an kommunikativer Kompetenz andererseits auf.

Journalisten der elektronischen wie auch Printmedien wurden von den Politikern häufig eher als Gegner denn als kritische Partner begriffen: Eine aufgeschlossene Einstellung auf Politikerseite führt dazu, daß von den Medien weniger eine geschickt verpackte Übermittlung von Parteibotschaften erwartet wird; auch die häufig beobachtete wechselseitige Instrumentalisierung weicht dem Respektieren des Auftrages zu einer kritischen Berichterstattung, zumal die zunehmende politische Einflußnahme auf die Medienberichterstattung nicht länger akzeptiert wurde.

Sicherlich bleibt bei den Medienberichten eine gewisse Tendenz zum Populismus und damit zur Simplifizierung erkennbar, wie sie – seit der politisch ja gewollten – Einführung privater Rundfunkveranstalter um sich griff. Seriös gemachte Medieninformation kommt jedoch ohne Effekt- und Publizitätshascherei aus und wirkt dieser in gewissem Umfang entgegen.

Lieber ein Lichtlein anzünden, als ewig in der Dunkelheit zu wandern

Wer für die Zukunft sorgen will, sollte nach Joubert der „Vergangenheit mit Ehrfurcht und der Gegenwart mit Mißtrauen" beggnen. Mit der Ehrfurcht habe ich es nicht so genau genommen: Schließlich wurde diese Empfehlung in einer Zeit formuliert, als man noch etwas obrigkeitshöriger war. Kritisches Mißtrauen schien mir hingegen um so mehr geboten, soll sich das Geschriebene nicht im Unverbindlichen erschöpfen.

Nach dieser kommunalen Rundumschau bleibt die Frage, was von dem Wünschbaren, Visionären – allmählich wieder auf den Boden der Tatsachen zurückkehrend – machbar ist.

Hoffnung macht zumindest, daß die Bürgerinnen und Bürger durchaus bereit sind, sich für kommunale Belange zu engagieren: Die Bürgerinitiativen zeigen dies ebenso wie die Bürgerbegehren und -entscheide bis in jüngste Zeit. Solche Sozialenergie zu entfachen und sie auf Flamme zu halten, gelingt durch zukunftsorientierte Ambitionen. Mag auch manches illusionär sein: Wer keinen Mut zum Träumen hat, hat keine Kraft zum Kämpfen. Und dann sei noch daran erinnert: Die Welt ist nicht das Ergebnis einer einzigen Generation!

Autorenvita siehe folgende Seite!

**Dipl.-VerwW (FH)
Jörg Blumenthal**

Am Brunnengarten 11
6800 Mannheim 1
Tel.: 06 21 / 30 21 00

1946 als Jörg Ludwig geboren und durch Heirat zum Jörg Blumenthal geworden, ist allein dies schon bezeichnend für seine – wie er selbst von sich sagt – „Neugier auf alles Ungewöhnliche und die Lust am unkonventionellen Denken und Handeln."

Im Gynasium „grundgebildet" und nach dem Studium auf diversen Wegen „fortgebildet", sieht Jörg Blumenthal heute seine Berufsaufgabe als Leiter des Mannheimer Presseamtes neben der klassischen Pressearbeit auch in der Öffentlichkeitsarbeit und Stadtwerbung.

Als hilfreich für seine berufliche Tätigkeit bezeichnet er sein persönliches Interesse an Moderner Kunst.

Seine „visionäre" Betrachtungsweise wird sicherlich auch gefördert durch sein Hobby, sich unsere Welt häufiger aus der Vogelperspektive anzuschauen.

Seine Maxime dabei – wie überhaupt – lautet: „Alles kommt anders, als du denkst. Selbst unter Berücksichtigung dieses Grundsatzes!"

Die künftige Bedeutung von sozialer Kommunikation

von Dipl.-Volkswirt Karl-Heinz Schulz und Stephan M. Cremer

Verlegerleid: Wenn er in bester Absicht Autoren heranzieht und diese sich undiszipliniert das Thema erst einmal neu definieren. So auch wir. Aufgegeben war uns, über die Zukunft von „Social Communications" zu philosophieren. Gedanken machen möchten wir uns aber über „Soziale Kommunikation".

Dies nicht nur deshalb, weil wir uns anhaltend nicht damit anfreunden können, daß wichtige Fachbegriffe unseres Berufes mit oder ohne Not dem Englischen entlehnt werden. Ausschlaggebend ist vielmehr, daß wir eine wenn nicht neue, so doch zumindest über das landläufige Verständnis hinausgehende Auffassung des Themas vorschlagen möchten.

„Social Communications" meint in unserem Beruf eindeutig nicht die sozialen Kommunikationsprozesse in der Gesellschaft, sondern eine professionelle Tätigkeit oder Beratungsdienstleistung im sogenannten – nur schwer fließt uns an dieser Stelle der Anglizismus aus der Feder – Non-Profit-Bereich. Für uns ist er deshalb eng verwandt mit dem Begriff des Sozio-Marketing, worunter wir alles verstehen, was mit der Geldbeschaffung für nichtkommerzielle Organisationen zu tun hat. Die soziale Kommunikation, von der wir nun sprechen möchten, bezieht sich dagegen auf einen Regelkreis mit drei Polen: Non-Profit-Bereich, klassische Wirtschaft und Öffentlichkeit. In einer ersten Annäherung definieren wir soziale Kommunikation als die zielgerichtete Gestaltung der Beziehungen und Interaktionen zwischen diesen drei Polen.

Das Ergebnis unseres Beitrages vorweg: Soziale Kommunikation in diesem Sinne wird in Zukunft mehr und anders sein als heute. Diese Behauptung ist natürlich eine mehr oder weniger verblümte Tautologie. Denn wäre dem anders - was ließe sich dann zum Thema sagen? Indessen gibt es auch eine Reihe ernst zu nehmender Entwicklungen, welche die These stützen.

Soziale Kommunikation wird heute, wie schon angedeutet, typischerweise im Gebiet von nicht-kommerziellen Anliegen und Organisationen angesiedelt: Rotes Kreuz und Krebs-Hilfe, Aktion Sorgenkind und Kinderschutzbund. Sicherlich wird dies auch in Zukunft ihr genuines Feld bleiben. Denn es zählt zu den unbedingten Stärken dieser Gesellschaft, daß sie soziale Aufgaben in einem beachtlichen Maße nicht dem Staat überläßt, sondern zur Bürgersache macht.

Dieses dezentrale, kybernetische Verhalten der Selbstregelung von Problemen, Konflikten und Notlagen zu unterstützen, stellt zweifellos eine der vornehmsten und ungemein befriedigenden Aufgaben von sozialer Kommunikation dar. Sie kann dabei helfen, diesen Initiativen die materiellen und personellen Ressourcen zu sichern: Spenden und vor allem ehrenamtliche Helfer. Auf der anderen Seite bringt dieses Prinzip nicht-staatlicher Selbsthilfe auch ein Phänomen mit sich, das aus der Wirtschaft wohlbekannt ist: Konkurrenz.

Konkurrenz als Folge einer riesigen Zahl von Organisationen, Vereinen, Initiativen – ihrerseits Ausdruck einer noch größeren Menge sozialer Anliegen und Aufgaben. Man schätzt, daß heute allein in der Bundesrepublik annähernd 40.000 Organisationen um ein jährliches Spendenaufkommen von 3,5 Milliarden Mark ringen. Professionelles Sozio-Marketing ist deshalb ein sehr wesentliches Instrument, die eigene Position in diesem Ringen zu stärken. Daß dabei nicht notwendig die Anliegen mit der höchsten gesellschaftlichen Bedeutung am besten abschneiden, sondern die mit dem gekonntesten Marketing, ist ein durchaus relevantes Thema, aber qualitativ kein anderes als die Diskussion darüber, ob der Gewinn als zentrales Investitionskriterium einer kapitalistischen Marktwirtschaft wirklich zu einer optimalen Allokation der Ressourcen führt.

Über den Umstand, daß eine solche Diskussion an dieser Stelle nicht geführt werden kann, mag immerhin der Gedanke hinwegtrösten, daß Sozio-Marketing unter den heutigen Bedingungen gerade kein Nullsummenspiel sein muß – nach dem Motto: „Was ich für die Kinder in Rumänien gewinne, geht denen in Äthiopien – so leid es mir tut – ab."

Im Gegenteil: Der wachsende Wohlstand, der gewaltige Vermögensschub durch den ersten geregelten Erbgang in der Geschichte unseres Landes sowie die zunehmende Freizeit breiter Kreise schaffen die materiellen Voraussetzungen für ein Nicht-Nullsummenspiel: Sozio-Marketing kann helfen, das Gesamtvolumen an materiellem und persönlichem Engagement noch deutlich zu steigern, so daß alle sinnvollen und notwendigen sozialen Hilfsaufrufe Gewinner sein können.

Womit wir einen Aspekt des behaupteten „Mehr" an sozialer Kommunikation behandelt hätten; nicht aber den, der uns eigentlich am Herzen liegt. Worum geht es also? Unsere zentrale These ist die: Soziale Kommunikation wird die Ökonomie als die Basis unser aller Existenz in einem ganz anderen Maße zum Gegenstand haben, als dies bislang der Fall ist. Dies nicht nur, weil die Verwendung von derzeit dreieinhalb Milliarden Mark unseres Sozialprodukts für Spendenzwecke selbst eine relevante volkswirtschaftliche Größe darstellt und die Art des Umgangs damit in wachsendem Maße betriebswirtschaftlich meßbare Effizienz verlangen wird. Auch nicht allein deshalb, weil die Entwicklung dieses klassischen Terrains von Sozio-Marketing ganz originär an das Wohl der Wirtschaft geknüpft ist: gute Konjunktur gleich hohe Spendenbereitschaft und wachsende Freizeit.

Es geht vielmehr darum: Die Wirtschaft selbst befindet sich im Umbruch, und das Instrument der sozialen Kommunikation kann ihr dabei helfen, diesen zu bewältigen. Dabei stützt sich die These vom Umbruch auf eine altbekannte Denkfigur unserer Branche: daß nämlich heutzutage jedes Unternehmen eine gesellschaftliche Veranstaltung darstellt. Das Spannende: Diese These bildet nicht mehr länger bloß den leitmotivischen Fundus von PR-Leuten, die immer noch nach originellen Legitimationen ihrer Dienstleistung suchen müssen. Sie ist vielmehr tatsächlich gesellschaftliche Praxis geworden.

Aus der Fülle möglicher Beispiele ein besonders markantes: die Hauptversammlungen großer Aktiengesellschaften. Ganze Stäbe präparieren mittlerweile ihre Vorstände – zum Ärger Fiebich-bewehrter Kleinaktionäre – auf die zu erwartende Kritik von Umweltschützern an den Abwassereinleitungen der chemischen Industrie oder auf die Proteste kirchlicher Gruppen am Südafrika-Engagement von Großbanken und Automobilkonzernen. Und während Kapitalismuskritiker dies nur als Ausdruck einer gut funktionierenden, im übrigen aber kaltherzigen Technokratie werten, weiß der Kenner: Da kommt mancher ins Schwitzen, Vorstandsvorsitzende nicht ausgenommen. Auch die sind nur Menschen, meist mit Familie, und am täglichen Frühstückstisch sitzen sie nicht selten dem Querschnitt des gesellschaftlichen Meinungsbildes gegenüber.

Zu lange, kritisiert die Deutsche Bank im philosophischen Vorspruch zu ihrem Geschäftsbericht 1989 (Umwelt und Unternehmer in derselben Krise? – Geschäftsbericht der Deutschen Bank 1989, Frankfurt a. M.), haben die Unternehmer auf dieses Erleben nur reagiert: mit Abwehr, Verdrängung, Diskriminierung. „Ökohysterie" sei das Schlagwort gewesen, mit dem man das Problem erst geschaffen habe, das man zu kritisieren meinte. Daß solche provokanten Ansichten ausgerechnet von der führenden deutschen Bank, häufig als Leitgestirn des westdeutschen Kapitalismus apostrophiert, geäußert werden, ist nach unserer Überzeugung kein Zufall: War es doch der herausragende deutsche Unternehmer des vergangenen Jahrzehnts, vielleicht der gesamten Nachkriegsepoche, der das Ziel der ökologischen Marktwirtschaft als Schlüsselaufgabe der Gegenwart bezeichnet hat: Alfred Herrhausen.

In diesem Begriff der Ökologischen Marktwirtschaft und in der Prominenz seiner Fürsprecher bündeln sich nahezu alle die Phänomene, die in den vergangenen Jahren mit dem Schlagwort vom Wertewandel bezeichnet worden sind: Wir sehen darin den subjektiven Reflex – in den Meinungen, Stimmungen der Bürger – auf objektiv veränderte Prioritäten. Dies aber heißt: Die Wünsche und Erwartungen der Bürger an die Unternehmen – vor allem hinsichtlich ihres Umweltverhaltens – sind für diese zu einer ganz neuartigen und massiven Rahmenbedingung ihrer unternehmerischen Möglichkeiten geworden.

Der Zusammenhang zur sozialen Kommunikation wird deutlich, wenn wir fragen, wie das Ziel der ökologischen Marktwirtschaft anzusteuern wäre. Die Deutsche Bank

– auch da ganz Bank – prononciert die Rolle der Unternehmer. Sie plädiert für deren aktive Mitwirkung am „gesellschaftlichen Meinungsbildungs- und Entscheidungsprozeß zum sparsamen Umgang mit der Ressource Umwelt". (ebda., S. 9)

Der Trumpf für die soziale Kommunikation in diesem gesamtgesellschaftlichen Skatblatt liegt darin: Soziale Organisationen wie Umweltverbände und Kirchengruppen bilden einen Schlüssel zur Realisierung dieses Engagements: Nicht nur als Hebel, der den Unternehmen die Einsicht in die Prozesse des gesellschaftlichen Wertewandels förmlich aufzwingt, sondern auch als Chance, weil sie Partner und Vermittler bei dem notwendigen Dialog sein können.

Warum ist dieser Dialog so wichtig? Muß man nicht annehmen, daß nach dem definitiven Zusammenbruch des real existierenden Sozialismus und damit des letzten praktizierten Versuchs einer Alternative zur kapitalistischen Marktwirtschaft diese selbst nun wirklich keine Anfechtungen mehr ernst nehmen muß?

Das Gegenteil ist der Fall. Nachdem der Systemkonflikt – jedenfalls auf lange Sicht – entschieden scheint, fällt dem westlichen Typus der Industriegesellschaft die alleinige Verantwortung für die Zukunft der Welt zu. Er muß unter Beweis stellen, daß er nicht nur eine größtmögliche Versorgung mit Gütern und Dienstleistungen zuwege bringen, sondern seine Rahmenbedingungen, vor allem seine sozialen und ökologischen Fundamente, auch dauerhaft sichern kann.

Auf der praktischen, alltäglichen Ebene sind große Teile der Wirtschaft inzwischen mit Problemen konfrontiert, die durchaus den Charakter einer Akzeptanzkrise haben. Wenn heute bereits von dem „Produktionsfaktor Betriebsgenehmigungen" (Die Formulierung verdanken wir dem Unternehmensberater Dr.-Ing. Heinz W. Adams, Duisburg) gesprochen wird, so zeigt das, wie schwierig es für ganze Branchen bereits geworden ist, quantitatives oder auch qualitatives Wachstum überhaupt noch zu realisieren.

Ein plastisches Beispiel ist die chemische Industrie, die inzwischen bereits beklagt, daß auch der Ersatz von Altanlagen zugunsten ökologisch optimierter neuer Anlagen mehrjährige Genehmigungsverfahren durchlaufen muß, und zwar nicht zuletzt aufgrund des Widerstandes mißtrauischer Bürger. Weitere Konfliktfelder der kommenden Jahre dürften vor allem in der Landwirtschaft und Agrarindustrie, in allen von der Müllproblematik affizierten Branchen (Reizwort Müllverbrennung) und in der Stellung des Automobils liegen.

Die Aufgabe des Dialogs liegt nun darin, aus unproduktiven, an Feindbildern orientierten Konfrontationen Formen konstruktiver Gegnerschaft herauszufinden und Auseinandersetzung zu entwickeln. Auf diese Weise können die Akzeptanzkonflikte in neuen Lösungen und Kompromissen münden, für die ein breiter gesellschaftlicher Konsens möglich ist.

Unsere nächste These lautet also: Alle diejenigen Unternehmen haben eine Bank auf die Zukunft, die soziale Kommunikation nicht mehr nur als Verwaltung von Spendentöpfen und Mäzenatentum begreifen, sondern als planmäßige und strategisch angelegte Initiative zum Dialog mit der Öffentlichkeit, repräsentiert durch Organisationen als Träger sozialer, und das heißt: nicht allein, aber auch nicht zuletzt ökologischer Anliegen.

Aus der Sicht solcher Organisationen bedeutet dies umgekehrt: Neben die Hilfsbereitschaft Privater kann als sehr wesentliche Ressource der Mittelbeschaffung das Vermögen, der gute Wille, mehr aber noch das Kalkül kommerzieller, sprich: durchaus profitorientierter Unternehmen treten; dies aber nur dann, wenn die vereinbarte Unterstützung, worauf später noch näher einzugehen sein wird, nicht Alibizwecken dient.

Hinzu kommt ein Weiteres: Wenngleich die Behauptung, daß die sachlichen Eigenschaften von Produkten – im wesentlichen das Zusammenspiel von Qualität und Preis – sich immer mehr angleichen, durchaus umstritten ist, birgt sie doch viel Realitätsgehalt. Ohne den Streit klären zu wollen, wagen wir eine Arbeitshypothese: Unrichtig ist diese Ansicht immer dort, wo es sich um eine echte Innovation handelt; also nicht um die Entwicklung einer graduellen Nutzennuance, sondern um eine völlig neue Antwort auf relativ frische Konsumentenbedürfnisse. Richtig ist sie aber überall dort, wo es nicht um innovative Produkte geht. Und diese stellen einen wachsenden Anteil aller Produkte dar, wesentliche Folge eines über Jahrzehnte gewachsenen, von großen Kriegen nicht mehr gebrochenen Wohlstandes: Sättigung lautet die Diagnose.

Da kann es sich der Konsument – wohlgemerkt in den hochentwickelten Industrienationen der westlichen Welt, aber von einer solchen reden wir kraft Auftrags – zunehmend leisten, immaterielle Aspekte in seine Kaufentscheidung einzubeziehen; dies sind, wie nahezu alle relevanten Untersuchungen zeigen, ganz überwiegend solche, die das soziale und ökologische Verhalten des Anbieters betreffen.

Verstärkt wird diese Entwicklung dadurch, daß heutige Generationen immer früher lernen, in systemischen Zusammenhängen zu denken. Die Welt rückt zusammen, vermeintlich lokale, regionale oder nationale Probleme erweisen sich plötzlich als Teil einer globalen, komplexen Systemkette. Und unsere sich weiter verdichtende Informationsgesellschaft schafft ein flächendeckendes Bewußtsein von diesen weltweiten Interdependenzen.

Damit nähern wir uns wieder dem Ausgangspunkt unserer Betrachtungen, den sozialen Kommunikationsprozessen im Dreieck von Wirtschaft, Öffentlichkeit und Non-Profit-Bereich. Wie gezeigt glauben wir, daß diese Prozesse auch für Unternehmen, Produkte und Dienstleistungen immer wichtiger werden und daß allem Anschein nach dieser Prozeß unumkehrbar ist.

Dafür sprechen schlagende Fakten. In den USA, so schätzen Experten, geben Firmen derzeit, also zu Beginn der neunziger Jahre, jährlich zwischen 15 und 100 Milliarden Dollar für soziale Zwecke aus. Die Formen sind vielfältig, die Bezüge zum Unternehmen unterschiedlich eng.

Der Spielzeughersteller Mattell stellt in großem Umfang Spielzeug für Waisenhäuser zur Verfügung. Buick kümmert sich um geistig Behinderte. Bei Coca-Cola läuft unter dem Titel „Hard-Rock-Café" eine landesweite Kampagne für Obdachlose. Der Ketchup-Hersteller Heinz versorgt Krankenhäuser mit Baby-Nahrung. General Motors sponsert ein öffentliches Institut zur Unfallforschung und verbreitet gleichzeitig über die Medien integrierte Ratschläge zum Thema. Burger-King unterstützt mit einer zeitlich begrenzten Spendenaktion die Opfer des schweren Erdbebens von 1989 in San Francisco. Die landesweite Anti-Drogen-Kampagne „Just say no!" wird von einem Firmenpool gesponsert, an dem unter anderem Procter & Gamble und IBM beteiligt sind.

Nun kann man – anders als bei anderen Trends – nicht das lineare Übergreifen dieser Entwicklung, auch nicht zeitverschoben, für Europa oder Deutschland prognostizieren. Das mangelnde öffentliche Netz der sozialen Sicherheit hat die Entwicklung in den USA sicherlich entscheidend geprägt.

Dennoch können wir auch in der alten Welt eine deutliche Ausdehnung sozialen Engagements feststellen. IBM gibt weltweit für diese Zwecke 175 Millionen Dollar aus, dabei im Schnitt jährlich zwischen 10 und 14 Millionen Mark allein in Deutschland. Hauptschwerpunkte sind Umwelt, Behindertenarbeit, Kultur und Soziales. Wichtigstes Mittel sind die sogenannten Secondments, d. h. das Ausleihen von Führungskräften an Organisationen im Non-Profit-Bereich. Die Deutsche Bank hat eine Stiftung für behinderte Jugendliche, „Hilfe zur Selbsthilfe", ausgestattet mit einem Stiftungskapital von 100 Millionen Mark, eingerichtet.

Die National Westminster Bank unterstützt drei Jahre lang mit einem jährlichen Betrag von einer Million Pfund die WWF-Kampagne „World-savers", die sich in erster Linie an Kinder wendet und unter anderem die Rettung des Regenwaldes in Südamerika zum Gegenstand hat. Die Allianz hat ihre im letzten Jahr gegründete Stiftung mit 100 Millionen Mark ausgestattet und will diese Mittel in erster Linie dem Naturschutz zugute kommen lassen. Unternehmen wie Opel, Holsten, Otto, Procter & Gamble und Daimler Benz – um nur einige zu nennen – wagen, wenn auch zum Teil noch recht verhalten, erste Vorstöße in den Bereich der Umweltkommunikation.

Sicherlich hat der „Sozialtopf" gerade auch bei deutschen Unternehmen Tradition. Aber kennzeichnend für diese neue Wohltätigkeit ist, daß sie kalkulierter Bestandteil eines gezielten Marketings ist oder doch zunehmend wird.

Auf die Wirtschaft bezogen können wir den Begriff der sozialen Kommunikation nun schon präziser fassen: Sie umfaßt demnach alles, was schwerpunktmäßig den gesellschaftlichen Aspekt von Unternehmungen, Produkten und Dienstleistungen zum Thema hat.

Eine wichtige Probe für die Aussagekraft dieser Definition ist die Frage, wie sie sich zum hergebrachten, operativ oder thematisch verwandten Begriffssystem unseres Handwerks verhält.

Da ist zunächst der Begriff des Social Sponsoring: Er ist auf Unternehmensseite die häufigste Assoziation, die mit sozialer Kommunikation verbunden wird. Darin kommt zum Ausdruck, daß Sponsoring ein sehr starkes Instrument ist, um Bezüge zur gesellschaftlichen Entwicklung zu thematisieren. Dies deshalb, weil zum einen die Zusammenarbeit mit gesellschaftlichen Partnern a priori Voraussetzung ist und zum anderen nicht nur mit Worten, sondern auch mit Taten kommuniziert wird.

Eine Reduktion von sozialer Kommunikation auf Sponsoring kann daraus gleichwohl nicht gefolgert werden. Auch in der sozialen Kommunikation reicht die Kommunikationspalette von klassischer Werbung über Sponsoring bis zur personalen Kommunikation.

Trotz des Wortteils „Sponsoring" in den Begriffen *Kultur- und Sportsponsoring* würden wir diese beiden Sponsoringdisziplinen dagegen überwiegend nicht unter den Begriff der sozialen Kommunikation subsumieren wollen. Zwar sind beide Instrumente darauf gerichtet, das Image oder, mit anderen Worten, die gesellschaftliche Reputation ihrer Benutzer zu verbessern. Sie tun dies aber – zumindest bis heute – in aller Regel nicht mit dem Bezug auf soziale Prozesse im engeren Sinn, sondern mit dem auf Freizeit – das heißt auf Abgehobenheit von Alltag und Gesellschaft – und beziehen aus dieser Gegenüberstellung ihr Kommunikationspotential. (Daß dies oft nicht im Sinne der Kulturschaffenden ist, ändert nichts am Realitätsgehalt dieser Zuordnung.)

So transportiert Sportsponsoring vor allem und in erster Linie den Imagefaktor „Leistung" – wie übrigens auch das Kultursponsoring, zumindest, solange die einstweilen noch vorherrschende eindeutige Ausrichtung auf Spitzenerzeugnisse des etablierten Kulturbetriebs fortbesteht. Dagegen verstärkt Soziosponsoring die Imagefaktoren Verantwortung und Bürgersinn.

Bliebe zum Schluß zu klären, was es mit zwei Begriffen auf sich hat, die üblicherweise in einen Topf geworfen werden, dem *Umwelt- und dem Soziosponsoring*. Gemeinsam ist beiden Feldern sicherlich der explizite gesellschaftliche Bezug. Sehr verschieden dagegen ist nach unserer Erfahrung – und damit entscheidend für die Handhabung der beiden Instrumente im Kommunikationsmix – das öffentlich vermutete Konfliktpotential zwischen den potentiellen Sponsoringpartnern.

Anders als im sozialen Bereich, etwa der Altenpflege oder Behindertenbetreuung, stehen sich im ökologischen Bereich fast durchgängig das traditionelle Verursacher- und Bremser-Image der Wirtschaft und das Hoffnungsträger-Image der Umweltschützer gegenüber. Natürlich kann es dieses Konfliktpotential auch im Sozio-Bereich geben, zum Beispiel dann, wenn Unternehmen in ihr Engagement zur Drogenbekämpfung auch ein Plädoyer für Methadon-Programme einbezögen, wobei speziell diese Kontroverse inzwischen sichtlich an Schärfe verliert. Aber es gehört nicht konstituierend zum Thema, wie es heute im Bereich der Umweltkommunikation immer noch der Fall ist.

Solchermaßen ausgestattet mit einer – wie wir hoffen – gefestigten Begrifflichkeit und einem historischen Trend im Rücken, können wir uns nun den praktischen Aspekten zuwenden, wobei wir uns als pars pro toto auf die Umweltkommunikation konzentrieren. Dies auch deshalb, weil sie nach unserer Einschätzung die schwierigste Aufgabe im Kanon der verschiedenen Formen von sozialer Kommunikation darstellt. Denn es genügt hier nicht, Zielgruppen und Imagewerte abzugleichen und Schnittmengen zu eruieren. Verlangt ist vielmehr ein Höchstmaß an Prinzipientreue und Fingerspitzengefühl sowie ein ausgefeiltes Instrumentarium aus dem Fundus des „Social Engineering".

Die folgenden drei Punkte können keine Erfahrungen ersetzen, aber doch Orientierungshilfen für beide Seiten – also Unternehmen und soziale Organisationen – wie auch für externe Berater sein.

1. Glaubwürdigkeit ist die unabdingbare Basis, auf der die Partnerschaft aufgebaut werden muß. Der Versuch der Imagekosmetik birgt unübersehbare Risiken für beide Seiten. Wer Umwelt-Sponsoring betreiben will, muß darauf vorbereitet sein, auf allen Tätigkeitsfeldern des Unternehmens an einer ethischen Elle gemessen zu werden – sei es nun bei der Einstellung von behinderten Mitarbeitern oder der Verpackungsreduzierung für seine Produkte. Und das „soziale Gegenüber" tut gut daran, die gleiche Elle anzulegen, denn Imagetransfer ist keine Einbahnstraße; was dem Unternehmen als Alibi-Verdacht gegenübertritt, mündet auf seiten des Gesponserten in den Vorwurf von Bestechlichkeit und Käuflichkeit.

2. Je souveräner die Partner, je stärker der gegenseitige Nutzen, desto problemloser und erfolgreicher die Zusammenarbeit. Nicht nützliche Idioten, die – als Unternehmen – nur den Geldgeber spielen dürfen oder – als Institution – sich für jede noch so dreiste Verkaufsförderung über den Tisch ziehen lassen, sind gefragt, sondern Partner, die ein gemeinsames Ziel verfolgen und dies auch glaubhaft nach außen kommunizieren. Das setzt auf Unternehmensseite eine glaubwürdige Einbindung des sozialen Zwecks in die Unternehmenspersönlichkeit voraus, auf Verbandsseite ein überzeugendes, sinnvolles Projekt, das mit dem potentiellen Partner schneller und besser zu erreichen ist.

3. Professionalisierung ist für Non-Profit-Organisationen eine Forderung, die an die Substanz geht. Ehrenamtlichkeit gerät in Widerspruch zum bezahlten Angestelltenstatus. Persönliche Betroffenheit wird ausgespielt gegen fachliche Kompetenz. Beides verhindert oft effektive Strukturen und den unternehmerischen Umgang mit finanziellen Ressourcen. Professionelles Management zur Umsetzung des eigentlichen Verbandszweckes reicht aber im Fall des Soziosponsorings nicht aus. Die Verbände müssen ihr Produkt „Imagetransfer" attraktiv gestalten, sei es bei den angebotenen Projekten oder der kommunikativen Umsetzung, zum Beispiel im redaktionellen Bereich. Und, was fast noch wichtiger ist, sie müssen es aktiv vermarkten.

Der systematische Einsatz von sozialer Kommunikation im Bereich des Marketing ist auch auf Unternehmensseite erst im Ansatz vorhanden. Und noch weniger ist bislang im Visier vieler Führungskräfte die optimale Implantation der an diesem Abschnitt des gesellschaftlichen Lebens erworbenen Erfahrungen in die Unternehmenspersönlichkeit. Zwar ist in mancher Vertriebsabteilung der Begriff des „Sich-Öffnens", des „Szenen-Marketing" sehr en vogue, sind schillernde Szenenforscher als Orakel begehrt. Aber der systematische Aufbau der so oft zitierten sozialen Kompetenz, wie er im Dialog und in der weiteren Kooperation mit anderen gesellschaftlichen Gruppen kraft eigener Erfahrung möglich ist, wird oft ins untere Management delegiert und zu wenig produktiv im Unternehmen ausgewertet. Secondment-Programme – wie von IBM verdienstvoll entwickelt – werden einstweilen noch zu wenig praktiziert oder zur für das Unternehmen selbst unproduktiven, vorgezogenen Ruhestandsregelung degradiert. Gerade hier liegt aber die Chance für einen besonders produktiven Zugang zum gesellschaftlichen Dialog zwischen der Industriegesellschaft und ihren Kritikern, kommen sich doch beide Seiten so nah wie in keiner anderen Form der Zusammenarbeit.

Zum Abschluß die Frage, wie sich das Feld der sozialen Kommunikation relativ zu den anderen Feldern institutioneller Kommunikation in Werbung und PR entwickeln wird. Unsere Antwort wird nicht überraschen. Wir meinen, daß seine relative Bedeutung wachsen wird. Wir meinen weiter, daß von allen Themen sozialer Kommunikation das Thema Umwelt die überragende Stellung einnehmen wird. Ein bemerkenswertes Indiz ist der Umstand, daß von allen Sponsoring-Formen das Ökosponsoring heute zwar noch das vom Betrag her kleinste Segment darstellt, gleichzeitig aber das mit den bei weitem höchsten Steigerungsraten und Akzeptanzwerten in der Bevölkerung.

Zugleich wird man voraussagen dürfen, daß der Fokus des Ökosponsoring, der einstweilen stark entweder auf lokale Projekte oder aber auf tropische Standorte ausgerichtet ist (Regenwälder), sich um die osteuropäische Region erweitern wird. Es wird dies aber nicht auf Dauer zu Lasten der Hilfe für die dritte Welt gehen dürfen, denn hier können sich alle Probleme im Zusammenhang mit dem rapiden Bevölkerungsdruck wie Migration, Umweltzerstörung bis zur Erschütterung der globalen Ordnung von Wirtschaft und Politik verschärfen.

Man wird deshalb ferner prophezeien können, daß das den Tropen geltende Ökosponsoring verstärkt in die Förderung nichtstaatlicher Entwicklungshilfe hinüberwachsen, also sich zu einem umfassenden Dritte-Welt-Sponsoring ausweiten wird.

Keines der zentralen Umweltprobleme der dritten Welt ist anders als sozialverträglich lösbar. Ohne Konzepte, wie die Menschen in den Tropen z. B. mit und von dem Regenwald besser leben können als ohne und gegen ihn, wird es ihn bald nicht mehr geben. Insofern ist jede Förderung von Projekten zum Schutz des Regenwaldes zum Scheitern verurteilt, die nicht gleichzeitig die Lage der Menschen in dieser Region verbessert. (Diesen Standpunkt hat Dr. Bernd Neugebauer vom Institut „Trees for People", Todtmoos, nach unserer Kenntnis bislang am klarsten ausgearbeitet. Organisationen wie der WWF und Oro Verde praktizieren diesen Ansatz bereits in ihren Regenwaldprojekten.)

Für die soziale Kommunikation in Deutschland wird dies bedeuten, daß sie ihren Horizont stärker als bislang über die nationalen Grenzen ausweiten muß und daß sie dazu Fachleute benötigt, die ihr Wissen und Können sehr stark auch aus den Quellen sozialer Bewegungen erworben haben. Ein Grund mehr für die Wirtschaft und ihre Kritiker, voneinander zu lernen.

Vitae der Autoren siehe folgende Doppelseite!

Foto: J. Christ/Köln

**Diplom-Volkswirt
Karl-Heinz Schulz**

**Topcom Agentur für
Communikation GmbH
Breslauer Straße 5
6233 Kelkheim
Tel.: 06195/73021**

Karl-Heinz Schulz, geboren am 27. Juni 1952 in Prüm/Eifel, legte sein Abitur 1970 am Regino-Gymnasium in Prüm ab.

Seinem Studium folgte im Jahre 1978 das Examen als Diplom-Volkswirt in Bonn.

Von 1978 bis 1981 war er dann als Pressereferent beim Präsidium des Bundes der Steuerzahler in Wiesbaden tätig.

In den Folgejahren bis 1985 arbeitete er als freier Journalist (zum Beispiel für Wirtschaftswoche, Handelsblatt, **pr**magazin, Zeit, Frankfurter Rundschau, Ärzte-Zeitung); parallel dazu war er Verleger und Mitherausgeber von Pro integration, Zeitschrift für Behinderte und Nichtbehinderte in Köln.

1986 gründete er die Agentur Topcom, deren Geschäftsführender Mitgesellschafter er ist.

Seine politischen Interessen gelten vor allem der globalen Umwelt- und Nord-Süd-Problematik, seine privaten hauptsächlich der Familie und dem Sportteil der FAZ (nebst Sportschau und Sportstudio). Um die verbleibende Freizeit konkurrieren der Hofheimer Wald (Jogging) und seine Lieblingskneipe „Das alte Rathaus" in Kelkheim-Münster.

Sein am häufigsten benutzter Leitspruch lautet:
„If you reach for the stars, you may not get one, but you won't come up with a handful of mud either." (Leo Burnett)

Stephan M. Cremer

**Wie bei
Karl-Heinz Schulz**

Stephan M. Cremer, geboren am 14. April 1948 in Birkesdorf bei Düren, machte sein Abitur 1968 am Aloisiuskolleg in Bad Godesberg und studierte Geschichte, Politologie und Jura in Tübingen, Genf und Bonn.

In den Jahren 1975 bis 1983 war er Verleger und zunächst auf hochschul-, später auch auf kommunalpolitischer Ebene stark engagiert.

Von 1983 bis 1985 betätigte er sich als Hausmann und legte das erste juristische Staatsexamen ab.

Seit 1986 ist er bei der Firma Topcom als Geschäftsführender Mitgesellschafter beschäftigt, wo er unter anderem für die von der DPRG mit der „Goldenen Brücke" ausgezeichnete Kampagne „Aus Liebe zu Bremen..." verantwortlich war.

Als seine Hobbies nennt Stephan M. Cremer seine Familie, die soziale Kommunikation, die Politik und den Wein.

Sein derzeitiges Motto ist:
„Incipit vita nova – und das jeden Tag!"

III. Teil **Die Berater der Zukunft**

Die Public Relations-Agentur der neunziger Jahre

von Günter F. Thiele

Die Public Relations-Agentur der neunziger Jahre orientiert sich in ihrer Struktur und in ihrem Leistungsangebot am Markt für PR im gleichen Zeitraum und an den Aufgabenstellungen ihrer Kunden.

Wir haben in den achtziger Jahren erlebt, wie technologischer Fortschritt und innovatorische Prozesse mit rasanter Geschwindigkeit strukturelle Veränderungen in nahezu allen Bereichen unserer Wirtschaft, aber auch in nahezu allen Gruppen unserer Gesellschaft bewirkt haben.

Diese Veränderungen werden sich im kommenden Jahrzehnt mit unvermindertem Tempo fortsetzen. Dabei schaffen die evolutionären politischen Veränderungen, die wir in der ehemaligen DDR und in den osteuropäischen Ländern erleben, jetzt auch für die Gesellschaft, Wirtschaft und Kultur dieser Länder einen enormen Freiraum für ähnliche strukturelle Veränderungen, wie er am Beispiel der westlichen Länder nachvollziehbar ist. Zu den Veränderungen im Osten kommt die Öffnung der Märkte in Europa. Das sind gewaltige Schritte, auf die sich Wirtschaft und Politik einstellen müssen. Denn diese Entwicklungen bringen ein so großes Paket von wirtschaftlichen und technologischen Herausforderungen, von innovatorischen Prozessen, kulturellen Impulsen und gesellschaftlichen Verständigungsproblemen, wie wir sie in den vergangenen Jahrhunderten der Menschheitsgeschichte noch nicht kennengelernt haben.

Der einzelne Mensch, seine Familie oder auch sein soziales Umfeld werden diese Entwicklungen dabei überwiegend nicht persönlich erleben, sondern in einer „zweiten Wirklichkeit", die aus Hören, Sehen und Lesen besteht. Also aus den verschiedenen Spielarten der Massenkommunikation durch die Medien. Diese „zweite Wirklichkeit" geht weit über den persönlichen Erfahrungshorizont des einzelnen Bürgers hinaus, sie erscheint ihm dennoch genauso real und wirklich wie etwa die materielle Realität.

In den neunziger Jahren werden deshalb die Medien noch stärker als bisher für unseren Lebensstil und für unser Weltbild prägend sein. Umgekehrt aber werden und müssen auch die Gesellschaft und ihre in Wirtschaft und sozialen Gruppen bestehenden Lebensformen ihre Widerspiegelung in den Medien finden. Denn die Medien müssen den Lebensstil, die Arbeitsweise und das Weltbild unserer kulturell, politisch und wirtschaftlich immer weiter differenzierenden Gesellschaft kennen und verfolgen, um deren Kommunikationsbedürfnisse durch ihre Publikationen zu befriedigen.

Diese durch Kommunikation vermittelte gesellschaftliche Wirklichkeit aktiv mitzugestalten, ist eine wichtige Aufgabe und auch Chance für moderne Öffentlichkeitsarbeit. Sie wird deshalb in Zukunft ein unverzichtbares und deshalb selbstverständliches Element in der Planung und Steuerung großer und mittlerer Unternehmen sein. Und auch die Führung großer Verbände, Organisationen und Interessengruppen erfordert das Instrument der Public Relations mehr als bisher. Denn durch die Teilnahme am öffentlichen Austausch von Informationen eröffnen sich für gesellschaftliche Gruppen und auch für Unternehmen viele Möglichkeiten, in der gesellschaftlichen Wirklichkeit zu agieren. Um in den sich ändernden Verhältnissen erfolgreich zu bestehen, zur vorausschauenden Existenzsicherung, aber auch zur Durchsetzung eigener Anschauungen und Interessen, gehören aktive Kommunikationsgestaltung und überzeugende Selbstdarstellung.

An die Öffentlichkeitsarbeit der neunziger Jahre werden angesichts dieser Lage hohe Ansprüche gestellt. Sie wird eingesetzt, um

- die Aufgaben von Unternehmen oder Gruppen, ihre Tätigkeiten und Verhaltensweisen deutlich zu machen;
- die Position und Beschaffung von Produkten und ihre Bedeutung für Handel und Verbraucher zu erläutern;
- Zusammenhänge in den vielen Bereichen unseres gesellschaftlichen Lebens transparent zu machen und einzelne Aspekte verständlich darzustellen beziehungsweise unterschiedliche Standpunkte zu diskutieren;
- durch sachliche und ehrliche Information sowie durch entsprechendes Verhalten Vertrauen und Glaubwürdigkeit zu schaffen und langfristig zu sichern;
- Verständnis und Einverständnis der Öffentlichkeit für die Interessen von Unternehmen oder Gruppen zu mobilisieren;
- durch Kommunikation Unsicherheiten zu beseitigen, Anpassungsängste zu überwinden und neue Perspektiven aufzuzeigen.

Die Bandbreite dieser Aufgaben und ihre erfolgreiche Lösung werden durch die unterschiedlichen Strukturen der anzusprechenden Zielgruppen und ihrer differierenden politischen und sozialen Lebensverhältnisse noch komplizierter und schwieriger. Hier werden es vor allem PR-Agenturen sein, die die Kommunikationsaufgaben zu lösen helfen, ja, die sogar eine Führungsrolle in der Kommunikation übernehmen. Denn Werbung stellt heute nur noch einen kleinen Teil der Kommunikation von Unternehmen oder Gruppen dar. Weil sie von ihrer Aufgabenstellung und Wirkungsweise her nicht darauf eingestellt ist, die gesamten Kommunikationsaufgaben eines Unternehmens oder einer gesellschaftlichen Gruppe zu lösen. Bei fast allen Interessengruppen besteht zukünftig ein steigender Bedarf an Öffentlichkeitsarbeit, die umfassender und differenzierter als bisher angelegt ist.

Für PR-Agenturen ergeben sich daraus folgende Schlußfolgerungen:

1. Die Aufgaben von PR und deshalb auch von Agenturen, die entsprechende Beratung und Durchführung übernehmen, werden in den nächsten Jahren vielseitiger als bisher sein. PR-Agenturen werden die Lösung von Kommunikations-Problemen sowohl von Unternehmen, Verbänden, Behörden als auch von gesellschaftlichen Gruppen, Ländern, Institutionen oder auch von Einzelpersönlichkeiten übernehmen. Wirkungsfeld kann dabei sowohl die innere als auch die äußere Öffentlichkeit sein.

2. Die PR-Agentur der neunziger Jahre entwickelt sich für die Lösung dieser umfangreichen Aufgaben von der reinen „Presseagentur" klassischen Stils immer stärker hin zu einer Agentur für Gesamtkommunikation. Das ist erforderlich, weil die Informationswege und -möglichkeiten umfangreicher geworden sind und weil auch die Informationstechnologien zunehmend vielseitiger werden.

Neben dem Angebot von Generalisten für Gesamtlösungen werden sich dabei aber auch kleinere PR-Agenturen oder spezielle Servicebereiche in den Agenturgruppen zunehmend auf Spezialleistungen orientieren. Dazu gehören beispielsweise Themen wie Krisenmanagement, Personale Kommunikation, Social und Cultural Sponsoring, Finanz-PR, Umwelt-PR, Tourismus-PR, High-Tech-PR, aber auch Gesundheitsthemen, Lobbying oder Sport-Sponsoring. Durch diese Spezialisierungen können dem Kunden Leistungen mit besonderer Perfektion und Qualität angeboten werden.

3. Neben den bisherigen Mitteln und Methoden der Informationsvermittlung wird die PR-Agentur der neunziger Jahre für ihre Aufgabenlösungen im Rahmen des Kommunikations-Mix Informationsmittel einsetzen, die bisher nur aus der Werbekommunikation geläufig sind (Anzeigen, Plakate, bezahlte Spots in Funk und TV), aber auch gestaltete redaktionelle Kommunikation im audiovisuellen Bereich. Dazu kommen neue Methoden wie zum Beispiel Maßnahmen interaktioneller und interpersoneller Art (Personale Kommunikation).

4. Die Kommunikationsinhalte von PR-Maßnahmen in den neunziger Jahren werden nicht mehr schwergewichtig auf den Interessen ihrer Absender basieren, sondern mehr auf den Erwartungen und Bedürfnissen der gesellschaftlichen Gruppen, die sie erreichen sollen. Dabei müssen die Ansprüche und Grundlagen von nationalen Kulturen ebenso berücksichtigt werden wie die sozialen und demographischen Strukturen des jeweiligen Landes, in dem sie stattfinden. PR-Maßnahmen des kommenden Jahrzehnts werden sich weiterhin auch an den Wirkungsgesetzen und Prinzipien von Wirtschaft und Politik, aber auch an den Problemen einer neuen, zeitgemäßen Ethik orientieren. Denn von außerordentlicher – um nicht zu sagen alles entscheidender – Bedeutung für den Erfolg und die Wirksamkeit von PR-Maßnahmen sind die Akzeptanz und die Glaubwürdigkeit des Absenders der Kommunikation bei seinen Empfängern oder Adressaten. Offenheit und Ehrlichkeit sind in diesem Zusammenhang wichtige Verhaltensweisen.

5. In Zukunft wird die PR zwei Schwerpunktbereiche haben, in denen sie stattfindet und auf die sie wirkungsmäßig abzielt. Zum einen werden es nach wie vor lokale, regionale oder national orientierte PR-Probleme sein, die für Unternehmen oder Interessensgruppen in ihren internen Wirkungsbereichen oder mit der Richtung auf externe Zielgruppen bearbeitet werden. Für ihre Lösung gibt es national orientierte PR-Agenturen oder die nationalen Agenturen der Networks. Zum zweiten sind es dann umfassende grenz- oder branchenüberschreitende Aufgaben. Für ihre Lösung steht die Full Service-PR-Agentur der neunziger Jahre zur Verfügung, die durch die Bandbreite ihrer Leistungen und durch die Ausbildung ihrer Mitarbeiter zunehmend auch in der Lage sein wird, solche umfassenden Kommunikationsaufgaben für ihre Kunden zu lösen. Dazu gehören neben nationalen Aufgaben im gesamten Bereich Öffentlichkeitsarbeit auch grenzüberschreitende Aufträge.

Für die Planung und Durchführung von solchen umfassenden Aufgaben über nationale Grenzen hinweg haben sich folgende Organisationsformen von Agenturen gebildet:

Da gibt es die internationalen oder europäischen Networks wie z. B. Shandwick, Burson-Marsteller, Hill & Knowlton, EUROCOM CORPORATE & PR und andere. Das sind Agenturen, deren Niederlassungen in den jeweiligen Kulturen ihrer Länder gewachsen sind, international ausgerichtet, aber von nationalen Managern geführt werden. Ihr Charakteristikum ist die einheitliche, grenzüberschreitende Arbeitsweise bei Beachtung von nationalen Kulturen und Mentalitäten in der Durchführung. Durch die mehrheitlichen Inhaberverhältnisse stellen sie grenzüberschreitende einheitliche Management-, Denk- und Arbeitsstrukturen sicher.

Eine zweite Gruppe sind die nationalen Agenturen, die sich für die Durchführung von internationalen und grenzüberschreitenden Aufgaben mit Agenturen in anderen Ländern verbinden. Diese Agenturen bleiben national und inhaberorientiert, haben jedoch in den wichtigsten Ländern der Welt einen festen Kooperationspartner, den sie ansprechen können, wenn ein Kundenauftrag es erfordert. Ein Beispiel für diese Organisationsform ist die Worldcom-Gruppe, zu der zur Zeit 62 Agenturen gehören.

Eine dritte Gruppe bilden nationale Agenturen, die sich für die Durchführung von grenzüberschreitenden Aufträgen jeweils nur von Fall zu Fall Projektpartner in den Ländern suchen, in die der Kundenauftrag reicht. GPRA-Agenturen finden solche Partner beispielsweise über die Kontakte, die ihr Agenturverband über die ICO (The International Committee of Public Relations Consultancies Associations) und deren Mitglieder in den wichtigsten europäischen Ländern aufgebaut hat.

In jeder der beschriebenen Organisationsformen ist die jeweilige nationale PR-Agentur gleichzeitig auch die Leitagentur. Sie ist zuständig für die Entwicklung der

Konzeption und ihre europäische oder internationale Umsetzung. Die nationale Agentur übernimmt den Kontakt zum nationalen Kunden; die Niederlassungen oder Koop-Partner in den Ländern sind bei Bedarf zusätzlicher Ansprechpartner für den Kunden oder seine jeweiligen Niederlassungen in den einzelnen entsprechenden Ländern.

Die Arbeits- und Abrechnungsformen müssen für den jeweiligen Auftrag speziell vereinbart werden. Sie entsprechen jedoch den wirtschaftlichen Strukturen der Länder, in denen überall inzwischen organisierte PR-Agenturarbeit zu finden ist.

Der Vollständigkeit halber soll auch noch eine vierte Form der internationalen PR-Agenturarbeit erwähnt werden. Es ist die Organisation der Agenturgruppe durch den Kunden, der seinen Niederlassungen in den jeweiligen Ländern im Rahmen ihrer Organisations- und Ergebnisverantwortung auch die Auswahl der nationalen Arbeitspartner überläßt. Das Management dieser Niederlassungen bringt dabei den Agenturpartner seiner Wahl in eine europäische oder internationale Arbeitsgemeinschaft ein, und die Lenkung der so entstandenen Agenturgruppe erfolgt durch die Fachabteilungen des Kunden.

Es wäre vermessen, heute schon zu sagen, welche Form der internationalen Arbeit die beste ist. Es sind immer die Ergebnisse, die zählen, und nicht die Organisationsformen. Aus der Werbung wissen wir inzwischen, daß beim Global Marketing die Berücksichtigung der nationalen Strukturen unerläßlich ist, daß es deshalb auch Global Advertising ohne Beachtung der nationalen Bedürfnisse nicht gibt. Bei allen großen internationalen Kampagnen und Strategien können jedoch Global Agencies durch die konsequente Anwendung der Synergieeffekte eines Networks gute Leistungen bieten. Das ist im PR-Bereich nicht anders. Die Praxis der kommenden Jahre wird jedoch zeigen, wer bei solchen Aufträgen „die Nase vorn" hat.

Eins steht jedoch schon heute fest:

Unsere politischen und wirtschaftlichen Horizonte werden weiter. Und die neunziger Jahre bringen auch für PR-Agenturen neue Herausforderungen. Eine Chance für alle, die sich richtig darauf einstellen.

Autorenvita siehe folgende Seite!

Foto: ABC/EUROCOM Corporate & PR/Düsseldorf

**Dipl. phil.
Günter F. Thiele**

**ABC/EUROCOM
Corporate & PR
Agentur für Kommuni-
kation GmbH & Co. KG
Rosenstraße 10
4000 Düsseldorf 30
Tel.: 02 11 / 49 73-0**

Günter F. Thiele wurde am 12. Februar 1934 in Bitterfeld/Sachsen-Anhalt geboren.

Dem Abitur folgte ein Studium der Germanistik und Psychologie an der Martin-Luther-Universität in Halle-Wittenberg.

Beim Mitteldeutschen Rundfunk, Sender Leipzig, war er dann Redaktionsassistent, bei der Henkel & Cie GmbH in Düsseldorf arbeitete er als Journalist und PR-Mann. Eine weitere wichtige Station im Berufsleben von Günter F. Thiele war seine Stellung als Cheftexter bei der R. W. Eggert Werbeagentur.

Bei der ABC Presse-Information, der heutigen ABC/EUROCOM Corporate & PR, Agentur für Kommunikation, ist er als Geschäftsführender Gesellschafter tätig.

Seine langjährigen Erfahrungen im Bereich Marketing-Kommunikation und Öffentlichkeitsarbeit spiegeln sich unter anderem wider in seiner Funktion als Präsident der Gesellschaft Public Relations Agenturen e.V. (GPRA).

Sein persönliches Motto:
„Lebe und arbeite heute so, daß Du auch morgen noch gerne darauf zurückblicken kannst!"

Kleine Tiere,
große Wirkung für die Umwelt.

Im Jahre 1968 gründete Elisabeth Haub, persönlich haftende Gesellschafterin der Unternehmensgruppe TENGELMANN, zur Erinnerung an ihren Vater den Karl-Schmitz-Scholl-Fonds. Dieser Fonds setzt sich für die Erhaltung der Tier- und Pflanzenwelt sowie für die Reinhaltung von Wasser und Luft ein.

Elisabeth Haub hatte früh erkannt, daß der Schutz der Umwelt nicht allein staatlichen Institutionen überlassen werden darf, sondern daß dieses wichtige Thema ein Anliegen aller sein muß.

Aus ihrer Privatinitiative entwickelte sich ein bundesweites Engagement. Bereits seit vielen Jahren werden in den Filialen der Unternehmensgruppe TENGELMANN unter dem Symbol des Umwelt-Pärchens FROSCH und SCHILDKRÖTE zum Teil bahnbrechende Aktionen durchgeführt. Bei firmeninternen Entscheidungen finden ökologische Aspekte selbst unter Inkaufnahme ökonomischer Einbußen Berücksichtigung. Dabei legt TENGELMANN ganz besonderes Augenmerk auf sparsame Verwendung natürlicher Ressourcen und auf den Ersatz umweltbelastender Produkte durch weniger umweltgefährdende Erzeugnisse.

Für seine Vorreiterrolle im Umweltschutz wurde das Familienunternehmen vielfach ausgezeichnet, u. a. mit dem "Weitblickenden Falken" vom Deutschen Komitee für das Umweltprogramm der Vereinten Nationen – ein Beweis dafür, daß TENGELMANNS Weg **der Umwelt zuliebe** richtig ist.

Die Unternehmensgruppe TENGELMANN

Das Stammhaus der Unternehmensgruppe, die Firma WISSOLL, wurde 1867 von Wilhelm und Louise Schmitz-Scholl in Mülheim a.d. Ruhr gegründet. Aus dem kleinen Handelsgeschäft mit Kolonialwaren ist ein weltweit tätiger Lebensmittelanbieter geworden.

Die Zukunft der PR aus der Sicht einer internationalen Kommunikationsagentur

von Jürgen Togotzes

Der Beginn der achtziger Jahre war in Europa keine besonders glückliche Zeit. Europa litt unter hoher Inflation, hoher Arbeitslosigkeit, Befürchtungen in bezug auf seine Energieversorgung und unter zunehmendem Terrorismus. Jetzt, Ende des Jahres 1990, finden wir in den meisten Ländern wirtschaftliches Wachstum, mäßige Geldentwertung, eine Wiederbelebung der industriellen Basis, einen expandierenden Dienstleistungssektor, neue Chancen in Osteuropa, die Aussicht auf 1993 und für uns Deutsche und unsere Nachbarn die gewaltige, in ihrer gesamten Dimension noch nicht absehbare Herausforderung eines geeinten Deutschlands. Ein neues weltpolitisches Klima, geradezu ideale Voraussetzungen für die Wirtschaft. Eine neue Mobilität ganzer Völker – wer redet noch über die jungen Alten – alles ist im Wandel.

Auf der anderen Seite die Ängste vor einer drohenden Klimakatastrophe, kaum noch beherrschbaren Umweltproblemen, einer immer dramatischer verarmenden dritten Welt, zunehmendem Nationalismus, wieder aufkeimendem Antisemitismus, um nur einige Problemfelder zu nennen. Dies sind längst keine nationalen Themen mehr. Das sind vielmehr internationale Ängste. Und auch die Hoffnungen sind international. Wer dabei immer noch in den Grenzen der nationalen oder gar regionalen Kommunikation denkt, für den ist der PR-Zug der Zukunft bereits abgefahren.

Hier Dynamik und Hoffnung, dort unüberwindbar scheinende lebensbedrohende Entwicklungen. Eine Zeit der Gegensätze, in der sich Veränderungen zum Positiven oder Negativen in immer rascheren Abläufen entwickeln.

Die Bezeichnung „Dekade der Veränderungen", unter der die neunziger Jahre wahrscheinlich einmal Geschichte sein werden, steht sicher auch für die Entwicklung der Public Relations.

Bei jeder Veränderung besteht der Bedarf, die Menschen zu informieren, zu erziehen, zu unterrichten, zu überzeugen und zu motivieren, neue Ideen, neue Bedingungen, neue Regeln und Ereignisse zu akzeptieren. Neue Märkte entstehen, die bedient werden müssen. Neue Produkte und Dienstleistungen werden entwickelt und müssen verkauft werden. Wir werden uns viel einfallen lassen müssen, damit dies wirkungsvoll, reibungslos, ohne Probleme und Friktionen geschieht, damit die Menschen aus Verständnis und Überzeugung mitziehen und nicht überfahren werden. Und dazu bedarf es auch der Kommunikation. Die Nachfrage nach Öffentlichkeit und Öffentlichmachen wird so hoch sein wie nie zuvor.

Die Kommunikationsindustrie steht nach Jahren erheblicher, kaum verkraftbarer Zuwachsraten – der Nachwuchs fehlt – einem neuen, praktisch unbegrenzten Wachstum gegenüber. Immer mehr Top-Manager in den Unternehmen, Institutionen und den politischen Parteien haben Kommunikation als Führungsaufgabe, -instrument und vor allem als Verpflichtung erkannt und praktizieren sie. Die an die Berater in den und außerhalb der Agenturen gestellten Aufgaben werden immer komplexer, schwieriger und fordernder. Eine spannende und aufregende Situation. Eine gewaltige und gleichzeitig riskante Herausforderung. Riskant nämlich für jene, die mit den globaler und komplexer werdenden Anforderungen der Kommunikationswelt nicht Schritt halten können.

Die PR-Branche hat jahrelang gefordert, in der Hierarchie ganz oben – möglichst neben dem Vorstandsvorsitzenden – ihrem Beratungsgeschäft nachzugehen. Die Industrie hat das inzwischen akzeptiert und fordert nun ein. Doch wieviele Kommunikationsexperten gibt es, die das wirklich einlösen können? Die ketzerische Frage lautet: Ist die Realität der PR-Beratung mit der von uns mit initiierten Nachfrage kongruent?

Oder anders: Ist unsere Branche dieser Aufgabe gewachsen? Ist in dem vor uns liegenden Umfeld radikalen Wandels die Kommunikation nicht vielleicht zu wichtig, als daß sie den „professionellen" Kommunikatoren überlassen werden kann?

Die Antwort auf diese sehr beunruhigende Frage ist darin zu finden, wie wir PR-Leute unsere Rolle in der Zukunft definieren und ausfüllen. Die Gewinner werden die unter uns sein, die den Standpunkt des Managements als Manager einnehmen können und nicht nur dessen gelegentliche Rolle als Kommunikator. Was heißt das?

In den letzten zwanzig Jahren hat sich der Beruf des PR-Beraters mehrfach grundlegend verändert. Heute wird von einem Kommunikationsberater sehr viel mehr erwartet und verlangt als je zuvor. Diese Entwicklung hat sich in mehreren Schritten abgespielt, die unterschiedliche Fragestellungen und Anforderungen an den Berufsstand stellten.

Zunächst einmal waren die früheren „PR-Berater" fast ausnahmslos ehemalige Journalisten. Die Zielgruppe ihrer Bemühungen war folgerichtig auch sehr einseitig: die ehemaligen Kollegen. Das Verfassen von Pressemeldungen und das Organisieren von Veranstaltungen aus der Sicht der Unternehmen war die Regel. In jener Zeit – die allerdings für manche Unternehmen noch immer nicht vorbei ist –, als die Unternehmen und Institutionen ihrer Tätigkeit weitgehend unter Ausschluß der Öffentlichkeit nachgingen, die Zuhörerschaften noch wohlwollend das nicht immer verständliche Treiben begleiteten, wurde die PR-Funktion dazu gebraucht, die Frage zu beantworten

"Wie sage ich es?"

Die Unternehmensleitung kannte ihre Zielgruppe und den Inhalt der Nachricht. Die PR-Menschen wurden nur dazu gebraucht, sie in Worte oder Bilder oder beides zu fassen. Die PR-Abteilung oder die PR-Agenturen waren „Formulierungsgehilfen".

Aber dann plötzlich begann die Öffentlichkeit zunehmend an den Tätigkeiten des „big business" Interesse zu zeigen. Kritische, fordernde und oft durch spektakuläre Aktionen begleitete Fragen wurden gestellt. Fragen über die Unternehmenspolitik, Standortpolitik, nach Herstellungsverfahren, Umweltgefährdung durch die Produktion, Verträglichkeit von Produkten und vor allem Fragen nach der Vertretbarkeit des unternehmerischen Handelns. Angeführt von Bewegungen wie den Umweltschützern, den Verbraucherverbänden, nationalen und internationalen „pressure groups" war der „Burgfrieden" gestört. Unfreundliche Medien, unfreundliche Behörden, unfreundliche Gruppen jeder Art und politischer Couleur stellten neue Anforderungen an die Kommunikationsbereitschaft und -fähigkeit der bis dato mehr oder minder ungestört Handelnden. Nun mußte man über Dinge reden und Probleme kommunizieren, die die meisten Unternehmensführungen vorher als Privatsache betrachtet hatten. Das führte zwangsläufig zu der Frage

„Was sind das für Menschen, und *was* soll ich ihnen *sagen*?"

In dieser Phase haben Public Relations zum ersten Mal ein eigenständiges Profil gewonnen. Vorstandsmitglieder begannen, sich auf die besten Praktiker der Öffentlichkeitsarbeit zu stützen, um diese neuen Zielgruppen zu analysieren und dabei zu helfen, neue Kommunikationswege zu öffnen, den Dialog vorzubereiten. Der PR-Mann/die PR-Frau wurde zum Berater, das Management nahm sich Zeit für diese Aufgaben – „PR als Führungsinstrument" wurde zum akzeptierten Bestandteil der Managementfunktion. Kommunikationspolitik wurde Teil der Unternehmensphilosophie. Public Relations fanden eine neue Wertigkeit.

Aber die Zeiten und Prioritäten ändern sich weiter. Neue Märkte entstehen. Der Wettbewerb verschärft sich. Die Gewinne drohen zu schrumpfen. Unternehmen, die noch vor kurzem glänzten, wie Nixdorf, werden übernommen. Oder verschwinden sogar vom Markt. Unternehmen, die noch vor zehn Jahren aus ihrer nationalen Stärke heraus unantastbar und für die Zukunft gerüstet schienen, fusionieren mit inländischem oder ausländischem Kapital, um gegen die Herausforderung des Wettbewerbs zu bestehen, größer, mächtiger zu werden, sich am Weltmarkt zu behaupten oder schlicht zu überleben.

Neue Unternehmensstrukturen und -kulturen entstehen – oft mehr zufällig als geplant. Sprachbarrieren, nationale Mentalitäten und Gewohnheiten müssen überwunden, Einstellungen zum Unternehmen und zur Arbeit, Qualitätsbegriffe neu definiert werden.

Der Mitarbeiter, als das wesentliche Kapital der Unternehmen, wird in Zukunft noch stärker als Kunde gesehen und behandelt werden müssen. Es reicht nicht aus, daß er den Weg kennt und „ausreichend" informiert ist. Er muß in die Lage versetzt werden, die Informationen im Kontext zu erhalten, um sie eindeutig zu verstehen und als Teil seines eigenen Selbstverständnisses zu akzeptieren. Unternehmenskultur muß zum geistigen Besitz werden. Und das ist nur zu erreichen, wenn der Mitarbeiter den Entstehungsprozeß mitgestalten kann, wenn er einbezogen ist. Das erfordert neue Kommunikationskonzepte und Kommunikationsprozesse. Dabei ist der Weg zunächst wichtiger als das Resultat.

Das alles sind handfeste Aufgaben, die, wenn sie nicht gelöst werden, zu erheblichen Kostenfaktoren werden.

In den Top-Etagen der Unternehmen wird indessen heftiger als je zuvor um Macht, Einfluß und Position gekämpft. Für die Beteiligten geht es um persönlichen Erfolg, Stellung und Karriere. Für sie wird die Aktion, das nachprüfbare erfolgreiche Handeln, wichtiger als die Kommunikation. Aktion mit dem Ziel, daß unter dem Strich mehr bleibt, die Aktien steigen, die Produktivität in den Betrieben verbessert wird, Dienstleistungen erweitert werden, die Wähler an der richtigen Stelle das Kreuz machen.

Wenn der PR-Berater den von ihm so lange erstrebten und nun endlich erreichten Stellenwert innerhalb seines Unternehmens oder bei seinen Kunden bewahren will, muß er zukünftig in der Lage sein, die Frage des Managements

„Was soll ich *tun*?"

zu beantworten. Dabei geht es unter anderem um die Neupositionierung von Unternehmen, Unternehmensargumentation zu Umweltproblemen, zu Merger-Situationen, zur Mitarbeiter-Motivation, Krisenberatung bis zur Entwicklung von neuen Produkten. Bei der Beantwortung dieser Fragen befinden sich die PR-Experten im Wettbewerb mit Anwälten, Unternehmensberatungen, Finanzexperten, Lobbyisten, Marketingberatern und anderen hoch spezialisierten internen und externen Beratern. Wir alle befinden uns auch im Wettbewerb um die Zeit des Managements. Wir kämpfen um das Gehör des Entscheiders. Ich kenne nur wenige Agenturen, die dabei bislang das Gefecht für sich entschieden haben.

Vom „Formulierungsgehilfen" zum intelligenten, sensiblen Mittler von Informationen und Organisator informatorischer Ereignisse für die unterschiedlichsten internen und externen Zielgruppen – also zum „Mittäter"?

Wir sollten uns dabei darüber im klaren sein, daß dies ein schwieriger und für manche ein zu schwieriger Schritt in eine intellektuelle Anforderungsebene ist, die neue Ansprüche an die Qualität des Kommunikationsexperten stellt.

Umfangreiches Managementwissen, Verständnis für Unternehmens- und Organisationsstrukturen, Erkennen von existenten und zukünftigen Bedürfnissen, die Fähigkeit, die tatsächlichen von den scheinbaren Problemen zu differenzieren, Marktkenntnis und Marketingwissen, ein tiefes Verstehen, was die Menschen bewegt und motiviert, sollten unter anderem schon jetzt eine Voraussetzung zur Lösung unserer Aufgabe sein.

Dazu kommt ein solides Fachwissen. Von der Unternehmenskommunikation bis zur Marketingkommunikation. Vom Gesundheitswesen bis zum komplizierten High-Tech-Produkt. Der sachverständige Umgang mit den Medien bis zum Sponsorship-Konzept – alles ist in der strategischen Beratung inbegriffen. Wohl nicht.

Kein Wunder, daß die PR-Abteilungen – ob dem Vorstandsvorsitzenden zugeordnete Stabsstelle oder dem Personalwesen untergeordnete Presseabteilung – in ihrer personellen Entwicklung statisch geblieben sind. Es ist wohl längst bekannt, daß dies Vorhalten von so unterschiedlichen Expertisen schlichtweg zu teuer ist. Die Leistung wird draußen eingekauft. Und mit dieser Leistung wird auch gleichzeitig neues Denken und eine neue Kreativität mitgeliefert, die, ohne betriebsblind zu sein, Probleme analysieren und lösen helfen kann. Eine Herausforderung und Chance für Kommunikationsagenturen, die das leisten können.

Im gleichen Maße, wie die Anforderungen an die Qualifikation der externen Berater gestiegen sind, hat sich auch die Stellung der PR-Manager innerhalb der Unternehmenshierarchien nach oben bewegt und bewegt sich weiter nach oben.

Immer mehr Unternehmen in der ganzen Welt stellen mehr und mehr erfahrene Leute für Spitzenstellungen ein und bezahlen sie auch entsprechend hoch. Die Erfahrung, daß wir es heute in den Unternehmen mit PR-Managern hoher Professionalität zu tun haben, wird täglich neu gemacht. Und selbstverständlich funktionieren Agenturen viel besser, wenn die Öffentlichkeitsarbeiter des Kunden stark sind. Das geht Hand in Hand mit einem immer besseren und intensiveren Zugang zur obersten Geschäftsleitung. Tatsächlich hat der Vorstandsvorsitzende nur zwei Werkzeuge zu seiner persönlichen Verfügung – Finanzkontrolle und Kommunikation. Und nicht umsonst hält der Vorstandsvorsitzende von Daimler-Benz, Edzard Reuter, seinen obersten Öffentlichkeitsarbeiter für seinen „wichtigsten Mitarbeiter". Das wohl auch vor dem Hintergrund der Neustrukturierung des Konzerns.

Für große internationale Agenturen wird die neue Situation auf der Kundenseite zur bestimmenden Größe der Personalentwicklung, des Personal-Recruitements und damit auch zum Erfolgsgaranten der Agentur. Konkret haben wir für alle angesprochenen Problemfelder erfahrene Spezialisten zur Verfügung.

Internationale PR-Agenturen: Einfach nur größer oder tatsächlich besser?

Allein die Größe einer Agentur sagt noch nichts über deren Qualität. Doch je größer eine Agentur ist, desto größer kann (zumindest bei erfolgreichen Agenturen) auch die Auswahl an qualifizierten Spezialisten sein. Bereits heute kann Burson-Marsteller für alle erwähnten Problemfelder der Kommunikation erfahrene Experten zur Verfügung stellen und auch künftig wird auf die qualifizierte Personalentwicklung gesetzt. Schon vor Jahren prägte Jim Dowling, Chief Executive Officer von Burson-Marsteller, deshalb den Begriff des „seamless communications network". Er meinte damit ein Kommunikationsunternehmen, das nahtlos zusammenarbeiten und all seine Ressourcen standortunabhängig zur Problemlösung einsetzen kann. Dahinter steckt ein Netzwerk von 55 Büros rund um den Globus, das seine Erfahrungen, seine Ideen, sein Wissen und seine Experten „poolen" kann, wenn es die Aufgabe erfordert. Ein „PR-Management-Tool" also, von dem letztlich jeder einzelne Mitarbeiter, jedes Büro, die weltweite Agentur und vor allem der Auftraggeber profitieren.

Dafür mußten die Voraussetzungen geschaffen werden: ein einheitliches Verständnis weltweit dessen, was wir tun, gleiche Arbeitsweisen, der ständige Austausch von Informationen über neue Kommunikationstechniken, Trends und Marktentwicklungen. Dazu wurde von Anfang an die kontinuierliche Ausbildung der Mitarbeiter durch interne und externe Seminare festgeschrieben. Mit dieser Investitionsleistung – dem Aufbau eines einheitlichen Standards und dem Bemühen um qualifizierte Mitarbeiter – kann heute weltweit die gleiche Qualität in der Beratung und Durchführung garantiert werden.

Hinzu kommt, daß heute viele Berater ein Wissen mitbringen, das weit über die PR-Welt hinausgeht. Sie bringen Erfahrungen mit aus der Politik, den Wirtschaftswissenschaften, dem Finanzwesen, der Chemie und der Medizin. Sie sind Betriebswirte, Rechtsanwälte, Lehrer und Journalisten. Manche sind mittlerweile Top-Berater, die europäisch und weltweit quer durch Agentur-Networks operieren.

So kommt es nicht von ungefähr, daß zahlreiche Auftraggeber zwar von einem nationalen Büro betreut werden, oft jedoch das gesamte Agentur-Netzwerk zur Problemlösung nutzen. Deshalb ist die multinationale Kommunikation eine der größten Herausforderungen der vor uns liegenden Jahre. Hier haben internationale Agenturen einen großen Vorsprung gegenüber jenen, die bislang nur in nationalen Dimensionen dachten und handelten. Denn sie kennen die Mentalität und die Anforderungen ihrer Gesprächspartner weltweit, und sie profitieren von den Erfahrungen ihrer Büros in jenen Ländern, in denen die Public Relations auf eine längere

Tradition zurückblicken als in Europa (etwa in den USA, in England, in Kanada und Australien).

Doch trotz seiner internationalen Präsenz richtet Burson-Marsteller sein Augenmerk zunächst stets auf den nationalen Markt. Erst an zweiter Stelle folgt die Region, dann Europa und schließlich die Welt. Diese nationale Konzentration hat einen einfachen Grund: Nur wenn die dort ansässigen Büros eigenständige, know-how-starke Teams sind, läßt sich europa- oder weltweit eine einheitlich qualitative Kommunikationsleistung erbringen.

Denn längst haben viele unserer Auftraggeber erkannt, daß sie kommunikativ nicht isoliert und abgesichert in ihrem Heimatmarkt leben. Und das sind beileibe nicht nur die großen multinationalen Unternehmen. Kommunikation wird zwangsläufig immer internationaler. Kein unternehmerisches Problem kann nur noch in den Grenzen der unmittelbaren Nachbarschaft gelöst werden – keine unternehmerische Chance wird sich nur noch auf einen Markt bezogen ergeben. Eine negative Information über das Unternehmen, ein Produkt, ein Herstellungsverfahren, entstanden im entferntesten Winkel der Erde, zeigt binnen kürzester Zeit Wirkung im Heimatmarkt. Die Auswirkungen sind vorstellbar: Imageverlust, Markteinbußen, Verlust an Glaubwürdigkeit und Vertrauen – im schlimmsten Fall Rücknahme des Produktes vom Markt. Für das Management ergibt sich hier die Notwendigkeit, die Frage an die Kommunikationsexperten zu stellen: Wie gehe ich damit um, was soll ich tun?

Im Falle von Birkel waren die Berater offenbar nicht in der Lage, diese Frage im Sinne des Unternehmens zu beantworten. Denn obwohl Birkel seinen Prozeß gegen die fahrlässige und falsche Behauptung, daß mit seiner Produktion etwas nicht in Ordnung sei, gewonnen hat, war dieser Sieg letztlich ein Verlust: Birkel wurde verkauft. Ich behaupte, auch die Art und Weise, wie das Unternehmen in der Krise kommuniziert hat, hat zum Resultat beigetragen. Es gibt viele Beispiele, wie Unternehmen ihr Problem in ähnlicher Situation anders gelöst haben – und man kann daraus lernen. Etwa aus dem Fall Perrier, der meiner Meinung nach exemplarisch ist für eine hervorragende kommunikative Lösung einer, wenn auch etwas anders gelagerten, Krise.

Die Zukunft gehört nicht dem PR-Tausendsassa, der solche Kommunikations-Krisen aus dem Stegreif managt. Die Zukunft gehört vielmehr jenem Kommunikationsstrategen, der aus der Sicht der Unternehmensleitung ein eingespieltes, erfahrenes Expertenteam aller zur Lösung der Aufgabe benötigten Kommunikationsdisziplinen einsetzt und verantwortlich koordiniert. Dabei ist die lokale Expertise genauso wichtig wie das Einbringen von internationalen Erfahrungen bei ähnlich gelagerten Aufgabenstellungen. Und hier haben internationale Agenturen mehr zu bieten als nur die zahlenmäßige Größe ihres Mitarbeiterstabes: sie besitzen den Heimvorteil, wo immer er gefordert ist – national, regional und weltweit.

Die Kommunikationsberater der Zukunft: Alte Talente oder neue Experten?

Um es vorweg zu nehmen: Die Kommunikationsberatung hat in den kommenden Jahrzehnten ihre bisher größte Chance, eines der wichtigsten wirtschaftlichen, politischen und sozialen Führungsinstrumente zu werden. Denn kein öffentlicher Prozeß wird sich mehr ohne Öffentlichkeitsarbeit steuern lassen – und niemals zuvor mußten so viele unterschiedliche Bedürfnisse, Faktoren und Interessen berücksichtigt werden. Die Aufgabe der Kommunikationsexperten wird es deshalb sein, den neuen Bedürfnissen ihrer Auftraggeber gerecht zu werden. Das betrifft in erster Linie die Beratung und Aktion mit meßbarem, nachvollziehbarem Nutzen. Doch nicht nur das. Sie werden Prozesse und Entwicklungen nicht mehr nur ermöglichen, sondern vielmehr vorhersehen und zielgerichtet einplanen müssen. Die Rechnung mit der unbekannten Größe – jenem Fall, der eintreten könnte, auch wenn er nicht eintreten darf – wird noch genauer als bisher kalkuliert werden müssen.

Da jedoch auch der beste Kommunikationsexperte kein Prophet oder Hellseher sein kann, wird sich das Unvorhergesehene nur mit Hilfe einer stärker projektorientierten Arbeit faßbar machen lassen. Projekte allerdings, die sich über Jahre erstrecken können, die ad hoc auf Problemstellungen reagieren und Einfluß nehmen, die aber gleichzeitig langfristigen Unternehmensstrategien unterliegen. In dem Maße, wie sich die Öffentlichkeitsarbeit mehr in diese Richtung bewegt, wird es sowohl notwendiger als auch leichter, die Ergebnisse zu messen. Berater und Agenturen, unabhängig von ihrer Größe, werden ihren Kunden gegenüber stärker verantwortlich und rechenschaftspflichtig sein. Ihre Aktionen müssen sich bereits im Vorfeld in ihrer Wirkung berechnen lassen. Auch wenn es ketzerisch klingen mag: Die Kommunikationsexperten werden gezwungen sein, professioneller zu werden. Denn während heute noch viele Berater hervorragend über „Ergebnisse" reden können und damit wohl auch einige Kunden zufriedenstellen, werden sie nun „Ergebnisse" vorweisen müssen.

Dabei wird das Zusammenspiel der einzelnen Kommunikationsdisziplinen – Werbung, Direct Marketing, Verkaufsförderung und Public Relations – eine immer wichtigere Rolle einnehmen. Das Schlagwort der achtziger Jahre hieß „integrierte Kommunikation" oder „Gesamtkommunikation aus einer Hand". Nur praktiziert wurde sie recht selten. Die einzelnen Dienstleistungen liefen parallel, manchmal sogar abgestimmt, aber fast nie tatsächlich integriert. Die komplexen Aufgabenstellungen unserer Kunden aber erfordern in Zukunft strategische Konzepte, in denen jede einzelne Kommunikationsmaßnahme aufeinander aufbaut. Das führt zu Resultaten. Und aus diesem einfachen Grund wird die integrierte Kommunikation in den neunziger Jahren Realität werden müssen. Dies haben auch die großen Werbeagenturen erkannt. Kein Wunder, denn die Zuwächse der sogenannten „below the line" Kommunikation sind enorm. Heute ist das Verhältnis des erwirtschafteten Honorarvolumens zwischen klassischer Werbung und den anderen Kommunikationsdisziplinen fast 50:50. Und es scheint sich weiter zuungunsten der klassischen Werbung zu verändern.

Die Trendwende kommt nicht von ungefähr. Ein Kommunikationsproblem läßt sich kaum noch oder zumindest höchst selten durch den Einsatz nur einer einzigen Kommunikationsdisziplin lösen. Vielmehr ist ein Konzept gefordert, welches die Stärken der einzelnen Disziplinen synergetisch zusammenfaßt und so die Wirkung der Botschaft multipliziert und optimiert. So wie der „runde Tisch" in der DDR die neuen politischen und kommunikativen Probleme zu lösen versuchte, so werden künftig auch die einzelnen Kommunikatoren – klassische Werber, PR-Berater, Experten für Direct Marketing, Sponsoring und Promotion – gleichberechtigt an der integrierten, vernetzten Problemlösung zusammenarbeiten müssen.

Dies ist um so notwendiger, als die Bedürfnisse der Menschen immer differenzierter, die Zielgruppen segmentierter und der Anspruch auf umfassende Kommunikation akzentuierter werden. Das wird noch stärker auf die Art der Kommunikation Einfluß nehmen – sowohl in bezug auf die Unternehmenskommunikation als auch für die Bewerbung von Produkten gleich welcher Art.

Ein Bereich der Öffentlichkeitsarbeit, der in den neunziger Jahren enorm wachsen wird, heißt deshalb „Corporate Positioning": das Positionieren von Unternehmen in einem Markt zunehmenden Wettbewerbs, beeinflußt von Akquisitionen, Fusionen, Restrukturierungen, Marktanpassungen und der Globalisierung. In diesem Umfeld wird es immer schwieriger, aber auch immer notwendiger, weltweit ein klares, deutliches Erscheinungsbild – und mehr noch eine identifizierbare, unverwechselbare Unternehmenskultur – zu leben und zu haben. Denn die Öffentlichkeit – ob intern oder extern – ist in sich differenzierter, skeptischer und fordernder geworden. Je enger die Welt kommunikativ zusammenrückt, desto wichtiger ist die zielgerichtete Ansprache, die Rücksicht nimmt auf Interessen, Mentalitäten und Bedürfnisse.

Ohne die Hilfe neuer Kommunikationsformen und -wege wird diese Aufgabe nicht zu bewältigen sein – und ein wesentlicher Teil davon wird auf den Einsatz moderner Kommunikationstechnologien entfallen. Das Stichwort heißt hier „Management von Wissen". Es beinhaltet das jederzeit abrufbare Know-how aus einer elektronischen Datenbank wie auch das Brainstorming – die Ideenfindung – auf digitalem Wege. Phantastische Möglichkeiten stehen uns offen, wenn wir nur etwa an die weltweite digitale Vernetzung aller Büros einer internationalen Agentur denken: PR-Konzepte etwa können direkt mit den notwendigen Hintergrundinformationen erstellt werden, weil sich benötigte Analysen, Statistiken und Ausarbeitungen per elektronischer Abfrage aus dem gemeinsamen Datenpool auf den Bildschirm holen lassen.

Neue Formen der Präsentation ermöglichen uns die Visualisierung des gesprochenen Wortes mit bislang ungeahnten Möglichkeiten. Und die stets abrufbare Wissensbasis macht uns unabhängig von Zeit und Raum. Dabei geht es nicht um die PR-Strategie auf Knopfdruck, die vom Computer ausgespuckt wird. Jeder Kommunikationsfall ist anders gelagert, doch es gibt Bereiche und Themen, über die in Zukunft alle reden und die von jedem berücksichtigt werden müssen. Was liegt näher, als solche Erfahrungen elektronisch zu speichern und dann, im jeweiligen Fall, individuell einzusetzen.

Eines dieser großen Themen, mit denen sich in Zukunft die Kommunikationsexperten und ihre Auftraggeber werden auseinandersetzen müssen, ist der Umweltschutz. Er ist – wie auch die Sorge um die Gesundheit und die Sicherung des Friedens – ein weltweites Anliegen. Wenn wir als Kommunikationsberater es nicht schaffen, die individuellen und zum Teil sehr unterschiedlichen Bedürfnisse, Ängste und Anliegen hinter diesen Themen zu verstehen, zu analysieren und zu verarbeiten, wird unsere „Sprache" kein Gehör finden. Berechtigte und unberechtigte Ängste und Sorgen der Bürger vor einer Ökokatastrophe, an der die Industrie – zumindest in den Augen der Öffentlichkeit – einen erheblichen Anteil geleistet hat und leistet, sind nicht wegzudiskutieren.

Ohne auf den Wahrheitsgehalt dieser Feststellung näher einzugehen, steht eines fest: Die Industrie und ihre Sprecher haben in der Vergangenheit wenig getan, um diese öffentliche Meinung verständlich zu widerlegen. Es ist nicht schwer, aus ihrer Position auf jede gestellte Frage eine Antwort zu haben – doch es geht darum, wie glaubwürdig und überzeugend sie ist. Ich erinnere mich gut daran, als die Automobilindustrie den Einbau von Katalysatoren als wirtschaftlich nicht vertretbare und zeitlich nicht machbare Forderung zunächst heftig ablehnte. Erst als der Gesetzgeber die Voraussetzungen schuf, wurde reagiert. Auch Formaldehyd galt lange als unersetzbar. Heute gibt es kaum noch Produkte, die diese Substanz enthalten, und die Reihe läßt sich beliebig fortsetzen. Die Industrie reagierte oft nur auf Druck. Auf Druck der Verbraucher oder des Gesetzgebers. Ihre Sprecher verloren dabei an Glaubwürdigkeit und das Vertrauen großer Teile der Bevölkerung.

Das Magazin „Fortune" hat festgestellt, daß Umweltschutzfaktoren bereits heute bei vier von fünf Unternehmen einen starken Einfluß auf deren Unternehmenspolitik haben. Die Frage wird sein, wie sich das in ihrem kommunikativen Verhalten denen gegenüber, die bisher die kritischen Fragen gestellt haben, auswirken wird. Die Lösung kann doch nur eine radikale Transparenz – ein Öffentlichmachen – dessen sein, vor dem sich die Menschen, gerade aus Unkenntnis, ängstigen. Wir werden in Zukunft Probleme und unangenehme Sachverhalte kommunizieren müssen, bevor andere ihre Finger daraufgelegt haben. Ein Gedanke, an den sich viele Unternehmer – und möglicherweise auch einige Kommunikationsexperten – noch gewöhnen müssen.

Allein mit dem gelernten Instrumentarium der etablierten Kommunikation wird diese Neuorientierung nicht funktionieren. Pressemitteilungen, Pressekonferenzen, massenmediale Techniken, Broschüren, Poster, Plakate, Spots und raffinierte Werbung reichen nicht aus. Möglicherweise werden wir wieder stärker die Kommunikationstechnik unserer Altvorderen benutzen: den Dialog. Das Gespräch, die Auseinandersetzung vor Ort – selbst das angestaubte Kamingespräch – könnte wieder zu Ehren kommen. Eine Renaissance der verbalen Kommunikation.

Es wird künftig notwendig sein, daß ein Unternehmen, welches zum Beispiel Müllverbrennungsanlagen verkauft, dem Betreiber auch gleichzeitig ein Kommunikationskonzept mitliefert, um den voraussehbaren Problemen am Standort zu begegnen. Eine Problemlösung für den Betreiber, die gleichzeitig der berechtigten Forderung der Öffentlichkeit nach Informationen Rechnung trägt und ihr ihre Ängste vor einer solchen – unbestritten notwendigen und sinnvollen – Anlage nimmt. Schwerpunkt eines solchen Konzeptes wird die Auseinandersetzung mit dem Bürger vor Ort sein.

Um diese Gespräche sinnvoll zu führen, braucht es kommunikativ geschulte, im technischen Bereich versierte Manager. In einer solchen Situation geht es nicht darum, auf jede Frage eine perfekte Antwort parat zu haben, sondern vielleicht auch darum, Verständnis für die Ängste der Menschen zu zeigen und erst dann eine Antwort zu geben oder auch selbst Unsicherheit einzugestehen. Welch ein Sympathiegewinn könnte daraus entstehen. Dies kann man trainieren. „Speakerstraining" heißt hier das Stichwort, das auch bei unserer Agentur immer stärker nachgefragt wird.

Die Umweltschutzbewegung hat sich fest etabliert. Politiker in der ganzen Welt machen sich dieses Thema zu eigen. Ich bin gewiß, daß die meisten aufrichtig sind. Aber ganz unabhängig davon werden sie Sorge dafür tragen, daß selbst diejenigen Unternehmen, die sich nicht schon allein aus Gründen ihres sozialen Gewissens entsprechend verhalten, es tun werden, weil sie die gesetzgeberischen Konsequenzen schon jetzt deutlich vor sich sehen.

Und außerdem ist da noch der Verbraucher, der immer kritischer nicht nur in der Beurteilung und im Kauf seiner Produkte wird, sondern auch in zunehmendem Maße das produzierende Unternehmen im Auge hat. Gerade die Hersteller von Verbrauchsgütern stellt die emotionale Verknüpfung von Unternehmen und Produkt vor ein relativ neues Problem: Wie kann sich das Unternehmen in bezug auf das Produkt positionieren? Beispiele dafür, daß sich das eine vom anderen nicht mehr trennen läßt, gibt es genug: Exxon etwa mußte dies feststellen, als Verbraucher nach dem Ölunfall in Alaska ihre Exxon-Kreditkarten zerrissen, oder Sandoz, als Apotheker nach dem Brand in Basel ihre Sandoz-Präparate auf die Straße warfen. Sicherlich sind dies Krisenfälle, doch ich habe den Eindruck, daß sich die Krisen häufen. Nicht, weil wir mehr Vorfälle dieser Art erleben, sondern weil die Bürger viel aufmerksamer geworden sind und den Ausschluß der Öffentlichkeit nicht mehr akzeptieren.

In der ganzen Welt gehört Krisenmanagement heute zum festen Instrumentarium der Kommunikationsexperten. Und die meisten Unternehmen haben eine Strategie für den Ernstfall in der Schublade. Tatsächlich ist die Industrie gegenüber möglichen Bedrohungen von innen und außen sensibler geworden. Sie weiß, daß es Risiken gibt, die sich nicht abstellen lassen. Und ich bin fast sicher, daß das Unvermeidbare irgendwann eintritt. Ich kenne nur zwei Sorten von Unternehmen: jene, die eine Krise hatten, und solche, die noch eine durchleben werden. Ob das Management tatsächlich darauf vorbereitet ist?

Allzu häufig besteht die Meinung, daß sich Krisenmanagement nur auf physische Katastrophen bezieht. Doch nicht immer ist es eine Explosion, eine leckgeschlagene Ölleitung, ein Flugzeugabsturz oder eine Lebensmittelvergiftung, die zum Krisenfall wird. Manchmal treten Krisen als Kettenreaktion auf, ausgelöst durch einen Vorfall bei einem Unternehmen, der Auswirkungen hat für die ganze Branche. Oder nehmen wir das Problem der wachsenden Müllberge und die dadurch entstandene Diskussion um den (Un-)Sinn überdimensionaler Verpackungen. Auch aus solchen – anfangs allgemein scheinenden Fragestellungen – könnten Unternehmenskrisen entstehen.

Ging es bisher um die bestmögliche Vorbereitung auf den Ernstfall, steht uns jetzt die Zeit der Risikoanalyse bevor. Mehr und mehr Unternehmen beginnen damit, ihre eigentlichen Risikopotentiale weltweit zu erfassen, zu analysieren und zu ermitteln, wie und ob aus Risiken Krisen werden können. Sie werden damit anfangen, Kommunikationsprogramme für die Bereiche zu konzipieren, in denen das Risikopotential am höchsten ist. Kommunikationsprogramme für die Schublade, die hoffentlich nie aktiviert werden müssen. Versicherungen beherrschen diese Strategie der vorbeugenden Absicherung schon seit jeher. Bevor sie bereit sind, die Haftung für mögliche Ernstfälle zu übernehmen, prüfen sie jedes Detail. Wir müssen von dieser „Ganzheitsdiagnose" lernen, denn nur wenn wir alle Schwachstellen eines Unternehmens kennen, können wir gezielte Therapiemaßnahmen vorbereiten.

Dazu gehört auch die Frage, wie wir uns die Massenbewegungen und deren Ideen zunutze machen können. Dabei können wir sicherlich sehr viel von den etablierten Verbraucherschutzverbänden lernen. Und warum sollte diese Bewegung eigentlich immer gegen etwas sein? Eine vernünftige Pro-Raucher-Allianz, die um Toleranz und Verständnis wirbt, auch sanften Druck auf die politischen Entscheider ausübt, könnte der Zigarettenindustrie nur recht sein. Massenlobbyismus? Die Amerikaner nennen es „Constituency Building". In den neunziger Jahren werden immer mehr Unternehmen feststellen, daß sie Verbündete zur Durchsetzung ihrer Unternehmensziele benötigen. Und sie werden raffinierter dabei werden, sie zu finden, wie auch mit ihnen zu arbeiten. Die PR-Konzeptionen der Zukunft werden das berücksichtigen müssen.

In diesem Zusammenhang werden Zielgruppen wie Mitarbeiter, Lieferanten, Aktionäre, Verbraucher und andere Gruppierungen, die direkt oder indirekt am Erfolg des Unternehmens beteiligt sind, außerhalb des tradierten PR-Denkens in den Brennpunkt neuer Programme rücken. Dazu wird zur Durchsetzung politischer Fragen eine neue Form der Koalitionsbildung im kommunikativen Sinne kommen. Eine Verbündetenpolitik, die kurzfristig, zeitlich begrenzt, Gruppierungen mit ähnlichen Ansichten, Meinungen und Bedürfnissen zusammenfaßt, die gemeinsam Forderungen an die Institutionen formulieren und durchsetzen. Dies geschieht unabhängig oder parallel zu den Bemühungen der etablierten Verbände und Organisationen rund um den Deutschen Bundestag. Eine neue, mächtige und wirkungsvolle Form der Öffentlichkeitsarbeit.

Es gibt kein besseres Beispiel und keinen besseren Beweis für diese Feststellung als die Ereignisse in Osteuropa. Zuerst bekämpften die Intellektuellen mehr oder minder versteckt das herrschende System. Sie setzten die Zeichen. Dann kamen in vielen Fällen die Studenten, schließlich die Arbeiter und Bürger. Sie alle waren in höchstem Maße unterschiedliche Gruppen, aber in der Sache einig: Der Kommunismus muß weg – und deswegen verschwand er. Der Erfolg oder Mißerfolg vieler PR-Programme wird künftig davon abhängen, wie wirksam Koalitionen gebildet und motiviert werden können.

Wer jedoch kann in Zukunft solche Kommunikationsaufgaben bewältigen? Ist es der traditionell geschulte PR-Berater, der hinzulernen und notfalls auch umdenken muß? Oder brauchen wir vielmehr den neuen Experten, der die multinationale Dynamik der Kommunikation bereits versteht und entsprechend handeln kann? Meiner Meinung nach können wir auf beide nicht verzichten. Möglicherweise wird jedoch der Spezialist künftig auch ein Generalist sein müssen, der die Dialogfähigkeit – mithin die größte Stärke der Public Relations – neu definiert. Die Dimension der Kommunikation wird größer – das ist die neue Herausforderung – doch das traditionelle Denk- und Aktionsmodell der PR wird dadurch nicht ungültig: Durch Information

– Kenntnisse vermitteln
– Meinung bilden
– Überzeugung gewinnen
– Vertrauen erwerben und
– Übereinstimmung erzielen.

So wird auch der künftige Kommunikationsexperte meiner Meinung nach jener sein, der das Handwerk beherrscht, das schon immer den Profi der Öffentlichkeitsarbeit auszeichnete: Er muß Kommunikator sein und Mittler, Pfadfinder und Trendsetter, Seismograph und Kompaß.

Jürgen Togotzes

**Burson-Marsteller GmbH
Untermainkai 20
6000 Frankfurt am Main 1
Tel.: 0 69 / 23 80 90**

Jürgen Togotzes wurde am 1. April 1942 in Berlin geboren.

Nach dem Abitur arbeitete er als Volontär und später als Redakteur für den Springer Verlag in Berlin, bevor er ab 1968 als freier Journalist und Fotograf tätig war. Von 1975 bis 1978 war Jürgen Togotzes stellvertretender Leiter der Öffentlichkeitsarbeit der Schering AG in Berlin.

Seit seinem Eintritt als Geschäftsführer bei Burson-Marsteller in Frankfurt im Jahre 1978 entwickelte sich die Agentur von sechs Mitarbeitern zu einer der größten in Deutschland mit mehr als 120 Beschäftigten in Büros in Frankfurt, München, Hamburg, Bonn und Berlin sowie in Wien und in Budapest.

Heute ist Jürgen Togotzes Executive Vice President und Hauptgeschäftsführer Deutschland, Österreich, Ost-Europa bei B-M.

Besondere Erfahrungen hat er auf den Gebieten Krisenkommunikation, Unternehmenspositionierung und im Pharmabereich gesammelt.

Während seiner Zeit als freier Journalist besaß Jürgen Togotzes eine Galerie in Berlin. Heute kauft er Werke zeitgenössischer Künstler nur noch für seine private Sammlung.

Er lebt nach dem Motto:
„Mottos engen ein!"

Von Product Publicity über Message Placement zur Dialog-PR

von Jürg W. Leipziger

Sie kommen! Und wir sind froh um jeden einzelnen. Hoffnung und Erwartungshaltung im Herzen, drängt sich der studentische Nachwuchs in die noch immer kümmerlich wenigen universitären Ausbildungsplätze und hoffentlich bald in die – Gott sei's gedankt – endlich geschaffene „Akademie für Public Relations".

Daß wir in den Agenturen heilfroh über diese Entwicklung sind, hat einen einleuchtenden Grund: Wir alle wissen – oder spüren zumindest –, daß sich die „Branche" wieder einmal im Umbruch befindet und daß es diesmal darum geht, nicht nur neue Denkansätze und neue Arbeitsstrukturen durchzusetzen, sondern Public Relations als Steuerungsorgan gesamtkommunikativer Prozesse zu etablieren.

Es kommt das Zeitalter der integrierten Gesamt-Kommunikation unter der Führung von Public Relations.

Dabei wird sich Public Relations von ihren produkt- und organisationsbegleitenden Aufgaben weg weiter entwickeln und Organ für Information, Monitoring und Dialog sein. Wobei das kontinuierliche Gestalten des kommunikativen Prozesses zugunsten positiver Klimafelder für Unternehmens- und Produktentwicklung im Mittelpunkt steht. Aber auch das Aufzeigen von Zukunftsperspektiven. Kurz: PR wird entscheidende Beiträge zur Steuerung unternehmerischer Planung und Strategie liefern, dies in enger Verzahnung mit der Unternehmensführung zum Nutzen langfristiger Unternehmenssicherung.

Warum ist das zu erwarten?

Es gibt immer mehr vergleichbare Produkte, immer mehr individuelle Normen und Werte bei einer gleichzeitig rasanten Zunahme von Informationsträgern. Es wird also zunehmend schwieriger, die richtige Zielgruppe mit dem richtigen Inhalt über das richtige Medium zu erreichen. Das bedeutet in der Summe: Die Kommunikationsarbeit wird nicht nur erheblich komplizierter, sie wird auch grundsätzlich anders angepackt werden müssen und bedarf deshalb völlig neuer Leistungsbewertungen. Die Anforderungen an die Kommunikation-Schaffenden werden damit gewaltig steigen. Neue Methoden, neue Instrumente, neue Denke ist gefragt. Mit der klassischen Werbung allein werden zukünftige kommunikative Probleme nicht mehr zu bewältigen sein.

Was not tut, ist die kreative Suche und Bereitstellung eines angemessenen kundenspezifischen Kommunikations-Instrumentariums, vor allem aber begabter und gleichzeitig hochspezialisierter Mitarbeiter zu seiner Handhabung. Der kommunikative Prozeß wird auch nicht mehr in „Kampagnen-Form" stattfinden, bei dem zu irgend einem geeigneten oder ungeeigneten Zeitpunkt der „massive Auftritt" beginnt, und wenn der „Streukosten-Etat" erschöpft ist, sich auch die Kommunikation erschöpft.

Kommunikation findet immer und überall statt, hat keinen Anfang und kein Ende

Dieser permanente Prozeß kann nur und muß von einer neuen Generation hervorragender Kommunikations-Experten, die immer den strategischen und gesamtkommunikativen Aspekt vor Augen haben, gesteuert werden. Egal, ob sie sich aus Werbe- oder PR-Agenturen rekrutieren. Allerdings tut sich die Werbung zur Zeit mit der Überwindung solcher Hindernisse schwerer als die PR. Die Gründe dafür liegen in ihrer Entwicklungsgeschichte. „Anzeigen-Kreativität" nannte sich das Treibmittel ihres phänomenalen Aufstiegs in der nachfrageorientierten Nachkriegszeit. Und als Erfolgs-Fahrzeug dienten die Printmedien.

Mit der in den siebziger Jahren einsetzenden Produktanpassung und der daraus folgenden Qualitätsnivellierung stellten sich die Probleme ein: Bei mehr und mehr vergleichbaren Produkten mußten die reinen Anzeigen-Kampagnen in Schwierigkeiten geraten, weil sie sich selbst gegenseitig zu neutralisieren begannen und damit trotz ihrer enorm hohen Kosten an Wirksamkeit verloren. Die Anzeige als einzige Projektionswand der Phantasie überstrahlte völlig die kommunikative Kreativität. Als zuerst additive Mittel wurden Funk- und TV-Spots eingesetzt und das Plakat aktiviert. Dabei blieb es dann lange.

Die „Kreativ"-Direktoren waren mit den Köpfen an die Decke gestoßen. Und das auch noch beinahe gleichzeitig. Es lief und lief und lief – und war dann doch zu Ende.

Der Ausweg konnte damals wie heute nur darin bestehen, nach neuen Formen zu suchen, im analytischen wie instrumentellen Bereich. Doch die großen Werber taten sich schwer damit. Der Erfolg hatte sie nicht nur reich, er hatte manche auch träge gemacht.

Parallel mit der Nivellierung der Produkt-Qualität war beim Hauptwerbeträger Presse die Zielgruppendifferenzierung mit einer neuen, bisher nicht gekannten Vielfalt von individuellen Normen und Werten sprunghaft schwieriger geworden. Der beliebte, leicht manipulierbare HÖRZU-Leser zum Beispiel, hatte das Zeitliche gesegnet. Beim STERN stellte sich heraus, daß er von „Linken" wie von „Rechten" gelesen wurde, daß ihn Arbeiter, Studenten, Schüler, Hausfrauen genauso aufschlugen wie die Intellektuellen oder die Betriebschefs. Wo blieb da die „präzise zielgruppenspezifische Ansprache"?

Kein Wunder: Den Werbern wuchsen graue Haare. Die Zeiten der Schlicht-Kampagne: STERN – SPIEGEL – HÖRZU – BUNTE – BILD gingen zu Ende. Es hatte sich überdies noch herausgestellt, daß auch die soziologischen Einteilungen nicht mehr stimmten. Unter den Lesern der „Yellow Press" waren plötzlich auch „High Standard People" zu finden. Ein geradezu anarchischer Individualismus war also unter der Leserschaft ausgebrochen.

— Und die PR?

Die Public Relations wiederum – und das ist gleichfalls Teil ihrer Entwicklung – arbeitete nie anzeigen-, sondern umfeld- und dialogorientiert. Aus ihrer Herkunft und nach Lage der Dinge konnte sich eine „Anzeigen-Mentalität" gar nicht erst entwickeln. Anzeigen waren stets ein PR-Instrument unter vielen, auch wenn darüber mitunter heftig gestritten wurde.

PR – ob in der Produkt-, Unternehmens- oder Verbandsarbeit – dachte übergreifend. Ihre Arbeit mußte langfristig angelegt, umfeld- und zukunftsorientiert sein. Sie war also realistisch und hypothetisch zugleich. Die Frage „Was geschieht, wenn ..." mit dem Blick über den Tellerrand hinaus, wurde zur Operationsformel guter PR-Tätigkeit.

Werbung dagegen ging und geht objektbezogen vor. Werbung will ihrem Produkt den Abnehmer erkämpfen, PR fragt nach dem Wirkungsprofil des Produzenten, dem Umfeld und nach der Zukunft. Es geht ihr also um Umfeldanalyse und Feldabdeckung, vor allem aber um die wahrscheinlichen Leitlinien zukünftiger Entwicklungen. Sie werden, so gut es möglich ist, bestimmt und in das Heute einbezogen.

Die Achse einer solchen Tätigkeit steckt in dem Wort „wenn".

Wenn ich weiß, wenn meine Daten es mir zeigen, daß sich im Osten der Bundesrepublik in den nächsten vier bis fünf Jahren eine High Standard-Konsumentensicht herausbildet, wie wird dann das neue psychologische Profil dieser Leute sich auf ihr Konsumverhalten auswirken?

Wenn ich weiß, weil es die Daten zeigen, daß die durch den Treibhauseffekt bedingte Klimaveränderung bereits eingesetzt hat und daraus nicht nur meteorologische, sondern auch politisch-psychologische Folgen resultieren, welche Empfehlungen sind dann für meinen Automobil-Kunden, in diesem und – in Staffelung – in den kommenden Jahren angezeigt?

Oder, um einmal auf dieser Linie zu bleiben, wenn die These des Physikers Michael Oppenheimer beim letzten Thatcher-Hearing im Juni dieses Jahres in London richtig ist: „So wie der kalte Krieg unsere Weltsicht während der letzten vierzig Jahre geprägt hat, so wird das globale Umweltproblem für die nächsten vierzig Jahre das alles beherrschende Thema sein", welche Folgerungen ziehe ich daraus für meine Unternehmens-, Verbands- oder politische PR-Arbeit?

Dies also, die Rückkoppelung von Inhalten aus einem mit gebotener Gewissenhaftigkeit und Vorsicht erstellten Zukunftsszenario ist das, was wir unter „hypothetischem Realismus" verstehen.

„Hypothetischer Realismus" besteht auch darin, Entwicklungsschritte transparent zu machen. Stets verlaufen sie mit einer gewissen Zwangsläufigkeit, die im Hier und Heute nicht immer erkennbar sein mag, im Rückblick jedoch weisen sie sich als logisches Ineinandergreifen aus.

Der Aufstieg der PR

Woran liegt der steile Prestige-Zuwachs der PR innerhalb der Kommunikationsberufe? Wie kommt es, daß Jahr um Jahr die PR-Arbeit im Management und den Führungsgremien größere Aufmerksamkeit erfährt und ihre Wirksamkeit nun unumstritten ist?

Sicher, es sind die Vorbilder, die Einzelleistungen, die Beispiele der Agenturen und Berater, die ihre Aufgaben erfolgreich, bisweilen brillant gelöst haben. Sie markierten den Aufwärtstrend der Kurve. Bestimmend aber wurde schließlich die Erkenntnis, daß erfolgreiche PR-Beratung zum einen zukunftsgerecht und zukunftsweisend und zum anderen umfassend zu sein hat. Daß also mit der Positionierung von Leitzielen gleichzeitig das gesamtkommunikative Feld von ihr zu steuern ist.

Eine solche Aufgabe ist – Wichtiges muß man wiederholen – funktionell, nicht instrumentell. Sie beinhaltet den zweifellos ambitionierten Anspruch, als übergeordnetes und koordinierendes Organ strategisch zu wirken. Und es ist recht so.

Nimmt man einmal die Umsätze als Meßlatte, so erkennt man in den vergangenen fünf Jahren einen überproportionalen Zuwachs der PR gegenüber dem klassischen Werbeaufkommen.

Weil hier so viel Genies am Werke sind? Eher schon, weil es diesem Berufszweig mit der Herausbildung wirksamer und neuer Instrumente und Methoden am besten gelang, auf die veränderten Kommunikationserfordernisse geeignete Antworten zu finden. Diese neuen Instrumente sind nicht aufgrund besonderer Kreativität entwickelt worden, sondern als logische Folge gesamtkommunikativer Betrachtungsweise.

Strategie statt Instrumentalisierung

Wer Public Relations anhand der Instrumente beispielsweise von der Werbung unterscheiden will, verwickelt sich sogleich in Widersprüche.

Nehmen wir eine Image-Anzeige. Ist sie nun ein PR- oder ein Werbe-Instrument? Soll Product Placement der Werbung oder der PR zugeordnet werden? Und das Sponsoring, wird es nun vom Werbungs- oder PR-Budget gespeist? Die Unternehmensbroschüre? Der Jahresbericht? Der Zehn-Minuten-Film über das Unternehmen? Die „action" am „point of sale"? Die Außendienstaktion zur Produkteinführung? – Diese Liste könnte man beliebig fortsetzen.

Oft genug werden solche Unterscheidungen verlangt. Die Antwort bereitet meist Mühe, oder präziser gesagt: sie läßt sich nicht allgemeingültig geben. Und zwar deshalb, weil die Fragestellung nicht einleuchten will. Es existieren nun einmal nur gesamtkommunikative Problemlösungen. Und dazu wird man eben das Instrument nehmen, das sich als geeignet anbietet, und nicht eines, das „zufällig" vorhanden ist. Der Rest ist vollkommen zweitrangig.

Wer jedoch die Vorstellung vertritt, ein positives Image könne durch den geschickten Einsatz kommunikativer Instrumente allein gemacht werden, irrt. Das „Image" ist in erster Linie Resultat einer grundsätzlichen strategischen Beeinflussung des „Gesamtverhaltens", ein Arbeits- und Beratungsprozeß, der während der gesamten Lebensdauer für das Produkt oder das Unternehmen zu vollziehen ist.

Neue Wege einzuschlagen, die Suche nach neuen operativen Formen und Hilfsmitteln gehört zu den entscheidenden Pluspunkten der Aktivität unseres Berufsstandes der letzten Jahre.

Wie erfolgreich solche Methoden sein können, zeigen ihre Ergebnisse, beispielsweise im Bereich der Product Publicity, im Message Placement oder in der Dialog-Kommunikation.

Product Publicity – Instrument für kleine Werbe-Budgets?

Ach ja, die siebziger Jahre!... Bei den Young and Rubicam's, bei den Thompson's und den McCann's brummte die Hochkonjunktur. Im Glorienschein ihrer vierfarbigen Doppel-, Vier- und Sechs-Seiter sonnten sich die Kreativ-Direktoren, und die Werbe-Budgets blähten sich.

Nun gab es damals einige Marketing-Manager und Unternehmer, die zwar über hervorragende Produkte verfügten, aber sie konnten oder wollten nicht das übliche

Etatvolumen aufbringen. Die von den Werbeagenturen aufgeführten Gala-Konzerte waren ihnen wohl irgendwie unheimlich geworden.

So scherten manche aus dem Troß der großen Agenturen aus und wandten sich an kleinere, unter ihnen auch Public Relations-Agenturen. Vielleicht gab es andere, interessantere Wege? Es gab sie. Oder sie wurden geschaffen. Und bald machten viele Kunden die interessante Erfahrung, daß ein gutes Produkt nicht nur über die Anzeige, sondern auch über andere Kommunikationsinstrumente zum Erfolg gesteuert werden konnte. Marketing-Leute stießen mit neuer Product Publicity oder mit Schwergewicht-Product Publicity in die Gewinnzone vor, gleichgültig, ob es sich dabei um Schlankheitsmahlzeiten, geriatrische Produkte, um neue Schreibgeräte oder Rubik's Cube, den magischen Würfel, handelte.

Bald wurden die Instrumente in der Product Publicity feiner und wirkungsvoller. Dem „ersten Brecheisen" - der Produkt-Namensnennung im redaktionellen Teil der Medien – folgte ein ganzes Arsenal von PR-Instrumenten. Das „Agentur-Manual" der Gesellschaft der Public Relations-Agenturen e.V. (GPRA) verweist stolz auf 58 unterschiedliche Instrumente, die in diesem Bereich eingesetzt werden können. Dabei handelt es sich selbstverständlich um einen Teil „wiederentdeckter Kommunikationsmittel", aber auch um wirkliche Innovationen.

Als operative Formel ist auch heute Product Publicity für eine jüngere Generation von Marketing-Managern sehr attraktiv. Speziell für Produkte aus dem High Interest-Bereich werden damit optimale Resultate erzielt.

Aber ein Allheilmittel ist Product Publicity nicht. Und schon gar kein Werbe-Ersatz. Wenn das Produkt im Low Interest-Bereich der öffentlichen Meinung angesiedelt ist, kann Product Publicity nicht funktionieren. Und das ist natürlich betrüblich. Hier setzt wiederum die Beratungsqualität des Kommunikationsprofis ein, denn viele Marketing-Manager haben zu ihrem Produkt ein beinahe erotisches Verhältnis. Sie lieben es. Sie haben es entwickelt, vielleicht sogar erfunden. Es ist ihr Baby und ihre Geliebte zugleich. Es hat schon übersinnliche Eigenschaften und ist allemal besser als jedes denkbare Produkt der Konkurrenz. Und so „verkaufen" sie es auch uns. Voller Liebe und Enthusiasmus. Dabei übersehen sie oft, daß ihr Produkt eben doch vielleicht „nur" ein „Mee-too-Produkt" ist, das entweder nochmals in die Produktentwicklung gehört oder nur mit großem Kommunikationsaufwand, bei dem Product Publicity nur ein winziger Bruchteil sein kann, eingeführt werden muß. Aber ehrlich jetzt: wer sagt dem enthusiastischen Produktentwickler, daß sein Produkt Sch... (wach) ist!

Message Placement – den Gedanken rüberbringen

„Message Placement? Was ist denn das schon wieder für ein grauenhafter Amerikanismus?" Mein Gesprächspartner verdrehte die Augen. „Sind Sie nun eigentlich Fluglotse – oder PR-Mensch?"

Ich konnte ihm den Widerwillen nachfühlen. Aber können unsere Begriffe deutsch sein? Sein Vergleich wiederum half mir bei der Erklärung: „Fluglotse, das finde ich ganz prima. Und wissen Sie, warum? Weil unser Job in vielem genaue Parallelen zur Arbeit der Fluglotsen aufweist: Wir müssen, bei ständiger Kontrolle der einfließenden Daten und einer höchst kitzligen und verantwortungsvollen Aufgabenstellung, dafür sorgen, daß das uns anvertraute Objekt sicher an sein Ziel geleitet wird.

Die „Message" sicher beim Publikum „landen" zu lassen, wie funktioniert das?

Beim Message Placement geht es im Gegensatz zum Product Placement nicht um das vordergründige Kommunizieren des Produkt-Namens, sondern um den „Nutzen", den „Inhalt", der sich bei der Zielgruppe verankern soll. Diese Botschaft kann für ein Produkt, ein Unternehmen, eine Organisation, aber beispielsweise auch für ein politisches Programm gesendet werden.

Message Placement ist deshalb dort besonders wirkungsvoll, wo es darum geht, Meinungen zu verändern und günstige Klimafelder zu schaffen.

Das Plazieren solcher Botschaften kann eine äußerst subtile Angelegenheit sein. Aussicht auf Erfolg hat sie nur, wenn sie mit Sachverstand, mit psychologischer Behutsamkeit, der notwendigen Erfahrung, dem entsprechenden Beziehungspotential und mit Kontinuität und Power durchgezogen wird.

Die Kunst, Message Placement richtig und erfolgreich anzuwenden, besteht nicht darin, die entsprechenden Kommunikationsinstrumente zielgerecht anzuwenden. Sie setzt etwas anderes voraus: die genaue Kenntnis der aktuellen politischen, wirtschaftlichen, sozialen und kulturellen Strömungen.

Doch wie kann man sich ein solches Bild verschaffen? Die Antwort muß lauten: durch Monitoring, durch die tunlichst genaue Beobachtung aller Wirkungs- und Trendfaktoren, die im Gesamtumfeld zusammenfließen. Aus dieser möglichst exakten Analyse und unter der Perspektive des „hypothetischen Realismus" lassen sich Schlußfolgerungen ableiten.

Zum Monitoring gehört aber auch die prozeßbegleitende, analysierende Kontrolle. Sie muß rechtzeitig beginnen und soll während der gesamten „Lebensdauer" aufrechterhalten werden, denn ihre Aufgabenstellung besteht darin, fein auszusteuern.

Klingt ziemlich kompliziert, nicht wahr? Das ist es auch in vielen Fällen. Gerade deshalb sollten Public Relations-Leute dieses hervorragend wirkende Instrument noch etwas stärker professionalisieren und verfeinern.

Was geschieht aber, wenn Message Placement an seine Grenzen stößt?

Zum Beispiel bei gewünschter Verhaltensänderung einer Zielgruppe! Verhaltensänderungen durch Message Placement herbeiführen zu wollen oder sogar über die rein informativen Instrumente der Kommunikation zu argumentieren, läuft nicht.

Aus all diesen Gründen hat sich in der Public Relations-Szene ein völlig neuer strategischer Kommunikationsansatz herausgebildet.

Die Dialog-Kommunikation

Dialog-Kommunikation ist entschieden mehr als nur kommunizieren in Dialogform.

Public Relations hat Dialoge schon immer geführt. Bei der Pressearbeit beispielsweise, dem klassischen PR-Instrument, ist der Dialog mit Journalisten eine zentrale Arbeitsform. Dialogisierende Public Relations bedeutet nicht immer nur die Form des Miteinander-Redens, denn im Dialog konstituieren sich aus dem Spannungsfeld der verschiedenen Standpunkte von selbst die Inhalte der Kommunikation.

Dies allerdings funktioniert nur dann, wenn die Kommunikatoren bereit und in der Lage sind, sich für die Ansichten des anderen zu öffnen und sie bei der eigenen Meinungsbildung zu berücksichtigen. Eine Dialog-Kultur aufzubauen, das Geschehen im Sinne gegenseitigen Respekts zu steuern, ist also erste Voraussetzung. Dort, wo jeder mit Brachialgewalt die eigene Auffassung durchsetzen will, gerät der Begriff des Dialogs ohnehin zur Farce.

Dialog-Kommunikation bedeutet deshalb nicht nur kommunizieren, sondern auch und vor allem zuhören, Informationen auffangen – offizielle, inoffizielle, offiziöse, gedruckte, gesendete, gesprochene – und das so gewonnene Material aktuell zu verarbeiten, übersichtlich darzustellen und die notwendigen Schlüsse daraus zu ziehen. Eine gewaltige kommunikative Aufgabe, zweifellos. Eine effiziente und erfolgreiche, wie wir bei unseren Kunden, die in diesem Bereich mit uns zusammenarbeiten, festgestellt haben.

Wir stehen am Anfang dieses interessanten und zukunftsorientierten Bereichs, in dem auch das bereits beim Message Placement erwähnte Monitoring von größter Bedeutung ist.

Monitoring: Die Hand am Puls!

Monitoring wird in den sich neu ausbildenden Formen der PR eine zentrale Rolle einnehmen. Es wird die Grundlage des Informations-Managements sein und liefert die Daten für den „hypothetischen Realismus", der die Leitlinien wirtschaftlichen Handelns aus einem möglichst genau bestimmten Bild der Zukunft in das Heute zieht.

Dadurch kann auf die alle drei Jahre mit großem Aufwand durchgeführte Marktforschung, deren Ergebnisse, wenn sie nicht so „ganz doll" sind, auch mal im Panzerschrank der Geschäftsleitung verschwinden, verzichtet werden. Im übrigen hat ja sowieso das „Spieglein an der Wand" wenig Einfluß auf das Aussehen der Prinzessin.

Zum Schluß

Die vorne skizzierten PR-Instrumente zeigen, daß sich im PR-Geschäft viel verändert hat. Sie weisen aber auch klar in die Richtung, in die sich unser Berufszweig fortentwickelt.

Der Public Relations im strategischen Einsatz als Führungs- und Kontrollorgan bietet sich in der Gesamt-Kommunikations-Aktivität der heutigen Zeit und besonders in der Zukunft eine große Chance, die ständig divergenter werdenden Zielgruppen mit ihren immer kleiner werdenden Informationsquellen bei gleichzeitig wachsenden Märkten, fallenden Grenzen und innovativen Kommunikationsmitteln effizient und sachgerecht zu bedienen.

Dabei wird sich ein neuer Typ des PR-Beraters entwickeln, nämlich der im kommunikativen „brain trust" eingebundene Stratege mit der Kreativität für immer Neues, mit der Energie und der Überzeugungskraft, es auch durchzusetzen, egal ob neue Kampagnen, andere Instrumente, veränderte Infrastrukturen bei Kunde oder Agentur dies erforderlich machen.

Eine reizvolle Herausforderung.

**Dipl.-Kaufmann
Jürg W. Leipziger**

**Leipziger-Kommuni-
kations-Gruppe GmbH
Kommunikationsfabrik
Schmidtstraße 12
6000 Frankfurt am Main 1
Tel.: 069/7 58 04-00**

Jürg W. Leipziger wurde am 4. Juli 1943 in Glarus/ Schweiz geboren, ist verheiratet und hat drei Kinder.

Nach dem Besuch der Primar- und Sekundarschule in Glarus sowie des Gymnasiums der Kantonschule in Torgen besuchte er die Handelsakademie in Zürich, die er im Jahre 1966 als Diplom-Kaufmann verließ.

In den Jahren 1967 bis 1970 war er dann für die Werbeagentur Young & Rubicam in Frankfurt und in New York tätig.

Seit 1970 ist Jürg Leipziger selbständig und arbeitet als Geschäftsführer oder Gesellschafter mehrerer Unternehmen (Leipziger Kommunikations-Gruppe GmbH, Leipziger & Partner Public Relations GmbH, Agentur für Dialog-Kommunikation GmbH, EXPRO Communication-Services GmbH, Agentur für Produktion GmbH sowie Leipziger & Partner AG, Zürich).

Seine Mitarbeiter bezeichnen ihn als einen unermüdlichen Ideen-Produzenten und -Umsetzer, als einen „Kreativen" im ureigenen Sinne, und das in sämtlichen Bereichen, beruflichen wie auch privaten.

So groß wie sein Ideenreichtum ist auch die Zahl seiner Interessensgebiete, Neigungen und Aktivitäten. So treibt Jürg Leipziger aktiv und mit Begeisterung Sport, hat ein besonderes Faible für Kunst und sammelt daher leidenschaftlich Antiquitäten.

Aus diesen Hobbies und Veranlagungen schöpft er frische Energien für seine anstrengende tägliche Arbeit.

IV. Teil **Qualifikation für die Zukunft**

Ein neuer Verhandlungsstil
Chance in einer sich wandelnden Kultur

von Klaus Januschewski

Warum ein Aufsatz über „Verhandeln"?

Menschen verhandeln miteinander seit prähistorischer Zeit. Vermag heute auch niemand – zumindest nicht historisch belegt – zu klären, wann die ersten Verhandlungen unter Menschen stattgefunden haben, Verhandlungen sind heute mehr denn je Aufgabe vieler.

Dabei sind nicht nur die „großen" Verhandlungen und Verhandler unser Thema. Verhandlungen über Abrüstung und Wiedervereinigung, über das Ende von Kriegen, den Beginn von Waffenstillständen und die Zusammenarbeit im Politischen füllen zwar die Titelseiten der Tageszeitungen und die Sendezeiten der elektronischen Medien. Für jedermann und jederfrau sind es jedoch die vielen, alltäglichen Situationen, die Verhandlungsgeschick und -fähigkeit erfordern, die das Thema „Verhandeln" zum Thema machen. (Fast) jede(r) muß heute verhandeln. Daß diese These stimmt, kann jede(r) am eigenen Erlebnis messen. Wie aber verhandeln wir heute gut und erfolgreich? Die Antwort auf diese Frage zu geben, soll der Versuch dieses Aufsatzes sein.

Und noch eines: Verhandeln ist Kommunikation (so schlicht die Erkenntnis auch sein mag). Der Versuch, die Zukunft der Kommunikation vorherzudenken, soll deshalb nicht ohne einen Beitrag bleiben, in dem die direkteste und zielorientierteste Form von Kommunikation, das Verhandeln nämlich, beschrieben wird.

Verhandeln ist Teil der Kultur

Die Form, der Stil und die Methodik von Verhandlungen unterliegen den ständigen Einflüssen der sie umgebenden Kultur. Nicht nur die Sprache und die Umwelt, deren sich Verhandler bedienen, unterliegen kulturellem Einfluß. Darüber hinausgehende kulturelle Einflüsse prägen sehr deutlich die Verhandlung und damit natürlich auch deren Ergebnis.

Wir brauchen gar nicht die Architektur eines Internationalen Congress Centrums in Berlin persönlich zu erleben (oder besser: zu erleiden), um zu spüren, daß die Kultur des Bauwerks Einfluß auf die darin stattfindenden Verhandlungen hat. Wir spüren täglich den Einfluß unserer Umgebung auf unseren Kommunikationsstil.

Aber auch umgekehrt: Den Wiener Kongreß und seine Ergebnisse interpretieren zu wollen, ohne die Hintergründe und Ursachen des Verhandlungsstils (oder besser: der Verhandlungskultur) wenigstens in Ansätzen zu erfassen, bleibt erfolgsarm.

Und ein drittes Beispiel: Die Verhandlungen der Supermächte untereinander blieben so lange erfolglos, so lange beide ihre (unbewegliche) Großmacht-Kultur am Verhandlungstisch auslebten. Erst der kulturelle Wandel, die gesellschaftliche Veränderung in der Sowjetunion (oder wenigstens der Anfang dessen), brachte Veränderungen in die Verhandlungen und ließ den Erfolg greifbar werden.

Kultur verändert sich — Verhandlungen auch

Keine Frage: die Kultur in der Bundesrepublik verändert sich. Menschen, die in der Diktatur des „tausendjährigen Reiches" aufwuchsen, wuchsen in die Demokratie hinein. Junge Menschen, die nach 1945 in der Bundesrepublik (oder auch in der DDR) geboren wurden, prägen zunehmend das Leben und damit die Kultur ihrer Gesellschaft.

Sie sind anspruchsvoller, nicht nur in Fragen des Konsums. Sie sind nicht mehr Untertanen und (Volks-)Genossen, sondern selbstbewußte und mündige Bürger geworden. Diese Bürger sind kritischer und politischer geworden, sie nehmen ihre Rechte wahr und beeinflussen das Leben um sich herum.

Dabei lernen sie, zunehmend differenzierter zu denken und zu urteilen. Sie denken weniger in Schwarzweiß-Schemata, Zwischentöne prägen mehr und mehr das Leben um sie herum. Das gilt für die traditionellen Klassengegensätze, die unsere Gesellschaft zunehmend überwindet (hoffentlich ohne sie in neuer Verpackung wieder einzuführen), genauso wie für das differenziertere Verhältnis zu unserer Umwelt. Das Wort „Partnerschaft" hat sich für viele Formen zwischenmenschlicher Beziehungen in den täglichen Sprachgebrauch schon fast inflationär eingeführt. Begriffe wie „Team", „Kooperation" und „Motivation" ersetzen die Untergebenen, die Konkurrenz und die Anweisung. „Systemisches" Denken entwickelt das uralte Regelwerk menschlicher Logik weiter, Vernetzung und Ökologie sind als Themen und Begriffe gleichermaßen auferstanden und prägen vielfach die öffentliche und private Diskussion. Es kann akademischen Erwägungen überlassen bleiben zu klären, ob es sich dabei um einen Wertewandel handelt. Ein Kulturwandel ist es in jedem Fall. Kritische, selbstbewußte, mündige und anspruchsvolle Menschen lassen sich jedoch in Verhandlungen nicht einfach „über den Tisch ziehen". Sie fordern und bieten Nutzen, wo Gewinn und Sieg gefordert, aber selten geboten waren. Sie fragen nach Argumenten und Interessenausgleich, wo Macht und Durchsetzung gefragt waren. Sie wollen miteinander reden und nicht überredet werden. Sie fordern Glaubwürdigkeit und überprüfen sie. Wer versucht, die Öffentlichkeitsarbeit von Unternehmen und Institutionen entsprechend diesen Veränderungen zu gestalten, weiß davon ein Lied zu singen.

Nicht zuletzt deshalb haben sich klassische Verkäufertrainings in eine innere Identitätskrise geflüchtet. Sie bieten Techniken, wo Inhalte gefragt sind, sie trainieren den Monolog, wo Dialog vermißt wird.

Verhandlungsfähigkeit weiterzuentwickeln, ist Fortschritt

Wo sich die Umwelt verändert, die Kultur weiterentwickelt, kann nicht ein wesentlicher Teil dieser Kultur stehenbleiben. Das ist eine Binsenweisheit. Je mehr die Kultur sich wandelt, wird sich also auch die Fähigkeit zu angemessenen Verhandlungsstilen fortentwickeln (müssen).

Auch der Umkehrschluß ist zulässig: Wer den Stil, die Form und den Inhalt seiner Verhandlungen verändert, verändert damit auch die Kultur. Und kulturelle Veränderung ist in einer demokratischen und selbstbewußten Gesellschaft auch Fortschritt.

Diesen Fortschritt brauchen alle, die sich beruflich mit Verhandlungen beschäftigen (müssen). Sie sind gezwungen, sich den Strukturen der Gesellschaft und ihrer Kultur anzupassen, um erfolgreich sein zu können.

Verhandeln, was heißt das?

Verhandeln heißt, sich mit einem oder mehreren anderen Verhandlungspartner(n) so zu verständigen, daß beide Seiten gegensätzliche Sachvorstellungen untereinander regeln können, ohne zu Machtanwendungen greifen zu müssen. Wenn zwei Kontrahenten erfolgreich verhandeln, können sie darauf verzichten, überhaupt oder weiterhin Krieg zu führen, auszusperren oder zu streiken, sich gegenseitig auf den Märkten auszustechen, oder ihre Sache vor Gericht (durch einen Richter oder Schiedsrichter) entscheiden zu lassen.

Erfolgreiche Verhandlungspartner lösen ihre Aufgabe, ihre Konflikte, friedlich (das heißt ohne Anwendung von Gewalt) und eigenständig (will heißen, ohne den Einfluß oder die Macht einer anderen, fremden Autorität). Auch dann, wenn sie sich eines Dritten bedienen, der sie bei den Verhandlungen (beispielsweise durch seine Vermittlungen) unterstützt, verhandeln sie. Wir sprechen erst dann nicht mehr von Verhandlungen der beiden Parteien, wenn der Dritte aus eigener Macht oder eigenem Ermessen eine Entscheidung treffen und durchsetzen kann.

Erfolgreich verhandeln, woran messen wir das?

Erfolgreiche Verhandlungen erkennen wir an mehreren Merkmalen:

- Die Verhandlungspartner kommen zu einem Ergebnis, das beide akzeptieren und das nachfolgende „feindselige" Handlungen ausschließt oder begrenzt.
- Im Regelfall vollziehen erfolgreiche Verhandlungspartner ihr Verhandlungsergebnis selbst.
- Alle beteiligten Verhandlungspartner sind mit dem erreichten Ergebnis zufrieden. Das heißt, im Regelfall ist ein erfolgreiches Verhandlungsergebnis ein Kompromiß. Alle Verhandlungspartner haben einen mehr oder weniger großen Gewinn aus den Verhandlungen gezogen oder können ihn daraus ziehen. (Gewinn / Gewinn – Situation)
- Erfolgreiche Verhandlungen verlaufen auf der Basis emotional störungsarmer oder störungsfreier Beziehungen.
- Erfolgreiche Verhandlungen stärken die Beziehungen unter den Verhandlungspartnern. Sie ermöglichen zukünftig weitere Verhandlungen und stärken das Vertrauen der Verhandlungspartner untereinander.

Regeln für erfolgreiches Verhandeln

Regel 1: **Trenne Sache und Beziehung konsequent!**

Ein erfolgreicher Verhandler verhandelt niemals gegen eine Person, sondern immer um eine Sache.

So unvereinbar die Interessenlage der Verhandlungsparteien auch immer erscheinen mag, ein gemeinsames Interesse haben sie in der weit überwiegenden Mehrzahl aller Fälle: Sie wollen *miteinander* zu einem befriedigenden Ergebnis kommen. Das gilt für die Rechtsanwälte zweier sich streitender Parteien genauso wie für die Verhandlungsdelegationen bei Friedensverhandlungen. Weder die Anwälte noch die Mitglieder der Delegation sind (im Normalfall) persönlich miteinander verfeindet. Sie vertreten jedoch gegensätzliche Interessen.

Regel 2: **Stärke grundsätzlich die Beziehung!**

Wollen wir erfolgreich miteinander verhandeln, brauchen wir eine „sachliche", emotional unbelastete Atmosphäre zwischen den Verhandlungsparteien. Dazu müssen sich die jeweiligen Verhandlungspartner nicht unbedingt „lieben", aber sie sollten in persönlicher Achtung und Akzeptanz miteinander umgehen. Erfolgreiche Verhandler machen deshalb ihrem Gegenüber immer wieder deutlich, wie wichtig ihnen die „gute Beziehung" (im Sinne von einem Minimum an emotionalen Störungen) ist und pflegen diese konsequent.

Regel 3: **Ver„handle" Deine Sache konsequent auf der Basis guter Beziehungen!**

Wer eine gute Beziehung zu seinem Gegenüber in Verhandlungen aufgebaut hat und pflegt, kann seine Sache durchaus „hart" vertreten. Der Partner kann die Interessen des Gegenübers besser verstehen, wenn er zu ihm eine ungestörte Beziehung und Vertrauen hat. Das stärkt die Aussichten auf einen Sacherfolg.

Sei „hart" in der Sache, aber „weich" zur Person!

Regel 4: **Beziehe niemals Positionen!**

Unter Positionen verstehen wir starre, nicht verhandelbare Standpunkte, die dem Verhandlungspartner nur die Chance lassen, sie zu akzeptieren oder abzulehnen. Solche Positionen sind nicht verhandelbar. Wer zum Beispiel in einer Verkaufsverhandlung die Position vertritt: „Der Kunde übernimmt unser Konzept entweder unverändert oder gar nicht", hat oftmals bereits das Ende der „Verhandlung" erreicht, bevor diese richtig begonnen hat.

Regel 5: **Finde Deine Interessen und vertritt sie!**

Deshalb verhandeln erfolgreiche Verhandler immer Interessen und niemals Positionen. In unserem Beispiel könnte es das Interesse des Verkäufers sein, einen bestimmten Minimalumsatz zu erzielen und/oder einen möglichst guten Deckungsbeitrag oder Gewinn zu erzielen. Auf jeden Fall wird es sein Interesse sein, mit dem Gegenüber überhaupt Geschäftsbeziehungen zu haben, aus denen sich Nutzen ziehen läßt.

Seine Interessen sind also viel weitgehender, als die Position es ist. Diese Interessen gilt es zu verhandeln, sie ermöglichen einen besseren und wahrscheinlicheren Erfolg.

Regel 6: **Suche und finde möglichst viele Optionen und vergrößere — wenn möglich — dadurch Deinen Verhandlungsgegenstand!**

Der Erfolg einer Verhandlung liegt häufig in der Kreativität, mit der die Verhandlungspartner eine Lösung suchen und finden.

Gute Verhandler versuchen deshalb auf der Basis Ihrer Interessen und derer Ihres Partners eine möglichst große Zahl von möglichen Verhandlungsergebnissen (Optionen) aufzulisten. Sie vergrößern damit die Wahrscheinlichkeit, eine möglichst erfolgreiche Option zu finden.

Die Zahl der möglichen Optionen wächst dann, wenn alle Beteiligten versuchen, den Gegenstand Ihrer Verhandlungen zu erweitern. Wenn sie also nicht nur um einen Verkaufsabschluß verhandeln, sondern etwa um einen langjährigen Vertrag oder um mehrere einzelne zu verkaufende Gegenstände.

Regel 7: **Bleibe sachlich!**

Sachlich bleiben heißt, das und nur das zu verhandeln, worum es für alle Verhandlungspartner geht. Persönliche Aversionen gehören zum Thema Beziehungspflege und nicht zur Sachverhandlung. Alte Rechnungen in der aktuellen Verhandlung begleichen zu wollen, wird die aktuelle Verhandlung scheitern lassen. Emotionale Störungen sind wichtig, aber sie haben mit der Sache nichts zu tun. Sie mit der Sache zu vermischen, ist die beste Basis für Mißerfolg. Gute Verhandler klären solche Störungen offen – dann können sie schnell wieder „zur Sache kommen".

Schlußfolgerungen

Der Verhandlungsstil prägt und ist Teil einer sich wandelnden Kultur. Mithin ist die Art und die Form von Verhandlern und Verhandlungen lebhafter Teil einer wohlverstandenen Corporate Identitiy. Sie zu prägen, ist Aufgabe der jeweils Verantwortlichen. Wo Transparenz und Vertrauen die Trickkiste und Räuberspiele der Vergangenheit ersetzen sollen, kann das AFK-Modell konstruktiver Verhandlungen dazu beitragen, die Corporate Identity von Unternehmen, Institutionen und Verbänden zu gestalten.

Klaus Januschewski

januschewski colleginnen & collegen gmbh
Lange Zeile 22
8500 Nürnberg 90
Tel.: 09 11 / 3 77 51

Der gebürtige Nürnberger Klaus Januschewski, Jahrgang 1956, beschäftigt sich seit 1982 selbständig mit Aufgabenstellungen marketingorientierter Kommunikation. Dabei legt er einen besonderen Schwerpunkt auf das personale Kommunikationstraining.

Januschewski lebt gerne und noch lieber gut und bezeichnet „alle schönen Dinge des Lebens und Politik" als sein Hobby.

In der Politik begann auch seine Laufbahn als persönlicher Mitarbeiter von Staatsminister a. D. Dr. Hildegard Hamm-Brücher.

1982 gründete er die Unternehmensberatung partner: Aus ihr ging 1988 seine heutige Firma (januschewski colleginnen & collegen unternehmensberatungsgesellschaft mbh, j c&tc, in Nürnberg) hervor, deren Geschäftsführer er auch ist.

Eine enge Kooperation verbindet sein Unternehmen mit der AFK Akademie Führung und Kommunikation in Frankfurt.

Formen und Perspektiven der Public Relations-Ausbildung

von Bernhard Meyer, M.A.

Im Mai 1985 begann die damals längste und umfassendste PR-Bildungsmaßnahme in der Bundesrepublik. Das Besondere dieser dualen, 15monatigen Ausbildung:

- zehn Monate insgesamt arbeiteten die akademisch vorgebildeten Teilnehmer in einer PR-Abteilung eines Unternehmens, meist jedoch in einer PR-Agentur, unterbrochen durch
- fünf Monate Seminar-Ausbildung, gegliedert in zahlreiche Abschnitte unterschiedlicher Dauer, von Wochenendseminaren bis zu einer zehnwöchigen Seminarphase;
- teilnehmen konnte nur, wer von einer Agentur einen Arbeitsplatz erhielt und vom Ausbildungsinstitut zum Seminar zugelassen wurde.

„Falsch an der Konzeption ist aus heutiger Sicht vor allem der Name: ‚Umschulung zur PR-Fachkraft für arbeitslose oder von Arbeitslosigkeit bedrohte Akademiker'. Besser wäre: Duale Ausbildung zum PR-Berater für Hochschulabsolventen." So kommentiert heute ein Teilnehmer und jetziger Abteilungsleiter einer Agentur die damalige Maßnahme.

Die am gründlichsten konzipierte PR-Ausbildung in der Bundesrepublik, die es bis dahin gab, brachte der Branche Impulse auf mehreren Ebenen: Es gibt neue Agenturen, neue Führungskräfte, neue PR-Fachkräfte. Es gibt endlich eine Curriculumdiskussion sowie vom Berufsverband, der DPRG, konkrete Vorschläge zu Prüfungsinhalten für ein außeruniversitäres Fachexamen.

Idee und Konzeption dieser Ausbildungsmaßnahme stammen von Klaus Dörrbecker, Leiter der AFK Akademie Führung und Kommunikation in Frankfurt und Rödermark. Die AFK führte die Maßnahme auch durch. In Zusammenarbeit mit dem Fachvermittlungsdienst des Arbeitsamtes Frankfurt und führenden PR-Agenturen der Bundesrepublik gewann Dörrbecker auch die für die Bildungsmaßnahme nötigen betrieblichen Arbeitsplätze hinzu.

Die Bildungsmaßnahme hatte zwei Ziele:

1. arbeitslose Akademiker oder von Arbeitslosigkeit bedrohte Akademiker in das Berufsleben zu integrieren und

2. für die PR-Branche neue Fachkräfte zu gewinnen.

Es ist ein sinnvoller und konsequenter Plan, weil der PR-Beruf vielfältigste Anforderungen stellt und so die unterschiedlichen Studien- und Berufserfahrungen (fast) immer eingebracht werden können. Skeptiker befürchteten, daß nur „besserwissende, arbeitslose Pauker" im Kurs sitzen würden, die außerdem nicht dem Streß der Branche und dem Arbeitsanfall in den Agenturen standhalten würden. Darüber hinaus würden „die ja sowieso gegen die Wirtschaft sein". Die Kritiker wurden eines Besseren belehrt, denn:

- auch nichtkommerzielle Unternehmen brauchen PR und

- die umfassenden Kenntnisse und Fertigkeiten vieler Teilnehmer, die nach dem akademischen Fachstudium keine ausbildungsadäquate Anstellung gefunden hatten, konnten im PR-Beruf die Summe ihrer Erfahrungen einbringen. Sie wurden rasch durch Berufserfolge belohnt. Die vermeintlichen Drop-Outs der achtziger Jahre leisten größtenteils heute in Agenturen, Konzernen und Non-Profit-Organisationen hochwertige Öffentlichkeitsarbeit.

Erfolgsbilanz eines Ausbildungsmodells

Die Ausbildungsmaßnahme fand bisher dreimal mit insgesamt rund 70 Teilnehmern im Alter zwischen 25 und 35 Jahren statt. Unmittelbar nach jedem Ausbildungskurs arbeiteten etwa 80 Prozent in einer festen Anstellung in einem PR-Beruf; die übrigen fanden eine solche Stelle in den Folgemonaten. Weit über 70 Prozent der Kursteilnehmer arbeiten noch immer in der PR-Branche. Andere wechselten die Sparte und arbeiten zum Beispiel als Journalist(in) oder als Marketingfachkraft. Damit ist auch das erste Ziel der Maßnahme, arbeitslose Akademiker in ein Berufsleben mit Perspektiven zu integrieren, bestens gelungen.

Das duale Modell

Diese bildungspolitischen Erfolge wurden erzielt, weil die Trainer Begeisterung für den PR-Beruf wecken konnten sowie Inhalte und Form der Seminarteile richtig konzipiert wurden. Dörrbecker entwickelte ein sehr umfassendes Curriculum, das mit Hilfe AFK-eigener Trainer, externer Lehrkräfte, Gastdozenten und in einem Fall (BWL) mit einem externen Ausbildungsinstitut bewältigt wurde. Pädagogisch bedeutsam waren Übungsteile der Seminare, in denen mit Hilfe von Fallstudien berufliche Aufgaben und Berufssituationen eingeübt wurden. Dies ist herauszustellen, weil hier, trotz des hohen theoretischen Anspruches bei einigen Unterrichtseinheiten, der wesentliche Unterschied zu einer universitären Voll- oder Teilausbildung zu sehen ist. Die

Hauptmerkmale des Curriculums sind in Übersicht 1 dargestellt. Bei dieser umfangreichen Ausbildung wurde jedes PR-Instrument und jedes PR-Dialogfeld bearbeitet. Darüber hinaus wurden Nachbardisziplinen der PR hinzugenommen, um die Teilnehmer zum Beispiel auf Führungsaufgaben vorzubereiten. Integriert wurden unter anderem aber auch BWL (abgestimmt auf Kommunikationsberufe) und Rhetorik.

Für die betrieblichen Arbeitsphasen gab es zwar Empfehlungen von der AFK gegenüber den Arbeitgebern (siehe Übersicht 2), doch wurden sie unterschiedlich ausgelegt. Der Arbeitseinsatz hing darüber hinaus sowohl von den Fähigkeiten des Kursteilnehmers als auch von der betrieblichen Situation am Arbeitsplatz ab. Die Teilnehmer stellten dabei fest, daß die Praxiserfahrungen deutlich differierten.

Der Wechsel zwischen Arbeitsplatz und Seminar brachte Lehrenden und Lernenden den Vorteil, daß theoretische Lerninhalte an der Realität sofort überprüft werden konnten. Das Vertrauen gegenüber den Trainern und dem Curriculum nahm daher im Laufe der Ausbildung stetig zu, weil der Lehrstoff hochgradig nutzbringend war, das heißt, die Teilnehmer erzielten am Arbeitsplatz Erfolge.

Wer übrigens glaubte, sich im Seminar von der PR-Arbeit ausruhen zu können, wurde eines besseren belehrt. Der „Schultag" hatte häufig nicht acht, sondern zehn oder elf Stunden, und zusätzlich gab es Hausaufgaben. Die positive Bewältigung von Streßsituationen war ein Nebeneffekt dieser Ausbildung. Gleichzeitig lernten die Teilnehmer die für PR notwendige Mobilität kennen: Die Seminare fanden, abgesehen von Betriebsbesichtigungen in zahlreichen Orten der Bundesrepublik, ausschließlich in Frankfurt statt. Die betriebliche Tätigkeit wurde dagegen in den Ballungszentren (Hamburg, Rhein/Ruhr, Frankfurt, München) ausgeübt.

Erste PR-Prüfung der Bundesrepublik

Die Abschlußprüfung zum „PR-Junior-Berater AFK" mit Prüfern aus dem Kreis der Trainer und mit externen Beobachtern (DPRG und GPRA) dauerte sechs Tage: zweitägige schriftliche Einzelklausuren, an drei Tagen Bearbeitung einer Fallstudie mit anschließender Präsentation als Teamwork und eine mündliche Gruppenprüfung von 45 Minuten am letzten Tag. Das Examen war die erste Prüfung in der PR-Branche und die Notengebung äußerst hart. „Schlimmer als mein Staatsexamen und mein Diplom", kommentierten gleich mehrere Teilnehmer. Auch hier betrat das Ausbildungsmodell Neuland, denn bei allen anderen PR-Bildungsangeboten wurden Teilnehmerzertifikate ohne Examina ausgestellt. Die Prüfung machte gleichzeitig deutlich, daß bis zu diesem Zeitpunkt keine Bewertungskriterien von Kursen und Zertifikaten erarbeitet worden waren und Qualitätsvergleiche nicht stattfinden konnten (siehe auch Übersicht 3 am Schluß des Beitrages).

Eine geordnete PR-Ausbildung mit Examina ist unabdingbar

Eine Strukturierung der unterschiedlichen Ausbildungsformen einschließlich der Abschlußexamina und Zertifikate sowie eine perspektivische Berufsbildungskonzeption für die PR-Branche sind dringend geboten, wenn die Nachwuchsproblematik des nächsten Jahrzehnts gelöst werden soll. Dabei sind folgende Thesen zu beachten:

These 1
Das hier kommentierte PR-Ausbildungsmodell wurde anläßlich einer hohen akademischen Arbeitslosigkeit konzipiert. Die ist heute in diesem Umfang nicht mehr gegeben, und die Zahlen werden weiter zurückgehen, so daß künftig kein Überhang bestehen wird. Im Gegenteil, es wird seitens der unterschiedlichen Branchen ein verstärktes Bemühen um Akademiker geben.

These 2
Glücklicherweise ist das Image der PR, der Werbung und des Marketing in den letzten Jahren gestiegen. Das Studium der Betriebswirtschaftslehre hat den stärksten Zulauf erfahren, und die Marketingseminare sind ausgebucht. In diese Tätigkeitsfelder drängen mehr Akademiker als je zuvor.

These 3
Daraus ergibt sich die Frage, ob auch eine akademische PR-Ausbildung nötig ist. Dies scheint wünschenswert, weil sich die PR-Branche auf Dauer nicht den berufspädagogischen Qualifikationsmerkmalen unserer Gesellschaft entziehen kann. Wenn PR-Manager Führungsansprüche auf höchsten Ebenen anmelden, müssen DPRG und GPRA in der Lage sein, Studiengänge und Studieninhalte zu empfehlen, die besonders berufsvorbereitend und karrierefördernd für das Arbeitsfeld sind. Eine Karriere im PR-Beruf muß planbar werden, sonst verliert die Branche die Akademiker an andere Berufszweige.

These 4
Die Bildungsangebote der PR sollten sich wie folgt gliedern:

- PR-Erstausbildungsformen an Hochschulen (Hauptfachstudium, Nebenfachstudium, Aufbaustudium, Fernstudium)
- Nichtuniversitäre PR-Erstausbildungen (Duales Modell als Volontariat oder Traineeship, Kurzseminare)
- Berufsbegleitende PR-Fortbildungsmaßnahmen (Universität oder Freie Akademie)

Im einzelnen bedeutet das:

Universitäre Erstausbildung mit einem Diplomstudiengang an Universitäten und Fachhochschulen. Dabei muß das Studienfach PR sowohl als Haupt- wie auch als

Nebenfach in Verbindung mit anderen Studienfächern, zum Beispiel einem ingenieurwissenschaftlichen Studium, kombinierbar sein. Darüber hinaus ist ein Aufbau- und Fernstudium mit Seminarphasen anzubieten. Zum festen Bestandteil des Studiums sollten Berufspraktiken gehören, die bei einem akademischen Vollstudium insgesamt zwölf Monate betragen. Davon sind sechs Monate vor Studienbeginn zu absolvieren, wie das auch in zahlreichen anderen Studienfächern der Fall ist. Zu beachten ist, daß eine akademische Ausbildung in der Bundesrepublik mehrheitlich an den Universitäten in ihrer Zielrichtung nicht berufsverwertend ist. Was aber in der Medizin oder dem Studiengang Journalistik möglich ist, sollte auch in der PR-Branche durchsetzbar sein. Darüber hinaus müssen nichtuniversitäre Alternativen angeboten werden, um Mitarbeiter auch auf anderen Ebenen akquirieren zu können.

Nichtuniversitäre Ausbildungsformen als berufsbegleitende Maßnahmen für Teilnehmer, die bereits eine PR-Tätigkeit ausüben. Immer noch müssen viele Berufseinsteiger mit dem pädagogischen Prinzip „learning by doing" zurechtkommen. Sinnvoller ist es, mit dem Berufseintritt Grundseminare der verschiedenen Ausbildungsinstitute zu besuchen. Viele Berufsanfänger können an diesen Maßnahmen aus unterschiedlichen Gründen nicht teilnehmen: zum Beispiel keine betriebliche Freistellung, als zu risikoreich empfundene Vorinvestition seitens der Unternehmer, hohe wirtschaftliche Belastung für Berufsanfänger mit niedrigem Einkommen. Je frühzeitiger und intensiver Praxisteile mit einer theoretischen PR-Ausbildung, beispielsweise einem Studium, verknüpft werden, desto seltener wird diese Bildungsmaßnahme für Anfänger nötig sein, und Berufseinstellungen von Bewerbern ohne PR-Vorbildung werden infolgedessen abnehmen. Erhalten bleibt diese Möglichkeit sicher als berufliche Fortbildungsmaßnahme. Diese Ausbildungen werden bisher ausschließlich von privaten Instituten durchgeführt, während die Universitäten diesen beachtlichen Wirtschaftszweig brachliegen lassen. Das ist in englischen und nordamerikanischen Universitäten ganz anders. Diese erhalten jedoch meist keine staatlichen Zuschüsse und müssen sich durch praxisnahe Bildungsangebote nach privatwirtschaftlichen Maßstäben „verkaufen".

Eine berufliche Erstausbildung in verzahnter dualer Lernform ist als drittes Modell neben den anderen Formen wünschenswert. Betriebliche Tätigkeiten und Seminare wechseln sich über eine Periode von insgesamt mindestens zwölf Monaten ab. Die Maßnahme schließt mit einer Prüfung ab, an der auch externe Teilnehmer zugelassen sind.

Die AFK hat für ein solches Modell wichtige Vorarbeiten geleistet und umfangreiche Erfahrungen gesammelt. Sie könnten als Basis für ein pädagogisch gestaltetes PR-Volontariat oder Traineeship dienen, das diesen Namen auch verdient. Zwischen der Seminar- und Betriebsphase sollte ein Verhältnis von zwei zu drei bestehen.

Der Vorteil dieses Konzepts liegt vor allem darin, daß flexibel und marktgerecht ausgebildet werden kann. Arbeitgeber und Arbeitnehmer sind nicht so eng aneinander gekettet, wie das bei berufsbegleitenden Maßnahmen im Rahmen einer Vollbeschäftigung der Fall ist. Ein duales Modell mit einem bildungspolitisch klar einzuordnenden Abschluß wird auch langfristig neben einer universitären PR-Ausbildung Bestand haben, wenn diese Ausbildung die Praxis vor die Theorie stellen kann. Das Gelernte kann eingeübt werden und wird von den Lernenden auf seine Wertigkeit am Arbeitsplatz überprüft. Diese Lernform, meist Training genannt, hat die Pflicht, die Lernenden rasch und sicher in den Beruf zu integrieren. Maßnahmen und Inhalte, die dem Teilnehmer keine beruflichen Vorteile bringen, sind verfehlt. Effizientes Lernen ist daher eine Forderung an diese duale Ausbildungsform. Das von Dörrbecker vor fünf Jahren entwickelte Konzept hat diese Anforderungen erfüllt.

These 5
Zu bedenken ist, daß es *die* PR-Ausbildung nicht geben kann, denn die Branche benötigt Berufstätige unterschiedlicher Ebenen. So wie es zum Beispiel in der Elektroindustrie Facharbeiter, Meister, Techniker, Ingenieure und habilitierte Forscher mit Professuren gibt, die unterschiedliche Ausbildungen mit entsprechenden Prüfungen durchlaufen haben, muß auch die PR-Branche unterschiedliche Ausbildungsebenen mit entsprechenden Examina für unterschiedliche Anforderungsebenen realisieren.

These 6
Der Zugang zum PR-Beruf muß in vielfältiger Form erhalten bleiben. Aber es ist anzustreben, durch Prüfungen qualitative Differenzierungen vorzunehmen.

These 7
Irrig ist jedoch anzunehmen, durch die Art der Ausbildung und des Examens würde auch dauerhaft die berufliche Position festgeschrieben. Gerade dieser Kommunikationsberuf wird meines Erachtens noch über viele Jahre hinweg Aufstiegsmöglichkeiten für Seiteneinsteiger bieten. Und wer als PR-Consultant in den Aufsichtsrat eines Großunternehmens will, muß mehr können, als das PR-Handwerk beherrschen. Gleichwohl ist ein strukturiertes Bildungsangebot für die PR-Branche in mancher Hinsicht gewinnbringend.

Übersicht 1: Fächerkanon in den Seminarteilen der 15monatigen PR-Ausbildung

In Weiterentwicklung des vom Autor geschilderten ersten Durchgangs hier der Fächerkanon des dritten Kurses:

Einführungsseminar

* Einführung in Public Relations und PR-Berufe
* nachrichtenjournalistisches Schreiben

* Pressearbeit
* Einführung in Konzeptionslehre
* erste Fallstudien
* Umgang mit Atelier, Satz, Repro, Druck inklusive Druckereibesuch
* Verkäufertraining
* Argumentationstechnik (Grundkurs, Rhetorik)
* Kommunikationstraining (TA)
* externer volks- und betriebswirtschaftlicher Kurs

Aufbauseminar 1

* Weitere Übungen in journalistischem Schreiben: Nachricht, Bericht, Reportage, Interview, Glosse, Kommentar
* Entwicklung und Redaktion von PR-Periodika
* kreative Entwicklung und Planung von PR-Aktionen
* Netzplantechnik (CPM)

Aufbauseminar 2

* Strategien und Psychologie des Beratens
* Konzeptionstechnik (größerer Fallstudienblock)
* Marketing, Werbung und Medien für PR-Leute

Colloquien

Fünf zweitägige Colloquien zu kürzeren Themenblöcken wie Coporate Identity, Zeiterfassung und Agentur-BWL, Markt- und Imageforschung, Funkhausbesuch und Präsentation von realen PR-Kampagnen durch PR-Agenturchefs und Abteilungsleiter.

Übersicht 2: Empfehlungen für die Arbeitgeber

Die AFK übermittelte den Arbeitgebern der Kursteilnehmer folgende Empfehlungen:

Die inhaltlichen Lernschritte in den Praxisphasen

Folgende Schwerpunkte schlagen wir vor, wobei wir uns darüber klar sind, daß die Reihenfolge nicht immer einzuhalten ist:

Praxisphase 1

Insgesamt bis zum zweiten Seminarblock: Einsatz als Volontär bzw. Trainee. Das meint zum Beispiel:

* Einführung in die Agentur/die Abteilung und Kennenlernen der Agenturorganisation/Unternehmensorganisation sowie Kennenlernen der Projekte, an denen in der Agentur bzw. in der Unternehmensabteilung aktuell gearbeitet wird; dazu: Kennenlernen der Agentur-/Unternehmensarbeitsweise;
* Einführung in die Routinearbeiten am zukünftigen Lernarbeitsplatz;
* Kennenlernen der unterschiedlichen PR-Tätigkeiten (Text, Kontakt, Organisation, Aktionen, Herstellung);
* Kennenlernen des Umgangs mit Freelancern und deren Aufgaben sowie mit Lieferanten (Reproanstalt, Druckerei);
* Eigene Übungen an Textaufgaben und an begrenzten Planungs- und Gestaltungsaufgaben;
* Beteiligung an agenturinternen Meetings einschließlich Übungen in Protokollführung;
* Lernende Übungen bei allen anfallenden PR-Aufgaben;
* Kennenlernen von Assistenzaufgaben.

Praxisphase 2

Insgesamt spätestens nach dem zweiten Seminarblock: Einsatz als Assistent. Das meint zum Beispiel:

* Lernende und zunehmend selbständige Assistenz bei umfangreicheren Planungsaufgaben;
* Lernende und zunehmend selbständige Assistenz bei Konzeptionserarbeitungen;
* Lernende und zunehmend selbständige Assistenz bei Steuerungsaufgaben von Freelancern und Lieferanten;
* Lernende und zunehmend selbständige Assistenz bei Klientenkontakt mit Protokollführung;
* Erarbeitung und zunehmend selbständige eigene Textentwürfe;
* Lernende und zunehmend selbständige Assistenz in Kontakt mit Medien/Redaktionen/Journalisten;
* Vollständiger Überblick über die in der Agentur/dem Unternehmen aktuell bearbeiteten PR-Aufgaben; gegebenenfalls also Rotation an verschiedenen Arbeitsplätzen;
* Zusätzlich: Tätigkeit entsprechend den Prüfungsvoraussetzungen.

Praxisphasen 3 und 4

Nach dem dritten Seminarblock decken sich die Aufgaben bei weitgehend selbständiger Tätigkeit im wesentlichen mit den für Praxisphase zwei beschriebenen.

Zusätzlich: individuelle Vorbereitung auf die Abschlußprüfung.

Generell gilt: Ich bitte Sie herzlich, Ihren neuen Mitarbeiter/Ihre neue Mitarbeiterin zu wachsender Selbständigkeit zu führen, dabei aber nicht außer acht zu lassen, daß es sich um Auszubildende handelt.

Übersicht 3: Die Teile der Prüfung zur PR-Juniorberaterin/zum PR-Juniorberater AFK

Den Abschluß der 15monatigen PR-Ausbildung, die der Autor schildert, bildete eine mehrteilige Prüfung. Sie war Bestandteil des von der Bundesanstalt für Arbeit finanzierten Kurses, stand aber auch anderen jungen PR-Fachleuten offen. Inzwischen wird sie durchgehend offen ausgeschrieben.

Die Absolventen erhielten ein Diplom und ein detailliertes Zeugnis mit Noten für die einzelnen Prüfungsteile, mit Prüfungsgesamtnote und zusätzlichen Fächernoten.

Wiederholungsseminar

Dieses Seminar – mehrere Monate vor der Prüfung selbst – grenzte den Prüfungsstoff ein und klärte die Prüfungsabläufe, insbesondere wurde auch die Literatur besprochen, deren Inhalt Prüfungsbestandteil sein konnte. Eine Fallstudie unter Prüfungsbedingungen schloß dieses Wiederholungsseminar ab.

Ergebnisse dieses Wiederholungsseminars gingen nicht in die Prüfungsnoten ein.

Die Teilnehmer an der Prüfung, die nicht aus dem 15monatigen Kurs stammten, erhielten bei dieser Gelegenheit auch alle Seminarunterlagen, die prüfungsrelevant waren – auch jene aus den Seminarteilen, die sie selbst in offen ausgeschriebenen Seminaren nicht besucht hatten.

Erste Klausur

Die erste Klausur war eine siebenstündige Wissensklausur. Die fachlichen Teile dieser Klausur:

A. Rechtsfragen für PR-Leute
B. Umgang mit Atelier, Satz, Repro und Druck
C. Planungs- einschließlich Netzplantechnik
D. Journalismus/journalistische Ausdrucksformen
E. PR-Basiswissen
F. Pressearbeit
G. Konzeptionslehre
H. Mittel und Maßnahmen der PR

Zweite Klausur

Bei der zweiten siebenstündigen Klausur handelte es sich um fünf bis sechs journalistische Arbeiten. Im einzelnen: journalistische Texte korrigieren, redigieren, umschreiben, Schreiben von Meldungen und Berichten.

Konzeptionsentwicklung in Gruppen

An drei Tagen bei einer Arbeitszeit von mindestens zwölf Stunden (die die einzelnen Konzeptionergruppen jedoch abends zu verlängern in der Lage waren) entwickelten die Prüfungsteilnehmer je eine Konzeption auf der Grundlage einer umfangreichen und schwierigen Fallstudie. Die Ergebnisse wurden am dritten Tag vor der Prüfungskommission präsentiert und bewertet. Diese Basisnote für jede Gruppe konnte durch das Votum von Gruppenbeobachtern um bis zu einer Notenstufe nach oben oder unten hin individualisiert werden.

Prüfungsreferate

Am nächsten Tag folgten ab zweitem Durchlauf der 15monatigen Ausbildung Prüfungsreferate:
Jeder Teilnehmer erhielt eine kurze Fallbeschreibung, konnte sich während eineinhalb Stunden im Schweigeraum auf die Lösung der Aufgabe vorbereiten und hatte dann das Ergebnis in einem Referat von mindestens zehn bis maximal 15 Minuten vorzutragen. Bewertet wurden Inhalt und Präsentation.

Mündliche Prüfung

Die mündliche Prüfung fand als Gruppenprüfung statt: Jeweils drei Prüflinge stellten sich für die Dauer von 45 Minuten den Fragen der Prüfer.

Insgesamt:

Die Prüfung enthielt sowohl Wissensfragen (erste Klausur und mündliche Prüfung) als auch Fertigkeiten (zweite Klausur); konzeptionelle Fähigkeiten und Auftreten (Fallstudien nebst Präsentation, Prüfungsreferat) wurden und werden ebenfalls geprüft.

Bernhard Meyer, M.A.

TEAM PR GmbH
Rödelheimer
Landstraße 13 a
6000 Frankfurt am Main 1
Tel.: 0 69 / 70 60 71

Am 15. Mai 1948 wurde Bernhard Meyer auf dem Lande in Ostfriesland geboren.

Dem Abitur schloß sich ein ingenieurwissenschaftliches und später auch geisteswissenschaftliches Vollstudium sowohl im Inland als auch im europäischen Ausland an.

Eine jeweils mehrjährige Lehrtätigkeit in der Bundesrepublik Deutschland und in England sowie eine längere Arbeit im Bereich der Berufsbildungsforschung an der Technischen Hochschule Darmstadt sind weitere Meilensteine seines beruflichen Werdeganges. Darüber hinaus ist Bernhard Meyer Autor zahlreicher Fachpublikationen zur beruflichen Bildung.

1985/86 war er Teilnehmer einer 15monatigen Ausbildung zur PR-Fachkraft bei der AFK Akademie Führung und Kommunikation in Frankfurt am Main.

Seit dieser Zeit erfolgt eine intensive praktische wie auch theoretische Beschäftigung mit der Public Relations. Unter anderem erging an ihn ein Lehrauftrag für PR an der Justus-Liebig-Universität in Gießen.

Nicht zuletzt jedoch ist er Geschäftsführender Gesellschafter der TEAM PR GmbH in Frankfurt am Main.

Erfolgreich planen – zielbewußt handeln

Moderne Konzeptionstechnik und das Handlungsforschungsmodell

von Dipl.-Pädagogin Maria Helena Ziegler

> Gute PR-Leute sind konzeptionell denkende und handelnde Experten ihres Berufes. Konzeptionieren ist ein hochkreativer Planungsprozeß. Um zwei verschiedene Planungstechniken geht es in diesem Beitrag.
>
> Aus der amerikanischen Managementliteratur wurde das „Handlungsforschungsmodell" untersucht, das auch in vielen internationalen Managementseminaren eine erhebliche Rolle spielt und sozialwissenschaftliche Quellen hat. Handlungs- oder Aktionsforschung verbindet Planung mit Beraterintervention und Sozialforschung beziehungsweise sozialwissenschaftlicher Recherche.
>
> Die Autorin vergleicht dieses Modell in seiner Nutzbarkeit für PR-Konzeptionen mit dem AFK-Modell der Konzeptionsentwicklung. Es wurde speziell für die Planungserfordernisse von Kommunikationsfachleuten entwickelt.

Die *Handlungsforschung* will Veränderungsprozesse in Organisationen (beispielsweise in Unternehmen, Verbänden, Verwaltungen) erfolgreich planbar und die damit befaßte Forschung fruchtbar machen durch:

- Kooperation bis zur Aufhebung der Trennung zwischen Forschung und Praxis, im Beratungsverhältnis zwischen Berater und Klient.
- Forschung oder umfassende Faktenanalyse als Grundlage für geplantes, an fundierten Zielen orientiertes Handeln.
- stetige Erfolgskontrolle und Neudefinition der Ziele, basierend auf den Erfahrungen der Praxis in einem zyklischen Prozeß – bis zum Ziel.

Unternehmen handeln heute in einer Umwelt, die sich mit steigendem Tempo verändert. Unternehmensstrukturen und Marktstrategien müssen schneller denn je an geänderte Erfordernisse angepaßt werden, und Kommunikation hat einen wachsenden Stellenwert bekommen. Wo das Management eines Betriebes vor ein paar Jahrzehnten noch selbstherrlich vor sich hinwirtschaften konnte, weitgehend ohne Rechenschaftszwang vor seiner Umwelt, da stehen heute selbstbewußte Mitarbeiter und eine kritische Öffentlichkeit auf dem Plan, die informiert werden und Einfluß nehmen wollen.

Chemische Industrie und Automobilbranche sind nur zwei Beispiele dafür, wie die Interdependenzen von Wirtschaft und Gesellschaft in den letzten Jahren breiten Schichten der Bevölkerung bewußt geworden sind und wie das die betroffenen Unternehmen vor die Notwendigkeit gestellt hat, Produktentwicklung, Marktstrategien und Kommunikationspolitik auf eine sich verändernde Umwelt abzustellen. Sie stehen für viele andere.

In einer solchen Situation gewinnen zielsichere Strategien an Bedeutung, denn Flexibilität und Veränderung erfordern überlegte Planung. Daher verwundert es nicht, daß die Berufe des Unternehmens- und des PR-Beraters sich zur Zeit in einer Hochkonjunktur befinden, deren Gipfel noch nicht abzusehen ist. Aus demselben Grund ist das Angebot an „Management-Seminaren", „Führungstrainings" oder „Entscheidungsschulung", denen es um treffsichere Konzeptionsfindung geht, inzwischen sehr umfangreich und wächst immer noch.

Diese Schulungen bedienen sich unterschiedlicher Modelle, die in der Regel eines gemeinsam haben: Sie entstammen dem Bereich der Organisationsentwicklung, in deren Rahmen vor allem in den USA eine ganze Reihe von Strategien entwickelt worden sind, mit deren Hilfe Veränderungsprozesse in Unternehmen – allgemeiner: in Organisationen – handhabbar gemacht werden sollen. (Vgl. für einen Überblick über diese Modelle: French, Wendell L., Bell, Cecil H. und Zawacki, Robert A.: Organization Development. Theory, Practise and Research. Dallas 1978.)

Die Bedeutung von Organisationsentwicklung ist Ausdruck davon, wie sehr sich bei der Planung von Eingriffen in bestehende Organisationen die Gewichte verschoben haben: von der punktuell eingebrachten Konzeption hin zu einem langfristigen kontrollierten Prozeß. Grundlegendes Modell und Kernstück der Organisationsentwicklung ist dabei die Handlungs- oder Aktionsforschung (vgl. dazu French, Wendell L. und Bell, Cecil H.: Organisationsentwicklung. Sozialwissenschaftliche Strategien zur Organisationsveränderung, Bern 1977, passim.), die ein Instrument der Planung ebenso wie der Intervention und der Sozialforschung sein will. Ihr Ziel ist es, dem System, das verändert werden soll (im Beraterverhältnis: dem Klienten), eine langfristig einsetzbare Hilfe zur Selbsthilfe anzubieten, wobei sie anstrebt, die Trennung zwischen (Unternehmens- oder Organisations-)externem Berater oder Forscher und dem Klientensystem aufzuheben.

In Deutschland gibt es seit nunmehr fast 20 Jahren eine Planungstechnik, die ähnlich wie die Handlungsforschung eingesetzt werden kann, aber im Bereich von Planung und Konzeptionsentwicklung wesentlich differenzierter ist. Dieses Modell kommunikativer Konzeptionsentwicklung läßt sich beispielsweise in einen

Handlungsforschungsprozeß integrieren, der ein Unternehmen als Ganzes betrifft, und verbessert dann erheblich das entscheidende Segment der Handlungsplanung (vgl. weiter unten). Es kann aber ebensogut isoliert als Planungsinstrument für Teilprobleme eingesetzt werden – wie etwa für die Gestaltung und Veränderung der Kommunikationspolitik der betreffenden Organisation.

Um diese These nachvollziehen zu können, muß man sich beides, Handlungsforschung und die von Klaus Dörrbecker geprägte kommunikative Konzeptionslehre, etwas näher anschauen.

Kooperation, Erfolgskontrolle und zyklische Wiederholung – das Handlungsforschungsmodell

Was ist Handlungsforschung eigentlich? Wie bei allen komplexen Phänomenen, die sich nach ihrer Entstehung vielfältig ausdifferenziert haben, tun sich die Experten mit einer eindeutigen Definition schwer. Die unmißverständlichste Annäherung ist vielleicht über ihre Geschichte möglich:

Zwei Quellen werden als Beginn der Handlungsforschung angesehen, die äußerlich nur dadurch miteinander in Verbindung stehen, daß ihr gemeinsames Ursprungsland die Vereinigten Staaten sind, wo sie beide in den dreißiger und vierziger Jahren zu wirken begannen.

Die eine ist John Collier, ein Praktiker, der in der US-Regierung Beauftragter für Indianerfragen war – mit der schwierigen Aufgabe, Programme zur Verbesserung der Rassenbeziehungen zu entwickeln. Collier war der Überzeugung, daß Wissenschaftler aus der Forschung, die Praktiker der Verwaltung und vor allem die Klienten, also die betroffenen Indianer in diesem Fall, in einen gemeinsamen Prozeß integriert werden müßten, in dem er der Forschung bzw. der Gewinnung neuer Erkenntnisse einen sehr hohen Stellenwert zusprach.

„Die Forschung (kann) als Werkzeug zum Handeln benutzt werden, das alle anderen Werkzeuge unterstützt und das tatsächlich das Hauptwerkzeug sein sollte. Aber wir stellten uns eine besondere Art der Forschung vor, mit besonderen Bedingungen. Wir wollten Untersuchungen machen, die von den Problemzentren, in welchen sich Maßnahmen aufdrängten, direkt angeregt wurden. Da nun Maßnahmen naturgemäß nicht nur aus einem, sondern aus mehreren Spezialgebieten abgeleitet werden, muß die Forschung integrativ vorgenommen werden. Die Ergebnisse müssen vom Verwalter und vom Laien praktisch angewandt und daher aufgrund von Erfahrungen kritisiert werden. Deshalb und weil die Untersuchungen sich auf ihre eigenen Probleme beziehen, müssen Verwaltungsvertreter und Klienten schöpferisch an der Forschung teilnehmen. (John Collier: United States Indian

Administration as Laboratory of Ethnic Relations, Social Research, 12, May 1945, S. 275–276.)

Collier ging davon aus, daß externe Experten nur in Kooperation mit ihren Klienten wirksame Handlungspläne durchführen können, weil erfolgreiche Maßnahmen eine ständige Nähe zur Praxis und Erforschung der tatsächlichen Gegebenheiten verlangen und weil die erarbeiteten Problemlösungen anwendbar und angemessen sein müssen. Er nannte diese Art der Forschung Aktionsforschung.

Die zweite Hauptquelle der Handlungsforschung ist mit einem bekannteren Namen verknüpft: mit dem Kurt Lewins, dem die Sozialpsychologie entscheidende Anregungen verdankt. Als Sozialpsychologe hat er sich intensiv mit der Anwendung sozialwissenschaftlicher Erkenntnisse auf soziale Probleme auseinandergesetzt. Mit seinen Studenten führte er Projekte durch, mit denen er zum Beispiel die Beziehungen zwischen Gruppen oder die Veränderung von Alltagsgewohnheiten untersuchte.

Seine Schüler wandten die Instrumente der Aktionsforschung etwa auf die Durchführung und begleitende Untersuchung von Gemeinwesenprojekten an, auf die Ausbildung von Managern, auf die Widerstände gegen Veränderungen in einem Produktionsbetrieb. Auch für Lewin spielte die Forschung eine Kardinalrolle: In seiner Arbeit mit Sozialarbeitern, in der es um den Kampf gegen Vorurteile ging, kam er zu dem Schluß, daß die Praktiker unbedingt die Hilfe der Wissenschaft benötigten. Er wollte aus der Praxis heraus und für die Praxis Erkenntnisse gewinnen, mit deren Hilfe man den praktischen Fortschritt messen konnte. Handlungsforschung war für ihn und seine Mitarbeiter vor allem anderen ein Instrument, in dem sich Experiment und Anwendung, Wissenschaftler und Praktiker verbinden und das so eine realistische Beurteilung des Erfolgs durchgeführter Maßnahmen möglich machen sollte.

„Wenn wir nicht beurteilen können, ob eine Tätigkeit uns vorwärts oder rückwärts geführt hat, wenn wir kein Kriterium für die Beurteilung der Beziehungen zwischen Aufwand und Erfolg haben, dann hindert uns nichts daran, die falschen Schlußfolgerungen zu ziehen und die falschen Arbeitsgewohnheiten zu ermutigen. Realistische Aufzeichnungen von Tatsachen und Beurteilung sind die Grundlage des Lernens. Sozialforschung sollte als eines der wichtigsten Elemente bei der praktischen Verbesserung von Intergruppenbeziehungen gelten." (Lewin, Kurt: Action Research and Minority Problems, Journal of Social Issues, 2, No. 4, S. 35.)

In der Nachfolge Colliers und Lewins hat das Handlungsforschungsmodell zahlreiche bemerkenswerte Projekte geprägt, die sehr unterschiedliche Zielsetzungen hatten, so zum Beispiel die Veränderung des Führungsstils in Industriebetrieben, die Gestaltung eines Umstrukturierungsprogramms in einer großen Raffinerie oder die Weiterentwicklung der Unternehmenskultur einer Fabrik in England. Bereits Lewin ging davon aus, daß die Hauptanliegen in einem Handlungsforschungsprozeß durchaus variabel sein können: So kann der Schwerpunkt etwa stärker auf dem Beitrag zum Fortschritt der Sozialwissenschaften liegen, es kann vor allem um die Diagnose einer spezifischen Situation gehen oder aber vorrangig um die Lösung eines praktischen Problems.

Bei aller Vielfalt der Einsatzmöglichkeiten und der Definitionen betonen fast alle Autoren, die sich mit Handlungsforschung beschäftigen, die enge und nicht nur punktuelle Kooperation zwischen Forschern und Praktikern beziehungsweise zwischen dem Berater und dem Klienten. Einige sehen darin den Hauptvorteil des Modells. Eine allein und ausschließlich richtige Art seiner Durchführung gibt es jedoch nicht – auch darin ist man sich einig. Die Verschiedenartigkeit der Projekte und der Bereiche, in denen das Modell angewendet wurde und wird, erfordert auch eine solche Flexibilität.

Dennoch haben die verschiedenen Varianten der Handlungsforschung eine gemeinsame Grundstruktur, die man in fünf Schritte zerlegen kann, wobei innerhalb der jeweiligen Stufe dem Berater und seinem Klienten sehr viel Spielraum bleibt, um sie nach der Art ihrer Durchführung und nach ihrer Gewichtung dem jeweils zu bearbeitenden Problem anzupassen (vgl. Lippit, Gordon L. und Lippit, Ronald: Beratung als Prozeß. Was Berater und ihre Kunden wissen sollten. Lund 1984, S. 112, sowie French und Bell, a.a.O., S. 110 ff.):

1. Datensammlung, in der Regel durch das Klientensystem
2. Datenfeedback von seiten des Forschers oder Beraters an das Klientensystem
3. Untersuchung der Daten
4. Handlungsplanung
5. Durchführung der Maßnahmen

Diese Schritte werden aber nicht nur einmal vollzogen, sondern auf dem Niveau, das durch die Veränderungen in Richtung des angestrebten Ziels jeweils erreicht wurde, beginnt der ganze Prozeß wieder von vorne –, um sich im Prinzip so lange zu wiederholen, bis das Ziel tatsächlich erreicht ist. So betrachtet, ist die Aktionsforschung der Prozeß einer Veränderung – eine Reihenfolge von Ereignissen und Maßnahmen entlang den genannten Schritten und ein Zyklus von Wiederholungen dieser Schrittfolge.

Diagramme machen den Prozeß und seine Struktur deutlicher. Wir zeigen eine einfachere Darstellung, die aber das Prinzip gut erkennen läßt (entworfen von Mary Whittacker), und ein differenzierteres Modell (French, Wendell L.: Organisation Development Objectives, Assumptions and Strategies, California Management Review, 12, Winter 1969, S. 23–24), das außerdem den prozessualen Charakter aufzeigt:

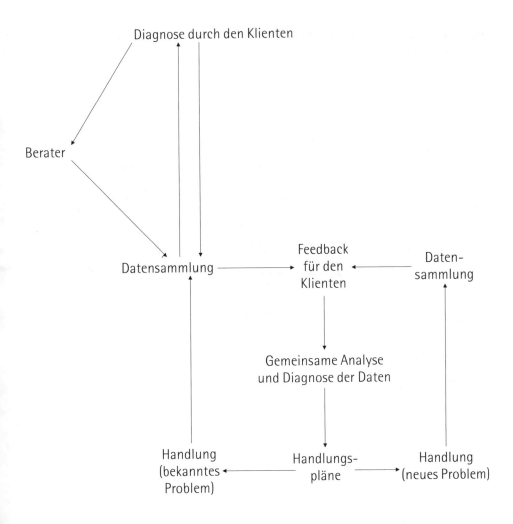

Aktionsforschung im Beratungsprozeß (entworfen von Mary WHITTAKER)

Vorgehensweise der Aktionsforschung in der Organisations-Entwicklung

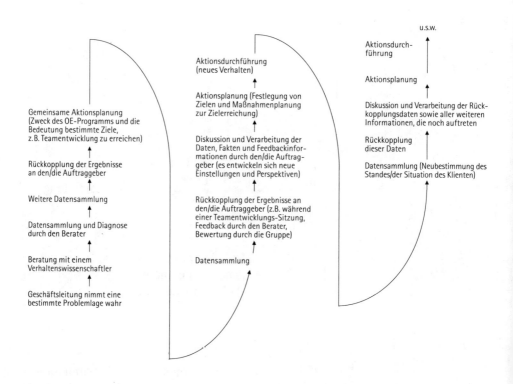

Diese Struktur stellt ein Modell dar, eine Problemlösungsmethode oder Planungstechnik. Herbert Shepard, der an der Organisationsveränderung bei mehreren Erdölraffinerien arbeitete und dabei die Handlungsforschung zugrunde legte, definiert es so:

„Das Aktionsforschungsmodell ist ein normatives Lernmodell oder ein *Modell für geplante Veränderung.* Es geht von folgenden Annahmen aus: Menschliches Handeln sollte zielorientiert sein, mögen die Ziele dabei auch vage sein. Ebenso sollte jedem menschlichen Handeln ein Plan zugrunde liegen, sollten Pläne gemacht werden, auch wenn die Wege zum Ziel immer ungenügend bekannt sind. Das Handeln selber sollte schrittweise erfolgen, und nach jedem Schritt sollte ein Blick auf den neuen Zustand geworfen werden. Dieser Blick kann zeigen, ob das Ziel realistisch ist, ob es näher gekommen oder weiter weggerückt ist und ob es geändert werden sollte. Durch eine solche Untersuchung der Tatsachen kann die gegenwärtige Situation beurteilt werden, und diese Information kann zusammen mit der Information über das Ziel beim Planen des zweiten Schrittes mitverwendet werden. Die Bewegung auf ein Ziel hin besteht aus einer Reihe von solchen Zyklen, Planen – Handeln – Untersuchen – Planen". (Shepard, Herbert A.: An Action Research Model, in: An Action Research Program for Organization Improvement, Ann Arbor 1960, S. 33–34.)

Während viele der mit Handlungsforschung befaßten Autoren sich besonders um das erste und zweite Segment in der genannten Schrittfolge bemühen, also die Art der Datenerhebung und -untersuchung und die dabei postulierte Zusammenarbeit zwischen Berater und Klient, bleibt der Weg von der Untersuchung der Daten zur Handlungsplanung und die Art und Weise dieser Planung in der Regel völlig unausgeführt. Shepard geht hier einen Schritt weiter, indem er die Dimension der Zielsetzung einbezieht.

Aber auch bei ihm findet der Planer oder Berater keine Hilfen, wenn er nach einem Modell für die Beziehungen zwischen Zielen, Planung und Handeln sucht. Wie kommt man von der Diagnose einer Situation zu sinnvollen Zielen? Wie formuliert man sie am besten? Wie geht man vor, wenn man ausgehend von den Zielen praktische Handlungsschritte planen will, damit sie einen auch wirklich dem gesteckten Ziel näherbringen?

Von der Datensammlung zu begründeten Maßnahmen – der Planungsweg über die Strategieschritte zur Taktik nach dem Modell der kommunikativen Konzeptionslehre

Auf solche Fragen gibt die eingangs erwähnte Planungstechnik Antwort – ihr erster Teil wird auch „Rakete" genannt, weil sich die Struktur des strategischen Planungsprozesses grafisch an einem raketenähnlichen Modell darstellen läßt. Die Handlungsforschung legt ihren Schwerpunkt darauf, daß eine enge Zusammenarbeit zwischen Berater und Praktiker bzw. Klient notwendig ist und daß die Erfolgskontrolle nach jedem Durchlauf des Prozesses in einen neuen Veränderungsprozeß mündet, bis das gewünschte Ziel erreicht ist.

Bei der „Rakete" liegt der Schwerpunkt dagegen auf dem Segment des Planungs- oder Interventionsprozesses, das die Handlungsforschung vernachlässigt und in dem es darum geht, aus den gesammelten Fakten und Daten die planerischen Konsequenzen zu ziehen. Sie stellt ein ausführliches Modell für diesen komplexen Schritt bereit, der im wesentlichen darin besteht, daß man aus der Analyse eines Ist-Zustandes eine Handlungsstrategie ableitet, auf der man erfolgversprechende Maßnahmen beziehungsweise die „Taktik" aufbauen kann.

Wenn es darum geht, in Unternehmen oder Organisationen gezielt umfassende Veränderungsprozesse in Gang zu setzen, entscheidet die Konzeptionsqualität primär über Leistungen und Erfolge – und sie entscheidet ebenso über den Erfolg kleiner Projekte in einem Teilbereich.

Der Neuaufbau der Kommunikationspolitik in einer großen Fünf-Jahres-Konzeption für einen internationalen Konzern erfordert konzeptionelle Qualität und Kompetenz genauso wie die Erstellung eines Sechsseitenprospekts für die Kunden eines mittelständischen Unternehmens oder die Reform der Führungsstruktur in einem Verband. Diese Qualität sichert die Konzeptionslehre durch eine Reihe sorgfältig aufeinander aufbauender Arbeitsschritte und versucht damit, möglichst optimale Resultate bei geringstmöglichem Risiko zu gewährleisten. Ihr Ergebnis ist ein methodisch entwickeltes, in sich schlüssiges Planungspapier zur Vorbereitung und als Leitfaden von Problemlösungen in unterschiedlichen Management-Problemfeldern.

Die ersten Ansätze dieses Planungsmodells sind nach Vorüberlegungen von Boehler Anfang der siebziger Jahre an der Frankfurter Akademie für Marketing-Kommunikation (amk) entstanden. Deren vier Fachbereichsleiter für Marketing, Verkaufsförderung, Werbung und Public Relations, unzufrieden damit, daß jeder nach seinem eigenen mehr oder weniger selbstgestrickten Planungsrezept arbeitete, trugen alle ihnen zugänglichen Konzeptionsfindungsmodelle nationaler und internationaler Werbe- und PR-Agenturen zusammen. Damit waren in diesem Kreis unter anderem Erfahrungen und Unterlagen präsent von großen Agenturen wie Thompson, Young and Rubicam, Foote, Cone & Belding und anderen sowie die pädagogischen und Facherfahrungen der Fachbereichsleiter. Die Analyse dieser verschiedenen „Hausphilosophien" mit ihren oft über Jahrzehnte erprobten Verfahrensweisen ergab die Grundzüge des Konzeptionsmodells, um das es hier geht. Klaus Dörrbecker, damals in der amk Fachbereichsleiter PR, hat es später besonders im Hinblick auf den Gebrauch für PR-Aufgaben weiterentwickelt und zu einer vollständigen Konzeptionslehre ausgebaut. Sie ist heute Bestandteil vieler Seminare der AFK Akademie Führung und Kommunikation in Frankfurt, deren PR-Trainingsleiter Dörrbecker ist. Führungskräfte ebenso wie PR-Profis der unterschiedlichsten Qualifikationsstufen trainieren dort diese Konzeptionstechnik in praxisnahen Fallstudien, die sich zum Teil über mehrere Tage erstrecken. Dabei gilt es, Lösungen für die unterschiedlichsten Probleme zu finden – von der Planung eines Tages der offenen Tür bis zur auf viele Jahre angelegten umfassenden Reform eines Verbandes.

Das Planungspapier als Ergebnis solcher Fallstudien im Seminar oder auch der Konzeptioner-Arbeit in der Realität enthält zwei Teile: die gedanklichen Grundzüge der Planungsarbeit in der „Strategie" mit ihren Vorstufen und die Planung der Einzelmaßnahmen in der „Taktik", die sich aus der Strategie ableitet. Dabei werden die Begriffe „Strategie" und „Taktik" in der Konzeptionslehre wie folgt definiert:

1. Kommunikations-*Strategie* ist die Lehre von der Kunst, Kommunikationstechniken optimal einzusetzen für die *übergeordneten* (beispielsweise unternehmenspolitischen) Zwecke eines Auftrags. Diese Strategie baut auf der Analyse der Fakten auf oder auf der Diagnose der zu lösenden Probleme.

2. Kommunikations-*Taktik* ist die Lehre vom strategiegerechten Gebrauch von Projekten und Einzelmaßnahmen. Im Unterschied zur Strategie geht es dabei um die Zwecke bestimmter *überschaubarer* Kommunikationsprozesse, zum Beispiel einer Aktion. Die Planung der Taktik leitet sich von der Strategie ab und muß zu deren übergeordneten Vorgaben exakt passen.

Unabhängig vom Umfang der Aufgabe, vom Etatvolumen oder vom Planungszeitraum läuft der Planungsprozeß nach einem vielfach erprobten Muster ab. (Grundlage der folgenden Ausführungen sind die Seminarpapiere der AFK Adademie Führung und Kommunikation zur Konzeptionslehre, unveröff. MS, in den Fassungen von 1984 und 1985.)

Die Vorstufen

Strategische Entscheidungen bedürfen zu ihrer Planung einer breiten Informationsgrundlage. Das Faktenwissen aus der Datensammlung (die sogenannte „Faktenplattform") wird in vier Schritten selektiert, analysiert und dabei auf den Kern komprimiert – bis der Konzeptioner daraus für seine Problemlösung eine präzise Aufgabenstellung formulieren kann.

Der erste Schritt ist die eigentliche Datensammlung. Nachdem geklärt ist, welche Tatsachen für die jeweilige Aufgabe recherchiert werden müssen, gibt sie Antwort darauf, wie die Ist-Situation aussieht. Zu diesen Fakten gehört alles, was man vor der eigentlichen Planung für einen bestimmten Auftrag wissen muß. Das sind zum Beispiel Informationen über das Unternehmen: Organisation, Management, Mitarbeiterschaft, Unternehmensphilosophie oder Unternehmensziele; oder Informationen aus der Marktforschung wie zum Beispiel über Produkte oder Dienstleistungen, Distributionsbeteiligte aller Stufen, Märkte, Wettbewerb usw. Aus der Meinungs- oder Kommunikationsforschung könnte der Meinungsmarkt mit allen in Frage kommenden Zielgruppen relevant sein, ebenso wie Bekanntheitsgrad, Images oder die bisherige PR-Struktur.

Von dieser mehr oder weniger unstrukturierten Bestandsaufnahme in der „Faktenplattform" ausgehend, fragt sich der Planer (Berater, Klient oder beide): Wo sind wir stark oder besonders kompetent und glaubwürdig, welche Stärken können wir nutzen? Welche Schwächen oder Defizite gibt es auf der anderen Seite im Hinblick auf unsere Aufgabe, wo müssen sie besonders vordringlich behoben werden? Die

Fakten werden also in diesem Schritt nach übergeordneten Fakten, „Stärken" und „Schwächen" strukturiert und entsprechend ihrer Bedeutung in eine Rangfolge gebracht.

Die dritte Stufe besteht in einer Analyse dieser Stärken und Defizite und mündet in eine präzise Diagnose, in ein bewertetes Bild der Ist-Situation. Diese Diagnose, die zwecks größtmöglicher Klarheit und Ausdifferenzierung in ganzen Sätzen ausformuliert werden sollte, benennt die Ursachen der festgestellten „Symptome", besonders der Schwächen und Defizite.

Als letzte Vorstufe zur eigentlichen strategischen Arbeit schließlich formuliert man auf der Basis der genannten Vorarbeiten die Aufgabenstellung für die Planung: Welche Probleme oder Schwächen sollen unter Nutzung vorwiegend welcher Stärken gelöst werden und mit welcher Zielrichtung? Wie heißt also der genaue durch Fakten und Analyse abgesicherte Auftrag für den Konzeptioner? Wie sieht die Richtung der Problemlösung aus? Die Formulierung dieser „generellen Aufgabenstellung" kann unter Umständen bereits sehr detailliert und präzise ausfallen – je nach Problemlage und Stand der Analyse.

Diese drei Schritte – Strukturierung der Fakten nach Stärken und Schwächen, Analyse/Diagnose, generelle Aufgabenstellung – münden in eine ausgewählte, knappe Liste der wichtigsten, verdichteten und analysierten Fakten und in die Aufgabenstellung, die bereits angeben sollte, wer mit welcher Zielrichtung in welchem Meinungsfeld anzusprechen ist (unter Umständen auch bereits wann und wo). Findet die Planung als arbeitsteiliger Prozeß statt, hat der Konzeptioner mit diesem Ergebnis das Gestaltungs- oder Gruppenbriefing in der Hand, auf dessen Basis er weitere Planungsaufgaben delegieren kann (etwa an die Kreativen). Gleichzeitig dient es als letztes Abstimmungspapier mit dem Auftraggeber und vielleicht bereits als Gliederungsgerüst für die Präsentation.

Resultat aller vier Arbeitsschritte ist eine exakte Ausgangsbasis für die Strategieformulierung.

Die Strategie

Eine professionell entwickelte Problemlösungsstrategie nach dem „Raketen"-Modell besteht aus vier Positionen, die gleichwertige Bestandteile der strategischen Überlegungen sind. Anders als die Vorstufen brauchen sie nicht in einer bestimmten Reihenfolge aufeinander aufzubauen, sie müssen aber präzise zueinander passen. Erst nachdem die komplette Strategie formuliert ist, werden im Rahmen des „taktischen" Teils Maßnahmen geplant – ein Prinzip, das vor blindem Aktionismus bewahrt und den größtmöglichen Schutz davor bietet, daß Zeit, Geld und Energie in Handlungen investiert werden, die am Ziel vorbei gehen, die unnötig oder gar contraproduktiv sind.

Der erste Teil der Strategie, die Zielsetzung, enthält ein logisches System präziser Zielformulierungen mit (möglichst) meßbaren und damit kontrollierbaren Zielen, die zu bestimmten Zeitpunkten erreicht sein müssen – wie zum Beispiel „50 Prozent mehr Beteiligung der Mitarbeiter am firmeninternen Vorschlagswesen nach einem Jahr" oder „Umsatzsteigerung um 25 Prozent nach eineinhalb Jahren". Diese Planziele müssen differenziert und klar formuliert sowie zeitlich festgelegt werden – sonst ist der Weg zur gewünschten Veränderung nicht planbar. Welcher genau bestimmte Punkt soll nach erfolgreichem Abschluß der Aktion erreicht sein? Es ist in dieser entscheidenden Phase der Strategiefindung hilfreich, die Ziele nach ihrer Gewichtung (Zielhierachie) oder nach Phasen zu gliedern (kurz-, mittel- und langfristige Ziele). Die Konzeptionslehre empfiehlt außerdem eine inhaltliche Gliederung zum Beispiel nach übergeordneten Unternehmenszielen, internen und externen Zielen und bei umfangreichen Konzeptionen darüber hinaus nach fachlichen Teilzielen. Im Bereich der Public Relations könnten das sein: Imagepolitik, Marktunterstützung/Product Publicity, interne Motivation und so weiter.

Eine zweite Phase der Strategieentwicklung legt fest, mit welchem Hauptinstrumentarium die Ziele erreicht werden sollen. Dieser „strategische Kräfteeinsatz" beschreibt beispielsweise als Hauptveränderungshebel für einen Prozeß der Führungsreform in einem Unternehmen „Management-Training" und „Motivationstechniken", er sagt aber noch nichts aus über die Maßnahme im einzelnen. Der „Kräfteeinsatz" ist das Ergebnis der kreativen Entscheidung darüber, auf welchen Feldern der erwünschte Prozeß am wirksamsten und erfolgreichsten in Gang gesetzt werden kann.

Strategische Zielsetzung und strategischer Kräfteeinsatz bilden die „kreative Strategie"; man kann sie auch umschreiben als knappe, verbindliche Absichtserklärung des verantwortlichen Konzeptioners zur Strategie oder kreativen Umsetzung des Gestaltungsbriefings. Zusammengefaßt enthält das Resultat dieser zweiten Verdichtungsstufe nach dem Gestaltungsbriefing Aussagen zu:

- genauer Zielsetzung in einem definierten Zeitrahmen bei einem bestimmten Etataufwand in x Phasen
- Positionierung der Mittel und Maßnahmen
- den strategisch wichtigsten der zu gestaltenden Mittel- und Maßnahmengruppen
- Argumentation, Stil, Aktionsarten.

Gezielte Anpassung eines Unternehmens, einer Organisation oder ihrer Teilbereiche an veränderte Anforderungen kann nur dann erfolgreich sein, wenn man die Zielgruppen dieser Veränderungen differenziert festlegt. Um im Bereich der Public Relations zu bleiben: Die Abnehmer der Produkte eines Betriebs brauchen eine ganz andere Ansprache als die eigenen Mitarbeiter, und Jugendliche in der Standortbevölkerung am Sitz eines Unternehmens haben andere Bedürfnisse als etwa ältere Menschen, die nicht mehr im Arbeitsprozeß stehen. Wenn diese Unterschiede in der Planung nicht berücksichtigt werden, ist die Wahrscheinlichkeit sehr groß, daß die Anstrengungen zu einem guten Teil wirkungslos verpuffen. Deshalb geht es in einer dritten der strategischen Positionen der „Raketen"-Technik darum, genau die Zielgruppen anzugeben, die man in den geplanten Prozeß einbeziehen will.

Bei der vierten Strategieposition handelt es sich darum, die Kommunikationsinhalte zu formulieren, die den Zielgruppen vermittelt werden sollen –, letztlich die Aussagen, die sich den Empfängern nach erfolgreich abgeschlossenem Prozeß eingeprägt haben sollen. Im PR-Bereich könnte das Ziel einer Reihe von Maßnahmen beispielsweise sein, daß die Jugendlichen am Standort eines Unternehmens von diesem unter anderem das Bewußtsein haben: „Die Firma XY engagiert sich sehr für die Auszubildenden."

Die Vermittlung dieser Botschaften (oft auch „Positionierungen" genannt) hat also Zielqualität. Sie lauten für die unterschiedlichen Zielgruppen in der Regel verschieden, entsprechend deren jeweiliger Problem- und/oder Bewußtseinslage. Die Botschaften müssen soweit zueinander passen, daß sie sich auch bei sehr unterschiedlichen Zielgruppen nicht widersprechen.

Wichtig ist, daß es hier nicht darum geht, Slogans zu formulieren, sondern das, was die anzusprechenden Personen nach einer erfolgreich durchgeführten Reihe von Maßnahmen denken sollten. Die Formulierung dieser Bewußtseinsinhalte hilft dem Planer sehr, sich sein Ziel zu konkretisieren.

Zielgruppen und Botschaften bilden die „Copy-Plattform", die die Schlüsselaussagen der geplanten Kampagne sowie ihre Adressaten formuliert. Im Anschluß an die Formulierung der Copy-Plattform prüft man in einem Cross-Check noch einmal, ob die Gesamtstrategie in ihren vier Positionen in sich stimmig und widerspruchsfrei ist.

Das Ergebnis der zweimal vier Schritte – Vorstufen und eigentliche strategische Überlegungen –, die Strategie, bildet erst die Grundlage für das, was kurzsichtige Planer gleich am Anfang tun: die Planung von konkreten Maßnahmen.

Zum Überblick und zur Zusammenfassung ist das Modell auf der folgenden Doppelseite in seiner grafischen Darstellung abgebildet (vgl. AFK-Seminarpapier AFK PR/1401/2 3–3/4, S. 8f).

Konzeptionstechnik: Strategie – das Prinzip Verdichtung.
KONZEPTIONERFORMULAR

Fakten-Plattform

Die „Datenbank" des Konzeptioners

Die Hauptquellen: _____

Gestaltungs- oder Gruppenbrie[fing]

gleichzeitig: 1) Auftrag an die Kreativen
2) letztes Abstimmungspapier mit dem Auftraggeber

(Diagramm: Auftrag/Aufgabe/Auftraggeberbriefing → 1. Verdichtungsstufe: Analyse, Problematisierung, Selektion, Rangreihung, Komprimierung, Zuspitzung → Die wichtigsten Fakten (Stärken und Schwächen) / Die Analyse der Fakten (komprimierte Ist-Situation) / Die generelle Aufgabenstellung)

= Alles, was man für den speziellen Auftrag wissen muß. Zum Beispiel (bei einem großen Konzept) über das **Unternehmen:** Organisation, Management, Mitarbeiterschaft, Unternehmensphilosophie, Unternehmensziele, bisherige PR-Struktur usw. Aus der **Marktforschung:** Produkte/Dienstleistungen, Distributionsbeteiligte aller Stufen, Märkte, Wettbewerb usw. Aus der Meinungs-, besser **Kommunikationsforschung:** Meinungsmarkt mit allen in Frage kommenden Zielgruppen, Bekanntheitsgrad, Images.

= Ausgewählte, knappe Liste der wichtigsten verdichtete[n Fakten] der Plattform, gegliedert in **„Stärken"** und **„Schwäche[n"** für] diesen Auftrag (= Symptome). Daraus folgt die Analyse [als] Ergebnis – **ein bewertetes Bild der Situation** – wir ni[eder]schreiben (= Diagnose). Die darauf aufbauende **„gener[elle] Aufgabenstellung"** richtet den Blick nach vorn: diese Vorstufe vor der Strategie gibt im Optimalfall Hinweise [auf] vier Strategieteile.

Die Maßnahmen- oder Taktikplanung

Gezielte taktische Entscheidungen brauchen als Basis eine klare Strategieformulierung: Aus der Festlegung der Ziele, des Kräfteeinsatzes, der Zielgruppen und der Botschaften wird die Maßnahmenplanung abgeleitet. Sie enthält nach dem Konzeptionsmodell der „Rakete" drei Planungselemente, die ineinandergreifen und am sinnvollsten in integrierter Form dargestellt werden: die Untergliederung in Projekte, Teilprojekte und Einzelmaßnahmen, die Zeitplanung und die Feedbackplanung.

Untergliederung

Ein Beispiel für die Strukturierung der geplanten Maßnahmen aus den Originaldarstellungen der „Rakete", wiederum aus dem Bereich der Öffentlichkeitsarbeit:

Kreative Strategie

Die knappe, verbindliche Absichtserklärung des verantwortlichen Konzeptioners zur Strategie

Einsatz PR-Team   ja/nein. Falls ja:

ihm gehören unter Leitung von _____

vorerst ständig an: _____

Die wichtigsten nichtständigen Mitglieder: _____

Copy-Plattform

Die Schlüsselaussage(n) der Kampagne und ihre Empfänger

---

zung des Gestaltungsbriefings

Strategische Zielsetzung:

Strategischer Kräfteeinsatz:

Botschaft(en)/Kommunikationsinhalte:

Zielgruppe:

Taktik = Umsetzung in Projekte, Teilprojekte und Maßnahmen an der Zeitachse

---

= Genaue **Zielsetzung** (Ziele sind präzise, terminiert, möglichst meßbar) im System (Zielhierarchie oder Phasenziele); somit ggf. jetzt schon festzulegen:

_____ Phasen bei _____ Zeit und DM _____ Aufwand.

Der **Kräfteeinsatz**: die strategisch wichtigsten der zu gestaltenden Mittel- und Maßnahme**gruppen** der einzelnen PR-Bereiche. Zusätzlich: Informationen/Festschreibungen zu Argumentationslinie, Stil/Gestaltungslinie, Aktionsintensität. Bei der Gestaltung sind folgende Informationen über die weiterführende langfristige Planung zu berücksichtigen:

_____

_____

= Sachtext zu den beiden präzisen Aufträgen
was = Welche Botschaften (Dachbotschaften und Zielgruppenbotschaften) sollen nach erfolgreichem Abschluß der Kampagnen in den Köpfen der Zielpersonen/-gruppen sitzen – am besten so formuliert, wie die Zielpersonen sich dann äußern würden.
wen = Welche genau definierten internen und externen Zielgruppen (in Rangreihung) wollen wir ansprechen?

- Projekte (und die jeweils dafür Verantwortlichen – das ist wichtig für die Zuständigkeitsregelungen).

  Beispiel für eine solche Projektliste:
  – Projekt interne Mitarbeitermotivation und Führungstraining (Vorstand + Institut xyz)
  – Projekt Werkzeitschrift (Personalabt. und Agentur/Schulze)
  – Projekt Imagepolitik (Agentur/Lehmann)
  – Projekt Pressearbeit (Agentur/ Müller)
  – Projekt Werksjubiläum/Standort-PR (Werksleitung I und Agentur/Willibald)
  – Projekt Fachkongreß (Agentur/Mayer)

- Teilprojekte (und dazu die Zielgruppen – so kann man sie strategiegerecht mit den Maßnahmen kontrollieren).

  Beispiel für eine solche Liste von Teilprojekten bei einem „Projekt Fachkongreß":
  – interne Vorbereitung (befaßte Abteilungen)
  – Didaktik (Dozenten, Moderation)
  – Teilnehmerwerbung (Standort-Prominenz, Fachwelt, Branche)
  – Sonderaktion Universitäten (Professoren, Studenten der befaßten Fachgebiete)
  – begleitende Pressearbeit

- Maßnahmen

  Beispiel für einige solcher Maßnahmen aus einer „Sonderaktion Universitäten":
  – Briefwerbung an die Fachprofessoren
  – Info-Stand an den beteiligten Universitäten
  – Anzeigen in Studentenpresse
  – studentenspezifische Ausstellung während des Kongresses.

Zeitplanung

Die Maßnahmen werden bei allen Teilprojekten in einer zeitlichen Reihenfolge geordnet, bei der man, falls nötig, dramaturgisch wirksame Abläufe und zeitliche Bündelungen einplanen sollte, und bei der man vor allem die Lernpsychologie der Zielgruppen bedenken muß, die den Veränderungsprozeß mittragen sollen. Der Ablauf muß ihnen didaktisch und psychologisch angemessen sein. Gleichzeitig hat die Zeitplanung die wichtige Aufgabe, alle gegenseitigen Abhängigkeiten zwischen Planung, Durchführung und den einzelnen Maßnahmen mit einzubeziehen und sichtbar zu machen.

Feedback-Planung

Oft ist es schwierig, den Erfolg von Maßnahmen zu kontrollieren, auch wenn sie präzise geplant und ausgeführt wurden. Eine Möglichkeit dazu bietet die Feedback-Planung. Veränderungen können nur erfolgreich sein, wenn die Menschen, die sie tragen sollen, auch aktiv einbezogen werden – ob es nun um den Führungsstil in einem Unternehmen geht oder um die Akzeptanz eines Produktes. Deshalb besteht der letzte Schritt der Taktikplanung im „Raketen"-Modell darin zu prüfen, ob die einzelnen Mittel und Maßnahmen auch genügend Feedback-Möglichkeiten und Anreize zum eigenen Handeln enthalten.

Das Ergebnis dieser drei Schritte auf der Grundlage der Strategie ist eine realistische, fundierte und umsetzungsreife Ablaufplanung für die praktische Arbeit an der erwünschten Veränderung. Ideal ist es, wenn man die Ergebnisse der Taktikplanung auf einer Pinwand festhält. Diese Darstellungsform ermöglicht einen flexiblen und kreativen Umgang mit den Planungsergebnissen ebenso wie eine übersichtliche Präsentation.

Als letzte Etappe in der Planung schließlich enthält die Konzeptionslehre eine Anleitung zur Qualitätsprüfung der gesamten Konzeption.

Cross-Check: Prüffragen zur Strategie

— Sind die *Zielgruppen* — Teilprojekt für Teilprojekt, Schiene für Schiene — vollständig und exakt beschrieben?

— Sind die *Ziele* nach Phasen oder Rang gegliedert? Sind sie weitgehend meß- und damit prüfbar? Sind sie gleichermaßen anspruchsvoll und realistisch?

— Sind die *Kommunikationsinhalte/Botschaften* für alle Zielgruppen vollständig und für diese angemessen?

— Verspricht der strategische *Kräfteeinsatz* genügend kreatives Potential, um den Durchbruch zur Zielebene zu erreichen?

— Stimmen diese vier Strategiepositionen überein; *passen sie zueinander* in jedem denkbaren Bezug, nahtlos und folgerichtig?

— Ist die Strategie aus den Fakten und Vorüberlegungen fugenlos abgeleitet?

— Ist die Faktenplattform komplett = ohne wesentliche Lücken?

Fragen zur Taktik

— Passen die Projekte, Teilprojekte und Einzelmaßnahmen mit ihren Zielgruppen und Verantwortlichen nahtlos zur Strategie, erfüllen sie diese voll und ist nichts Überflüssiges dabei?

— Sind sie so genau maßgeschneidert, daß Streuverluste minimiert werden?

— Versprechen die geplanten Maßnahmen genügend kreatives Potential, um Kommunikation herzustellen und kommunikative Ergebnisse zu erzielen?

– Folgen die Maßnahmen entlang der Zeitachse in ihrer Dramaturgie psycho-logischen Abläufen?

Die Konzeptionslehre mit ihrer exakten Ableitung von Schritt zu Schritt ist zum einen ein äußerst detaillierter und genauer Planungs-Leitfaden, der sehr praxisnah ist: Er entfaltet seine Funktion als Denkhilfe umso mehr, je komplexer das zu bearbeitende Problem und je größer damit die Gefahr ist, daß der Planer diese Komplexität durch eine Flucht ins bloße „Machen" zu reduzieren versucht. Zum anderen setzt sie gerade durch ihre Ausführlichkeit und Präzision sehr viel Kreativität frei, weil sie dazu zwingt, sich unterschiedliche Dimensionen eines Problems ganz deutlich bewußt zu machen. Das bereichert auch die Suche nach Umsetzungsideen und macht sie differenzierter, umfangreicher und gezielter. Diese Konzeptionstechnik vermeidet damit den Fehler vieler anderer Systeme, daß sprunghaft einzelne Dinge geplant werden, die weder untereinander noch zu den angestrebten Zielen einen notwendigen Zusammenhang haben.

Schlußbewertung

Will man Handlungsforschung und kommunikative Konzeptionslehre als Modelle für kreative und treffsichere Planung bewerten, so ist die letztgenannte überlegen: Wo die Aktionsforschung sich damit begnügt zu postulieren, daß wohlbegründete Ziele gesetzt werden, auf deren Grundlage dann konkrete Maßnahmen zu ergreifen sind, da gibt die Konzeptionslehre dem Planer ein differenziertes Modell an die Hand, das den entscheidenden Schritt von der Zielsetzung zur Maßnahmenplanung konkretisiert und sicherstellen hilft, daß Veränderungen tatsächlich in die gewünschte Richtung gehen.

**Dipl.-Pädagogin
Maria Helena Ziegler**

**Ziegler PR
Seehofstraße 18
6000 Frankfurt am Main 70
Tel.: 069 / 6 03 12 44**

Geboren wurde Maria Helena Ziegler am 10. September 1952 in Schiffweiler/Saarland. Nach ihrem Abitur erfolgte ein Studium der Pädagogik, Politik- und Literaturwissenschaft (Anglistik und Romanistik) in Marburg, Paris und Frankfurt am Main.

Maria Ziegler arbeitete bisher als Dozentin für deutschsprachige Literatur in Paris sowie als Lehrerin für Englisch, Französisch und Sozialkunde an einem Frankfurter Gymnasium.

Bei Klaus Dörrbecker absolvierte sie eine PR-Lehrzeit; in diesem Zusammenhang war sie auch im Rahmen der Juniorberatung und pädagogischen Mitarbeit in den Seminaren der AFK Akademie Führung und Kommunikation in Frankfurt tätig.

Von den Anfängen zur Hohen Schule: Eine wesentliche Station in ihrem beruflichen Werdegang war für Maria Ziegler ihre Stellung als Seniorberaterin bei Burson-Marsteller; Produktschwerpunkte waren dort für sie Food im business-to-business-Bereich, cosmetics und tourism im consumer marketing, Arbeitsschwerpunkte bildeten Konzeption und crisis communication.

Seit Anfang 1989 ist Maria Ziegler mit einem Team freier Mitarbeiter selbständig als PR-Beraterin und -Ausbilderin (Ziegler PR).

Wichtig sind für sie ihre einjährige Tochter sowie ihre Neigung zur Bildhauerei und – tatsächlich – zum PR-Job. Ihr Motto daher:
„Was einem das Liegen auf dem rechten Ellenbogen ist, nachdem man eine Stunde auf dem linken gelegen."

Zur „Feminisierung" der Öffentlichkeitsarbeit
Perspektiven und Konsequenzen eines Wandels

von Prof. Dr. Barbara Baerns

Gert Spindler veröffentlichte 1974 die erste – und soweit ich sehe, die bisher einzige – deutschsprachige Einführung in die Öffentlichkeitsarbeit, die die Leistung von Frauen würdigt. Unter der Überschrift „Der richtige PR-*Mann* – Kriterien für *seine* Qualifikation und Auswahl", heißt es im dritten Kapitel des Buches wie folgt: „Zusammenfassend läßt sich also sagen, daß es durch die geschilderten Berufs- und Ausbildungsverhältnisse für eine Unternehmensleitung nicht einfach ist, den richtigen PR-Mann beziehungsweise die geeignete Frau zur fachlichen Mitarbeit an den neuen Aufgaben zu finden. Dabei erfolgt die Erwähnung der Frau nicht zufällig. Eine große Zahl von ihnen hat sich in der Praxis dieses Berufes ausgezeichnet bewährt, so daß man von Public Relations als einem ausgesprochenen Frauenberuf sprechen kann. Das Gefühl für unterschwellige Strömungen, psychologische Hintergründe, neuralgische Punkte und Komplexe ist bei vielen Frauen häufig stärker ausgeprägt als bei ihren männlichen Kollegen. Damit sind aber auch schon einige Kriterien genannt, die allgemein für die Öffentlichkeitsarbeit erforderlich sind."[1]

Die besondere Eignung von Frauen für die Öffentlichkeitsarbeit stellte 1990 zuletzt Klaus Dörrbecker, Leiter der AFK Akademie Führung und Kommunikation, heraus: „Im Schnitt sind die Frauen besser. Sie sind disziplinierter, sind hungriger, sind fleißiger und wacher... Im Ernst: Ich sehe mit Deutlichkeit, daß dies ein zunehmend weiblicher Beruf wird. Ich halte das für sehr gut. Überall, wo die Jungs erstmal geneigt sind, mit dem Holzhammer zuzuschlagen, haben die Frauen viel mehr Gespür für Prozesse, für Situationen, mehr Instinkt, sind eleganter in der Argumentation, haben Durchsetzungsstrategien sanfterer Art. Dies alles, vor allem das Thema Gespür für Situationen und Prozesse, braucht dieser Beruf."[2]

Ohne über die „Mühsal der Emanzipation"[3] aus männlichen Wertvorstellungen hier weiter nachdenken und ohne deren Einfluß auf das Leben und Treiben von Frauen hier weiter diskutieren zu wollen, wird doch offensichtlich, daß sich das artikulierte Selbstverständnis einflußreicher PR-Fachfrauen in diesen Rahmen fügt: Nach Ansicht der PR-Beraterin und Vizepräsidentin des BDW Deutscher Kommunikationsverband, Elisabeth Kohl, bringen Frauen „mentale und psychische Voraussetzungen" mit, auf die es künftig stärker noch als jetzt ankomme. Das sind „Intuition und Fingerspitzengefühl", „Teamfähigkeit und Belastbarkeit", „zuhören und sich äußern können" und „in Bildern denken, statt sich hinter Abstraktionen verstecken"[4]. Daß Frauen „die besseren PR-Leute" sind, weil sie „Einfühlungsvermögen" und „Fingerspitzengefühl"

„von Natur aus" eher besitzen als viele Männer, hält desgleichen das Vorstandsmitglied der Deutschen Public Relations-Gesellschaft, DPRG, die PR-Beraterin Ursula Lucas-Bachert, fest.[5]

Vor diesem Hintergrund scheint nicht weiter verwunderlich, was wir seit einigen Jahren an den deutschen Universitäten beobachten: Viele Frauen, inzwischen wohl mehr Frauen als Männer, streben in die Kommunikationsberufe, zu denen Öffentlichkeitsarbeit gehört. Diese Beobachtungen stimmen mit genaueren Befunden aus den außeruniversitären Aus- und Weiterbildungseinrichtungen für Öffentlichkeitsarbeit überein:

— Das Einstiegsseminar B 1 der AFK Akademie Führung und Kommunikation besuchten im Zeitraum 1988 bis einschließlich März 1990 insgesamt 150 Personen, davon 98 (das sind 65 Prozent) Frauen. Den Prüfungstermin zum PR-Juniorberater der AFK nahmen 76 Kandidaten, davon 43 (57 Prozent) Frauen wahr. Von der Bundesanstalt für Arbeit unterstützt und gefördert, führte die AFK des weiteren bisher drei 15monatige Ausbildungsgänge Öffentlichkeitsarbeit für arbeitslose Hochschulabsolventen durch. Daran nahmen 68 Jungakademiker, davon 37 Frauen (54 Prozent) teil.

— Auch die Grundseminare G 1 und G 2, die das Deutsche Institut für Public Relations e.V., DIPR, regelmäßig veranstaltet, besuchten viel mehr Frauen als Männer (1986: 54 Frauen gegenüber 31 Männern; 1987: 84 Frauen gegenüber 43 Männern; 1988: 52 Frauen gegenüber 37 Männern; 1989: 100 Frauen gegenüber 76 Männern).

— Die Public Relations Akademie e.V. Wiesbaden berichtet dieselben Erfahrungen: Mit über 50 bis 60 Prozent nahmen überwiegend Frauen an den Veranstaltungen teil.

— Die vom Institut der deutschen Wirtschaft gegründete Fortbildungsakademie der Wirtschaft, FAW, bildet seit 1986 arbeitslose Hochschulabsolventen zum „Journalisten in Pressestellen" aus. Von Anfang an bewarben sich dort überproportional viele junge Männer (75 bis 80 Prozent) um einen Ausbildungsplatz. Doch zeigte sich nach Auskünften eines leitenden Mitarbeiters im Rahmen der Aufnahmeprüfungen, daß die Eignung und Leistung der Männer insgesamt geringer und die Erfüllung der selbstverordneten 50-Prozent-Quote für Männer schwierig war.

Die dargestellten Proportionen dürfen nicht darüber hinwegtäuschen, daß insbesondere die Arbeitsförderungsprogramme einer Klientel dienen, in der ebenfalls Frauen überwiegen: Von 90.511 arbeitslosen Akademikern in der Bundesrepublik waren nach Mitteilung der Bundesanstalt für Arbeit Ende September 1989 50,3 Prozent, von 9.782 arbeitslosen Geisteswissenschaftlern waren 60,6 Prozent, von 23.727 arbeitslosen Lehrern waren 66,8 Prozent Frauen.[6]

Auch kann nicht behauptet werden, daß die dargestellten Proportionen die Berufswelt Öffentlichkeitsarbeit in der Bundesrepublik angemessen spiegeln. Da hier genauere Daten nicht vorliegen, mögen die besonderen Veränderungen in der Mitgliederstruktur des zuständigen Berufsverbandes DPRG als Anhaltspunkte für allgemeine Entwicklungen dienen. Der Anteil seiner weiblichen Mitglieder betrug 1984 nur 15,8 Prozent. Er stieg 1987 auf 22,1 Prozent, 1989 auf 28,2 Prozent, 1990 auf 31,3 Prozent (Stichtag jeweils 1. Januar) an. Diese Daten stützen die Erwartung eines weiterhin positiven Trends.

Auf dieser Grundlage lohnt es sich, den Gedanken, Öffentlichkeitsarbeit werde ein Frauenberuf, aufzunehmen und ihm genauer nachzugehen. In der Tat ist die Entwicklung hin zur „Feminisierung" der Öffentlichkeitsarbeit in den Vereinigten Staaten von Amerika, USA, weit fortgeschritten. Deshalb erscheint es vernünftig, die amerikanischen Erfahrungen im Sinne einer Prognose zu nutzen. Dabei wird in einer ersten Annäherung nachvollzogen, inwieweit diese Entwicklung der beruflichen Gleichstellung der Frauen zugute kommt. In einem zweiten Schritt wird ermittelt, inwieweit diese Entwicklung der weiteren Professionalisierung der Öffentlichkeitsarbeit dient. Im Rückbezug auf die Situation in der Bundesrepublik sollte es auf diesem Wege schließlich möglich sein, Folgen des Wandels zu antizipieren – und Gestaltungsspielräume zu erfassen.

Öffentlichkeitsarbeit, ein Frauenberuf — Das Beispiel USA

„A woman's place is no longer in the home. It seems to be in the communication department." So kommentiert die amerikanische Public Relations-Expertin Wilma Mathews[7] den Trend, der in den vergangenen zehn Jahren zu überproportional hohen Beschäftigungsraten von Frauen im Berufsfeld Öffentlichkeitsarbeit geführt hat. Bereits 1987 waren 56,6 Prozent der amerikanischen Öffentlichkeitsarbeiter Frauen (vgl. Übersicht 1 am Schluß des Beitrags).

Die erfreuliche Entwicklung umfaßt Nachteile. Frauen werden nach wie vor schlechter als ihre männlichen Kollegen bezahlt. In der PR-Branche betrug 1985 das Durchschnittseinkommen der Männer 40.773 Dollar und das Durchschnittseinkommen der Frauen 29.608 Dollar im Jahr. Mehrere Forschungsprojekte halten das – weibliche – Geschlecht für den zuverlässigsten Prognosefaktor für niedrige Einkommen.

Wie die unter dem Titel „The Velvet Ghetto" über die Grenzen Amerikas hinaus bekannte Studie der Foundation of the International Association of Business Communicators, IABC,[8] unter Berücksichtigung des Ausbildungsniveaus, der Berufserfahrung und der Gesamtentwicklung der Profession herausarbeitet, verdiente ein Mann 1981 jährlich 7.580 Dollar mehr als eine Frau mit denselben Qualifikationsmerkmalen. 1983 vergrößerte sich der Abstand auf 8.104 Dollar. 1985 verringerte sich der Abstand auf 6.600 Dollar, blieb aber eindeutig. Im Vergleich mit anderen Erhebungen stellte sich zudem heraus, daß die leichte Einkommensverbesserung, die die IABC-Wissenschaftler und -Wissenschaftlerinnen registrierten, nicht notwendig positiv zu interpretieren ist. Denn die regelmäßige Umfrage unter den Mitgliedern der Public Relations Society of America, PRSA, zeigte für dasselbe Jahr eine generelle Verminderung des Durchschnittsjahresgehaltes für PR-Praktiker um 10.000 Dollar, von 44.000 auf 34.000 Dollar, an. Und nach den vorliegenden Erklärungsversuchen hatte dieses Ergebnis folgende Ursachen: die niedrigeren Gehälter für jüngere PR-Praktiker, die zahlenmäßig zunahmen, und – was hier in Frage steht – die „Feminisierung" der Öffentlichkeitsarbeit mit niedrigeren Gehaltszahlungen für nachrückende Frauen.

Broom und Dozier[9] haben darüber hinaus überprüft, wie sich die individuellen Gehälter von PRSA-Mitgliedern über sechs Jahre hinweg entwickelten. Demnach brachte 1979 der PR-Mann im Durchschnitt 39.860 Dollar, die PR-Frau durchschnittlich 21.830 Dollar nach Haus. Bis 1985 wuchsen die entsprechenden Gehälter auf 66.790 Dollar bei Männern, 33.270 Dollar bei Frauen – und infolgedessen auch die Differenz von 18.000 im Jahre 1979 auf 33.000 Dollar im Jahre 1985 – an. Die Männer begannen nicht nur mit höheren Einstiegsgehältern. Auch ihre Gehaltserhöhungen lagen jährlich rund zwei Prozent höher. Im einzelnen lag die Einkommensdifferenz der Frauen zwischen 6.000 und 30.000 Dollar jährlich. Daraus ist abgeleitet worden, daß PR-Frauen „den kleinen Unterschied" nach 45 Berufsjahren im günstigsten Falle mit rund 300.000 Dollar, im ungünstigsten Falle mit rund 1,5 Millionen Dollar Verlust bezahlen.

Auch wer jene Hochrechnung für überspitzt halten mag, wird doch nachvollziehen können, warum die skizzierte Entwicklung amerikanische Public Relations-Expertinnen und Kommunikationswissenschaftlerinnen in Aufregung versetzte: Die „Feminisierung" der Öffentlichkeitsarbeit zahlt sich für PR-Frauen nicht aus. Sie fühlen sich nicht nur um den gerechten Lohn, sondern auch um den erstrebten Karriereerfolg betrogen, weil sich mit den Rahmenbedingungen auch der Status des Berufs – dies durchaus in Analogie zum Lehrerberuf, zur Krankenpflege, zu Bereichen des Bankwesens – gleichsam unter der Hand wandelt.

Öffentlichkeitsarbeit, eine Profession — Das Beispiel USA

In der amerikanischen Kommunikationswissenschaft hat sich in den achtziger Jahren ein Forschungsfeld entwickelt, das „dominante PR-Rollen" per Umfrage konkretisiert und ermittelt[10]. Im Zentrum dieser Untersuchungen stehen die Fragen, wie Public Relations-Handeln systematisch beschrieben werden kann, welche Handlungen als typisch hervortreten und wie sich das Berufsfeld mit dem Anwachsen, der Entwicklung und auch mit der Wandlung des Rollenverhaltens von PR-Praktikern ändert. Im Grunde genommen geht es dabei um die auch in der Bundesrepublik heiß diskutierte Frage der Professionalisierung. Auch die Funktionsbeschreibungen harmonieren tendenziell mit dem Berufsbild Öffentlichkeitsarbeit, das sich die Deutsche Public Relations-Gesellschaft 1990 zu eigen gemacht hat und das Öffentlichkeitsarbeit als das „Management von Kommunikationsprozessen für Organisationen und Personen mit deren Bezugsgruppen" charakterisiert.[11]

Auf sorgfältig beschriebenen Umwegen kommen die amerikanischen Wissenschaftler zu dem Ergebnis, daß es sinnvoll ist, bei der Analyse des gesamten Berufsfeldes Öffentlichkeitsarbeit mit lediglich zwei typischen Rollen oder Grundfunktionen zu operieren. Sie werden einerseits als „Communication Manager", sinngemäß übersetzt: „Kommunikationsplaner und -leiter", und andererseits als „Communication Technician", sinngemäß übersetzt: „Praktiker" oder auch „Macher", bezeichnet. Die Unterscheidung zwischen Öffentlichkeitsarbeit und bloßer Presse- oder Medienarbeit wäre auch möglich, läge aber nicht genau auf derselben Linie (vgl. Übersicht 2 am Schluß des Artikels).

Kommunikationsmanagement bedingt die Beteiligung an Entscheidungsprozessen in den betroffenen Organisationen, Unternehmen und Einrichtungen. Der Kommunikationsmanager analysiert, plant, berät, kontrolliert, und er bedient sich dabei auch wissenschaftlicher Methoden und Erkenntnisse. Kommunikationsmanagement also wird als eine höherwertige Funktion betrachtet, die den einzelnen und die Profession fordert und fördert: „Involvement in management decision-making is not simply a personal accomplishment. Rather, such involvement is *fundamental to the very definition of public relations within organizations*"[12]. All dieses trifft für den *Kommunikationstechniker* oder Praktiker nicht zu. Er kann als Spezialist für das Verfassen und Produzieren von PR- und Pressematerialien gelten.

Zwei schriftliche Befragungen von Mitgliedern der Public Relations Society of America, eine explorative Studie 1979 und eine Wiederholungsuntersuchung der 1979 tatsächlich erreichten im Jahre 1985 sowie eine allgemeinere Fortschreibung der Befunde im Jahre 1988 bilden die Datenbasis der folgenden Ausführungen:

Die Mehrzahl der Befragten, 71 Prozent, sah sich 1979 in der Manager-Rolle. Der Männeranteil unter den Managern war überproportional hoch. Sie waren generell älter als die Techniker. Sie hatten größere Berufserfahrung. Sie waren in der Position, in der sie zum Befragungszeitpunkt angetroffen wurden, länger beschäftigt. Sie unterschieden sich nicht signifikant bezüglich Charakter und Länge der Ausbildung. Die männlichen Kommunikationsmanager partizipierten an Entscheidungen. Sie waren mit ihrem Beruf zufrieden.

Bis 1985 stieg der Gesamtanteil der Manager unter den Befragten um zehn Prozent an. Der Frauenanteil erhöhte sich nur um ein Prozent (das auf einem ohnedies niedrigen Niveau: 18 Prozent der Manager). Die Manager waren, im Gegensatz zu den Technikern, an Entscheidungsprozessen signifikant beteiligt. Frauen partizipierten insgesamt, das auch in der Management-Rolle, weniger häufig an Entscheidungsprozessen als die Männer. Die Berufszufriedenheit der Manager sank insgesamt. Die Berufszufriedenheit der in ihren Tätigkeitsfeldern verbliebenen Techniker stieg an.

Diese Konfiguration hat sich 1988 nicht grundsätzlich geändert. Insbesondere fällt den amerikanischen Forschern auf, daß sich überwiegend Frauen in den Techniker-Rollen finden, daß Frauen überwiegend in die Techniker-Rollen streben und sich dort wohlfühlen.

Die Umfrageergebnisse lassen sich nach methodologischen Gesichtspunkten kritisieren, weil sie auf Selbsteinschätzungen der Untersuchungsobjekte und nicht auf neutraleren Ermittlungen tatsächlicher Tätigkeiten gründen. Dennoch machen sie hinreichend deutlich, daß sich mit der Dominanz von Frauen in der Öffentlichkeitsarbeit eine Dominanz der Techniker-Rollen in der Öffentlichkeitsarbeit ergeben könnte, während die Managementfunktionen an Raum verlören. Mit der „Feminisierung" der Öffentlichkeitsarbeit wäre der Professionalisierung der Öffentlichkeitsarbeit so nicht gedient.

Perspektiven und Konsequenzen

Das am Beispiel USA Entfaltete produziert im Zusammenspiel Effekte, die wir – unter gleichen Voraussetzungen – für die Entwicklung des Berufsfeldes Öffentlichkeitsarbeit in der Bundesrepublik erwarten sollten, aber nicht wünschen können: Geschlecht bestimmt Einkommen. Männer verdienen mehr als Frauen. Geschlecht bestimmt Rollenhandeln. Männer wirken typischerweise als Kommunikationsmanager. Mehr Frauen werden vom Arbeitsmarkt angenommen. Kommunikationstechnische Tätigkeiten breiten sich aus und etablieren sich als Öffentlichkeitsarbeit, – wenn niemand eingreift.

Auf den Ausgangspunkt zurückkommend ist festzuhalten, daß in der Bundesrepublik gegenwärtig nicht nur weniger Frauen in der Öffentlichkeitsarbeit generell, sondern auch so wenige Frauen in Führungspositionen tätig sind, daß sich statistische Kalküle von vornherein verbieten: In den hundert größten Industrieunternehmen traf Höffken 1989 eine einzige Abteilungsleiterin an[13]. In der Gruppe der DPRG-Mitglieder in leitenden Positionen waren Frauen 1989 mit 18 Prozent gegenüber ihrem ansonsten bei 28 Prozent liegenden Anteil deutlich noch schwächer vertreten[14]. Immerhin existieren einerseits Einzelbefunde – Frauen verdienen weniger, Frauen beklagen sich über den Informationsfluß, leitende Frauen arbeiten als Einzelkämpfer –, die sich in die amerikanischen Situationsbeschreibungen einpassen und ihnen zumindest nicht widersprechen. Andererseits stellte sich heraus, daß die Mehrzahl der befragten männlichen wie weiblichen DPRG-Mitglieder in Leitungsfunktionen *die anderen* als bloße Techniker und nicht als Kommunikationsberater und -strategen einschätzen!

Damit zeichnet sich ein allgemeinerer Rahmen ab, in dem Entscheidungen heute fällig sind, damit sich Fehlentwicklungen morgen nicht einstellen: der konsequente Weg zur weiteren Professionalisierung und die konsequente Durchsetzung professioneller Normen gegenüber dem Auftraggeber oder Kunden im Alltag. Die geschlechtsspezifische Argumentation lenkt vom Hauptproblem ab. Geschlechtsspezifische mentale, psychische und physische Anlagen, die hier nicht bestritten werden, sind auf dem – unbequemen – Wege vom Begabungsberuf hin zur Profession zweitrangig.

Übersicht 1: Zur Entwicklung des Frauenanteils im Berufsfeld Öffentlichkeitsarbeit (USA 1977–1987)

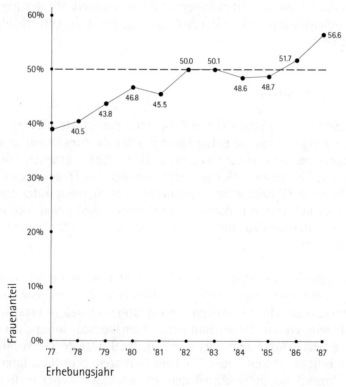

Datenbasis: David M. Dozier: Breaking Public Relations' Glass Ceiling.
In: Public Relations Review, Heft 3, 1988, Seite 6 bis 14, siehe Seite 8.

Übersicht 2: Dominante Funktionen in der Öffentlichkeitsarbeit — Ausgewählte Indikatoren*

Funktionen der Planung und Leitung („Communication Manager")

Indikatoren:

1. Ständige Aufklärung der (Unternehmens-)Leitung über Möglichkeiten und Grenzen der Öffentlichkeitsarbeit (Keep management informed of public relations)

2. Die (Unternehmens-)Leitung beharrlich darauf hinweisen, daß es sinnvoll ist, Öffentlichkeitsarbeit systematisch zu planen (Point out to management the need to follow a systematic planning process)

3. Sich Geltung verschaffen als *der* Experte, der Public Relations-Probleme auf der Basis breiter Erfahrung und gründlicher Schulung angemessen löst
(Have broad experience and training so others consider one to be organization's expert in solving PR problems)

4. Wirksamkeit als Katalysator bei Entscheidungsprozessen der (Unternehmens-)Leitung
(Operate as catalyst in management's decision-making)

5. Darstellung alternativer PR-Lösungsansätze im Rahmen der Zusammenarbeit mit dem Management
(Outline alternative approaches for solving problems when working with managers on PR)

6. Als Experte bei PR-Problemen für Diagnose und Therapie nicht nur zuständig sein, sondern auch entsprechend handeln
(Act as organization's expert on diagnosing and solving public relations problems)

7. Wirksamkeit als Bindeglied zwischen (Unternehmens-)Leitung und den verschiedenen Teilöffentlichkeiten durch Förderung tatsächlichen Informationsaustauschs
(Act as a liaison, promoting two-way communication between management and various publics)

8. Die (Unternehmens-)Leitung als Berater dazu anleiten, Probleme zu analysieren und Aufgaben zu definieren, Ziele zu formulieren und entsprechende Programme systematisch zu entwickeln
(Act as a problem-solving facilitator, helping management go through defining problems, setting objectives and planning programs in a systematic fashion)

9. Ständige Unterrichtung der anderen Organisationsmitglieder über die Medienberichterstattung, die diese Organisation mehr oder weniger betrifft
(Keep others in the organization informed of what the media report about our organization and important issues)

10. Für Erfolg oder Mißerfolg des jeweiligen PR-Programms geradestehen
(Take responsibility for the success or failure of an organization's public relations programs)

11. Ständig darauf hinarbeiten, daß die anderen Mitarbeiter der Organisation erkennen, wer für PR-Programme, seien sie erfolgreich oder nicht, verantwortlich ist
(Prepare to be held accountable by others in the organization for the success or failure of public relations programs)
...
...

Funktionen der medialen Gestaltung und Umsetzung von PR-Maßnahmen („Communication Technician")

Indikatoren:

1. Verfassen von Public Relations-Material zu Informationen und Themen, die für die betreffende Einrichtung wichtig sind
(Write public relations materials presenting information on issues important to the organization)

2. Technische Gestaltung und Produktion von Public Relations-Material
(Handle the technical aspects of producing PR materials)

3. Broschüren, Flugschriften und andere Publikationen erstellen
(Produce brochures, pamphlets and other publications)

4. Medienkontakte etablieren und unterhalten, um Pressemitteilungen plazieren zu können
(Maintain media contacts and place press releases)

5. Als Spezialist für das Verfassen und Produzieren von PR-Materialien gelten und entsprechend handeln
   (Act as a specialist in writing and producing PR materials)
   ...
   ...

---

*Quelle: Hugh M. Culbertson: Practitioner Roles: Their Meaning For Educators, in: Public Relations Review, Heft 4, 1985, S. 5–21, s. S. 14 f.

Übersicht 3: Eine deutsche PR-Beraterin formuliert das Idealbild einer Kommunikationsfachfrau

„Wenn ich das Idealbild einer Kommunikationsfachfrau zeichnen sollte, könnte das etwa folgendermaßen aussehen:

gebildet	– aber nicht für den Elfenbeinturm
aktiv	– aber nicht hektisch
selbstbewußt	– aber nicht überheblich
selbstkritisch	– aber nicht vom Zweifel zernagt
kontaktfreudig	– aber nicht anbiedernd
gesprächsbereit	– aber nicht geschwätzig
teamfähig	– aber nicht betriebsnudelig
einfühlsam	– aber nicht betulich oder gar wehleidig
flexibel	– aber nicht unstet
sorgfältig	– aber nicht pingelig
kreativ	– aber nicht ausgeflippt
umsichtig	– aber nicht zögerlich
entscheidungsfähig	– aber nicht mit dem Kopf durch die Wand
modisch	– aber keine Modepuppe
gepflegt-adrett	– aber keine Kernseifenschönheit
attraktiv	– aber kein Weibchentyp"

Quelle: Elisabeth Kohl: Frauen in Kommunikationsberufen. Vortrag am ...... in der Sektion für Publizistik und Kommunikation an der Ruhr-Universität Bochum.

Anmerkungen

[1] Gert P. Spindler: Public Relations – Aufgabe für Unternehmer. Frankfurt a. M. 1974, S. 35.

[2] Interview. „Der Dörrbecker hat überhaupt keine Lust, aufzuhören". PRR-Interview mit dem Chef der Akademie Führung und Kommunikation anläßlich seines „Hattrick"-Jubiläums. In: Public Relations Report (1232), 5. April 1990, S. 1f. und S. 5–8, s. S. 7.

[3] Margarete Mitscherlich: Über die Mühsal der Emanzipation. Frankfurt a. M. 1990.

[4] Elisabeth Kohl: Frauen in Kommunikationsberufen. Vortrag am 1. Juni 1989 im Rahmen meiner gleichlautenden Lehrveranstaltung in der Sektion für Publizistik und Kommunikation der Ruhr-Universität Bochum.

[5] N.N.: Von Natur aus begabt. In: PR-Magazin, Heft 11, 1988, S. 21.

[6] Von 826 arbeitslosen Publizisten waren 56,1 Prozent Männer. Vgl. Übersicht I/66. Arbeitslose im Bundesgebiet mit abgeschlossener Hochschul-/Universitätsausbildung nach der Fachrichtung der schulischen Berufsausbildung und Altersgruppen. In: Amtliche Nachrichten der Bundesanstalt für Arbeit, Nr. 4, 1990, S. 477.

[7] Wilma Mathews: The Velvet Ghetto. In: International Public Relations Review, November 1986, S. 28–34, s. S. 28.

[8] Carolyn Garrett Cline, Elizabeth Lance Toth, Judy VanSlyke Turk, Lynne Masel Walters, Nancy Johnson und Hank Smith: The Velvet Ghetto: The Impact of the Increasing Percentage of Women in Public Relations and Business Communication. San Francisco: IABC Foundation 1986.

[9] Glen Broom und David M. Dozier: Advancement for Public Relations Role Models. In: Public Relations Review, Nr. 1 (Spring) 1986, S. 37–56.

[10] Zuerst: Glen Broom und George D. Smith: Testing the Practitioner's Impact on Clients. In: Public Relations Review, Nr. 5 (Fall), 1979, S. 47–59. – Zuletzt: Joey Reagan, Ronald Anderson, Janine Sumner und Scott Hill: A Factor Analysis of Broom and Smith's Public Relations Roles Scale. In: Journalism Quarterly, 1990, S. 177–183.

[11] Public Relations – Das Berufsbild Öffentlichkeitsarbeit. In: PR-Magazin, Heft 3, 1990, S. 27–29, s. S. 28.

[12] Broom und Dozier, S. 42, s. Anm. 9.

[13] Michael Höffken: Möglichkeiten und Grenzen des Zugangs zur Information für PR-Fachleute. Untersuchung der hundert größten Industrieunternehmen der Bundesrepublik Deutschland. Bochum 1989 (Magisterarbeit; im Manuskript vervielfältigt).

[14] Petra Pracht: Zur Systematik und Fundierung praktischer Öffentlichkeitsarbeit. Versuch eines Soll-Ist-Vergleichs. Bochum 1989 (Magisterarbeit; im Manuskript vervielfältigt).

Autorenvita siehe folgende Seite!

**Prof. Dr. phil.
Barbara Baerns**

**Freie Universität Berlin
Schwerpunkt Öffentlichkeitsarbeit
FB Kommunikationswissenschaften
Institut für Publizistik und Kommunikationspolitik
(WE 1)
Malteserstraße 74–100
1000 Berlin 46
Tel.: 0 30 / 77 92-8 20**

Barbara Baerns wurde am 8. Februar 1939 in Rinteln/Weser geboren.

Nach ihrer Promotion an der Freien Universität Berlin im Jahre 1967 und der Absolvierung eines Volontariates war sie zunächst mehrere Jahre als Politische Redakteurin (Neue Hannoversche Presse; Neue Ruhr-Zeitung) tätig sowie in der Öffentlichkeitsarbeit (Presse- und Kulturreferentin/USIA, Hannover; Abteilungsleiterin Public Relations/Coca-Cola GmbH, Essen).

Seit dem Wintersemester 1974/75 betreibt sie Forschung und Lehre im Fachbereich Publizistik und Kommunikationswissenschaft an der Ruhr-Universität Bochum.

Im Anschluß an ihre Habilitation und die Venia legendi lehrt Barbara Baerns seit Juni 1982 dort als Universitätsprofessorin der Sektion Publizistik und Kommunikation.

Vom Oktober 1989 an wirkt sie als Professorin für Theorie und Praxis des Journalismus und der Öffentlichkeitsarbeit an der Freien Universität Berlin.

Kommunikation und
Pressearbeit haben
einen Namen:

Rachfahl
✢ Partner
Corporate
Communications GmbH

Linienstraße 149
O -1040 Berlin
Telefon: 0 03 72 / 2 82 75 02
Telex: 0 69-112 062 rara

Aktuelle und exclusive
Kommunikationsangebote:
Plakat- und Außenwerbung
Display und Videoclips
auf den Interflug-
und Reichsbahn-Anlagen
Pressekonferenzen, Seminare
und Kongresse mit
Meinungsbildnern und
Multiplikatoren

Beratung und Organisation bei
Kommunikationsaufgaben in
allen RGW-Ländern über das
Netz von Interpress Budapest

Umrisse einer künftigen Public Relations-Wissenschaft: ihre Funktion im Professionalisierungsprozeß

von Prof. Dr. Dr. Benno Signitzer

Der Gedanke, der den folgenden Ausführungen zugrunde liegt, ist folgender: Die Zukunftssicherung von Public Relations – verstanden als eine Form des Kommunikationsmanagements – erfolgt in erster Linie über wissenschaftliche Fundierung. Mein Beitrag wird deshalb um einige Fragen und Aspekte des Prozesses der Verwissenschaftlichung kreisen. Da dieser Prozeß erst am Anfang seiner Entwicklung steht – noch weit weniger fortgeschritten als etwa im Marketing oder im allgemeinen Management –, ist der folgende Aufsatz zwangsläufig zukunftsgerichtet. Auch wenn die Mutterwissenschaft einer künftigen Teildisziplin Public Relations, die Kommunikationswissenschaft, schon auf eine bald achtzigjährige Tradition zurückblicken kann und die Anfänge einer systematischen „PR-Wissenschaft" schon etwa 20 Jahre zurückliegen, ist die „Stimmung" unseres Themas doch eher von Erwartungen an die Zukunft als von Interpretationen des Vergangenen geprägt.

Meine Sichtweise ist die des akademisch und universitär orientierten Kommunikationswissenschaftlers. Einführend stelle ich die wissenschaftliche Beschäftigung mit Public Relations in einen kommunikationswissenschaftlichen Kontext. Im nächsten Abschnitt gehe ich auf die Rolle von Wissenschaft und Forschung im Professionalisierungsprozeß ein. In weiterer Folge werde ich einige unterschiedliche Sichtweisen der Public Relations behandeln, die Themenstruktur des Ist-Standes der PR-Forschung darstellen, auf Fragen der Meta-Theorie eingehen sowie einige aktuelle Daten zu Fortschritten in der Infrastrukturentwicklung der Public Relations-Forschung präsentieren.

Der kommunikationswissenschaftliche Kontext

Dem Kommunikationswissenschaftler bieten sich mehrere Möglichkeiten an, Aussagen über Public Relations und mögliche künftige Entwicklungen zu machen. In der herkömmlichen begrifflichen Systematik dieser Wissenschaft – die mittlerweile ein gutes halbes Jahrhundert alt ist – können wir im Rahmen der Kommunikatorforschung Person und Rolle der PR-Praktiker untersuchen; die Aussagenforschung beleuchtet Struktur und Qualität der Inhalte von PR-Botschaften; in der Medienforschung werden Strukturen und Eigengesetzlichkeiten der Kommunikationskanäle, in denen die PR-Botschaften transportiert werden, analysiert; die Rezipientenforschung untersucht Zusammensetzung und Merkmale der Empfänger (= Teilöffentlichkeiten, Zielgruppen) von PR-Aussagen; die Wirkungsforschung schließlich hat den Einfluß bestimmter PR-Aussagen beziehungsweise des PR-Prozesses insgesamt auf Einstellungs- und Verhaltensänderungen (oder Beibehaltung bestimmter Einstellungs- und Verhaltensweisen) auf die Rezipienten beziehungsweise Teilöffentlichkeiten zum Gegenstand.

In dem Maße, in dem sich die moderne Kommunikationswissenschaft als interdisziplinär versteht und die Sichtweisen anderer Wissenschaften für jeweils bestimmte Fragestellungen integriert, wird sie Public Relations mit Hilfe von Management- und Organisationstheorien als eine Spielart der geplanten Kommunikation begreifen, in der Zieldefinition, Kriterien der Zielerreichung sowie Kompatibilität zwischen Organisations- und Kommunikationszielen eine zentrale Rolle spielen. In dem Maße hingegen, in dem die Kommunikationswissenschaft zudem auch an Makro-Fragestellungen orientiert ist, wird sie mittels gesellschafts- und (neuerdings) kulturwissenschaftlicher Ansätze die Rolle der Public Relations *per se* in verschiedenen gesellschaftlichen Prozessen und in unterschiedlichen Gesellschaftsformationen untersuchen.

Somit wären, im Sinne Lazarsfelds, sowohl die „administrativen" als auch die „kritischen" Dimensionen einer kommunikationswissenschaftlichen Betrachtung der Public Relations als auch jene der unterschiedlichen Elemente des – konventionell verstandenen – Kommunikationsprozesses umrissen.

Diese der allgemeinen Orientierung dienende Darstellung des kommunikationswissenschaftlichen Rahmens für PR-Forschung ist grob vereinfachend in zweierlei Hinsicht. Zum einen geht die moderne Kommunikationswissenschaft über die der obigen Systematik zugrundeliegenden Laswell-Formel – „Wer sagt was in welchem Kanal zu wem mit welcher Wirkung?" – weit hinaus und hat mit Feedback-Schleifen und Dialogkonzepten das Sender-Empfänger-Modell der Kommunikation (auch Transmissionsmodell genannt) zu einem *Konvergenzmodell* der Kommunikation weiterentwickelt. Hier wird Kommunikation als Informationsaustausch verstanden, der dem Zweck dient, wechselseitiges Verstehen zu erreichen. Solches Verstehen kann – muß aber nicht – in weiterer Folge zu Übereinstimmung und Konsens führen. Darüber hinaus integriert die Kommunikationswissenschaft heute stärker als zur Zeit der Entstehung der Laswell-Formel das jeweilige gesellschaftliche Umfeld in die Modellentwicklung.

Zum anderen gehen aus der oben dargestellten Systematik die realen Macht- und Marktverhältnisse in der akademischen Disziplin Kommunikationswissenschaft, die aber zweifelsohne einen bedeutenden Einfluß auf Art und Ausmaß der kommunikationswissenschaftlichen Beschäftigung mit Public Relations haben, nicht hervor. Die Realität der Organisation des Faches folgt nicht der Logik der Laswell'schen Wissenssystematik, sondern dem Arbeitsmarkt für Absolventen und Universitätsdozenten, jenem Markt der Leser für Fachbücher und Fachzeitschriften sowie dem Beratungsmarkt. Da das Fach Kommunikationswissenschaft im deutschsprachigen Raum zwar vergleichsweise gut entwickelt, aber noch immer nicht jene kritische Masse erreicht hat, die verallgemeinerbare Aussagen zuläßt, empfiehlt es sich, Indikatoren für die oben angesprochenen Macht- und Marktverhältnisse in der internationalen Infrastruktur des Faches zu suchen, beispielsweise in den Untergliederungen der „International Communication Association" (ICA), einer weltweiten wissenschaftlichen Fachvereinigung mit angelsächsischem Schwerpunkt. Die Auflistung der folgenden Teil- und Interessensbereiche der Kommunikationswissenschaft, die mit Stand 1990 den Status von eigenen ICA-Sektionen erreicht haben, spiegelt in etwa die aktuelle Realität des Faches in einem transnationalen Zusammenhang wider:

- Massenkommunikation
- Interpersonale Kommunikation
- Organisationskommunikation
- Interkulturelle Kommunikation
- Politische Kommunikation
- Informationssysteme
- Gesundheitskommunikation
- Kommunikationspädagogik
- Public Relations
- Kommunikationstechnologie
- Philosophie und Kommunikation
- Populärkommunikation
- Kommunikation und Feminismus

Wir sehen: Diese Einteilung folgt weder der Logik der Stufen des Kommunikationsprozesses (zum Beispiel Laswell-Formel) noch jener der *Ebenen* der Kommunikation. Nach einer weit verbreiteten Systematik wird zwischen den Ebenen intrapersonale Kommunikation, interpersonale Kommunikation, Organisationskommunikation und Massenkommunikation unterschieden. Das Fach organisiert sich vielmehr um einen pragmatischen Mix aus Themen-, Interessens- und Anwendungsbereichen. In der kritischen Masse der internationalen Welt der Kommunikationswissenschaft hat Public Relations seit einem guten halben Jahrzehnt den Status eines legitimen Teilbereiches (wenn man will: Teil- oder Subdisziplin) erreicht – zwar noch weit zurückliegend hinter den „Großmächten" Massen-, Organisations- und interpersonale Kommunikation, aber doch ausgestattet mit dynamischer Wachstumsgeschichte und gutem Entwicklungspotential; salopp formuliert: Es herrscht derzeit allerorten eine Gründerzeit- und Goldgräberstimmung.

Andere Disziplinen, wie etwa Betriebswirtschaftslehre, Organisations- und Managementwissenschaft oder auch beispielsweise die Verwaltungswissenschaft, haben bislang kaum irgendwo Zugriffsrechte auf das Forschungsfeld Public Relations beansprucht. Dies hängt mit Prioritätenhierarchien in diesen Fächern zusammen, aber auch damit, daß Public Relations doch vorrangig als eine Kommunikationsfunktion gesehen werden. Präzise formuliert: PR ist die Kommunikationsfunktion des Managements. Zwar dasselbe meinend, findet man in der berufspolitischen Alltagssprache oft die ungenaue Formulierung: PR ist – oder solle sein – eine Managementfunktion. Formal- wie Materialobjekt der Kommunikationswissenschaft sind für einen Public Relations-Kontext genau zu definieren. Es liegt an der Kommunikationswissenschaft, hier ihre Chancen und „Zuständigkeiten" wahrzunehmen.

Die Rolle der Wissenssystematik im Professionalisierungsprozeß

Für die Zwecke dieses Aufsatzes im Rahmen des vorliegenden Sammelbandes bietet es sich an, die Betrachtungen zur künftigen kommunikationswissenschaftlichen Teildisziplin „Public Relations" unter das Motto der Professionalisierung – genauer: des Professionalisierungsprozesses – zu stellen. Dieses Konzept erlaubt einen gewissen Grad an Allgemeinheit der Aussagen und die Diskussion von Entwicklungsperspektiven. Zudem lassen sich anhand dieses Konzeptes Verknüpfungen zwischen Berufs- und Wissenschaftspolitik herstellen.

Professionalisierung ist der Prozeß der Berufsaufwertung. Solchermaßen aufgewertete Berufe („Professionen") zeichnen sich durch großes Prestige, gute bis hervorragende Bezahlung und ein hohes Maß an Autonomie in der Berufsausübung aus. Der Arzt gilt trotz gewisser Einschränkungen weiterhin als der klassische „Professional".

Berufssoziologen haben dem Vorhandensein einer einschlägigen Wissenssystematik (Berufswissen) eine entscheidende Bedeutung in der Professionalisierung zugewiesen. Viele ordnen sie anderen Elementen der Professionalisierung wie Berufsethik, Standesvertretung, Autonomie, Ausbildung und ähnlichem über beziehungsweise sehen im systematisierten Wissen die wesentliche Quelle für diese anderen Professionalisierungsmerkmale. Wie in der Professionalisierung insgesamt (Wie wird aus einem „Beruf" eine „Profession"?), ist auch im zentralen Bereich der Wissenssystematik das strategische Moment hervorzuheben. Die Frage lautet hier: „Wie wird ‚Verwissenschaftlichung' eingesetzt, um einen Markt für eine bestimmte Lösungskompetenz zu entwickeln, ein bestimmtes Berufsbild abzugrenzen, den Klientenkreis zu definieren und eine gegebenenfalls erreichte Monopolstellung abzusichern?" Diese Frage geht über jene nach dem Grad der jeweils erreichten Wissenschaftlichkeit des Berufswissens hinaus.

Für die berufssoziologische Forschung – in kommunikationswissenschaftlichen Kategorien: für die Kommunikatorforschung –, aber auch für die Berufspolitik selbst, stellt sich die Frage nach der Operationalisierbarkeit der Wissenssystematik beziehungsweise der Verwissenschaftlichung. Erst wenn Indikatoren dafür entwickelt sind, macht es Sinn, über das Problem der Meßbarkeit zu sprechen. Während für den Indikator „Ausbildung" (Art, Dauer, Qualität) seine relativ leichte Handhabbarkeit spricht, ist dagegen einzuwenden, daß wir in vielen Bereichen – und vermutlich auch bei Public Relations – von einer sich vergrößernden Kluft zwischen dem in der Lehre vermittelten und vermittelbaren Wissen und dem neu anfallenden Wissen ausgehen müssen. Aus dieser Überlegung ist für die Operationalisierung der Wissenssystematik der Indikator „Forschung" vorzuziehen – mit dem Nachteil allerdings, daß die Meßtechnik eine ungleich aufwendigere ist. Der Indikator „Forschung" ist hier im weiten Sinn zu verstehen: Es geht um den Anteil der beziehungsweise die Ausrichtung auf die Forschung in den Bereichen Ausbildung, Weiterbildung und in der Berufsausübung selbst.

Eine weitere Frage im Zusammenhang mit der Wissenssystematik im Rahmen des Professionalisierungsprozesses ist jene nach der *Art* des Wissens. Ist jedes Wissen gleichermaßen professionalisierbar? Genauer: Ist jedes Wissen gleichermaßen geeignet, einen zentralen strategischen Beitrag zur Berufsaufwertung, das heißt zur Weiterentwicklung eines „Berufes" hin zu einer „Profession" zu leisten? Die Antwort wird negativ sein: Es muß sich um eine bestimmte Art des Wissens handeln. Das chirurgische Wissen hat beispielsweise schon vor vielen Jahren zur professionalisierten Berufsposition des Chirurgen geführt. Bestimmte Formen des technischen Wissens haben den Beruf/die Profession des Zivilingenieurs entstehen lassen. Wissensspezialisierung im Finanzrecht hat den Beruf des Steuerberaters aufgewertet. Hingegen hat das Berufswissen der Krankenschwester, das durchaus einen hohen Grad an Systematik erreicht hat, keineswegs zu einem professionellen Status dieser Berufsgruppe geführt, der auch nur annähernd mit jenem des Arztes vergleichbar ist. Viele der sogenannten helfenden Berufe (zum Beispiel Sozialarbeiter, Entwicklungshelfer, teilweise auch Psychologen) – auch wenn ihr Berufswissen hochspezialisiert und systematisiert sein mag und die Berufsposition von Personen mit Hochschulabschluß eingenommen wird – können gleichfalls keinen durchschlagenden Erfolg ihrer Professionalisierungsbemühungen verbuchen.

Das Wissen, das professionalisierbar sein soll, darf kein Alltagswissen sein. Es muß von der Art sein, daß sich der potentielle Klient angesichts der Problemlage und der vom Wissen suggerierten Lösungskompetenz unmittelbar zum Laien erklärt; der Impuls, „es selbst auch zu können", darf beim Klienten auch nicht in geringen Ansätzen vorhanden sein. In seltenen Fällen kann der Klient zwar die Empfindung haben, die Lösung, für die er einen Bedarf hat, mit viel Mühe und Anstrengung auch selbst erreichen zu können, eine Kosten-Nutzen-Überlegung wird ihn aber rasch von der Sinnlosigkeit eines solchen Unterfangens überzeugen. Wissensgebiete, in denen jeder im Grunde meint, ein „Experte" zu sein, haben nur geringe Professionalisierungschancen – wie hoch immer ihr Komplexitätsgrad auch sein mag. Sozialwissenschaften haben in diesem Zusammenhang generell mit dem Umstand zu kämpfen, daß die Art ihres Wissens oft subjektiv als „alltäglich" empfunden wird. Dies trifft für die Sozialpsychologie genau so zu wie für die Kommunikationswissenschaft. Die meisten Menschen würden Kommunikation als etwas empfinden, das im Prinzip innerhalb der Reichweite ihrer Kompetenz liegt und für das sie selbst die Expertenschaft beanspruchen können – und dies unabhängig von der Tatsache, daß viele Menschen ihr eigenes Kommunikationsverhalten durchaus auch selbstkritisch als nicht optimal und verbesserungswürdig einschätzen würden.

Zwischenresümee:
a) Die Professionalisierung von Public Relations wird vorrangig zunächst davon abhängen, ob es gelingt, eine Wissenssystematik für Public Relations zu erarbeiten – vor allem durch Verwissenschaftlichung des Berufswissens;
b) die Meßlatte dafür wird weniger an die Existenz von Ausbildungsgängen zu legen sein, sondern daran, in welchem Ausmaß diese Ausbildung und die Berufsausübung selbst an Wissenschaft und Forschung ausgerichtet sind;
c) das von PR eingesetzte Kommunikationswissen wird in dem Maße die Professionalisierung fördern können, wie es gelingt, dieses Wissen zu „entalltäglichen", das heißt, es mit jenem Grad an Abstraktheit auszustatten, der den Klienten laiisiert;
d) zugleich ist Konkretheit insofern erforderlich, als der Bedarf an von PR bereitgestellter kommunikativer Lösungskompetenz dem Klienten erkennbar bleibt und von ihm als dringlich empfunden wird.

Sichtweisen und Definitionen von Public Relations

Im weiteren Verlauf dieses Aufsatzes werde ich in groben Zügen das mit Anfang der 90er Jahre erreichte Reichweitenpotential kommunikationswissenschaftlich orientierter Public Relations-Forschung darstellen. Es würde den Rahmen dieser Ausführungen bei weitem sprengen, auf die vielfältigen Ergebnisse im einzelnen einzugehen.

Die Definition des Gegenstandsbereiches ist ein fundamentaler Vorgang jeder wissenschaftlichen Tätigkeit. Wie viele Definitonen von Public Relations es auch bereits geben mag –, die Kommunikationswissenschaft hat hier nach den Gütekriterien für *wissenschaftliche* Definition neu vorzugehen. Demnach haben Definitionen grundlegende Begriffe der Public Relations zu enthalten, die in der Lage sind, vergangene, gegenwärtige und zukünftige Anwendungen zu erfassen und wissenschaftliche Untersuchungen sowie die Theoriebildung zu leiten. Idealerweise ist eine PR-Definition sowohl umfassend genug, um alle Aspekte von PR-Theorie und PR-Praxis zu umfassen als auch einfach genug, um praktikabel und nützlich zu bleiben. Auch der didaktisch-pädagogische Wert einer Definition – man muß sie relativ leicht auswendig lernen können – darf durch allzugroße Komplexität nicht verloren gehen.

Eine Definition, die diesen Kriterien meines Erachtens recht nahe kommt, ist die folgende: „Public Relations bezeichnen jene Kommunikationsfunktion des Managements, mittels derer Organisationen sich an ihre Umwelt anpassen, dieser verändern oder aufrechterhalten, und zwar mit dem Ziel, Organisationsziele zu erreichen" (Long/Hazleton). Wesentlich ist hier, daß jeder der in der Definition verwendeten Begriffe seinerseits wiederum aus einem größeren Theoriegebäude heraus (hier: Systemtheorie) einer einigermaßen klaren und eindeutigen Definition zugänglich ist.

Eine Definiton sollte auch ermöglichen, die zentrale und grundlegende Forschungsfrage sowohl präzise als auch umfassend zu stellen. Hier würde sie lauten: „Welchen Beitrag leisten Public Relations zur Erreichung von Organisationszielen?" Diese Frage ist eine anspruchsvolle – und eine harte, sowohl für die Wissenschaft als auch für die Praxis: für die Wissenschaft, weil sie analytisch in den Griff bekommen muß, was nun das „Kommunikative" an einer spezifischen Situation ist (was die PR-Dimension ist), was Kommunikationsziele sind (im Rahmen von allgemeinen Organisationszielen) und wie sich die verschiedenartigen Überschneidungen darstellen; für die Praxis ist diese grundlegende Frage eine harte, weil die Antwort ja lauten könnte, daß Public Relations in einer bestimmten Situation *keinen* oder keinen nennenswerten Beitrag zur Erreichung von Organisationszielen zu leisten imstande waren.

Wir erkennen aber sofort, daß die Sichtweise dieser PR-Definition bezogen auf die Dimensionen „Organisation" und „geplante Kommunikation" und damit eingeschränkt ist. Die Kommunikationswissenschaft und mit ihr die Teildisziplin Public Relations sind aber in ihren Fragestellungen sinnvollerweise nicht auf diese Dimensionen begrenzbar. Eine gesellschafts- und kulturwissenschaftliche Betrachtungsweise käme beispielsweise zu folgender zentraler Forschungsfrage: „Welchen Beitrag leisten Public Relations zur Existenz und zu den Funktionen der westlichen pluralistischen Gesellschaften oder der neuen Demokratien Osteuropas?" Im Sinne einer analytisch-kritischen Betrachtungsweise werden hier Public Relations als gesellschaftlich-kulturelles Phänomen per se untersucht.

Am anderen Ende des Spektrums steht die Sichtweise von Public Relations als einem Instrument des Marketings; die Forschungsfrage lautet hier: „Welchen Beitrag leisten Public Relations zur Erreichung der Marketingziele von Organisationen, insbesondere (aber nicht ausschließlich) in Ergänzung und/oder Erweiterung anderer kommunikationspolitischer Maßnahmen wie Absatzwerbung und Verkaufsförderung?" Hier werden Public Relations auf eine Teilfunktion einer Organisation bezogen, und es hängt von der Breite des Marketingverständnisses ab, welche Reichweite dem PR-Begriff in diesem Zusammenhang zukommt. Umfassendere Marketingauffassungen, wie sie beispielsweise von Haedrich vertreten werden, geben auch der PR einen größeren Handlungs- und Entfaltungsspielraum.

Die Themenstruktur des Ist-Zustandes der Public Relations-Forschung

Gerade weil es sich bei Public Relations um eine in Entstehung begriffene und in ihrer Entwicklung noch nicht abgeschlossene wissenschaftliche Teildisziplin handelt, kommt der Vielzahl der Einzelstudien, die oftmals kaum aufeinander und teilweise auch auf keine entwickelte Theorie Bezug nehmen, im Sinne einer „Datensammlung" dennoch eine recht große Bedeutung zu und nicht zuletzt den akademischen Abschlußarbeiten. Es gibt somit eine innerwissenschaftliche Begründung für eine Wissenssystematik. Aber auch im Lichte der Professionalisierungstheorie wird, wie oben ausgeführt, dem Aufbau einer solchen Systematik wohl die entscheidendere strategische Rolle für ein mögliches Gelingen der Professionalisierung zukommen, verglichen mit dem Ausbau der sicherlich auch notwendigen anderen Elemente des Professionalisierungsprozesses (Ausbildung, Berufsethik, Standesvertretungen und so fort).

Wie sieht nun zu Beginn der neunziger Jahre die Ist-Situation der Public Relations-Forschung aus? Welche Themenbereiche wurden im letzten halben Jahrzehnt in kommunikationswissenschaftlichen Studien besonders intensiv untersucht? Die folgende Struktur soll ein Bild der aktuellen Forschungslandschaft vermitteln. Sie folgt der herkömmlichen Unterscheidung zwischen Grundlagen- und angewandter Forschung und fügt als dritten Bereich die selbstreflektive Forschung hinzu, in der die Wissenschaft den PR-Berufsstand selbst untersucht, also den Blick nach innen richtet.

1. Grundlagenforschung
   1.1   Meta-Forschung
       * Forschung über PR-Forschung
       * Wissenschaftstheoretische Fragestellungen (vgl. auch unten Abschnitt V.)
       * Wissenschaftliche PR-Definitionen
   1.2   PR-Theorien mittlerer Reichweite
       * Wissenschaftliche Modelle des PR-Prozesses (zumeist organisationstheoretisch orientiert)
       * Ansätze einer Gesellschaftstheorie der PR
   1.3   Theorien der Teilöffentlichkeiten
       * situative Theorie der Teilöffentlichkeiten
       * andere Segmentierungtheorien
   1.4   Anwendung allgemeiner kommunikationswissenschaftlicher Theorien auf PR-Fragestellungen
       * Anwendung der Erkenntnisse der Persuasionsforschung auf PR
       * Anwendung der Agenda-Setting-Theorie
       * Anwendung der Wissenskluft-These
       * Anwendung des Nutzenansatzes
       * Anwendung der Koorientierungsthese
       * Anwendung der These von der kognitiven Komplexität
       * Anwendung der Marketing-Theorie von der Wirkungshierarchie

1.5 Historische und rechtliche Aspekte
* Gibt es eine eigenständige deutsche PR-Geschichte?
* Rechtliche Qualität von Pressemitteilungen in Presseprozessen

2. Angewandte Forschung
   2.1 Programmentwicklungsforschung
   2.1.1 Forschung über PR-Anwendungsfelder
   * Die Beziehungen zwischen PR und Medien
   * Issues-Management
   * Krisen-PR
   * Interne Public Relations
   * Politik und PR
   * Der Einsatz von PR in Informationskampagnen
   * Internationale PR
   2.1.2 Forschung über PR-Mittel und PR-Techniken
   * Psychographische Techniken
   * Visuelle Pressemitteilungen (VNRs)
   * Image-Werbung
   2.2 Evaluationsforschung
   2.2.1 Evaluierung der PR-Wirksamkeit
   * Summative Evaluierungsstudien
   * Formative Evaluierungsstudien
   2.2.1 Evaluierungsstile
   * Evaluierung des Einflusses auf Teilöffentlichkeiten
   * Evaluierung der Verbreitung der Information
   * Naive beziehungsweise qualitative Evaluierung

3. Selbstreflektive Forschung
   3.1 Soziologische Fragen
   * Theorie der Rollenbilder der PR-Praktiker
   * Feminisierung des PR-Berufes
   * PR-Arbeitsmarktforschung
   3.2 Professionalisierung
   * Rolle der Berufsverbände
   * Forschung über PR-Karriereverläufe
   * Forschung über Berufsethik
   * Forschung über Berufsentwicklung

   3.3 Ausbildung
   * Curriculumforschung
   * Studienmotivation und -verläufe
   * Didaktik der PR-Ausbildung

Trotz ihres noch jungen Entwicklungsstadiums hat die wissenschaftliche und systematische (universitäre) Public Relations-Forschung mit Beginn der neunziger Jahre jene kritische Masse erreicht, die es erlaubt, Schwerpunkte und Entwicklungslinien nachzuzeichnen und Forschungslückenkataloge zu erstellen. Was den deutschsprachigen Raum und nur die akademischen Abschlußarbeiten betrifft, so wurden im Jahrzehnt 1980-1990 immerhin rund 200 Magister-, Diplom- und Doktorarbeiten abgeschlossen, und das mit einer stark steigenden Tendenz gegen Ende dieses Zeitraumes. Angesichts des allerorten zu beobachtenden studentischen Interesses an Public Relations ist es wahrscheinlich keine Übertreibung, für das kommende Jahrzehnt 600 bis 800 solcher Abschlußarbeiten an deutschsprachigen kommunikationswissenschaftlichen Universitätsinstituten zu prognostizieren. In den USA haben Professoren der Kommunikationswissenschaft gegen Ende des abgelaufenen Jahrzehnts jährlich durchschnittlich rund 150 systematische wissenschaftliche Beiträge über Public Relations im engeren Sinne produziert. Diese Zahl fällt zwar noch weit hinter jene der kommunikationswissenschaftlichen Studien insgesamt zurück, repräsentiert aber andererseits schon mehr als ein bloßes Minderheitenprogramm. Auch hier kann man vom Erreichen einer kritischen Masse sprechen.

Aspekte der Meta-Theorie

Die Kritik am Überwiegen praktizistischer und normativer Denkweisen in der Public Relations-Literatur hat in den letzten Jahren sowohl im deutschsprachigen als auch im anglo-amerikanischen Raum an Intensität gewonnen. Praktizismus habe die Theorieentwicklung behindert sowie Akzeptanz- und Professionalisierungsprozesse verlangsamt. Mit Beginn der neunziger Jahre liegen nunmehr einige Ansätze einer wissenschafts- und metatheoretischen Reflexion über den Standort von Public Relations vor, die jedoch noch nicht beanspruchen können, eine wie immer geartete wissenschaftstheoretische Grundlegung einer künftigen „PR-Wissenschaft" zu sein. Ich fasse in Form einer Auflistung von Behauptungssätzen und Diskussionsbeiträgen einige Aspekte dieser Reflexion zusammen.

— Als Untersuchungsobjekt können Public Relations am besten als eine spezifische Form der angewandten Kommunikation definiert werden. Kommunikationstheorien sollten anwendbar sein, um die Public Relations-Praxis zu erklären und Prognosen zu erstellen. Umgekehrt sollten Ergebnisse der Untersuchung der PR-Praxis Beiträge zur Entwicklung der Kommunikationstheorie leisten können. Prinzipiell findet demnach das theoretische, konzeptionelle und methodische Instrumentarium der Kommunikationswissenschaft Anwendung.

— In dem Maße, in dem die Kommunikationswissenschaft unter anderem auch als eine Sozialwissenschaft verstanden wird, können Public Relations als eine „applied social science based in communication" untersucht werden, womit auch die allgemeineren metatheoretischen, theoretischen und methodischen Problemstellungen der Sozialwissenschaften in die PR-Forschung einfließen. Dieses Verständnis von Public Relations wurde auch von der First World Assembly of Public Relations Associations im Jahre 1978 in Mexico City und in weiterer Folge in einem „Gold Paper" der International Public Relations Association (IPRA) vertreten: „We do ... recommend that public relations be taught as a social science ..."

— Der amerikanische PR-Theoretiker James Grunig (Universität Maryland) hat auf den feinen, aber wichtigen Unterschied zwischen Public Relations als einer angewandten Sozialwissenschaft und dem Public Relations-Praktiker als einem angewandten Sozialwissenschaftler hingewiesen. Nur jene Praktiker, die in ihrer Tätigkeit Theorien anwenden und diese damit erweitern, verbessern, korrigieren oder zurückweisen, können als angewandte Sozialwissenschaftler bezeichnet werden. In diesem Zusammenhang kommt ein anderer amerikanischer PR-Forscher, Carl Botan (Rutgers Universität), zur ernüchternden Feststellung, daß sich in den USA – trotz der mittlerweile hundertjährigen Geschichte der Public Relations – die Praktiker nach wie vor auf die Fragen des „how-to-do-it" und „how-to-do-it-better" beschränken: „With a few notable exceptions, public relations has not systematically addressed the development of theory or the relationship of practice to research and theory development."

— In einem anderen Bereich der Diskussion sind des öfteren Warnungen vor vorschnellen Entscheidungen für oder gegen metatheoretische Positionen zu hören. So werden von einigen Wissenschaftlern verschiedene Typen von sozialwissenschaftlichen Theorien zunächst einmal als gleichwertig in ihrer Brauchbarkeit für Public Relations-Forschung gewertet, desgleichen wird die Auffassung vertreten, daß alle vier der folgenden Funktionen von Theorien auf Public Relations sinnvoll angewendet werden können: (1) die deskriptive Funktion ergibt sich zum Beispiel aus der Qualität der Begriffe in der PR-Modell- und Definitionsbildung (die Frage lautet: „Was ist Public Relations?"); (2) die erklärende Funktion zielt ab auf die Beantwortung der Frage: „Warum gibt es Public Relations?"; (3) die Funktionen Prognose und Kontrolle sprechen die Antizipations- und Interventionsqualität an – zum Beispiel „Wie wird eine negative Presseberichterstattung über ein Unternehmen das Kundenverhalten beeinflussen, und welche entlastende Wirkung ist von einer geplanten Serie von Hintergrundinterviews mit Journalisten zu erwarten?"; (4) die heuristische Funktion von Theorie besteht schließlich darin, weitere Theorien und zusätzliche Forschung zu bewirken, oftmals auch dadurch, daß Opposition zur Theorie stimuliert wird; zum Beispiel könnten gesellschaftlich orientierte Wissenschaftler das organisationstheoretische Verständnis von Public Relations in Frage stellen.

— Als letzter Diskussionspunkt sei hier aus metatheoretischem Blickwinkel die Frage aufgegriffen, welchen Entwicklungsstand die wissenschaftliche Beschäftigung mit Public Relations derzeit – gemeint ist der Beginn der neunziger Jahre – erreicht hat. In Anlehnung an die Arbeiten des Wissenschaftstheoretikers Shapere wurde die Auffassung vertreten, daß es sich bei Public Relations derzeit um eine sogenannte wissenschaftliche „Domäne" („domain") handelt. Enger als eine Wissenschaftsdisziplin oder auch eine Teildisziplin, besteht eine Domäne aus empirischen Beobachtungen und einigen Theorien, die Teile dieser Beobachtungen erklären können. Die Wissenschaftler einer Domäne gehen in der Regel so vor, daß sie sich einen ihnen interessant erscheinenden Problembereich aussuchen (damit leisten sie einen Beitrag zur notwendigen Definition des Inhaltes und der Grenzen einer Domäne) und diesen analysieren und beschreiben. Die zunächst einfachen Erklärungsansätze werden dann durch empirische Erfahrungen modifiziert, weiterentwickelt und schließlich zu umfassenden und aussagekräftigen Theorien („deep theories") ausgebaut. Unter den verschiedenen Domänen der Kommunikationswissenschaft (beispielsweise Gesundheitskommunikation) zählen Public Relations mit Sicherheit zu den noch eher wenig entwickelten, was unter anderem auch darin zum Ausdruck kommt, daß der Datensammlung noch größere Aufmerksamkeit gewidmet wird als der Theoriekonstruktion.

Einige aktuelle Daten zur verstärkten Verankerung von Public Relations als akademische Teildisziplin

Als quantitative und äußere Belege für die Implementierung von PR auf universitärer Ebene können angeführt werden:

– die Zahl der an deutschsprachigen publizistik- und kommunikationswissenschaftlichen Institutionen angebotenen PR-Lehrveranstaltungen nimmt weiterhin zu; desgleichen die Zahl akademischer Abschlußarbeiten mit einer PR-Thematik;

– die Broschüre „Where To Study Public Relations", die in ihrer ersten Auflage (1982) 130 US-amerikanische und kanadische Universitäten auflistete, die PR-Programme anbieten, führte in der zweiten Auflage (1985) bereits 160 an;

– im Rahmen der Confédération Européenne des Relations Publiques (CERP), dem europäischen Berufsverband für Public Relations, wurde im November 1989 die „European Association for Public Relations Research and Education" (CERP-Education), eine internationale PR-wissenschaftliche Vereinigung, gegründet; als wichtige Aufgaben von CERP-Education werden unter anderem die Erarbeitung einer europäischen PR-Definition, die Vereinheitlichung der Ausbildung und die Aktualisierung der Wissenssystematik genannt;

– im November 1989 wurde auch die Studentenorganisation „European Public Relations Student Association Foundation" (kurz: CERP-Etudiants") ins Leben gerufen;

- im November 1988 hat die „Speech Communication Association" (SCA) die Einrichtung der „Commission on Public Relations" beschlossen, womit nach der „Association for Education in Journalism and Mass Communication" (AEJMC) und der „International Communication Association" (ICA) nunmehr alle drei großen nordamerikanischen kommunikationswissenschaftlichen Vereinigungen über eigene Sektionen für Public Relations verfügen;

- schließlich liegt seit 1989 mit dem Jahrbuch „Public Relations Research Annual" eine periodische Publikation vor, die ausschließlich der systematischen PR-Grundlagenforschung gewidmet ist.

Schlußbemerkung

Während die Public Relations-Praxis schon seit längerer Zeit auf recht dynamische Wachstumsraten verweisen kann, ist eine solche Entwicklung auch innerhalb der kommunikationswissenschaftlichen Public Relations-Forschung — wenngleich erst seit kürzerer Zeit, oftmals auf die akademischen Studierstuben beschränkt und etwas verhalten, aber doch unverkennbar — zu beobachten. Die Prioritäten werden für die PR-Forschung bis auf weiteres wissenschaftspolitische sein, das heißt primäre Ziele werden im Aufbau einer wissenschaftlichen Infrastruktur und in dem Bestreben nach akademischer Anerkennung und Akzeptanz liegen.

Andererseits sind von der PR-Forschung in den neunziger Jahren auch berufspolitische Impulse zu erwarten, die darin bestehen werden, die Transformation des in der akademischen Forschung entwickelten Wissens in die Wissssystematik der künftigen Public Relations-Profession zu leisten. Auf der Basis der künftig noch wichtiger werdenden Prinzipien der Unabhängigkeit und Autonomie von Wissenschaft und Forschung wird dieser Transformationsprozeß am besten gelingen, wenn er wechselseitig und kooperativ ist. Für die Weiterentwicklung einer kommunikationswissenschaftlichen Teildisziplin „Public Relations" bedarf es des Inputs der Berufspraxis nämlich genauso wie jenes des Wissenschaftssystems. Unter dem Gesichtspunkt der Professionalisierung schließlich wird es an der Berufspraxis liegen, aus dem Fundus des Wissenschaftsprozesses jenes strategische Instrumentarium des Berufswissens zu schmieden, das den Erfolg oder Mißerfolg der Professionalisierungsbemühungen maßgeblich beeinflussen wird.

**Prof. Dr. Dr.
Benno Signitzer**

Universität Salzburg
Institut für Publizistik
und Kommunikations-
wissenschaft
Rudolfstein 42
A-5020 Salzburg
Tel.: 06 62 / 80 44-41 50

Geboren wurde Benno Signitzer am 25. Juni 1948 in Mürzzuschlag/Steiermark.

Seinem Jurastudium an der Universität Salzburg folgte im Jahre 1971 die Promotion zum Dr. jur.; anschließend (1971–1972) studierte er Publizistik und Kommunikationswissenschaft an den Universitäten Paris und Ohio (USA).

1973 erhielt er den Titel Master of Arts (M.A.), 1975 wurde er zum Doctor of Philosophy (Ph.D.).

Seit 1976 wirkt er am Institut für Publizistik und Kommunikationswissenschaft der Universität Salzburg.

1983 habilitierte er, seit 1985 ist Prof. Dr. Dr. Signitzer Leiter der Institutsabteilung „Öffentlichkeitsarbeit und Organisationskommunikation".

Hobbies des vielbeschäftigten Universitätsdozenten und Assistenzprofessors sind: Skifahren, Kriminalromane lesen, Theater.

Sein Leben stellt er unter das persönliche Motto:
„Lerne, für Dich selbst verantwortlich zu sein!"

ANZEIGE

Der Verlag
Rommerskirchen

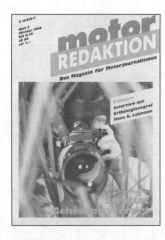

Verlag Rommerskirchen · Rolandshof · 5480 Remagen-Rolandseck
Telefon 0 22 28/60 01-0 · Telefax 0 22 28/60 01 49 · Telex 8 869 212 roki d · Btx ✱ 42100 #